陵墓研究
の道標

Fukuo Masahiko
福尾正彦

山川出版社

目次

はじめに──陵墓とは何か……3

第1章　政治的シンボルとしての陵墓の時代
──飛鳥時代以前の陵墓（古代高塚式陵墓）……15
1　「前方後円形古代高塚式陵墓」の盛衰　15
2　「方形・八角形古代高塚式陵墓」の出現と展開　33

第2章　薄葬思想のなかの陵墓の時代──奈良時代から現代まで……45
1　「高陵ヲ作ラズ」──奈良時代から平安時代初期の陵墓（山丘式陵墓）　46
2　「堂塔ヲ以テ山陵ニ擬ス」──平安時代前半から江戸時代の陵墓（堂塔式陵墓）　53
3　「古制ニ復ス」──江戸時代末以降の陵墓（近現代高塚式陵墓）　75

第3章　陵墓の治定・管理の沿革……95
1　江戸時代の陵墓の探索・修補　95
2　明治以降の陵墓の探索──附、陵墓参考地制度の創設・臨時陵墓調査委員会　129

第4章　陵墓景観（風景）の形成、および陵墓関係人物……143
1　林相・関係構築物（鳥居・制札など）の沿革　144

2　陵墓に取り憑かれた人々——谷森善臣・増田于信・山口鋭之助ほか　186

第5章　陵墓の盗掘、埋蔵文化財と陵墓　209

1　陵墓の盗掘　209

2　埋蔵文化財と陵墓——明治維新後の埋蔵文化財行政の変遷　216

第6章　これからの陵墓　223

1　陵墓と地元住民との関わり　223

2　陵墓を構成する三要素——墓・文化財・環境　237

3　「今後の御陵及び御喪儀のあり方について」（承前）　250

おわりに——陵墓研究の視点とその目的　257

あとがき　268

附表・附図　38

参考文献　22

出典一覧　19

索引　1

陵墓研究の道標

はじめに——陵墓とは何か

「今後の御陵及び御喪儀のあり方について」

宮内庁は、天皇皇后両陛下の御意向をふまえつつ、平成二四年（二〇一二）四月に今後の御陵および御喪儀《そうぎ》のあり方について検討をおこなう旨を発表した。その検討の概要が翌年の一一月一四日に宮内庁長官から「今後の御陵及び御喪儀のあり方について」として発表された（宮内庁ＨＰ（広報・報道）二〇一三）。

そこには、御喪儀に際しては火葬を導入し、このことに伴って儀式立ても新たに検討することを原則として、新陵についてその営建場所、規模、形状、兆域、天皇陵と皇后陵の配置といった五項目について、以下のような基本的な方針が述べられている。

① 大正天皇陵の西側に営建する、
② 天皇陵及び皇后陵のそれぞれの兆域を合わせた面積を約三五〇〇平方メートルとする、
③ 形状は、明治以降に営建された各陵に倣い、また旧皇室陵墓令を参酌し、上円下方とする、
④ 兆域は、両陵の墳丘の配置に合わせ、それぞれ定める、
⑤ 合葬の形とはしない、両陵が寄り添い不離一体の形となるように営建する。

「喪儀」というとあまり馴染みのない言葉である。関連する用語として「葬儀」の文字を使用することがある。しかし、その場合は埋葬に関する儀式だけを指すことが多いため、貴人の逝去・薨去・崩御に伴う一連の儀式を指す場合は「喪

儀」といって、区別している。なかでも、天皇、皇后・太皇太后・皇太后の場合は大喪儀として区別される（皇室喪儀令〈大正一五年皇室令第一一号〉）。

しかし、「大喪」と定められたのはさらに古く皇室服喪令（明治四二年皇室令第一二号）まで遡る。つまり、その第一九条において、「天皇大行天皇太皇太后皇太后皇后の喪に丁《あた》るときは大喪とす」とされているのである。

「今後の御陵及び御喪儀のあり方について」でいう「御喪儀」は、大喪儀と同義である。その内容に関しては、本文においてあらためて触れることとして、まずは、「陵墓とは何か」について述べるとともに、その関連用語を簡潔に整理しておきたい。

陵墓とは何か

もっとも新しく営建された天皇陵は、東京都八王子市に位置する昭和天皇（一二四代、昭和六四年〈一九八九〉崩御）陵である。昭和天皇陵には武蔵野陵という陵名が付せられている（図01）。武蔵野陵に相添うように、その東には香淳皇后（平成一二年〈二〇〇〇〉崩御）武蔵野東陵がある。香淳皇后は、昭和天皇の皇后であるとともに、今上陛下（平成三一年三月現在、以下「今上陛下」と称する場合は同じ）にとっては先帝の皇后であり皇太后となる。ここで注意していただきたいのは、天皇・皇后・皇太后、いずれもその墓所は「陵」と呼ばれ、区別はされていないということである。

昭和天皇陵・香淳皇后陵の一〇〇メートル余り西に位置する大正天皇（一二三代）多摩陵・貞明皇后多摩東陵の場合も同じである。今上陛下には、先々帝である大正天皇の皇后は太皇太后にあたるが、この太皇太后の墳墓も同じく「陵」と呼んでいる。

つまり、「天皇、皇后、太皇太后及び皇太后を葬る所を陵」といっているのである。一方、「その他の皇族を葬る所」は「墓」という。このことは、皇室典範（昭和二二年一月一六日法律第三号）第二七条に明記されているところである。

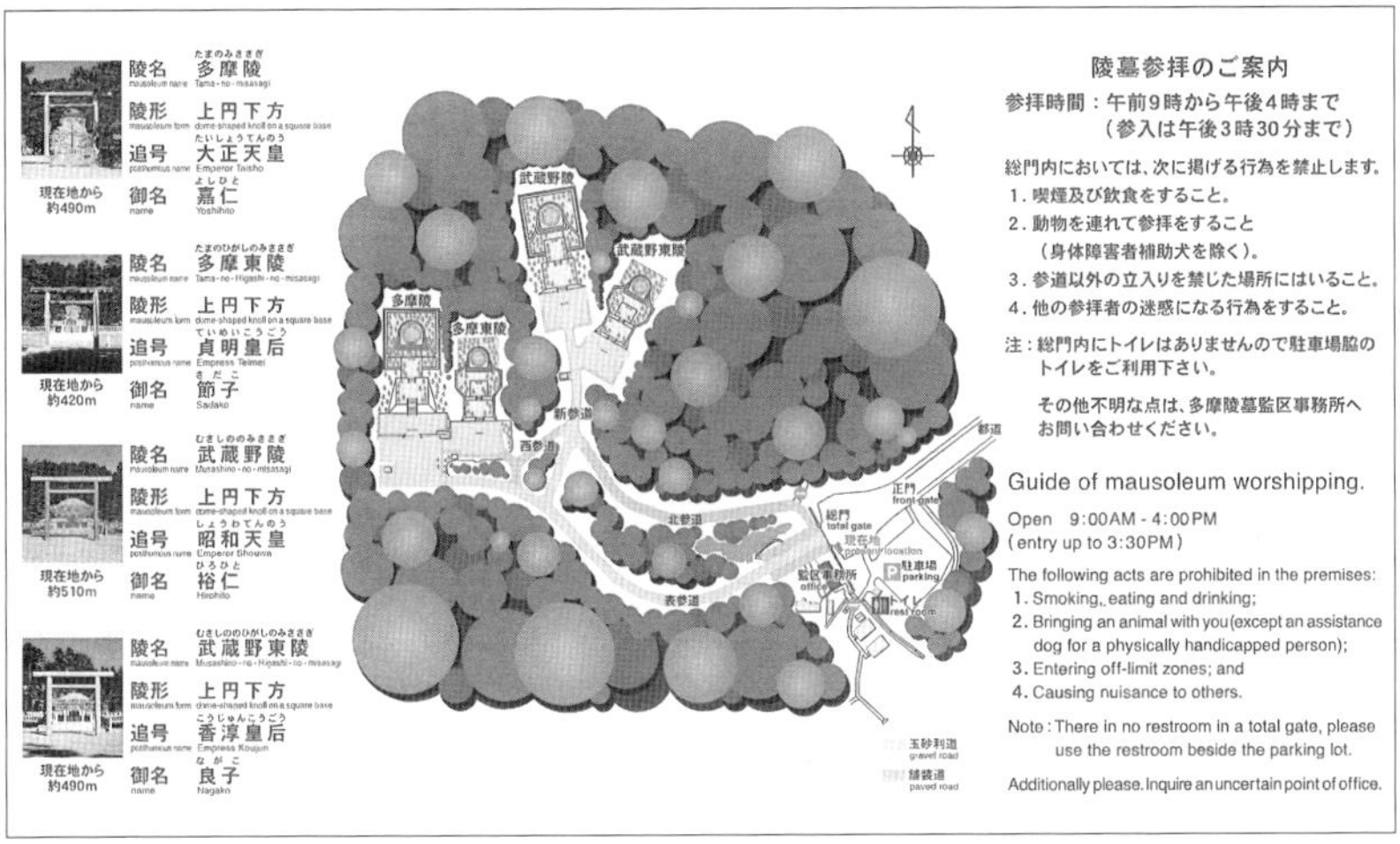

図01　武蔵陵墓地の案内板

ところが、陵墓が古い時代にも現代と同様に規定されていたかというと、決してそうではない。

『古事記』（和銅五年〈七一二〉、太朝臣安万侶《おおのあそんやすまろ》献上）や『日本書紀』（養老四年〈七二〇〉完成、天武天皇皇子舎人《とねり》親王ら撰）によると、もともと、山陵（御陵）は、神功皇后など例外はあるものの、天皇の墓のみに限っていた。それ以外の皇后・皇太后・太皇太后（三后）、皇子女、さらには天皇の父母・祖父母および有功臣（功績のあった臣下）の墓も含めて「御墓」と称していた。例えば、仁徳天皇（一六代）の皇后である磐之《いわの》媛命《ひめのみこと》の葬られたところも「御墓」といっていた（『延喜式』巻二一、諸陵寮《しょりょうりょう》〈以下、延喜諸陵墓式という〉では、「平城坂上墓」）。

その後、いくつかの変遷を経て、天平宝字四年（七六〇）一二月一二日の勅では、太皇太后と皇太后の御墓は、以後、「山陵」と称し、その忌日（命日）もまた、国としての命日、つまり国忌《こき》に入れられることになった。これは、同年六月七日に聖武天皇（四五代）の皇后の光明皇太后が薨去し、一二月には「荷前使《のさきのつかい》」（諸国から貢ぎ物として奉られた初物を奉る行事のために朝廷から派遣された勅使）が山陵に幣物を奉ることからとられた措置と思われる。娘である孝謙太上天皇（四六代）は、母である光明皇太后の奥津城を、御墓とする扱いにしておくことに耐えられなかったためであろう。ちなみに、この勅に見える太皇太后は、聖武天皇の母で、天平勝宝六年（七五四）に崩じた藤原宮子である。このことは、「陵」と「墓」では、その取扱いに大きな違いがあったことをうかがわせる。延喜諸陵墓式では、この勅以後に薨じた皇后、皇太后、太皇太后については、すべて山陵としている。

陵墓の定義の混乱

一方、「天皇陵」の研究においては、とりわけ主に考古学の対象である古墳の研究においては、上記の皇室典範などの定義をやや逸脱し、明確な定義づけがなされぬまま、特定の古墳に天皇陵・大王陵（墓）の用語が付されることがある。例えば、奈良県桜井市に位置する箸墓古墳は、宮内庁では孝霊天皇（七代）皇女である倭迹迹日百襲姫命《やまとととひももそひめのみこと》の大市墓として管理している。しかし、列島内において「ヤマト王権」の位置づけに諸説あるものの、その初代王墓として理解されることが多い。つまり、皇室典範上の定義では「墓」であるにもかかわらず、天皇陵・大王陵（墓）として位置づけられているのである。まずは、このような混乱状況があることをあらかじめ承知しておいていただきたい。

このことは、考古資料に基づき、古墳の被葬者を特定することがきわめて困難である、という考古資料の特性とも関連することである。被葬者を特定するためには、考古資料の性格を十分に把握し、その限界性や有効性を理解したうえで、慎重にその候補者の可能性をより高めるような手続きに努めることが求められよう。けれども、厳密にいうならば、あくまでもその可能性を極限まで高めることはできても、確定することは難しいといわざるをえないのである。

また、天皇号に関しても、近年では天武天皇以降に成立したという説〔永原（監修）一九九九〕が有力ではあるが、津田左右吉によって提唱された推古朝まで遡上させる説〔津田一九二〇〕などもあり、混乱がないとはいえない状況にあることも付記しておきたい。

宮内庁管理の陵墓

現在、皇室典範で規定する陵墓は国有財産のうち、皇室用財産となっており、国有財産法に基づき、宮内庁において管理されている。つまり、国有財産法第三条第二項第三号において、国において皇室の用に供し、または供するものと決定したものは皇室用財産とすると定められている。陵墓についても、皇室用財産として宮内庁が管理することとしているのである。さらに、宮内庁法第二条第一二号に、陵墓に関する事務を宮内庁が所掌する旨が記されている。また、同法の第九条の五では、「各省各庁の長は、その所管に属する国有財産について、良好な状態での維持及び保存、用途又は目的に応じた効率的な運用その他の適正な方法による管理及び処分を行わなければならない。」との規定がある。

陵墓は、近畿地方を中心に、北は山形県から南は鹿児島県まで一都二府三〇県にわたり、分布している。その数は、平成三一年三月末現在、陵一八八、墓五五五のほか、分骨所・火葬塚・灰塚など陵墓に準ずるもの四二、髪《はつ》歯《し》爪塔《そうとう》など六八、陵墓参考地四六があり、総計は八九九である。箇所数は同域のものもあるため四六〇で、それらの管理面積は約六五二万平方メートルとなる〔宮内庁HP〕。

なお、分骨所・火葬塚・灰塚の詳細については、第3章2節で触れることとする。

陵に関しての内訳は、歴代天皇陵が神武天皇（初代）から昭和天皇まで一一二である。歴代数に比べて少なくなっているのは、重祚《ちょうそ》二方―皇極・斉明（三五・三七代）天皇、孝謙・称徳（四六・四八代）天皇、合葬一〇方―檜隈大内陵（天武・持統両天皇〈四〇・四一代〉の合葬）、深草北陵（後深草〈八九代〉・伏見〈九二代〉・後伏見〈九三代〉・後小松〈一〇〇代〉・称光〈一〇一代〉・後土御門〈一〇三代〉・後柏原〈一〇四代〉・後奈良〈一〇五代〉・正親町〈一〇六代〉・後陽成各天皇〈一〇七代〉の合葬）を含むためである。

その他の陵には、皇后・歴代外天皇陵七六がある。皇后陵は六三を数える。歴代外天皇陵としているものとして神代が三、北朝天皇が三（合葬を含む）、さらに没後に天皇号を贈られた追尊天皇（岡宮天皇―草壁皇子ほか）や不即位太上天皇

（後崇光太上天皇―貞成《さだふさ》親王ほか）などが七ある。

また、陵墓参考地については、文献や伝承あるいは墳丘の規模や出土品の内容から、皇室関係者の墳墓の可能性があるものの、被葬者として特定・決定するだけの確たる史料が得られていないため、将来の陵墓の考証と治定に支障がないように、土地を取得し宮内庁で保存・管理している場所をいう。陵墓参考地に関しては第3章2節であらためて詳述することとしたい。

宮内庁において陵墓の管理を所掌している部局は、書陵部である。書陵部には陵墓課（陵墓管理係・陵墓調査室）が設置されている。陵墓はほぼ全国にわたり分布しているため、直接的には多摩（東京都八王子市）・桃山（京都市伏見区）・月輪（京都市東山区）・畝傍《うねび》（奈良県橿原市）・古市（大阪府羽曳野市）の五ヶ所に陵墓監区事務所を設け、さらには各監区事務所には部（多摩部など）が置かれ、現地管理がおこなわれている（図02）。

陵墓の本義

皇室用財産である陵墓は、現に皇室において祭祀が継続しておこなわれていることに、その本義があり、皇室と国民の追慕尊崇の対象ともなっている。このような陵墓を良好な状態で維持および保存するためには、静安と尊厳の保持がもっとも重要なことであるとの方針のもとに管理されている。

陵墓における祭祀の主なものには例祭、式年祭、正辰祭《しょうしんさい》があるが、そのほかに外国ご訪問前後などに挙行されるものもある。

例祭はすでに崩御された先帝、先帝前三代、神武天皇および先后の各崩御日に、それぞれの陵において、おこなわれているものである。

式年祭は、天皇および皇族の崩御・薨去の日から、三年、五年、十年、二十年、三十年、四十年、五十年、百年、それ

書陵部の組織図

- 書陵部
  - 図書課
  - 編修課
  - 陵墓課
    - 陵墓管理係
    - 陵墓調査室
  - 陵墓監区事務所（多摩・桃山・月輪・畝傍・古市）

監区別陵墓等数（平成31年3月現在）

陵墓等／監区名	多摩	桃山	月輪	畝傍	古市	計
陵	4	65	57	42	20	188
墓	81	55	366	44	9	555
分骨所・火葬塚・灰塚	1	5	33	0	3	42
髪歯爪塔・その他	19	6	13	4	26	68
陵墓参考地	1	16	7	12	10	46
計	106	147	476	102	68	899

図02　各陵墓監区事務所の陵墓数と管轄範囲

以降は毎百年ごとの日に、それぞれの陵墓において挙行されている祭祀である。平成二八年四月三日に神武天皇陵でおこなわれた二千六百年式年祭は記憶に新しいものである。

また、正辰祭は天皇および皇族の崩御・薨去の日、または崩御・薨去日が明らかでない御方については春季皇霊祭、秋季皇霊祭の日、若しくはその前後の日に、それぞれの陵墓においておこなわれているものである。

これら陵墓における祭祀に関しては、第6章2節において、さらに述べることとしたい。

陵墓に対する関心

人々が陵墓を訪れる動機・目的は様々であろうが、いくつかに類型化できそうである。

まずは、そこに葬られている（祀られている）御方に思いをめぐらし、自らの立場を重ね合わせて、参拝することである。ある面、神社仏閣の開祖や祭神に対する参拝と共通するものであろう。次に、陵墓を通して、悠久の昔に思いをはせる場合もあるであろう。これも参拝の一種であるように思われる。また、陵墓の形状や立地条件等を確認するための参陵（墓）もあるであろう。その他、明確の目的もなく、たまたま立ち寄った場合もありえるであろう。

以上のうち、前三者の場合は、陵墓とその被葬者像が一致していることを前提にしており、そうでない場合は、さらに複雑化することは、あらためて述べるまでもない。戦前において、大正天皇多摩陵の参拝者数は、営建直後の昭和二年（一九二七）には約九五万人となっている。これは当時の宮内省によって把握された数であり、「参拝」とされてはいるが、実際は好奇心に基づく物見遊山的参拝者が含まれていたことは、当時の新聞記事等で推察することができるのである。

近年の参拝状況についても見ておきたい。大正天皇多摩陵のある武蔵陵墓地には、その後、昭和二七年に貞明皇后（昭和二六年崩御）の多摩東陵、平成二年に昭和天皇の武蔵野陵、そして平成一三年には香淳皇后の武蔵野陵が営建・竣工し、計四陵となった。

武蔵陵墓地への参拝者数は、昭和天皇武蔵野陵が営建された平成二年には、一〇〇万人を超えたが、同一七年には一〇万人を切り、今も減少傾向が続いている。参拝者の大半は「激動の昭和」を生き抜いた高齢者であり、修学旅行や遠足の学生を除き、若者の参拝はきわめて少ないのが現状である。このことはある面では、現在の陵墓参拝の意図を示しているともいえそうである。

陵墓研究の現状と意義

一方、陵墓の研究においては、陵墓への立入りが管理者である宮内庁によって、制限されているという現実がある。皮肉なことに、このことによって、陵墓研究の深化が図られてきたともいえるのである。

陵墓の研究は、「墳墓の研究」ということにも密接に関係している。墳墓に対して考古学者を含む歴史学者のみならず、民俗学者、さらには人類学者などが注目するのには、それなりの理由がある。地上に数多生息する動物のなかで、墓の造営をおこなっているのは、人類のみである。優れて文化的行為といってもよいのではないかと思われる。

人間は、集団の一員としてのみにしか生きられない生物であり、集団に制約・規制されている。つまり、社会のなかでしか生活しえないのである。集団—社会は、時間的空間的（民族）ごとに多様であり、墓を造営する目的やその埋葬法なども時間的空間的（民族）ごとに多様であることはよく知られている。それぞれの墳墓は、人々との関わりのなかで営まれたものなのである。

例えば、近年の世界各国の火葬率を見てみよう（表01）。細かい解説は略するが、①ずば抜けて日本の火葬率が他国に比べて高いこと、②いずれの国においても火葬率は上昇しつつあること、③同じキリスト教国でも、カトリックとプロテスタントでは火葬率が異なること、④イスラム教国では火葬はおこなわないこと、などが指摘できる。つまり、それぞれの国の宗教観、土地利用度、衛生観などを鋭敏に反映しているといえよう。このようなことが分かるだけでも、墳墓の研

表01　世界の火葬率（単位%）

No.	国名	2006年	2008年	2010年	2011年	2012年	2013年	2014年	2015年	2016年
1	日本	99.73	99.85	99.94	99.89	99.96	99.97	99.97	99.97	99.98
2	香港	86.13	87.08	89.00	89.87	90.43	89.67	90.23	91.40	93.34
3	スウェーデン	73.23	75.41	76.86	78.62	77.85	79.99	80.11	81.33	80.61
4	イギリス	72.35	72.44	73.13	74.37	74.28	75.21	74.80	76.36	＊76.54
5	オーストラリア	—	65.18	—	—	—	—	—	—	—
6	韓国	56.49	61.93	67.45	71.08	72.87	76.90	79.23	80.79	82.66
7	オランダ	53.68	55.78	56.94	58.64	59.26	60.90	61.47	63.33	63.07
8	中国	48.20	48.50	53.45	48.80	49.50	—	—	—	—
9	ポルトガル	40.61	47.77	49.00	50.50	51.03	53.65	50.61	50.02	54.93
10	ロシア	46.50	47.69	40.62	48.26	—	—	—	—	—
11	アメリカ	33.61	36.02	37.23	42.10	43.17	45.18	46.96	48.67	＊50.05
12	ノルウェー	34.06	34.64	35.33	36.66	37.77	38.05	38.72	39.99	41.01
13	フランス	26.26	28.49	30.09	32.27	32.51	34.14	34.54	—	39.51
14	アルゼンチン	＊22.00	＊24.08	＊25.41	—	—	—	—	—	—
15	スペイン	＊20.50	—	—	—	43.54	44.80	46.51	49.48	50.33
16	イタリア	9.64	10.95	13.09	14.92	16.62	18.43	19.71	21.18	23.01
17	イスラム教国	ほぼ0								

注　＊暫定版

究には大きな意義があるのである。墳墓の一類型でもある陵墓を研究する意義も、その延長線上に位置することはあらためていうまでもない。墳墓をめぐる葬制に思いをはせることは、死を考えることに通じる。死と生は表裏一体の関係であり、現在、生きている意味を考えることにもなろう。

本書では、以上のようなことを念頭に置きつつ、陵墓の歴史的な沿革（附表01）、さらには管理や治定の歴史を通観し、陵墓と現代社会や人々との関わりについても、逐次言及していきたい。

譲位後、つまり太上天皇として崩御の御方も多いが、本文では一部を除いて「天皇」に統一して記述を進めることとする（附図01、附表02・03）。

凡例

・現在宮内庁で管理している陵墓、およびその被葬者名については、『陵墓要覧』第六版（二〇一二年刊行）に従った。それぞれの読みについては、本文中に付さないので、巻末の附図01、附表02・03を参考に願いたい。ただし、これらの図表に含まれない御方や陵墓の名の読みについて、明確とされる場合は付している。

・年の表記は和暦（元号）を用い、初出の場合のみ、西暦を併記した。

・あまり馴染みのない語句に関しては、初出の場合のみ、ルビを振った。また、括弧内に注釈を加えたところもある。

・史料等の引用にあたっては、史料の有する臨場感を体感していただきたく、基本的に原文のまま掲載した。その場合、できるだけ返り点を加えるように努め、文意を損なうことのないように意訳を添えたところもある。また、書き下しにあたっては、片仮名混じり文を現代仮名混じり文に改めるとともに、基本的には漢字も現行の字体に改めた。また、句読点やふり仮名などを適宜補っているところもある。

・引用文献に〔書○〕としているのは図書寮文庫、〔宮○〕は宮内公文書館、〔国○〕は国立公文書館、〔他○〕はその他の関係機関の所蔵文書である。

第1章　政治的シンボルとしての陵墓の時代

——飛鳥時代以前の陵墓（古代高塚式陵墓）

本章では、古代から近現代にいたる陵墓の歴史を通覧する。ここで重要なのは、陵墓がきわめて政治色の強い構築物であることである。この時期の陵墓は、一般には古墳として知られている。なかでも、天皇陵、大王墓なども呼ばれている「天皇陵古墳」を主に取りあげていきたい。陵制上は、古代高塚式陵墓と定義されているものである。時代的な背景をふまえつつ、その変遷を辿っていきたい。

1　「前方後円形古代高塚式陵墓」の盛衰

蒲生君平の陵墓に対する編年観

古代の陵墓に関して具体的に言及するにあたって、まず確認しておきたいのは、江戸期の蒲生君平〈明和五～文化一〇年〈一七六八～一八一三〉〉の編年観である〔岡部ほか一九一一、安藤一九七九〕。林子平、高山彦九郎とともに「寛政の三奇人」とされ、陵墓の研究の進展に大きな貢献を果たした〔篠原二〇〇八〕。

君平は後に「幕末の修陵」（「文久の修陵」ともいう。その理由については、一二三頁を参照のこと）を主導する宇都宮藩内に生まれ、たびたび水戸に往来し、藤田幽谷らと交わり、水戸学の影響を受けた。寛政一一年（一七九九）一一月から翌年五月にかけて山陵の実地調査をおこない、その成果は代表的な著書である『山陵志』（文化五年刊行）に結実している。その対象は陵墓全般というよりも、天皇陵（山陵）に限定されていることに、まずは注意しておきたい。

蒲生君平の「上古」から「平安」時代に至る編年観を箇条書きすれば、以下のようになる（歴代数は筆者付記）。

①上古は大朴《たいぼく》（大雑把）であり、いまだ山陵の制が整っていない、神武天皇陵以前の神代三陵（瓊瓊杵尊《ににぎのみこと》・彦火火出見《ひこほほでみの》尊《みこと》・鸕鶿草葺不合尊《うがやふきあえずのみこと》の陵）ははるか昔のことであり、よく分からない。

②大祖（神武）から孝元天皇（八代）は小高い丘に墳を造る。

③開化天皇（九代）から「盖（蓋）寝の制」（陵墓の制度）が始まり、垂仁天皇（一一代）から敏達天皇（三〇代）は「宮車を象って、前方後円（形）とし、壇は三成（段）として溝をめぐらしている」としている。

④用明天皇（三一代）から文武天皇（四二代）は制度が変わり、円（形）に造って、玄室をその内に掘り穿いて、堊《しろつち》で築き、巨石で覆っている。石棺はそのうちにあって南面（南に面している。「君子南面」を意識）している。そこで、その玄室の扉も南面し、石を積み上げて羨道《せんどう》としている。この時期の墳形は円墳であり、周囲には溝がなく、横穴式石室を埋葬施設としている。

⑤その後、南都（平城京—奈良時代）になると旧に復した（古墳の形状、石棺や礼物〈副葬品〉を用いた山陵が営まれた）。

⑥平安（平安京—平安時代）には、平安京の山や丘の形が山陵を営建するのに適したものがなかったため、山陵はおおむね平地に築かれた。また、天皇または上皇が生前に死後のことについて指示した詔である遺詔《いしょう》によって、次第に薄葬になった。

以上のうち、③は、「前方後円墳」の名所《などころ》として有名な箇所である。つまり、垂仁天皇から前方後円墳時代が始まり、敏達天皇まで続くとしている。開化天皇陵は現陵にあてているが、前方後円墳とは見なしてはいないことが注意される。

④は、後の大正年間に喜田貞吉と高橋健自の間でおこなわれた竪穴式石室と横穴式石室年代論争の決着を待つまでもなく、正鵠を射ていた。この年代論争は、喜田が古墳を前後二期に大別し、前期が「竪穴式石槨」、後期が「横穴式石槨」

であると指摘したのに対し、高橋は黄泉国や天岩戸神話などから「横穴式石槨」のほうが古いと説いたものである（喜田一九一四、高橋一九一四）。

さらに、「崇峻（天皇）陵もまた寿蔵なるか」として、崇峻天皇陵（三二代）が生前から陵が築造されていた陵、つまり、寿陵である可能性を指摘しており、興味深い。

この編年観に対して、横山浩一は「当時としては驚くほど正確な古墳変遷観が述べられて」いたと評価している（横山一九五五）。ある面では、『古事記』や『日本書紀』（以下、記紀という）の記述に拘泥していた明治・大正・昭和戦前期の研究状況よりも先見性があるといってよかろう。

その研究姿勢についても、古墳の編年をおこないつつ、天皇陵（山陵）の変遷を考えようとした点において、現代の考古学的方法と何ら変わることがない。このことは、大いに評価されて然るべきであろう。ただし、後に述べるように、山陵について考察は記紀等の文字史料に大きく依拠し、遺構・遺物などの考古資料への配慮は、ほとんど欠如していることには留意しておきたい。

古墳と古代高塚式陵墓

ここまでにもすでに「陵墓」、「山陵」、さらには「古墳」などという複数の言葉を使ってきたため、混乱を来したかもしれない。ここで、これらの言葉の意味について、あらかじめ整理しておきたい。

古墳とは古代に築造された墳墓の一種である。「墳」とはもともと盛り上がった土、堤や丘を意味し、転じて土を盛り上げて造った墓をいうようになった。日本考古学では、古墳を歴史概念としてとらえ、ヤマト王権の盛衰と密接な関係を有するものと理解している。三世紀半ば以降の定型的な前方後円墳の出現以後、八世紀初頭の墳丘を有する墳墓までを「古墳」とするのが一般的である。つまり、古墳とはこの時代のみに用いられる歴史的概念なのである。

の終末期として位置づけられている。
この約四五〇年間のうち、三世紀半ばから七世紀初頭前後までは前方後円墳の時代とされ、残りの約一〇〇年間は古墳の終末期として位置づけられている。

これに対して「陵墓」とは、「はじめに」で述べたように、皇室関係者として被葬者が特定されている墳墓を称している。一般に馴染みの深い古墳という用語が避けられているのは、現に皇室により継続して祭祀がおこなわれている、いわば「生きた墳墓」であることが大きな理由である。

さて、上記の蒲生君平の見解をふまえると、陵墓の変遷を語る場合にどの段階から始めるべきであろうか。陵制上において明らかなもっとも古い形態の墳墓は、「古代高塚式陵墓」と呼ばれている。一般には、先に触れた古墳として親しまれているのと同じであり、君平の編年でいえば③と④が相当する時代となる。

陵制の研究史上、この「高塚式山陵」の時代を最初に位置づけたのは、戦前の宮内省諸陵寮〈現宮内庁書陵部〉などに勤務経験のあった和田軍一であろう。昭和九年（一九三四）のことである〈和田軍一九三四〉。大正時代においては、このような陵制は、「〈前期・後期〉墳墓」の時代〈喜田一九一四〉、「前方後円墳」の時代〈上野竹〈編〉一九二五〉と呼ばれていた。

古墳という用語は、すでに明治七年（一八七四）の「御陵墓調査上発見の古墳届出方」として太政官達第五九号に見える。また、明治一三年には「御陵墓所在未定の分取調に付人民私有地内古墳等発見の節届出方」が宮内省達乙第三号に認められる。ここで用いられている「古墳」は現在、考古学で使用する用語と異なり、より広い概念の古い墓の意であり、経文を書写して地中に納めた塚である経塚なども含んでいることには、注意しておく必要があろう。

このような意味での古墳の使用例は、宮内省内では明治時代を通じて認められた。しかし、大正時代も後半になると、そのような使用例はあまり確認できなくなる。大正期には古墳の定義が学会では明確化しつつあった状況とも対応するものであろう。

このような研究史上の段階をふまえて、宮内省諸陵寮では、陵墓が「生きた墳墓」という性格であることを主に考慮し、戦前から古墳という用語の使用は意図的に避けられていたものと考えられる。戦後も同様の状況が続いていたが、昭和四七年の奈良県明日香村の高松塚古墳の壁画発見による考古学ブームの到来を受けて、(古代高塚式)陵墓も古墳であることが学会などから強調されるようになってきた。その結果は、「天皇陵古墳」、「陵墓古墳」、「古墳陵墓」、あるいは「古墳時代陵墓」などの造語を生み出し、現在、これらの用語を用いる研究者も多い。

一方、和田軍一が使用した「高塚式山陵」は、京都市に所在する江戸時代末に営建された孝明天皇陵(一二一代)以降の天皇陵も含んでいたため、混乱が生じていた。そのため、昭和五〇年前後に新たに「古代高塚式陵墓」として、古墳様式の陵墓を区別するに至ったのである。古代高塚式陵墓なる用語も宮内庁内で造語されたものであるが、その本格的な使用に際しては、当時、宮内庁の書陵部委員であった末永雅雄奈良県立橿原考古学研究所長(当時)や坂本太郎東京大学名誉教授などの理解があったことも大きい。このことから見ても、古代高塚式という用語は学究サイドから生まれたものではないことが知られよう。

陵制の研究と古墳の研究——その関係と特質

今までたびたび「陵制」という語句を使用してきた。あまり馴染みのない用語であろう。ここで、陵制と古墳研究もその一対象とする歴史学研究との関係を垣間見ておきたい。あらためて述べるまでもなく、歴史学は人類の過去の史実を追求し、その社会的生活の状態や変遷などを研究する学問である。その対象へのアプローチ法などによって、政治史、経済史、法制史、文化史などに区別することができる。陵制史もその一つであり、陵墓に関わる歴史や沿革を明らかにしていく分野である。

つまり、陵制の研究は陵墓を通して、人類の過去を探求していく学問ともいえよう。陵制の研究対象は陵墓という墳墓であるから、とりわけその類型の一つである古墳研究との関係が深い。あらためて述べるまでもなく、古墳は主に考古学の研究対象となっている。都出比呂志が提唱した前方後円墳体制は、陵制と古墳研究の成果を融合させる視点をも有するものでもあったのである〔都出一九九〇〕。

古代高塚式陵墓の本質は文献史料が乏しい時代の古墳である以上、主に考古学的アプローチに拠って、その歴史的意義が解明されるべきであることはいうまでもない。しかし、そこに天皇（大王）家の祖先の墓であるという視点を導入するのであれば、別な方向からのアプローチもなされてしかるべきであろう。つまり、古代高塚式陵墓は、古墳時代の墳墓体系（前方後円墳体制）の頂点に位置する古墳なのである。下位の古墳の規範としても築造されたことに起因する実態を解明することにより、当時の社会関係や階層等を知ることができる可能性を秘めているのである。

そのためには、記紀などにおける天皇、皇室関係者の崩薨去や陵墓の営建記事、さらには文化人類学などによる王や関係者の祭祀の研究成果などにも十分な目配りと検討をおこない、参考とすべきは参考とするべきであろう。

陵制との関わりで、古墳研究の目的とそのプロセスを明確にしている研究は、前述の蒲生君平の『山陵志』である。同書では、

① 記紀や口碑伝承等に基づいて天皇陵（古墳）を考定する、

② それぞれの天皇陵（古墳）の立地や地形等を観察する、

③ それらから天皇陵（古墳）の変遷観を導き出す、

というプロセスを辿っている。このような研究方法は、古墳そのものの型式学的検討をふまえた編年ではなく、天皇の歴代順に規定される年代観であった。そのため、あくまでも古代の歴代天皇陵の変遷史としての古墳研究が、その目的であったといえよう。

口碑伝承と併せて、より重視されたのは記紀、および『延喜式』等の古記録における陵墓に関する記載である。陵制におけるこのような研究法に制約されていたためか、古墳研究においても、考古学が未発達の状況が続いた。明治になって

近代考古学の萌芽が認められるようになってからも、その学問的特徴でもある型式学的な研究の進展は遅れた。すなわち、この段階では古墳研究、とくにその編年的研究は、考証学的なアプローチに立脚するものであったのである。

大正年間になってようやく、記紀の年代観を意識するものではあったとしても、古墳そのものから時期の変遷を読み取ろうとする意図が認められるようになった。一部では中国鏡を使用して、暦年代を付与するなどといった新たな試みも生じてきた。しかし、遺構や遺物の形態や技術の変化に、時期の変遷を読み取る型式学的な検討が実践されるまでには至らなかった。この時期の古墳研究は、従前と同じく考証学的、有職故実的な研究が主流を占めており、型式学的研究が古墳研究にも十分に応用されるには、さらに当時の国家体制を含めた社会の変革が必要であった。陵制の研究方法から脱却しないことには、古墳研究の進展はありえなかったのである。

第二次世界大戦後、今までの皇国史観に基づいた神話中心の古代史は否定され、その解明は考古学に期待されることとなった。古墳の発掘も従前の制限が解けて活発化することとなり、古墳全体や埋葬施設の構造、さらには副葬品の内容・組み合わせ等に関する情報が飛躍的に増大した。なかでも、埴輪の編年的研究は昭和四〇年代後半以降、急速に進展し、古代高塚式をも時間軸のなかに細かく位置づけることが可能となったのである。

ここにおいて、従来の陵制研究と古墳研究の立場は逆転したともいえよう。古墳研究の成果が、陵制研究にも反映することになったのである。ただし、このことにより学問的には陵制――とりわけ古代高塚式の分野――の研究において、よりその変遷等を明らかにしていくことに貢献はしたとしても、現実には、高木博志の説く一九世紀の学知（「十九世紀の陵墓体系」）〔高木二〇一〇〕、すなわち主に考証学的な検討に拠って、戦前に決定された陵墓の体系を覆すには至っておらず、大きな課題として残されている。現在の陵墓問題の本質でもあろう。

古代高塚式陵墓以前の陵墓

先に述べた和田軍一などによってすでに指摘されているように、陵制上、崇神天皇陵（一〇代）以前は、不明の点が多い。神武天皇、および「欠史八代」とも呼ばれる綏靖天皇（二代）から開化天皇までは、その実在説も根強いものの、疑念が呈せられており、後世に創作された存在と考える見解が有力である。

しかし、その一方で、これからたびたび引用することになる延喜諸陵墓式という古代における朝廷のいわば陵墓管理台帳には、これら九代の山陵の所在地も明記されている。『延喜式』が完成したのは延長五年（九二七）であるが、これをさらに遡り、大宝令が大宝元年（七〇一）に施行されてまもなく、平城京遷都以前の藤原京時代に制定されたと考えられている「別記」にも関係する記載があったらしい（和田萃一九九六）。

そこには、陵墓の名称、その所在地、配置された陵守・墓守（八世紀半ばから施行されたとされる「養老令」では、陵戸・守戸と称された）の数が列挙されたという。つまり、八世紀の初頭にも、すでに同様の状況であったことがうかがわれるのである。

この時期の陵制に関して、宮内省で臨時帝室編修官を努めた上野竹次郎は、その著『山陵』において、「神武天皇以来十世四百余年、孝元天皇に至る、現陵を拝するも、固より当初の制を明らかにせず、」とし、現在の陵はかつて崩れて残った陵の跡を修補したところであり、皆その丘形を存せしものと述べている（上野竹（編）一九二五）。

また、和田軍一『皇陵』では、「後歴代の極く始めの御方方の山陵は固より陵所は御確定になっており、又現在の墳塋の形状も明かであるけれども、その現状を以て原初の形制を推知することは困難である。」と記している（和田軍一九三四）。

両氏ともにこの時期の詳らかな考察は避け、孝元天皇陵から陵制の変遷の具体的な叙述に及んでいるのである。その特徴として、ともに前方後円墳を築営していることを指摘している。もっとも、上野は孝元天皇陵に関して、「其の制、固より明かならざるも、前後二丘あり、或は以て前方後円墳の初めとなすべきか。」とより慎重な姿勢をとっていることが注目される。

前方後円墳の時代

このような歴史学の現状と先学の研究をふまえ、古代高塚式陵墓と前方後円墳、なかでも規模の突出した前方後円墳とほぼ同義と見なすのであれば、まずは前方後円墳の性格を明らかにしておくべきであろう。前方後円墳という特徴的な形状の起源についてはさておき、古代高塚式陵墓の多くを突出した規模の前方後円墳が占めているということには、重要な意味があるからである。

歴史的にはこの時代の大きな特色は、日本の本州・九州・四国（以下、「狭義の日本列島」という）各地の有力者たちが、共通の古墳のスタイルで政治的な地位を示したことにある。古墳の形は、大きく前方後円墳、前方後方墳、円墳、方墳という四つに分けることができる。これらのうち、規模や構造、さらには副葬品などの点で最上位に位置づけられるのが前方後円墳とされている。前方後円墳が営まれた約三五〇年間を通じて、その最大規模のものは、大和盆地から河内平野にかけての直径三〇キロメートルの狭い地域内に造られ続けた（図03）。

このことから、この時代は狭義の日本列島の広い範囲で、葬送儀礼の共有ということで明示されるような有力層の政治的統合が生まれ、その政治体制の主導権を、近畿中部の有力者集団からなるヤマト王権が継続的に確保した時代だ、と理解することができる。そして、この政治的秩序を風景のなかに刻みつけて顕示したものが、古墳という記念物であった。視覚的ということがきわめて大きな意味をもつ時代であったともいえよう。

都出比呂志はこの時代を初期国家として位置づけ、「前方後円墳体制」という言葉で呼んでいる〔都出一九九〇〕。本体制の最上位に位置づけられるのが、それぞれの時期でもっとも大きな前方後円墳であり、いわば、「King of kings」の墓といってよいかと思われる。その代表例が、全長がおそらくは五〇〇メートルを超える大仙陵古墳であり、同古墳は仁徳

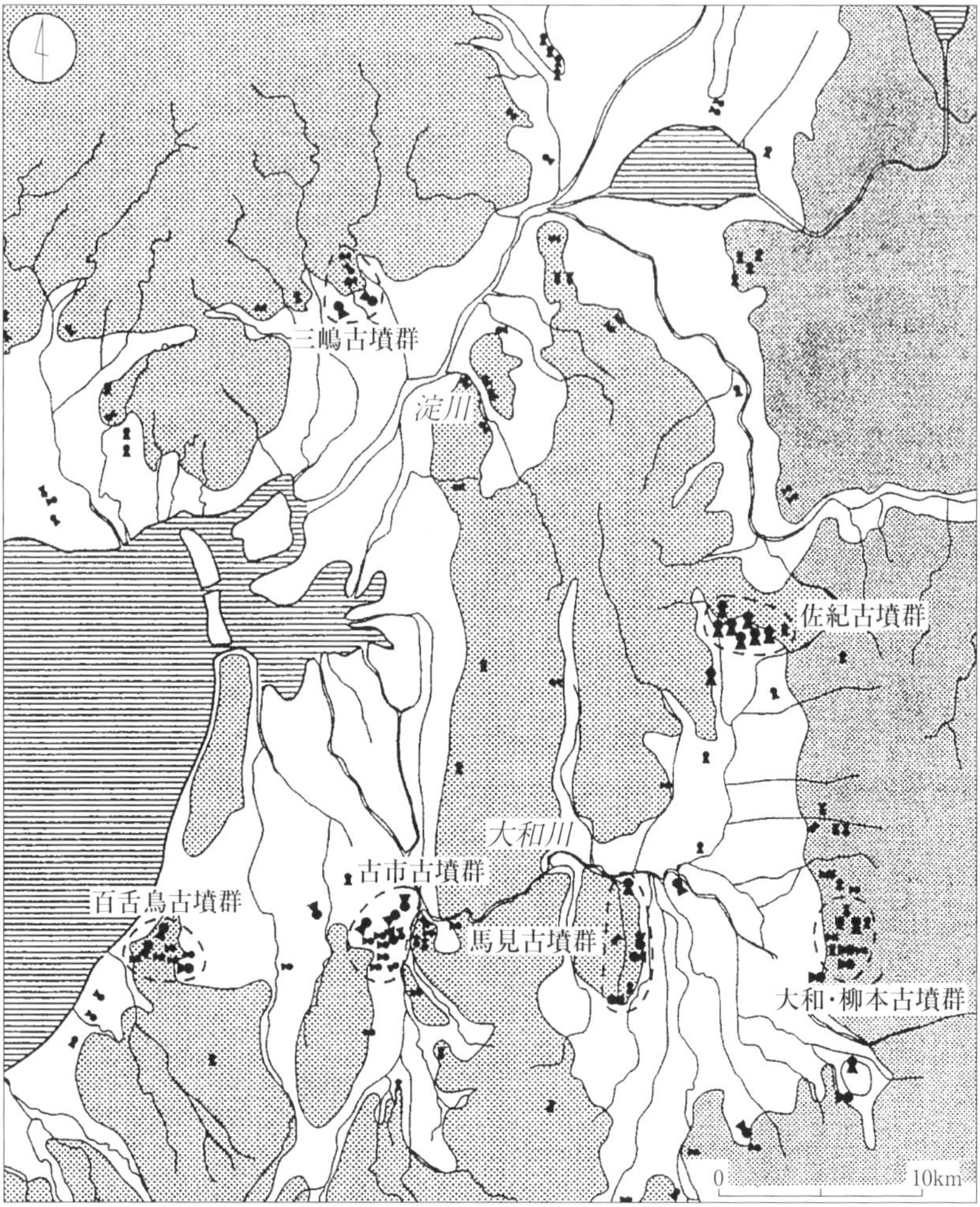

図03　畿内における大型前方後円墳の分布

天皇の陵に治定されている〔徳田二〇一八〕。

巨大前方後円墳の出現と展開

古墳としての陵墓（「天皇陵古墳」・「陵墓古墳」、以下、一部を除いて「天皇陵古墳」という）の研究は、埴輪などの編年の進展によって、飛躍的に進んだ。陵墓に治定されていることに起因して墳丘部などに立入りできない状況でも、天皇陵古墳の年代をほぼ精確に比定できるようになったのである〔川西一九七八〕。

その結果、現在までに治定されている天皇と天皇陵古墳の間に年代観の齟齬があることが、より明確となった。にもかかわらず、学問的にはこの事実を公然のこととして受け止め、天皇陵古墳を含めた大型前方後円墳の消長を検討し、各時期の最大規模の古墳を「大王墓」と位置づけ、ヤマト王権の実態に迫る研究が主流を占めるようになったのである。

こうして学問的には、大王墓の被葬者が記紀記載のどの天皇に比定されるのかは、あまり問題視されることはなくなった。このことは、古墳時代研究における考古学と文献史学の学際的な研究に、陰りをもたらすことになったのである。なかには、祭政分離をふまえ複数系列などに理解する研究者もいるが〔岸本二〇〇八〕、被葬者をほぼ等閑視する点では、共通している。

天皇陵古墳の研究には、このような視点の相違が内在していることをあらかじめ十分に承知しておきたい。そのことをふまえつつ、同様に埴輪などの研究成果をもとに、この前方後円墳の時代の時期区分をおこない、それぞれの時期の最大規模の古墳を抽出してみると、明確に時期差を見いだすことのできない古墳もあるものの、その出現から終焉までに一七〜一九基の前方後円墳を「King of kings」の墓として認めることができる（表02）。

箸墓古墳［大市墓］（論旨上、本項では古墳名で表記し、［　］に陵墓名を記すことにする）、西殿塚古墳［衾田陵］、行燈山古墳［崇神天皇陵］、渋谷向山古墳［景行天皇陵（一二代）］、（佐紀陵山古墳［狭木之寺間陵］）、宝来山古墳［垂仁天皇陵］、五社《ごさし》神古墳

古市古墳群	百舌鳥古墳群	摂河泉の主要古墳	他地域の主要古墳	主要な出来事
				239年 卑弥呼魏に遣使 247年？　卑弥呼の死
		弁天山A１号（120）	浦間茶臼山（138） 椿井大塚山（170）	【前方後円墳の出現】 266年 壱与の使者，晋に至る
		玉手山１号（110）	森将軍塚（99）	【前方後円墳の急増】
		摩湯山（200） 松岳山（130）	五色塚（194）	
津堂城山（208）	乳ノ岡（155）	貝吹山（135）	網野銚子山（198）	【前方後円墳の築造規制・前方後方墳の衰退】
仲津山（290） 墓山（224）	**百舌鳥陵山**（365）		造山（350） 太田天神山（210） 女狭穂塚（176）	413〜502年 「倭の五王」中国南朝にたびたび遣使
誉田御廟山（425）		西陵（205）	作山（286）	
市野山（227） 軽里大塚（190） **岡ミサンザイ**（242）	**大仙陵**（500＋） **土師ニサンザイ**（300＋） 御廟山（186）	太田茶臼山（226） 淡輪ニサンザイ（172）	月ノ岡古墳（95） 両宮山（192）	【大型古墳群の衰退・中小前方後円墳の増加】
高屋築山（122） ボケ山（122） 白髪山（115）		**今城塚**（190）	大谷（70） 埼玉稲荷山（120） 岩戸山（144）	507年　ヲホド王即位 527年　筑紫君磐井の乱（地方豪族最後の反乱）
（**河内大塚山**［335］）			鴨稲荷山（45）	
			こうもり塚（100）	【前方後円墳の終焉】

れぞれの時期において，「King of kings」の墓と考えられるもの。

表02　畿内における大型前方後円墳の編年

時期		大和・柳本・箸中古墳群		佐紀古墳群	馬見古墳群	大和の主要古墳
			（ホケノ山）			
1期	前期	中山大塚(120) **西殿塚**(219)	**箸墓**(280) 黒塚(130)			
2期		東殿塚(139)	天神山(113)			桜井茶臼山(208)
3期		灯籠山(110)	**行燈山**(242) **渋谷向山**(300)	佐紀陵山(210) **宝来山**(227)	新山(137) 宝塚(112)	メスリ山(250) 西山(180) 東大寺山(140)
4期			櫛山(152)	**五社神**(275) 石塚山(220)	巣山(204)	
5期	中期			コナベ(204) 市庭(250) ヒシアゲ(218)	築山(210) 新木山(200) 乙女山(130)	島ノ山(195) 宮宮山(238)
6期				ウワナベ(255)	川合大塚山(195)	掖上鑵子塚(149)
7期				平塚2号(70)		
8期	後期	西山塚(114)				西乗鞍(118) 鳥屋身三才(138)
9期						ウワナリ塚(115) 別所大塚(115)
10期					**五条野丸山**(310)・**平田梅山**(140)	

注　太字は，後藤義郎(編)『前方後円墳集成　近畿編』(山川出版社，1992年)による編年観のそ

〔狭城盾列池上陵（神功皇后陵）〕、津堂城山古墳〔藤井寺陵墓参考地〕、仲津山古墳〔仲津山陵〕、百舌鳥陵山古墳〔履中天皇陵（一七代）〕、誉田御廟山古墳〔応神天皇陵（一五代）〕、大仙陵古墳、土師ニサンザイ古墳〔東百舌鳥陵墓参考地〕、岡ミサンザイ古墳〔仲哀天皇陵（一四代）〕、今城塚古墳、（鳥屋身三才古墳〔宣化天皇陵（二八代）〕）、河内大塚山古墳〔（河内）大塚陵墓参考地〕、五条野丸山古墳〔畝傍陵墓参考地〕、平田梅山古墳〔欽明天皇陵（二九代）〕がそれらにあたる。

箸墓古墳の築造とその後の展開――前方後円墳形式の古代高塚式陵墓

このような考古学などの歴史学の研究成果をふまえ、古代高塚式陵墓と前方後円墳の出現を同義と見なすのであれば、最古の天皇陵古墳は箸墓古墳ということになるであろう。考古学的には定型化した最古の前方後円墳として位置づけられている。また、陵墓としては、孝霊天皇皇女である倭迹迹日百襲姫命の大市墓に治定されていることは先に述べた。

箸墓古墳は大和盆地東南部に位置する前方後円墳（全長約二八〇メートル）である。箸墓古墳において、前方後円墳という墳形、墳丘を段階的に構築する工法（段築）、特殊器台形などの埴輪などが初めて備わることとなり、それらは後に約三五〇年続く前方後円墳時代の規範となった。

このような点からも、箸墓古墳の出現は一つの画期であり、我が国における国家の出現や成立を理解するうえで、大きな意義を有するといえよう。

ここで、先に触れた一七～一九基の前方後円墳の分布を見ておきたい。箸墓古墳と後続する三基――西殿塚古墳・行燈山古墳・渋谷向山古墳――は、大和盆地東南部古墳群に位置している。大和東南部古墳群は広義の大和《おおやまと》古墳群とも称され、さらに南から箸中支群（箸墓古墳など）、柳本支群（行燈山古墳・渋谷向山古墳など）、萱生《かよう》支群（西殿塚古墳など）に区分できる。

大和東南部古墳群を構成する諸古墳は、そのほとんどが古墳時代前期（三世紀中葉～四世紀中葉）に築造されたものであり、成立期のヤマト王権の王とそれを支えた人々の墓域とされている。

次代の佐紀陵山古墳、宝来山古墳、五社神古墳は奈良盆地の北の佐紀古墳群にある。本古墳群は西群、中央群、東群に三区分され、その際にはさらに南に約二キロメートル離れて位置する宝来山古墳を含めないことが多い。立地も西群などとは異なるが、西群とは秋篠川という水系を共有することから、ここでは佐紀古墳群の一支群とし、南群として理解しておきたい。

佐紀古墳群は、渋谷向山古墳との関係が悩ましいところではあるが、四世紀中葉過ぎから五世紀後葉にかけて形成された。三基の天皇陵古墳を含め、計八基の二〇〇メートル超の大型前方後円墳が含まれている。陪冢《ばいちょう》と呼ばれる小型円墳や方墳を周囲に配する古墳が多いこともその特徴といえよう。ただし、本古墳群のなかでこれら陪冢を配するそうした大型前方後円墳は、百舌鳥・古市古墳群の成立以後に築造されたことには、留意しておきたい。

次いで、やや遅れて四世紀後葉から五世紀代にかけて津堂城山古墳、仲津山古墳、百舌鳥陵山古墳、誉田御廟山古墳、大仙陵古墳、土師ニサンザイ古墳、岡ミサンザイ古墳の七基が、大和川と石川の合流地点の台地上の古市古墳群と、大阪湾に面した百舌鳥台地上の百舌鳥古墳群に築造された。津堂城山古墳、仲津山古墳、誉田御廟山古墳、岡ミサンザイ古墳の四基が古市古墳群に位置し、他の三基は百舌鳥古墳群にある。

両古墳群ともに、前方後円墳に加えて、帆立貝式古墳、造出付き円墳、円墳、方墳など多様な墳形・規模の古墳で構成され、各々の時期で最大規模の大型前方後円墳を頂点とする階層構成をなしている。大型古墳には数基の陪冢が随伴し、陪冢に埋納された鉄製品等の豊富さが目立つ。全長四〇〇メートルを超える古墳が二基（誉田御廟山古墳・大仙陵古墳）含まれるなど、その巨大化が質量ともにピークに達している。

以上の各時期における最大規模の古墳は、大和・河内・和泉の大型古墳群のなかに認められた。これに対し、以後に築造された後期（ほぼ六世紀）の古墳である今城塚古墳、鳥屋身三才古墳、河内大塚山古墳、五条野丸山古墳、平田梅山古墳は、摂津の三嶋、大和の畝傍山の南西の身狭、河内の古市古墳群の西方、大和の檜前およびその付近と、目まぐるしく変遷している。

規模の面でも、後期古墳において二〇〇メートルを超えることは河内大塚山古墳と五条野丸山古墳を除いて皆無であり、一四〇メートル前後の古墳が含まれることには注意しておきたい。各時期の相対的な規模において、天皇陵古墳の候補を抽出したためである。

欽明天皇陵と敏達天皇陵——前方後円墳の終焉

後期古墳のうち、五条野丸山古墳、平田梅山古墳に関しては、その被葬者をめぐって大きな論争がある〔森一九六五、和田萃一九七三・二〇〇五、増田一九九一・一九九二、竹田二〇〇一、小澤二〇〇二、高橋二〇〇四ほか〕。ともに、その被葬者の候補として有力視されているのが、欽明天皇である。ここでは、議論に深く立ち入ることは避けるが、次代の敏達天皇陵との関係については、あらかじめ解決しておく必要があろう。というのは、三一代の用明天皇陵からは、前方後円墳ではなく、方墳を墳形として採用しているからである。

現在、敏達天皇陵に治定されている古墳は、河内飛鳥に位置する前方後円墳である太子西山古墳である。太子西山古墳は磯長谷《しながだに》古墳群における唯一の前方後円墳で、その全長は一〇〇メートルに満たない約九四メートルである。二段に築成され、斜面の傾斜は他の前方後円墳に比べてかなりきつい。両くびれ部には、大きな方形造り出しが見られる。幅狭の盾形の空壕をめぐらせることもその特徴といえよう。後円部南西側の外堤には埴輪列の存在が知られている（図04）。

墳丘の形状や大和盆地における埴輪の消滅時期から考えて、敏達天皇陵とすることに疑問も呈せられ、磯長谷の別の方墳（葉室塚古墳など）に候補を求める見解もある〔太子町立竹内街道歴史資料館（編）一九九四〕。その場合は、最後の前方後円墳という評価はできないことになる。

何故、ここで敏達天皇の陵にこだわるかというと、約三五〇年にわたって大きな政治的な意味をもち、ヤマト王権の長

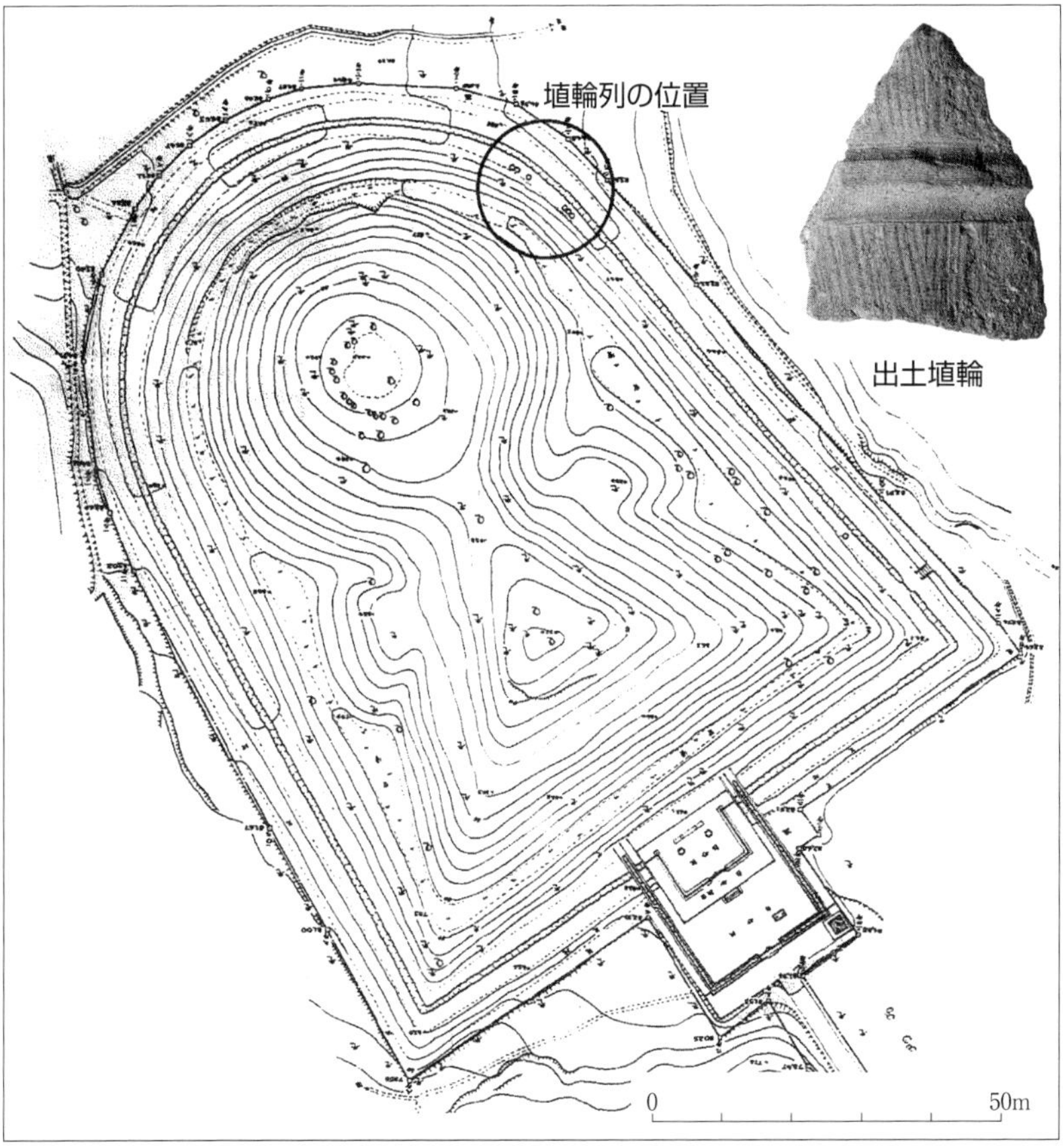

図04　敏達天皇陵の埴輪列の位置（○印）と埴輪

（「King of kings」）が採用した前方後円墳という墳形がどの天皇の代に終焉を迎えたかを知ることは、その当時の政権の性格などを理解するうえで、きわめて重要なことであるからである。

ここで注意しておかなければならないことは、文献史料からうかがわれる敏達天皇の崩御以降の経過である。『日本書紀』によれば、天皇はその一四年（五八五）八月に崩御の後、五年八ヶ月のきわめて長期にわたる殯を経て、崇峻天皇四年（五九一）四月に母の石姫皇女の陵に合葬された。つまり、敏達天皇の陵は本来、石姫のために営建された陵なのである。なお、陵号は「磯長陵」となっている。

延喜諸陵墓式には、敏達天皇陵について、「河内磯長中尾陵。譯語田宮《おさだのみや》御宇敏達天皇、在河内国石川郡、兆域東西三町、南北三町、守戸五烟。」、石姫皇女の陵に関しては、「磯長原墓。石姫皇女、在河内国石川郡、敏達天皇陵内、守戸三烟。」との記載がある。石姫皇女の墳墓を「墓」としているのは、延喜諸陵墓式成立以前の陵墓名の使用区分を反映したものである。また、陵名を違え、それぞれ守戸が置かれていることから、後円部と前方部それぞれへの別埋葬とする見解もある〔石田一九九〇〕。その際には、前方後円墳である現陵への治定を容認していることになる。

現陵を敏達天皇陵と見なすことには、考古学的な年代観からはより慎重にならざるをえないが、積極的に否定することもまた困難である。石姫皇女はその崩御年は不明であるものの、欽明天皇の崩御年である同天皇三二年（五七一）以後、敏達天皇の即位に伴い、皇太后となっている。このことから、太子西山古墳に石姫皇女も埋葬されているとすれば、本墳が畿内における最後の前方後円墳という可能性は、少なからず残されているともいえよう。

ここでは、敏達天皇は皇后の石姫皇女の陵に合葬されているということを重視し、天皇陵として営建された最後の前方後円墳は欽明天皇陵であることを確認しておくにとどめておきたい。

2　「方形・八角形古代高塚式陵墓」の出現と展開

方墳の採用

さて、本項以降は基本的に古墳名ではなく、陵墓名で記していくこととしたい。用明天皇陵（春日向山古墳）からはその墳形に方形、つまり方墳が採用される。方墳といっても、それ以前に比べ、傾斜面の角度も急となり、段築も明瞭化する。一見するとピラミッド風とも見える。その急斜面等を維持するためには、版築等の土木技術の飛躍的な向上が必要とされよう。その規模は東西が約六五メートル、南北約六〇メートルであり、三段に築成されている。用明天皇陵も敏達天皇陵に引き続き、河内の磯長谷にあることには注目しておきたい。

続く三二代の崇峻天皇は、確実な例では唯一の暗殺された天皇である。『日本書紀』に拠ると崩御当日に倉梯岡陵に葬ったとあり、延喜諸陵墓式には「無〓陵地幷陵戸〓」と記されている。即日に埋葬され、陵地・陵戸がないことは、他に例を見ない。

現在、治定されている崇峻天皇陵は、延喜諸陵墓式に記載もなく、その確定は困難であるとのことから、天皇の皇居柴垣宮伝承地と天皇の位牌を安置する観音堂のある天皇屋鋪の両所を一郭とし、陵を修営したものである。後述するが、いわゆる「擬陵」にあたる。

一方、現陵の治定の経緯をふまえて、陵地を別な場所に求める見解もある。その有力な候補地が、奈良県桜井市の赤坂天王山古墳である。従前から方墳とされていたが、最近の測量調査によって、その規模と形状が北辺が約五〇・五メートルであるのに対し、南辺は約四三・二メートル、東辺の約四六・五メートルに対し、西辺は約四七メートルと北から南側にすぼまり、三段に築成されていることが判明した〔桜井市纒向学研究センター二〇一八〕。

南南東に横穴式石室が開口し、中には刳貫《くりぬき》式家形石棺が安置されている。本古墳を崇峻天皇陵として認めるとすれば、即日埋葬ということから考えて、蒲生君平も指摘した「寿陵」と見なすことができよう。

方墳として最後の天皇陵古墳は、推古天皇（三三代）陵（山田高塚古墳）である。磯長谷に位置し、東西約六六メートル、南北約五八メートル、三段築成である。南面して東西に二基の横穴式石室を有し、うち一基には二基の石棺の存在が知られている。とすれば、三方以上の被葬者が想定できることになる〔福尾一九九一〕。

推古天皇は、『日本書紀』には遺詔によって所生（生んだ子）の竹田皇子の陵（墓）に葬るとされ、陵名は記されていない。また、『古事記』には陵は大野岡上にあったのを、後に科長大陵に遷したとの記事がある。

この初葬地である大野岡上の有力な候補地が奈良県橿原市の植山古墳である〔石坂・竹田二〇一四〕。東西約四〇メートル、南北約三〇メートルの長方形墳で、墳丘の主軸はほぼ南北方向となっている。南面する二基の横穴式石室が設けられ、それぞれに（家形）石棺が安置されていたものと考えられている。

今回、取りあげた三基の天皇陵もしくはその候補地とされる古墳は、いずれも各側辺を方位にそろえた方墳で、南北に比べて東西がやや長いという点で共通している。植山古墳も同様の特色をもっていることにも注意しておきたい。

古代高塚式のうち、天皇陵として営建されたものとして、欽明天皇陵までの墳形は前方後円墳であり、朝鮮半島に類似する例は認められるものの、いわば我が国独自のものであった。ところが、用明天皇陵以降しばらくは朝鮮半島や大陸の王陵とも共通する墳形となった。東アジア的価値観に基づいて採用された墳形、という評価を与えることも可能であろう。

崇峻天皇陵の候補地はさておき、用明・推古の各天皇陵は方墳とはいえ、やや東西に長い長方形をなすことにその特徴がある。記紀には両天皇とも改葬したことが記されており、推古天皇の場合は竹田皇子と合葬されたことも、その一因であろう。

八角形墳の出現と消長

第三四代の舒明天皇の時世は、大臣の蘇我蝦夷《えみし》・入鹿《いるか》父子の全盛期にあたる。天皇は崩御後、「百済《くだら》の大殯《おおもがり》」と称される盛大な殯宮《ひんきゅう》儀礼を経て、滑谷岡《なめはざまのおか》に葬られた後、「押坂陵」に改葬された。延喜諸陵墓式では現在の陵名である「押坂内陵」となっている。

現陵は段ノ塚古墳と呼ばれる。三段築成の方形壇の上に、平面形が八角の二段築成の墳丘が認められる。上段の形状が八角形と明瞭になるまでは、上円下方墳とされていた。これは以下に述べる天智天皇（三八代）陵などでも同様である。南に延びる丘陵の先端に立地することもあり、下方部の両側面は中途から傾斜面に吸収されている。八角丘部分は隅角が南面中央に位置し、後続の八角形墳が側辺を南面させることと対照をなしている〔笠野一九九五〕。江戸時代末の谷森善臣の『山陵考』などに拠れば、横穴式石室内に二基の石棺の存在が知られている〔書01〕。舒明天皇陵の墳形は天智天皇陵の墳丘を介して、明治天皇（一二二代）陵の墳形のモデルとなった。

舒明天皇陵に酷似する墳形を有する古代高塚式は、天智天皇陵である。陵は御廟野古墳とも呼ばれ、舌状に延びる丘陵先端の緩斜面に立地している。上円部は二段築成の八角形墳と理解され、下方部も二段からなる上八角（円）下方墳である。主軸は方位にかない、南正面には八角形の隅角ではなく、南辺が位置している。それぞれの斜面は大小の石材を利用した葺石または貼石で覆われていたと考えられる〔笠野一九八八〕。

続く天武天皇（四〇代）陵は持統天皇（四一代）との合葬陵で、野口王墓山古墳とも称されている。墳丘部は、天智天皇陵などに認められた下方部がなくなり、八角丘のみとなっている（図05）。裾部には石敷きの外周施設をめぐらし、墳丘部は鎌倉時代の盗掘記録である『阿不幾乃山陵記《あふきのさんりょうき》』にも記されているとおり、五段築成である〔宮01〕。戦後の宮内庁などによる調査成果を参考にすれば、第二～四段に比べ最下段は低く、また最上段はその倍の高さに復元される。二上山《にじょうざん》産の凝灰岩を使用し、墳頂部を含め、全面が覆われていたと推測される〔福尾二〇一三a〕。

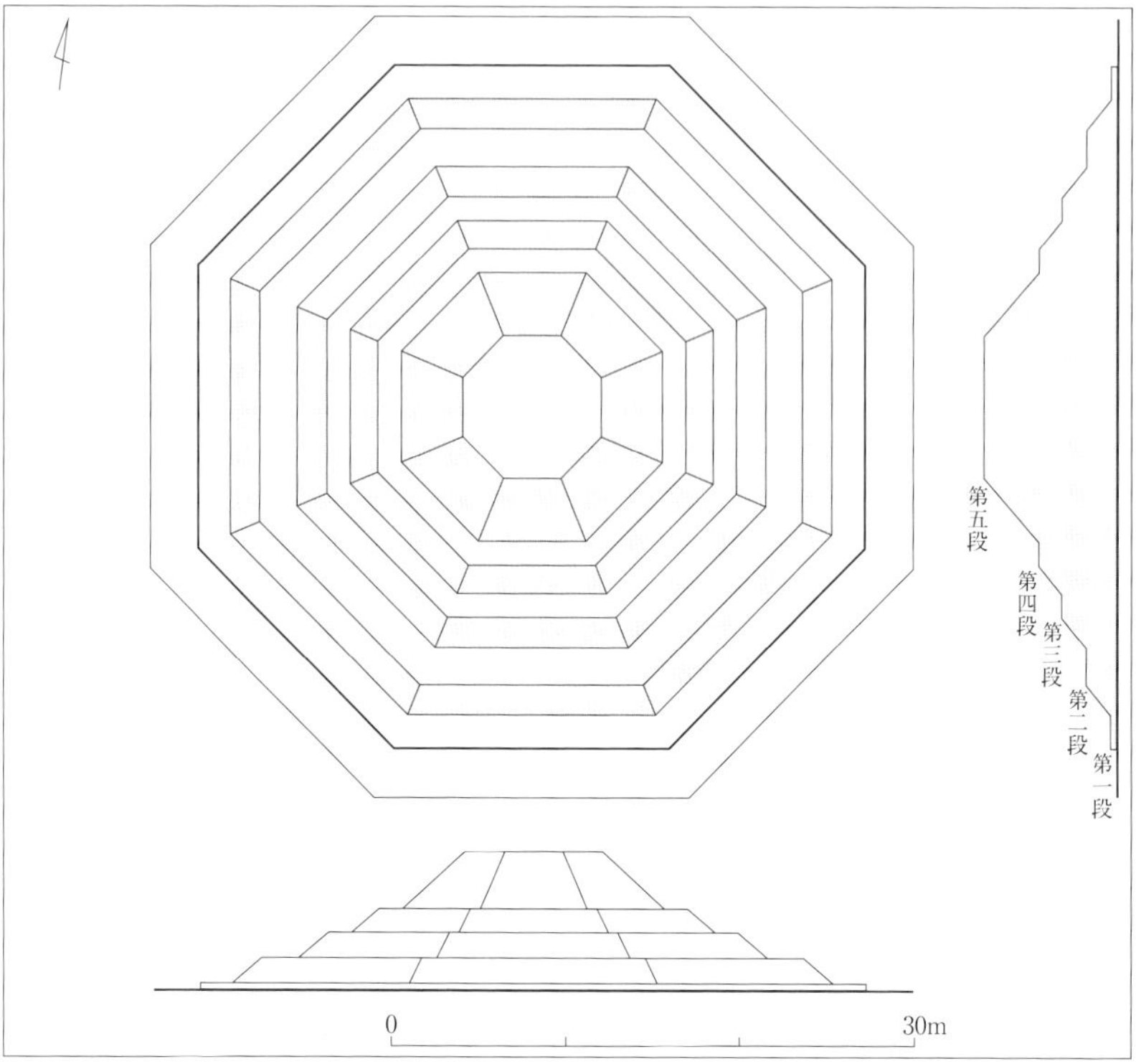

図05　天武天皇・持統天皇合葬陵の復元図

埋葬施設は、南面する横穴式石室（横口式石槨）であり、夾紵棺《きょうちょかん》と金銅製の「桶《おけ》」（蔵骨器）が内部に安置されていた。前者は天武天皇、後者は天皇としては初めて荼毘に付された持統天皇を納めたものであろう。

次いで文武天皇も火葬された。その陵は、天武天皇・持統天皇合葬陵（以下、天武・持統天皇合葬陵という）と同じく奈良県明日香村に位置する中尾山古墳とする説が有力である。中尾山古墳は公表が遅れた天武・持統天皇合葬陵を例外とすれば、発掘調査により八角形墳と確認された最初の古墳でもある〔網干ほか一九七五〕。それは昭和四九年のことであった。

墳丘構造に関しては、「二重の外部施設と三段の墳丘」との報告がある。墳丘部については、四段とする復元案もあることには注意しておきたい〔近江一九七六〕。小規模の横口式石槨を埋葬施設としているが、成人を伸展葬とすることが困難な大きさであり、蔵骨器を納めたものと考えられている。

以上、八角丘を墳丘とする天皇陵古墳として、舒明天皇陵、天智天皇陵、天武・持統天皇合葬陵、中尾山古墳を取りあげてきた。

これら以外に、八角形墳であることが確認されている例は、明日香村の牽牛子塚《けんごしづか》古墳である。近年、発掘調査が実施され、その詳細がより明確となった〔西光（編）二〇一三〕。墳丘部は、版築により腰高に築かれていた。盗掘等により、段構成や表面の貼石（凝灰岩切石）の状況などは明らかではなかったが、墳丘基底面については八角形に削り出し、裾部に犬走り状に敷石が認められた。その廻りには、さらに川原石を敷き詰めたバラス敷きを伴う箇所もあった。

天武・持統天皇合葬陵、中尾山古墳、牽牛子塚古墳の比較

これら三基はいずれも、舒明天皇陵や天智天皇陵とは異なり、方形壇を伴わない構造をもち、文字どおりの八角形墳である。残念ながら、いずれも盗掘の痕跡が顕著で、墳丘部は大きく原初の状況を失している。そこで、部分的にしか判明はしていないが、外周部の構造に注目しつつ、その編年観を提示してみたい。

天武・持統天皇合葬陵ではその存在は確認できるものの、詳細については推測を交えざるをえない。昭和五〇年等の宮内庁による調査所見を参考にすれば、二上山産凝灰岩を使用した石敷きであり、その幅は約三メートルと考えられる。この外周石敷きと墳丘第一段との間には明確な段差がある。外周石敷きが、『阿不幾乃山陵記』にいう「石壇一匝《めぐり》」と明確に区別される所以である〔福尾二〇一三a〕。

中尾山古墳の場合は、二重の外部施設と報告されている。二重の外部施設に段差は認められない。また、牽牛子塚古墳には二上山産凝灰岩の切石を使用した外周石敷きがあり、西側ではその外に川原石を敷き詰めた二重のバラス敷きを伴う箇所も確認されている。そこには段差を伴っている。

以上のような外周石敷きを含めた外周施設の状況をふまえつつ、検討を加えてみたい。まず、注意されることは、天武・持統天皇合葬陵と牽牛子塚古墳では、ともに二上山産凝灰岩の切石を使用した外周石敷きをめぐらしていることであろう。天武・持統天皇合葬陵がより幅広と推測されるが、牽牛子塚古墳で認められたようなバラス敷きは確認されていない。現地に臨んでみても、東側に存在する可能性は否定しえないものの、西側にはそのようなスペースは見いだしがたい。一方、中尾山古墳の場合は報告文でいう外部施設に関して、牽牛子塚古墳のバラス敷きとの関連性を認めることができるとすれば、その墳丘規模の類似性と併せて、牽牛子塚古墳とより密接な関係を想定することが可能である。

つまり、外周施設に注目した場合には、牽牛子塚古墳は天武・持統天皇合葬陵、中尾山古墳ともに関連性が認められるのに対し、天武・持統天皇合葬陵と中尾山古墳の関係はやや迂遠といわざるをえない。埋葬施設について、中尾山古墳が蔵骨器収納用と考えられることから、これら三基ではもっとも新しく位置づけられるものであろう。

したがって、これらについては、天武・持統天皇合葬陵、牽牛子塚古墳、中尾山古墳という編年が可能であろう。このことは、舒明天皇陵と天智天皇陵の特徴である下方部が、八角形墳丘部の外周施設として取り込まれていった過程とも考えられよう。

さて、天武・持統天皇合葬陵を除いた牽牛子塚古墳と中尾山古墳の被葬者に関して、牽牛子塚古墳については斉明天皇（皇極天皇が重祚、斉明天皇七年〈六六一〉崩）説が説得力があり、また、中尾山古墳では文武天皇（慶雲四年〈七〇七〉崩）説が有力とされることは前述した。

ちなみに、天武・持統天皇合葬陵の被葬者はあらためていうまでもなく、『阿不幾乃山陵記』の記載などから、両天皇を埋葬していることは明確であり、天武天皇は朱鳥元年（六八六）、持統天皇は大宝二年（七〇二）の崩御である。

仮に牽牛子塚古墳について斉明天皇陵説を認めた場合、『日本書紀』および『続日本紀』には「小市岡上陵」に合葬（天智天皇六年〈六六七〉）、「越智山陵」の修造などの記事がある。文武天皇三年（六九九）の記事は「営造」や「修造」とあって、改葬とは記されていないことには注意しておく必要があろう。現在確認できる牽牛子塚古墳の墳丘構造が営建時を含め、どの段階に対応するか、慎重に見極めるべきであろう。その外周構造の変遷からは、天武・持統天皇合葬陵に先行させることは難しいように思われるのである。

八角形墳の意義

さて、今まで述べたことから、天皇陵と見なすことが有力とされる牽牛子塚古墳と中尾山古墳を含めれば、舒明天皇以降文武天皇までの八方は、八角形の墳丘をもつ古墳に葬られたと考えられる。ただし、孝徳天皇（三六代）陵、弘文天皇（三九代、大友皇子）陵については、触れることがなかったため、ここに簡単に述べておきたい。

この二方のうち、大友皇子は明治三年（一八七〇）に明治天皇により追謚《ついし》され、その陵も明治九年に定められたものである。墳形は円墳である。

また、孝徳天皇陵に関しては、江戸時代に地元では「北山陵」とされていた円墳である。地形図における等高線が直線的に走行している箇所も認められることなどから八角形墳の可能性もあり、今後の検討が必要との見解もある（白石一九八二)。具体的な調査例がなく、詳細を知ることはできない。これ以上の考察に及ぶことができないのは、残念なことである。

八角形墳は今回取りあげた天皇陵古墳以外にも、畿内以外の地において確認されている。これらは八角形墳と総称されてはいるものの、墳形や規模などにおいて変化に富んでいる。なかには、その出現の時期が、舒明天皇陵が築造されたと思われる七世紀中葉以前に遡る鳥取市梶山古墳などの例もある。この段階では、いまだ八角形墳の有する思想的な背景と排他性が、列島内に浸透・貫徹はしていなかったと評することもできよう〔土生田二〇一一〕。

また、畿内における岩屋山古墳(奈良県明日香村)と束明神古墳(奈良県高取町)の二基については、異論もありここでは考察の対象外としている。岩屋山古墳については、下方部を伴う八角形墳(上八角下方墳)である可能性が高いものと考えている。

さて、天皇陵としての八角形墳の出現の意義についても簡単に触れておきたい。一つは仏教思想に拠るとするもの〔菅谷一九六九〕であり、他は中国における政治制度および天祭地祇の思想を基調とするもの〔網干一九七九〕である。それぞれの説にはバリエーションがあり、より多様化はしているものの、集約すれば、これら二つの見解にすることができよう。天武天皇の葬送儀礼には多くの仏教的要素が認められる〔安井一九六四〕とされており、また、持統天皇の場合も四大寺と三三寺に七七の斎会《さいえ》(四九日の忌日)を設けるなど、その関わりを知ることができる。天武・持統天皇合葬陵は二上山産凝灰岩の切石で覆われ、あたかもストゥーパ(塔婆)のような外観を呈してはいる。また、牽牛子塚古墳と中尾山古墳についても、同様の状況を想定することは可能であろう。中尾山古墳では沓《くつ》形石造物の出土も知られており、墳頂の隅角には鴟尾が配されていた可能性も考えられている。ただし、仏教と八角形が有機的に結びつくかと問われれば、否といわざるをえないであろう。

さらに、これら三基とそれ以前の八角丘を上段に据え、下方部を伴う舒明天皇陵などを同一視できるかどうかは、より慎重に検討する必要があろう。八角形墳の嚆矢である舒明天皇陵は、その立地条件にも起因して、一見前方後円形にも見える（図06）。その一方、方形の基壇を有するという特徴をもっている。その上段に八角丘を伴うものである。

『日本書紀』には、舒明天皇は百済大寺を建立したり、その一二年（六四〇）五月には、僧の恵隠に請願し、無量寿経を説かせるなどの、仏教との関わりをうかがわせるが、その墳丘形態が仏教の影響を受けているかの確認は困難である。

「ふることふみ」とも呼ばれる『古事記』の記述は、舒明天皇の先代の推古天皇の改葬記事で終了しており、その序文に記されているように、推古天皇の治世までが「上古の時」と認識されていたと考えられる。つまり、舒明天皇の代から新たな時代が到来したと見なされていたのであろう。

また、舒明天皇の在位中の同二年（六三〇）には、最初の遣唐使が送られ、唐からは高表仁の返訪を受けている。その際には以前に遣隋使として渡った者も含め、僧旻《みん》《びん》や高向玄理《たかむこのくろまろ》などが帰国している。

このような社会情勢が、一国の統治者としての大王あるいは天皇にのみ使用された固有の墳形である八角形墳の創出に、無関係であったとは考えがたいのである。すでに指摘されているように、その支配が四方八方の全土に及ぶことを墳形に表徴させたと考えることに、より妥当性があろう。広義の意味で解すれば、中国の政治思想の影響とも観念できよう。

このことは、従前の大王・天皇が、有力首長の墳墓と共通する墳形を採用していた状況から脱却し、新たな段階に至ったことを意味するものと思われる。その地位を墳墓においても示すために、有力首長を超越した存在として、従前の陵とは質的にも変化した新たな墳形を創出したものと考えられるのである。

古代高塚式陵墓の終焉、および延喜諸陵墓式との関係

古代高塚式は文武天皇の陵をもって終焉を迎えた。このことは単に従前の古墳という埋葬場所や形態などの終了・変更を意味するだけではなく、各種葬送儀礼の変化も伴っていた。その一つに文武天皇の喪儀において、殯儀礼が事実上の終

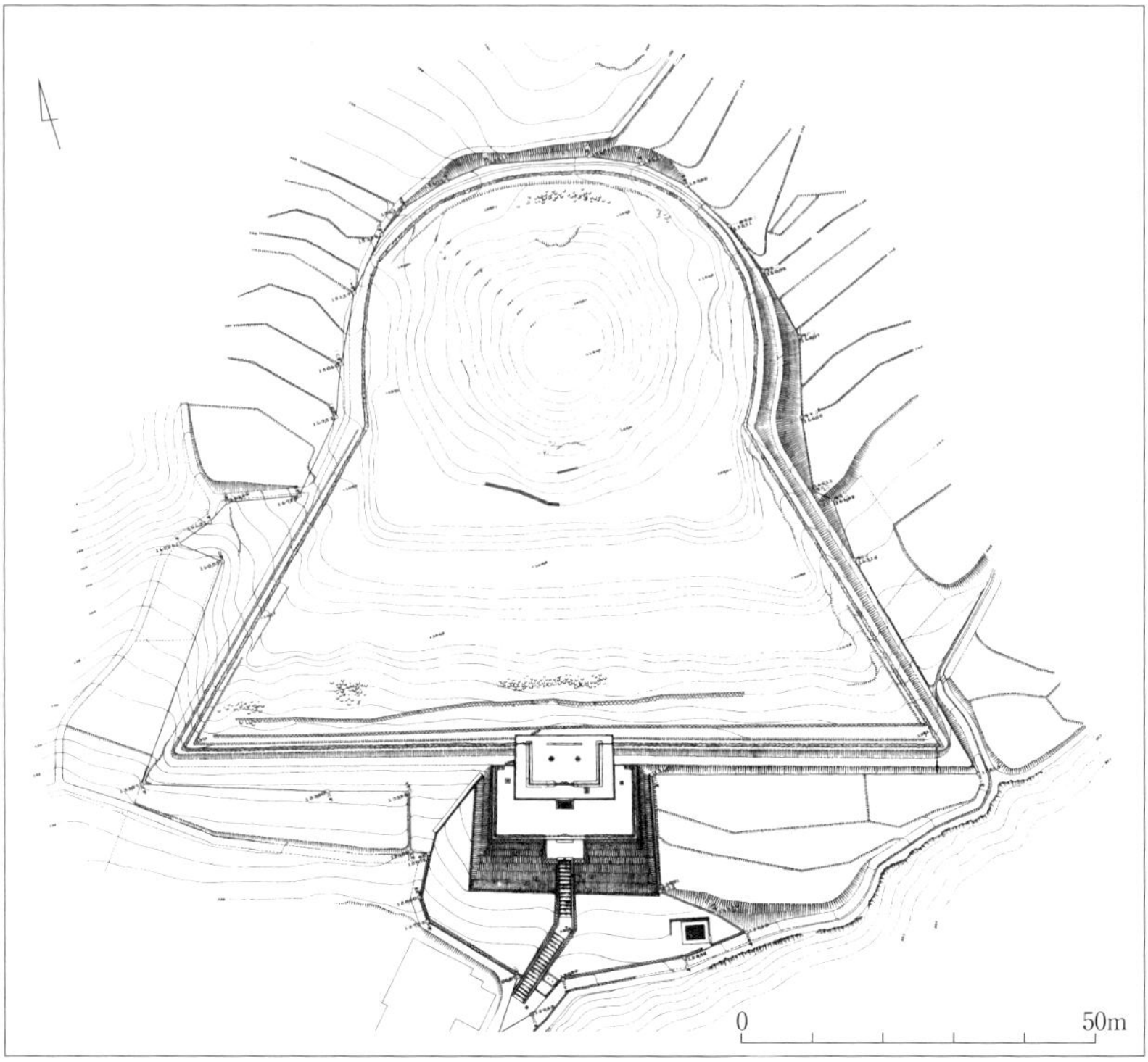

図06　舒明天皇陵の地形図

焉を迎えたことがある。殯とは文字どおり「仮の喪」であり、人の死に際し、本格的に埋葬するまでの間、遺体を棺に納め喪屋内に安置し、あるいは仮埋葬などをおこない、幽魂を慰める習俗である。死者の最終的な「死」を確認する行為でもあり、古代における葬送儀礼においては重要な位置を占めていた。

文武天皇は持統天皇に続き、火葬された後に埋葬されている。しかし、その場合でも殯宮は営まれた。次代の元明天皇〔四三代〕の場合は崩御後七日で奉葬され、殯宮は営まれなかった。

殯の歴史的な意義に関しては和田萃の詳細な論文〔和田萃一九六九〕があり、その成果に拠れば、長期にわたる殯を廃し、火葬を採用することにより、政治的な空白期間を短縮しえたという大きな意義があるとされる。とりわけ、従前にはなかった火葬が埋葬法として加わったことにより、以後の天皇ほかの葬送は埋葬後の服喪が認められるなど、より複雑化していくのである。

本章の最後に今まで述べてきた古代高塚式陵墓の変遷をふまえつつ、延喜諸陵墓式に記載されている所在地との対応関係を垣間見ておきたい〔表03〕。

延喜諸陵墓式には、陵墓の所在地が国郡単位で表記されている。そこから古代高塚式のうち崇神天皇陵から推古天皇陵までの変遷を見てみると、大まかには大和東南部古墳群〔大和国城上郡〕、佐紀古墳群〔大和国添下郡〕、古市古墳群〔河内国志紀郡・丹比郡・古市郡〕・百舌鳥古墳群〔和泉国大鳥郡〕、三嶋古墳群〔摂津国嶋上郡〕、磯長古墳群〔河内国石川郡〕となっている〔白石一九六九〕。

このことは、前述した天皇陵古墳の編年観に基づいた所在地の変遷とも矛盾しないのである。もちろん完全に一致するわけではなく、陵墓の治定に至る経緯を勘案すれば、当然の結果といえないこともないが、留意しておくべき点であろう。

表03　延喜諸陵墓式に見る陵所の変遷

代数	天皇名	『延喜式』		
		陵　名	所在地(国郡名)	陵所(「古墳群」等名)
1	神武天皇	畝傍山東北陵	大和国高市郡	
2	綏靖天皇	桃花鳥田丘上陵	大和国高市郡	
3	安寧天皇	畝傍山西南御陰井上陵	大和国高市郡	
4	懿徳天皇	畝傍山南纖沙溪上陵	大和国高市郡	
5	孝昭天皇	掖上博多山上陵	大和国葛上郡	
6	孝安天皇	玉手丘上陵	大和国葛上郡	
7	孝霊天皇	片岡馬坂陵	大和国葛下郡	
8	孝元天皇	剣池嶋上陵	大和国高市郡	
9	開化天皇	春日率川坂上陵	大和国添上郡	
10	崇神天皇	山辺道上陵(山辺道勾岡上陵)	大和国城上郡	「大和」
11	垂仁天皇	菅原伏見東陵	大和国添下郡	(「佐紀」)
12	景行天皇	山辺道上陵	大和国城上郡	「大和」
13	成務天皇	狭城盾列池後陵	大和国添下郡	「佐紀」
14	仲哀天皇	恵我長野西陵	河内国志紀郡	「古市」
15	応神天皇	恵我藻伏崗陵	河内国志紀郡	「古市」
16	仁徳天皇	百舌鳥耳原中陵	和泉国大鳥郡	「百舌鳥」
17	履中天皇	百舌鳥耳原南陵	和泉国大鳥郡	「百舌鳥」
18	反正天皇	百舌鳥耳原北陵	和泉国大鳥郡	「百舌鳥」
19	允恭天皇	恵我長野北陵	河内国志紀郡	「古市」
20	安康天皇	菅原伏見西陵	大和国添下郡	(「佐紀」)
21	雄略天皇	丹比高鷲原陵	河内国丹比郡	「古市」
22	清寧天皇	河内坂門原陵	河内国古市郡	「古市」
23	顕宗天皇	傍丘磐坏丘南陵	大和国葛下郡	(「馬見」)
24	仁賢天皇	埴生坂本陵	河内国丹比郡	「古市」
25	武烈天皇	傍丘磐坏丘北陵	大和国葛下郡	(「馬見」)
26	継体天皇	三嶋藍野陵	摂津国嶋上郡	「三嶋」
27	安閑天皇	古市高屋丘陵	河内国古市郡	「古市」
28	宣化天皇	身狭桃花鳥坂上陵	大和国高市郡	
29	欽明天皇	檜隈坂合陵	大和国高市郡	
30	敏達天皇	河内磯長中尾陵	河内国石川郡	「磯長」
31	用明天皇	河内磯長原陵	河内国石川郡	「磯長」
32	崇峻天皇	倉梯岡陵	大和国十市郡	
33	推古天皇	磯長山田陵	河内国石川郡	「磯長」
34	舒明天皇	押坂内陵	大和国城上郡	
35	皇極天皇	越智崗上陵	大和国高市郡	
36	孝徳天皇	大坂磯長陵	河内国石川郡	
37	斉明天皇	—	—	
38	天智天皇	山科陵	山城国宇治郡	
39	弘文天皇	—	—	
40	天武天皇	檜隈大内陵	大和国高市郡	
41	持統天皇	檜隈(前)大内陵	大和国高市郡	
42	文武天皇	檜隈安古岡上陵	大和国高市郡	

第2章　薄葬思想のなかの陵墓の時代——奈良時代から現代まで

本章においては、奈良時代から現代までの陵墓の歴史を概観していく。この時代は前代に比べて、陵墓に対する政治色は希薄となり、その規模も格段に小型化した。天皇として最初に荼毘に付された持統天皇の崩御後には、四大寺などで斎会が営まれるなどの仏事が採用された。江戸時代までの葬送においては仏教色が濃厚に漂っている。明治以降の喪儀では、仏教色は基本的には払拭され、神道式で実施されるようになった。

この間、元明天皇陵において、「自此以後、不作高陵。」（『扶桑略記』）となった。天皇の遺詔により火葬後の拾骨もなく、土で覆って植樹し「剋字《こくじ》の碑」（「函石」）を立てている。山丘をもって陵に擬しており、唐代の陵の影響を認めることもできよう。以後しばらくは山丘式が営まれ、仁明天皇（五四代）の崩御に伴い、陵上に卒塔婆が建立されるとともに「陵寺」として嘉祥寺が付設された。白河天皇（七二代）陵以後、法華堂や塔の下に埋骨することが増加していき、堂塔式の本格的時代となる。堂塔式は、江戸時代末の仁孝天皇（一二〇代）陵まで採用された。この間、江戸時代前期には火葬が廃止され、現在に至っている。幕末には「古制の復古」が唱えられ、孝明天皇陵において高塚式が復活した。以上のことを当時の政治情勢を絡めつつ述べていきたい。

1　「高陵ヲ作ラズ」――奈良時代から平安時代初期の陵墓（山丘式陵墓）

元明天皇の遺詔と陵――山丘式陵墓の出現

陵墓の形状は古代高塚式から山丘式へと変遷していく。山丘式以後は堂塔式を位置づけるのが一般的である。しかし、山丘式から堂塔式へとスムーズに移行していったわけではない。その間には、後述するような葬送意識の変化とも連動した複雑な様相が認められる。この節では便宜上、堂塔式に移行する間を山丘式陵墓の時代と位置づけ、その様相を垣間見ておきたい。

さて、山丘式の端緒をなす元明天皇の治世には、平城京遷都（和銅三年〈七一〇〉）、太安万呂に命じた『古事記』の撰上（和銅五年）、『風土記』撰進の命（和銅六年）、大宝律令の整備、さらには和同開珎の鋳造（和銅元年）等、律令国家の充実・安定に向けての大きな動きがあった。

その崩御に先だっては薄葬の詔を下し、火葬し、その場所を他に改めることなく喪所とし、その地には常緑の樹を植えて「剋字《こくじ》之碑」を立てよ、との遺命があった。現陵は、江戸時代末に遺詔にいう奈良市北郊の「蔵宝山雍良岑《さほやまよらのみね》」にあたると考えられる「養老が峰」に治定された。ここは自然の山で、もっとも広い箇所で計測すれば、南北約一〇五メートル、東西約九五メートルある。本喪儀においては、従前おこなわれていた様々な伝統的な儀礼もほとんどは実行されなかった。

本陵を特徴づけるのは何といっても「剋字之碑」の存在であろう（北條二〇〇〇、宮内庁書陵部陵墓課（編）二〇〇九）。方柱状という形状から「函石」とも呼ばれる高さ九三・三センチ、幅六六・〇センチ、奥行四六・〇センチを計る碑石である。陵内のほぼ中央の平坦面に位置し、現在は覆屋のなかに納められている（図07）。長期間にわたり、土中や野ざらしとなっていたため、全体的に風化・摩耗が著しく、稜も丸みを帯びている。また、碑文についても、縦横の区画線と一部

図07　元明天皇陵内の「函石」

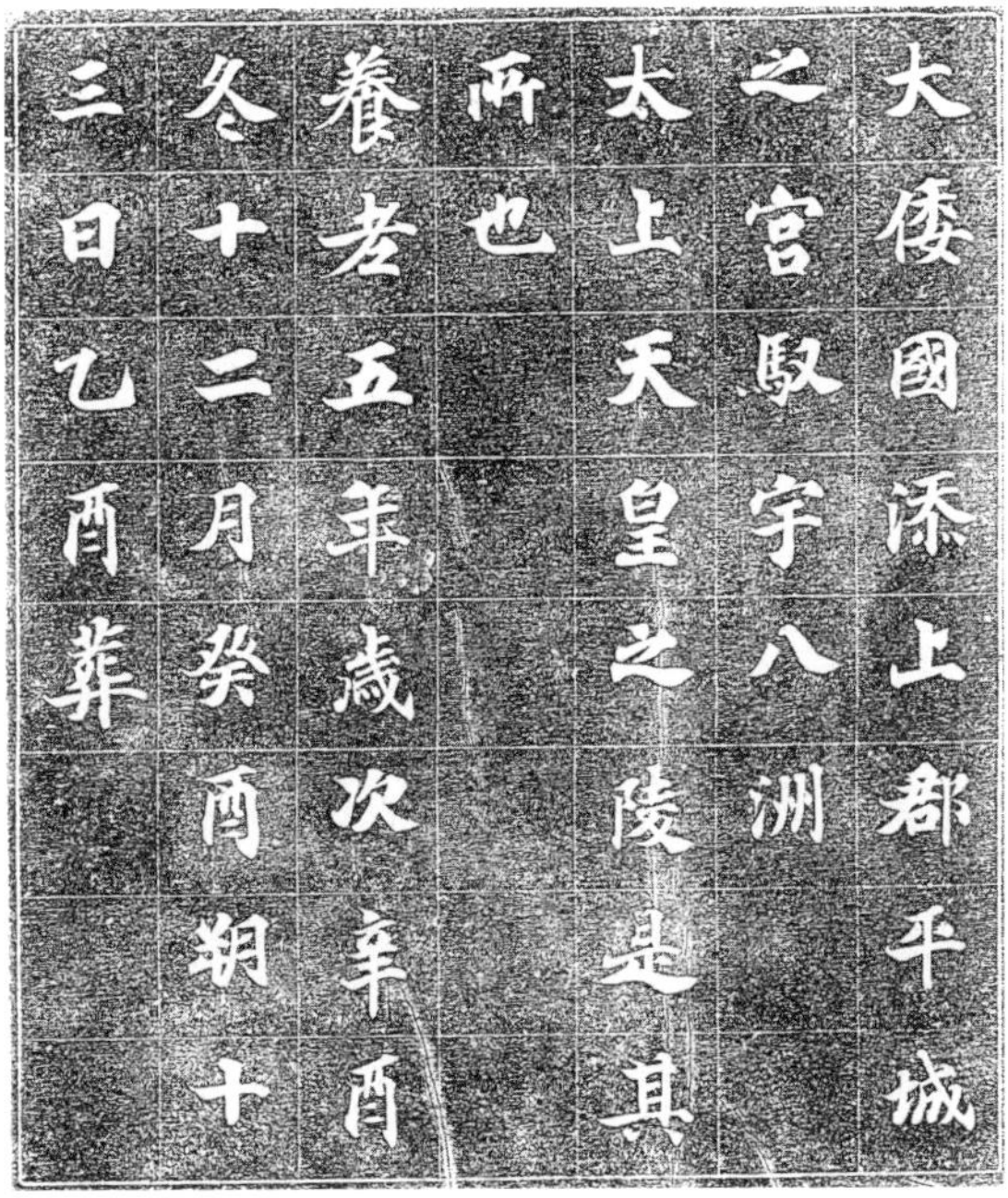

図08　元明天皇陵内の「函石」模造碑の拓影

の文字をかろうじて読むことができる程度である。

　現在はこの陵碑の東隣に、明治三二年に二重石壇の上に立てられた模造碑があり、その前面には江戸時代中期の国学者(考証学者)である藤貞幹《とうていかん》の釈文が刻せられている(図08)。貞幹は明和六年(一七六九)に奈良善城寺(その鎮守社が春日社)内にあった古碑を実査し、『東大寺要録』などを参考に、「大倭国添上郡平城之宮馭宇八洲太上天皇之陵是其所也、養老五年歳次辛酉冬十二月癸酉朔十三日乙酉葬。」と釈読し、元明天皇陵碑であるとした(屋代一九二三、斎藤忠一九七九)。

　このように、長く続いた古代高塚式の時代に終止符を打ち、自然の山そのものを陵墓としたものを山丘式陵墓と呼んでいる。山丘式陵墓という概念が明確になったのは、比較的新しい。

つまり、明治天皇陵の造営の際、臨時に設けた部署である山作部《やまつくりぶ》の長にも任じられた宮内省諸陵頭の山口鋭之助は、大正四年に陵制を八期に区分しており、持統天皇から文徳天皇(五五代)の陵を第四期に位置づけた(他01)。同一二年には一〇期に再区分し、そこでは「第二期(前方後円墳の時代)では陵は非常に雄大なもので、その取扱も鄭重御崇敬も深厚であったのであるが、第三期(用明～天武天皇の時代)に入っては薄葬の御趣旨から陵は漸く縮小せられ、この期には屡《しばしば》無用のものと考えられた。」(( )内は筆者注記)とまで言い切っている(山口鋭一九二三a)。また、和田軍一はこの時代の陵制を「墳壟《ふんろう》有無錯綜時代」と称し、前期と後期に分けた。昭和九年のことである(和田軍一九三四)。

　一方、「(宮内省諸陵寮)寮員の執務に便せむが為に編纂」された『陵墓要覧』(大正四年版)においては、「山形」という形状としている。この『陵墓要覧』は現在まで六版を重ねているが、最新版(平成二四年三月刊行)でも、同様に「山形」となっている。

　この「山形」という類型には元明天皇陵以外にも、安寧天皇(三代)の陵などの欠史八代に含まれるものもあり、より広義の概念となっている。すなわち、時代性をも示すものではなかったのである。そこで、この二者を区分するために、山丘式という名称が昭和六〇年(一九八五)前後には宮内庁内では使用されるようになっていた。

宮内庁外では、山田邦和が平成一一年（一九九九）に「山丘型陵墓」を提唱し、その概念の普及に多大な影響を与えた〔山田一九九九〕。山田は「山丘型陵墓」の出現の背景に、中国・唐の皇帝陵の思想的影響を想定している。

『扶桑略記』における陵墓関係記事

『扶桑略記』は、平安時代末期に成立した私撰の歴史書である。全三〇巻からなっていたとされるが、現在は散逸し、一六巻分のほかに神武天皇から平城天皇（五一代）までの抄本を残すのみである。ただし、その欠本部分については、鎌倉時代の初期に成立した『水鏡』に抄出されていることから、ごくごく一部ではあるが、その内容をうかがい知ることができる。

『扶桑略記』には、六国史等には見られない情報も採録されており、十分な批判的な検討を加えれば、重要な史料として利用することが可能であることは、先学によって指摘されているとおりである〔山田二〇一五〕。陵墓に関する記載についても同様であろう。その兆域記載の基になった記録の成立の時期について、和田萃は「奈良時代後半から末ごろの可能性が大きい。」としている〔和田萃一九九六〕。

『扶桑略記』には、本編および抄本を含めて成務天皇（一三代）から陵墓関係記事が認められるが、そのうち応神天皇から元明天皇に限っては、山陵について兆域と高さが分注により記載されている。高さの記載は、延喜諸陵墓式には認められず、興味深いものがある。

たとえば、天武天皇陵に関する記述を見てみると、「大和国高市郡檜隈大内」とあって、「高五丈、方五町。」と分注されている。一方、延喜諸陵墓式には「飛鳥浄御原宮御宇天武天皇。在大和国高市郡、兆域東西五町、南北四町、陵戸五烟。」と記載され、両者は兆域の規模がやや異なっている。

『扶桑略記』の「高五丈」、つまり、高さが約一五メートルであることは、天武天皇と持統天皇の合葬陵と見なしうる野口王墓山古墳の墳高が約七・七メートルであり、矛盾が生じる。このように、実際に治定されている古代高塚式とは高さが大きく異なる事例は、応神天皇陵（「高五丈」）や仁徳天皇陵（「五丈」）にも見られる。高さを測る基点が異なっていたためであろう。野口王墓山古墳の場合は丘陵端部に近い尾根上に築造され、その尾根は独立丘陵状となっている。その頂部に営まれているために、下方の平坦面からの比高をもって、陵高としたためだと考えられる。

本題に戻り、『扶桑略記』で注目しておきたいのは、元正天皇（四四代）の条に見える元明上皇の崩御に関して、「自ㇾ此以後、不ㇾ作二高陵一。」という記事である。高陵というものを古墳と見なしてよければ、元明天皇陵より以後は古墳と見なしていなかったということになる。このことは、陵制の変遷ともみごとに合致しており、当時の人々の天皇陵に対する認識を知るうえでも参考となる。

その他、『扶桑略記』には山陵の盗掘や損壊、鳴動関係記事、さらには陵墓に関する異伝等の記載も認められ、他の文献や考古資料と併せて検討することにより、その利用価値をより向上させることが可能になるものと信じるものである。

山丘式陵墓の展開

前述したように、近年まで陵墓の形状は、古代高塚式（前方後円形→方形→八角形）から堂塔式に移行したと理解されていた。現在では、その間に山丘式の陵墓の存在を認めることが一般的となっている。ただし、これらの変遷は決してスムーズになしえたわけではなく、火葬の採用の有無やそれぞれの社会背景とも絡んで、より複雑な状況を呈している。なかでも、古代高塚式から山丘式へのいわば転換の理由としては、薄葬意識が大きく影響しているといえよう。

元正天皇は佐保山陵に火葬の後に、奈保山陵に改葬されている。ただし、火葬後、改葬されたこと以外に具体的な遺詔はなく、陵の詳細は不明である。元明天皇の場合、火葬して七日後、その場所で埋葬し、同所を陵所としているのに対し、元正天皇は火葬から改葬までは約一年半もの期間がかかっている。このことが喪儀や陵の規模にも反映していることも十分に考えられよう。

延喜諸陵墓式によると、元明天皇の奈保山東陵に対して奈保山西陵となっており、その位置関係を知ることができる。現陵の治定に信を置くとすれば、元明天皇陵と同じく、奈良山〔平城山〕の西方へ延びる丘陵上にあることから、山丘式と見なしても誤りではないように思われるのである。

女帝が二代続いた後に即位したのは、聖武天皇である。天皇は仏教に篤く帰依し、『続日本紀』によれば、天平勝宝元年（七四九）に東大寺に行幸した際には、盧舎那仏《るしゃなぶつ》の前で勅して「三宝乃奴止仕奉流天皇」（四月甲午条）とまで言い切っている。天平勝宝八年五月の佐保山陵への葬送にあたっても、「御葬之儀、如レ奉レ仏。」であったという。とはいえ、持統天皇以後、四代にわたっておこなわれた火葬ではないことには注意しておきたい。

同書では「後佐保山陵」とも記されているが、これはこの地にすでに営まれた文武天皇夫人の宮子の山陵と区別するためである。延喜諸陵墓式では、その位置関係によって、「佐保山南陵」とし、その兆域は「東四段、西四町、南北七町。」の規模と記されている。兆域が不整形であることは、山丘式の特徴を示しているものと思われる。

陵は東大寺によって本願山陵（『東大寺要録』）とされ、山陵守を置いて祭祀をおこなっていた。また、創建の時期については明らかではないが、陵下には眉間寺があり、山陵に奉仕していたといわれている。

平安京に遷都した桓武天皇（五〇代）の陵に関しては、鎌倉時代の盗掘記録が参考になる。つまり、日野資宣《すけのぶ》の日記である『仁部記《にんぶき》』（『資宣御卿記』）に、文永一一年（一二七四）に陵が掘りあばかれ、使者を遣わし実見させた報告が引用されているのである〔書02〕。そこには、「抑件山陵登十許丈、壇廻八十余丈。」とあって、高さ約一〇メートル、周囲約八〇メートルという規模をうかがうことができる。延喜諸陵墓式の「兆域東八町、西三町、南五町、北六町、加丑寅角二岑一谷。」という記載を参考にすれば、陵は山丘式と見なすことができよう。

現陵は明治一三年に、谷森善臣の考証に基づいて治定されたものであり、その形状は円丘となっている〔書03〕。

徹底的な薄葬の採用

薄葬思想が採用されたことなどにより、古代高塚式が終焉を迎え、山丘式が出現することとなった。この基本的な陵制の変遷過程のなかで、極端なまでの薄葬の採用を遺詔したのが、桓武天皇の皇子である嵯峨（五二代）・淳和（五三代）両天皇である。

このうち、崩御が先行するのは淳和天皇である。『続日本後紀』には遺命として、山陵は営まず骨を砕き、山中に散ずべきことが記されている。この遺詔に関しては、その廷臣らが仰天、狼狽、猛反発をしている。山陵は朝廷の宗廟（御霊屋）であり、この宗廟がないとすれば、どこを仰ぎ見たらよいのか、ということが大きな理由となっていることには注目される。結局は嵯峨上皇の決断によって、遺詔は実行されることとなったのである。

このことは、古代高塚式陵墓以来の墓所の有する遺体処理と鎮魂の場という性格が、未分化であったこととも関連することもあろう。淳和天皇の葬送の場合の混乱も、廷臣らが山陵を宗廟と見なし、鎮魂の対象がなくなることに危惧を抱いたためだと考えられる。この後、遺体処理と鎮魂の場は分化していき、「陵寺」の成立とも関わっていくのである。淳和天皇は結果的には荼毘に付され、大原野の西山の嶺の上に散骨し、国忌や毎年一二月に諸国から朝廷に献上された貢物の一部を初穂として諸陵墓に奉献する荷前も停められている。

嵯峨天皇の薄葬に関する遺詔はより詳細を究め、虚無的な人生観をも想起させるものとなっている。その内容は多岐にわたるが、葬地については山北幽僻不毛の地を択び、壙穴は棺を容れれば足り、封を築かず草を生えしめ、永く祭祀を断つべき旨を指示したのである（『続日本後紀』承和九年〈八四二〉七月丁未条）。崩御の翌日には陵所が定められ、即日には葬儀を終えている。そのためか、淳和天皇と同様に延喜諸陵墓式には山陵の記載はない。

嵯峨・淳和両天皇が山丘式という陵墓の形状にとらわれることなく、また葬送についても従前の例を採用しなかったという背景には、すでに譲位した上皇であり、天皇という地位にはなかったということとも、密接に関係しているものと考えられる。平安時代以降、上皇として崩御することが常態となっていくことが、葬送儀礼、さらには山陵の形状や構造にも大きな影響を与え、陵制もより複雑化していくのである。

嵯峨・淳和両天皇の葬送などは、とりわけ淳和天皇の散骨という行為はあまりにも極端すぎて、時代相に合わず、貴族社会の受け入れることにはならなかった。結果的には陵制上の特異な例となったのである。

2 「堂塔ヲ以テ山陵ニ擬ス」――平安時代前半から江戸時代の陵墓（堂塔式陵墓）

陵寺の誕生

嵯峨天皇崩御の二年後の承和一一年のことである。文章博士が仁明天皇に対して、嵯峨天皇の遺戒には、物怪《もののけ》が出現するたび「祟先霊」とすることは謂われがないとしているが、遠司（役所）に占わせてみると、やはり先霊の祟りと明確に出てくると申し出ている（『続日本後紀』同年八月五日条）。朝廷は卜筮《ぼくぜい》（卜い《うらない》）の告げることを信じるべきだという訴えを受け入れ、嵯峨天皇の政策を反転し、山陵への祭祀が復活するのである。

仁明天皇は嘉祥三年（八五〇）に清涼殿において崩御、深草山陵に土葬された。山陵の復活である。『日本文徳天皇実録』に拠れば、陵域には樹木を一丈（約三メートル）おきに列栽し、陀羅尼《だらに》を納めた卒塔婆を立て、天皇ゆかりの清涼殿を陵側に移築し、嘉祥寺としたことが見える。

山陵と嘉祥寺は実質、一体化されることになる。陵寺の誕生である（西山一九九七）。ここに至って、山陵は単に遺体処理の場と化し、鎮魂、つまり天皇などの菩提を弔う場は陵寺が担うこととなったのである。とはいっても、その主体は山陵であり、陵寺はその付属施設であったことには留意しておくべきであろう。しかし、付属施設とはいえ、山陵の祟りの鎮圧装置的な役割を担うことになったことはいうまでもないであろう。

和田萃はこのような陵寺の前身として、墓辺の喪屋的な建物が「墓寺」となることを指摘している〔和田萃一九八二〕。つまり、「墓前に喪屋的建物を造営し喪に服すのは、おそらく礼の思想によるものであるが、日ごとに斎食したり、転経・念仏するなど次第に追善儀礼が仏教化し、喪屋的建物も墓辺の三昧堂やさらには藤原氏の木幡《こばた》浄妙寺のごとく、伽藍をそなえた墓寺の形態をとる例も現れるに至った。」としている。

山陵と陵寺の関係が逆転したのは、元慶三年（八七九）に崩御の清和天皇（五六代）の場合である。『日本三代実録』同四年一二月七日条には、「奉ㇾ葬二太上天皇於山城国愛宕郡上粟田山一、奉二置御骸於水尾山上一。」との記事が見える。水尾山には天皇が「終焉之地」と決めていた水尾山寺があり、水尾山陵と称された。御骨は寺内に納められたものと考えられる。とすれば、水尾山寺は陵寺であり、山陵そのものであるとも評価することができるであろう。その遺詔には、「不二起山陵一」とあるためか、延喜諸陵墓式には陵の記載は認められない。

陵寺が建立されない場合でも、山陵と寺院との関係は次第に密接となっていった。宇多天皇（五九代）は承平元年（九三一）七月に崩御、当夜に遺骸は仁和寺から大内山の魂殿に遷された。九月には同所で火葬され、拾骨のこともなく、そのまま土で覆って陵所としている。これが大内山陵であり、薄葬によった陵であることが知られる。遺詔により荷前にも列せられなかった。その供養は、天皇の生前の院御所でもあった仁和寺が担うことになった。

仁和寺は先代の光孝天皇（五八代）の菩提を弔うために、宇多天皇によって創建された寺である。その後、歴代天皇の崇拝・支援もあり、巨大化したために創建時の性格は曖昧になってしまった。本来は、光孝天皇陵（小松山陵）の陵寺というのが出発点であったのである。

醍醐天皇（六〇代）の陵は土葬後、陵上に三基の卒塔婆を立て、隍《ほり》の掘削を終えている。その二年八ヶ月後に醍醐寺に宣旨が下され、陵の祭祀や護持を含めた管理を醍醐寺（主に別院の小野寺）に委ねている。

これらの事例、つまり光孝天皇と仁和寺、醍醐天皇と醍醐寺の関係は、陵寺そのものというには誤解を招く虞があるものの、陵の護持や祭祀という観点を強調すれば、広義の陵寺と見なすことも可能であろう。山田邦和は陵寺の概念により厳密性をもたせ、「准・陵寺」と仮称している〔山田二〇〇六〕。

山陵と陵寺は、陵寺が山陵の付属施設という関係から両者の一体化という段階を経て、ついには、山陵が有していた宗廟という性格が失われるに至る。つまり、この側面の山陵の意義そのものも喪失していく。このことは、堂塔式の成立とも密接な関連性を有するのである。

陵所二所の一般化

醍醐天皇の次代の朱雀天皇〔六一代〕の陵は醍醐天皇陵の近くに位置し、醍醐天皇陵が上ノ御陵と称されるのに対し、下ノ御陵と呼ばれた。朱雀天皇以降、陵所を火葬した場所と御骨を納めた場所という二所とすることが、一般的となったことを強調しておきたい。

このことにより、火葬場を火葬塚として、御墓所または御陵と称し、他に骨を納めた埋骨所を本陵として御骨所と称することになったのである。この時期の文献史料には、御墓所には火葬所も含まれていたという歴史的な経緯があることには注意しておきたい。

このことに関連して注意すべきは、「葬」の意味である。先に取りあげた清和天皇の『日本三代実録』元慶四年一二月七日条の記事は、天皇の御骸〔骨〕は水尾山上に納められたのであるから、粟田山でなされた行為は火葬と見なさざるをえない。火葬の社会的な浸透度を考えるうえでも、参考になるであろう。

聖武天皇以降は基本的には土葬が続いていたが、清和天皇の火葬以降一世紀近くは土葬と火葬が混在し、冷泉天皇〔六三代〕以降は火葬に転じている状況となっている。このことから、清和天皇の火葬が「ひとつの転換点としての意味をもつ」〔朧谷二〇一六〕と評価されていることとも、密接に関連するものであろう。

一方、一四世紀後半に成立したと考えられている『帝王編年記』には「奉レ葬二粟田山陵一。」と記載されており、火葬所を山陵と称していた初現と考えられる。いわば、山陵の火葬所化が進展していくのである。山陵の有する鎮魂と遺体処理という性格のうち、前者は早く陵寺へと移行していったが、後者の性格も低下し、その役割は火葬所も担うことになったのである。

この陵所の二所化は山陵の有する本来の性格を弱体・曖昧化することにもなり、陵寺の果たす役割をますます大きくすることにもなっていった。

卒塔婆の安置と堂塔式陵墓の出現

さて、堂塔式は和田軍一が指摘するように、白河天皇の成菩提院陵の営建をもって、その出現・成立とする説が一般的である〔和田軍一 一九三四〕。しかし、天皇陵の有していた鎮魂という性格、すなわち天皇の菩提を弔う場ということの喪失を大きく評価するのであれば、陵寺の誕生を堂塔式の出現として見なすことも可能であろう。

このことに関連して、陵所に卒塔婆を安置する例について少し触れておきたい。前述したように、仁明天皇の深草山陵には陀羅尼を納めた卒塔婆が立てられている。本例が陵所における卒塔婆の初例である。ただし、その安置場所が陵上なのか、陵域内なのかについては明らかにしえない。嘉祥寺との関係についても不明である。

その点、醍醐天皇の場合は陵上に三基の卒塔婆が立てられたことが明確であり、陵上に安置するもっとも古い例となっている。以後、後一條天皇（六八代）の火葬所、さらには堀河天皇（七三代）陵と同火葬所にも建立の事例が見える。醍醐天皇陵では確認できないが、後一條天皇火葬所などでは卒塔婆内に陀羅尼が納められている。作善《さぜん》供養、つまり仏縁を結ぶ善事をおこなうためであろう。

このように、卒塔婆を立て菩提を弔うことが、さらに発展し、陵所に仏堂を営むことにつながっていく。後一條天皇陵に営まれた菩提樹院はまさにその性格を有するものである。もっとも、その前代の三條天皇〈六七代〉の御遺骨が「北山小寺中」に埋葬されたことをその端緒とすることもできよう。

後一條天皇は長元九年（一〇三六）に崩御である。翌長暦元年（一〇三七）、火葬された跡地に、天皇の母である上東門院〈藤原彰子〉が菩提樹院を建立し、供養をおこなった。長久元年（一〇四〇）には、火葬後に近隣の浄土寺に安置されていた御遺骨が、菩提樹院に遷された。この御堂は「後一條院御墓所」〈『百錬抄』長暦元年六月二日条〉とも呼ばれた。ここで天皇の皇女である章子内親王〈御冷泉天皇〈七〇代〉皇后〉が、天皇の御影を安置し追善をおこなっている。

このように、御堂を墓所とするものを、従前は「堂塔式陵墓」と称していた。一般的には墳墓堂と呼ばれているものである〔日野一九七五〕。このように理解するのであれば、後一條天皇陵は天皇陵としては、その初例といえよう。天皇陵としては初例として限定したのは、冷泉天皇皇后である太皇太后昌子内親王にその先例があるからである。内親王は長保元年（九九九）に崩じた。遺体は、内親王が建立された岩倉大雲寺の観音院に運ばれ、葬送の儀がおこなわれた。観音院には講堂、五大堂、灌頂堂、法華堂、阿弥陀堂、真言堂の六宇があり、長講三昧の堂である法華堂に、内親王は棺に納めて埋葬することを意味する斂葬がなされたもの、と上野竹次郎は推測している〔上野竹一九二五〕。

このことに関連して注目されるのは、応神天皇陵〈誉田山陵〉にあったとされる「三昧堂」である。延久四年（一〇七二）に、石清水八幡宮護国寺にあてられた太政官牒に、誉田山陵は大菩薩御舎利の処であり、法楽荘厳をなすために三昧堂を建立する、との記載がある。これは長久五年の国符を引くという。応神天皇陵に三昧を修する堂舎である三昧堂が、建立されていたことを知ることができる。ただし、その建立された位置については、墳頂部である可能性が高いが、確定できるような史料はなく、墳頂部とは断じえない。また、どこまで遡上できるかは明らかではないものの、江戸時代の享和元年（一八〇一）には建立が確認できる「六角堂」との関係も明確ではない。応神天皇陵の長久五年の三昧堂を、菩提樹院と同意義に扱ってよいとするならば、三昧堂が建立されたことは、当時の陵制を反映していることにもなろう〔福尾二〇一三b〕。

堂塔式は以後、江戸時代末までの長期にわたり、陵制の主流となっていくのである。

堂塔式陵墓の展開

この長い堂塔式の時代にも、円墳式のものも営まれた。また、堂塔式のなかにも木造の堂塔と石造の卒都婆式のものがある。しかし、円墳式のものは稀少であり、木造と石造の差は機能に関わるものでもない。これらの堂塔式は、合葬のないことを通則としていたが、後深草天皇（八九代）を初葬とする深草北陵（同天皇以下一二天皇の納骨堂。初めは後深草院法華堂と呼ばれた）のように、合葬例もある（図09）。

堂塔式において、後世の規範となったのは、白河天皇の成菩提院陵である。天皇は京都の鳥羽に三重塔の寿陵建立を計画し、天永二年（一一一一）に落成した。ここに納骨の遺詔があり、大治四年（一一二九）に崩御した。御遺骸は京都衣笠山で火葬に付されたが、遺詔の納骨塔が凶方にあたるため、吉方になるまで香隆寺に仮安置されることとなった。その後、御遺骨は香隆寺から三重塔に移し埋納された。

納骨状態は源師時の『長秋記』によれば、塔の下に約一・二メートル四方の石筒を設け、骨壺を納め、その上に銅板経を入れた銅筥と金胎両界の阿弥陀仏像を納めた銅小塔を安置し、石蓋で覆い土で埋めている〔書04〕。現陵の周囲では発掘調査がおこなわれており、幅約八・五メートルの堀がめぐっていたことが明らかになっている〔京都市埋蔵文化財研究所（編）一九八八ほか〕。残念ながら、この塔は建長元年（一二四九）に焼失した。

しかし、この白河天皇陵の近くにある近衛天皇（七六代）陵が木造本瓦葺二層の多宝塔をとどめており――もっともこの多宝塔も創建時のものではなく、文禄五年（一五九六）の慶長伏見大地震で転倒し、豊臣秀頼の命で片桐且元が再建したものである――往時の外観を偲ぶことができる（図10）。

図09 『古事類苑　帝王部』に見える深草北陵

図10 近衛天皇陵の全景

和田軍一は、この堂塔式の時代を前期・中期・後期に三期区分している〔和田軍一九三四〕。同氏は堂塔式の出現を白河天皇陵に求めており、前期は順徳天皇（八四代）陵までとしている。しかし、この時期の記述には若干の混乱が認められ、文脈から実際は後嵯峨天皇（八八代）陵までとしていることが知られる。中期は後深草天皇から後陽成天皇（一〇七代）陵まで、後期は後水尾天皇（一〇八代）から仁孝天皇陵までである。これはそれぞれの時代の堂塔式の特徴をふまえた区分であり、説得力のあるものとは思われる。しかし、本書では陵寺の段階をも堂塔式と考える立場を採用していることから、前期以前に早期を設定し、以下に記述を加えることにしたい。

早期の堂塔式陵墓——四円寺と天皇陵

前述したように、和田軍一は堂塔式としての初源を白河天皇陵としている。しかし、それ以前にも後一條天皇のように御堂を陵所としている例、さらにはより遡って陵寺を付設などしている例が認められることから、これらも堂塔式の前段階として理解するのではなく、堂塔式の有する性格をより広義に理解して、その萌芽の一類型と見なしておきたい。

このような観点から、堂塔式で早期に位置づけたのは、仁明天皇陵から後三條天皇（七一代）陵までである。仁明天皇は卒塔婆と陵寺が認められる初例でもある。早期でも前半に属する仁明天皇陵から朱雀天皇陵についてはすでに触れたが、村上天皇（六二代）以降、後三條天皇までの陵についても簡単に言及しておきたい。

これら一〇方は村上天皇を除いて火葬されており、三方（村上・後一條・後冷泉各天皇）以外は譲位後の崩御である〔田中一九九六〕。村上天皇は光孝天皇以来の土葬であった。その葬送について『栄花物語』は「いみじけれどもおりゐのみかどの御事はたゞ人のやうにこそありけれは、これはいと、珍かなる見物にぞ、世人申思ひける。」と記し、当時の人々が通常の上皇の葬送の様相とは異なる感想をもっていたことを述べている。『扶桑略記』には「葬二仁和寺一。」とあり、陵名は「村上陵」としている。上野竹次郎は、村上は仁和寺西方の小名と推測している〔上野竹一九二五〕。

冷泉天皇から堀河天皇（七三代）までの一一方は荼毘に付された。なかには、一條天皇（六六代）のように、土葬の遺命があったにもかかわらず、藤原道長が失念し、火葬となった例もある。このことも、朝廷における火葬の浸透度を如実に示す例であろう。

先に示した村上天皇だけでなく、光孝天皇以降、仁和寺やその付近には多くの天皇陵が営まれた。なかでも、仁和寺に付属し「四円寺」とも総称される円融寺・円教寺・円乗寺・円宗寺にはゆかりの天皇の陵が営建された（図11）。つまり、円融天皇（六四代）は、御願寺であり崩御の地でもあった円融寺の北原で火葬され、御骨は父村上天皇陵の傍らに納められた。また、一條天皇は円融寺の北、円融天皇陵の近くに埋骨された。

一條天皇の皇子である後朱雀天皇（六九代）は、御骨は円教寺に納められたが、その後、後冷泉天皇が円教寺内に新堂を建立し、円乗寺と称された。後朱雀天皇の陵名を円乗寺陵とするのは、そのためである。後冷泉天皇の御骨は円教寺に安置され、円教寺陵と呼ばれている。後三條天皇の場合は、御骨は禅林寺（永観堂）内の旧房に安置されたが、後に天皇御願の円宗寺に改葬された。円宗寺陵という陵名もこのことに由来する。

四円寺については、それぞれの域内に御堂が建立されて、それらが天皇陵に当てられたものと考えられる。これらの場合、四円寺は天皇陵の陵寺や「准・陵寺」といった関係というよりも、もはや両者が一体化し、区分は不可能なものとなったものと見なしてもよかろう。

前期の堂塔式陵墓——塔と法華堂

前期は白河天皇陵から後嵯峨天皇陵までである。御方数としては一七方となる。これらの陵は、塔を用いるものと法華堂とするものとに大きく二分できる。前者の代表的な例は、白河・鳥羽（七四代）・近衛各天皇陵と四條天皇（八七代）陵である。このうち、前三陵は木造塔、後一陵は石造の九重塔（図12）である。

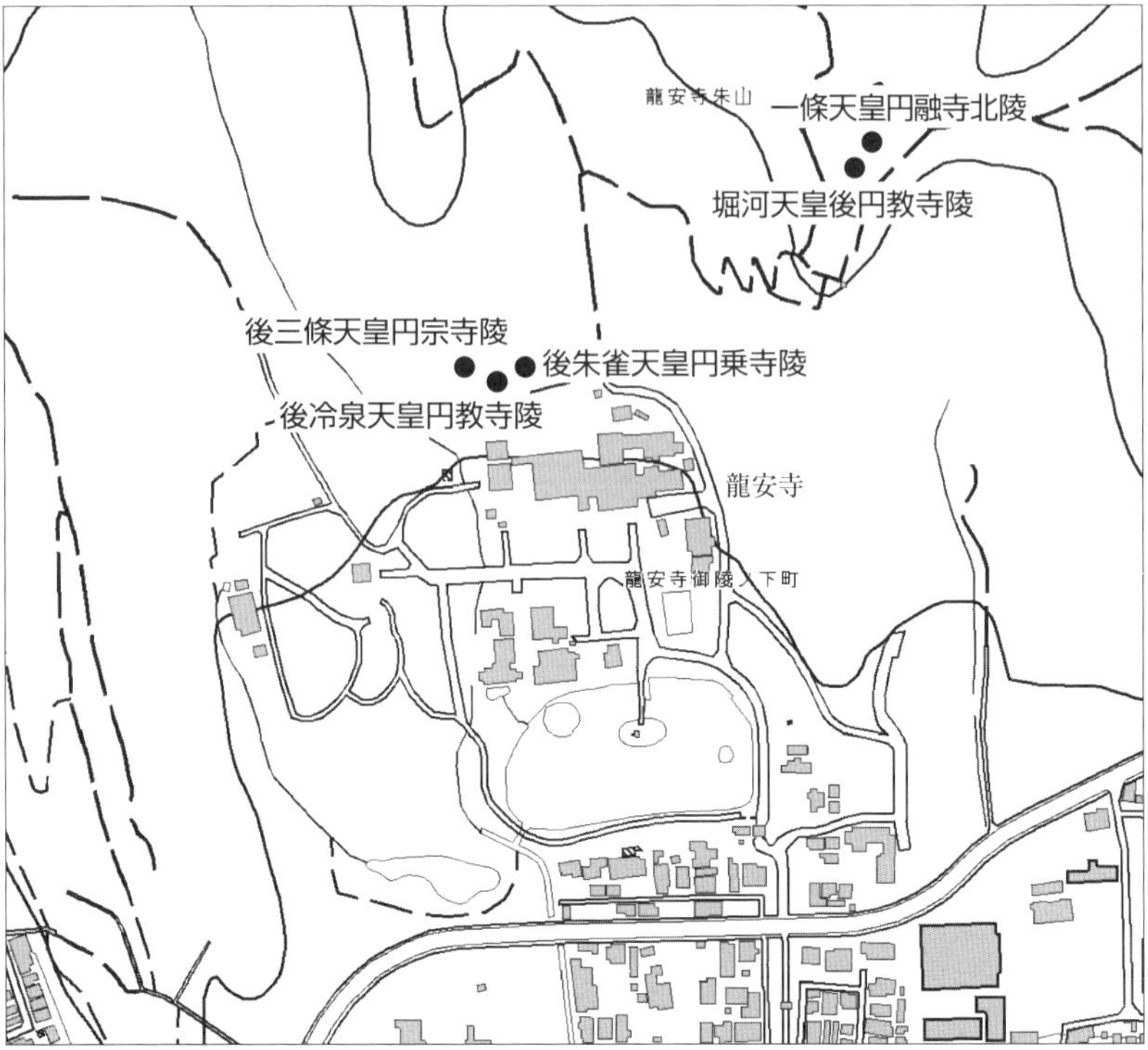

図11　「四円寺」とその周辺の陵墓の位置図

前三陵の木造塔はいずれも、生前に営建された寿陵である。白河・近衛各天皇陵についてはすでに触れたが、少しばかり補足を加えると、近衛天皇陵は鳥羽天皇陵の本御塔に対して、新御塔と称されたものである。もともとは、鳥羽天皇の皇后得子（美福門院）の御陵料として落成した。美福門院は遺命によって高野山に納骨（高野山陵）したため、新御塔は空塔となっており、近衛天皇の御骨は知足院からここに改葬された。鳥羽天皇は本御塔の塔下に土葬されている。

一方、四條天皇陵は京都市の東山連峰月輪山の山裾に位置し、江戸時代に崩御のほとんどの天皇と同域（月輪陵・後月

図12　四條天皇陵の全景

図13　後白河天皇陵内の後白河天皇御木像

輪陵）にあり、その端緒ともなった。同地には泉涌寺があり、その開山の俊芿《しゅんじょう》との縁故によるものであったとされている。月輪陵・後月輪陵については、後期の堂塔式陵墓の項であらためて述べることとしたい。

あらためて述べるまでもなく、法華堂は法華三昧（法華経を通して真理に悟入する方法）を修行する堂のことであるが、後世、貴人の納骨堂をも法華堂と称した。そこで法華懺法《ほっけせんぼう》（法華三昧を修する儀式作法）を修したためである。宮内庁における陵墓の形状区分では、その建築様式から方形堂としている。

この法華堂（方形堂）を陵形とするものには、後白河天皇（七七代）の後白河院法華堂（蓮華王院法華堂・法住寺法華堂）、後鳥羽天皇（八二代）の大原法華堂、土御門天皇（八三代）の金原法華堂、後嵯峨天皇の浄金剛院法華堂（嵯峨院法華堂）などが有名なものである。

これらのうち、後白河天皇例については、安元二年（一一七六）にその妃であった建春門院《けんしゅんもんいん》崩御の際には、すでに蓮華王院の東に法華三昧堂が建立されていた。本来この三昧堂は天皇の陵所となるはずであった。しかし、同所は建春門院の陵所とされたのである。その後、天皇の崩御の際には、遺詔によって現在地の堂下に遺骸を葬っている。幕末の元治元年（一八六四）にはこの部分が発掘され、石櫃が検出されている〔書05〕。現陵は木造三間の本瓦葺単層切妻向拝造りの堂で、慶長や元治年間などの造り替え・修理を経て、昭和五年に解体修理されたものであり、内部には天皇の法体座像（図13）を安置している〔陵墓調査室ほか一九六八、山田二〇〇六〕。

また、後嵯峨天皇の場合は、火葬後に御骨は浄金剛院に仮安置されていたが、皇后の姞子（大宮院）がここに法華堂を建立したので、御骨も同所に遷し納められている。

さて、以上述べたうち、もっとも古く位置づけられる例は後白河天皇の場合であるが、崇徳天皇（七五代）の陵についても触れておくべきであろう。天皇は保元の乱に敗れ、讃岐に配流され、その地で悶死した。『愚昧記』治承元年（一一七七）五月一七日条、つまり崩御の一三年後には、勅して火葬の地を山陵とし、汚穢を避けるために隍をめぐらせ、さらに陵側に一堂を建立し、法華三昧を勤修して菩提を弔わせたことが記されている。
この堂宇も讃岐国法華堂、頓証寺、崇徳院御廟などと称された。この堂下には御骨こそないものの、後白河院法華堂建立とほぼ同じ時期には建てられており、非業の最期を迎えた天皇とはいえ、当時の陵制を反映していることには注意しておきたい。

中期の堂塔式陵墓——合葬の時代

この時期は、後深草天皇から後陽成天皇の陵までで、鎌倉時代前半から江戸時代の初期にあたる。とりわけ、鎌倉時代前半には文暦二年（一二三五）の天武・持統天皇合葬陵、弘安一一年（一二八八）の継体天皇陵など、盗掘が目立つ時代でもあった。また、その後半の戦国時代は皇室の式微（はなはだしく衰えること）の時代でもあった。

後嵯峨天皇は、まだ四歳であった皇子の久仁親王（後深草天皇）に譲位し、院政を布《し》いた。在位一三年余で、後深草天皇は父の命によって、その弟である恒仁親王（亀山天皇〈九〇代〉）に譲位した。

後嵯峨上皇は、その後の治天の君を後深草上皇と亀山天皇のどちらにするかについて、鎌倉幕府の決定に委ねることを遺命した。その結果、亀山天皇と定められることとなった。この決定に対して後深草上皇は不満を抱き、後深草天皇系の持明院統と亀山天皇系の大覚寺統の対立を生み出す端緒ともなったのである。

後深草天皇をはじめとする持明院統の歴代天皇の多くは、深草北陵に納骨されている。当初は後深草院法華堂といわれていたが、後光厳天皇（北朝四代）納骨以降は深草法華堂と称された。現在の陵号である深草北陵と定められたのは、明治三九年（一九〇六）のことである。深草十二帝陵とも呼ばれ、一般にはこちらのほうが馴染みが深い（図09）。

現在の法華堂は幕末の修陵の際に、大きく改修されており、近年では昭和五年に手が加わっている。二間四方の木造本瓦葺の宝形造りの建物で、正南面している。

後深草天皇は崩御後、遺命によって火葬され、安楽行院の仏壇の下に納骨された。その後に、調進が遅れた朱漆小辛櫃に骨瓶と灌頂《かんじょう》五鈷を納め、納骨し直している。法華堂の落慶供養がおこなわれたのはその約一年後のことであり、その際に遺骨が移納されている。以後、本法華堂には伏見天皇などの一四方、つまり、後深草天皇を含めれば一五方の遺骨が納められた。

なお、北朝の後光厳天皇と後円融天皇（北朝五代）、さらには崩御順でいえば、称光天皇（一〇一代）以降は泉涌寺で荼毘に付されており、月輪陵・後月輪陵の兆域内には、後土御門（一〇三代）・後柏原（一〇四代）・後奈良（一〇五代）・正親町（一〇六代）・後陽成（一〇七代）の五天皇の灰塚がある。

このように歴代の天皇が合葬された例は、他には天武天皇と持統天皇の檜前大内陵だけである。長期間にわたっていることも、陵制上は特異な時代といえよう。その背景として、皇室の式微の時代ということが大きく関わっていると思われるが、それだけで十分に納得することは困難である。深草北陵に合葬されていない持明院統の天皇（花園天皇〈九五代〉・光厳天皇〈北朝初代〉など）もあり、当時の皇室の財政事情以外の要因についても、考慮する必要があるように思われるのである。

さて、大覚寺統の天皇の陵についても言及しておくべきであろう。亀山天皇陵は父の後嵯峨天皇の西に並んで位置する同形の法華堂である。幕末の修陵の際には、両陵ともに浄金剛院法華堂と称されたが、後に亀山殿法華堂と改められ、明治三九年には現陵名の亀山陵とされた。

次代の後宇多天皇（九一代）の陵である蓮華峯寺陵は、生母京極院皇后藤原佶子との合葬陵で、亀山天皇、後二條天皇（九四代）、遊義門院姈子内親王の各分骨も合葬している。天皇は八角円堂を建立し、堂内に「順逆五輪石塔」（生前に建立した五輪石塔）を安置して、その地輪の両際に五円を彫り、中央の円には自らの遺骨を納めることを遺言し、四方の円中に、皇考（亀山天皇）・皇妣（京極院）・皇后（遊義門院）・皇子（後二條天皇）の各遺骨を安置して、蓮華峯寺と号した由が『後宇多院御遺告書』に記されている〔他02〕。現状は南面する木造の本瓦葺宝形造り法華堂である。堂内には中央に火輪に浮彫文様のある花崗岩製五輪塔一基、両側に小五輪塔各一基がある。

大覚寺統のなかで、特異な陵制を採用しているのは、後醍醐天皇（九六代）陵である。当時は堂塔式の時代であり、墳丘を築くことはなかった。そのような状況のなかで、『太平記』は当陵について、「円丘を高く築て、北向に奉レ葬。」と記している。つまり、円丘式の墳丘が造られたのである。『元禄年間　山陵記録』に拠れば、「御陵山高さ二間半、山の根廻り弐拾八間」とある〔秋山・廣吉（編）一九九四〕。現状は径が約二二メートル、高さ約四メートルである。

次代の後村上天皇（九七代）陵は楠木正成や南朝ゆかりの寺でもあり、かつ天皇の行宮所でもあった観心寺（大阪府河内長野市）の裏山にある。現状は小円丘である。境内には、明治初期まで天皇の崩御後に建立された法華三昧堂が存したことが知られている。

後期の堂塔式陵墓——土葬の復活と泉涌寺の御寺化

堂塔式の後期は、後水尾天皇から仁孝天皇に至る一三代の陵である。ほぼ江戸時代の全期間に及ぶ。この間の歴代天皇陵の形式は、すべてが域内に最初に営まれた四條天皇陵と同じく九重塔で、営陵の地は泉涌寺外に求められることはなかった。これら皇后陵などを含めた四條天皇陵以下の二五陵は明治一二年に月輪陵・後月輪陵と定められ、「御近陵」とも呼ばれている〔表04〕。その兆域内には、四條天皇陵以下二五陵以外に五灰塚九墓が位置している〔図14・15〕。

この時期の大きな特徴は、記録の定かでない後村上・長慶（九八代）・後亀山（九九代）の各天皇の葬送を除き、後醍醐天皇以来の土葬が復活したことにあろう。

後光明天皇（一一〇代）は、承応三年（一六五四）に後水尾上皇と明正上皇（一〇九代）に先だっての崩御であった。その際に火葬の非が論ぜられ、儀式としては火葬の体裁をとりつつも、実際は土葬が復活した。つまり、遺体を納めた梓宮《しきゅう》

形　状	崩御・薨去の年月日	備　考
九重塔	仁治3・1・9(1242・2・17)崩	
	明応元・7・20(1492・8・22)崩	〈陵〉深草北陵
	大永6・4・7(1526・5・28)崩	〈陵〉深草北陵
	弘治3・9・5(1557・10・7)崩	〈陵〉深草北陵
無縫塔	天正14・7・24(1586・9・7)崩	
	文禄2・1・5(1593・2・6)崩	〈陵〉深草北陵
	元和3・8・26(1697・9・25)崩	〈陵〉深草北陵
無縫塔　新上東門院尊儀	元和6・2・18(1620・3・21)薨	
無縫塔　中和門院尊儀	寛永7・7・3(1630・8・11)薨	
九重塔	承応3・9・20(1654・10・30)崩	
無縫塔　壬生院尊儀	明暦2・2・11(1656・3・6)薨	
無縫塔　新廣義門院尊儀	延宝5・7・5(1677・8・3)薨	
宝篋印塔　東福門院尊儀	延宝6・6・15(1678・8・2)崩	
九重塔	延宝8・8・19(1680・9・11)崩	
九重塔	貞享2・2・22(1685・3・26)崩	
無縫塔　逢春門院尊儀	貞享2・5・22(1685・6・23)薨	
九重塔	元禄9・11・10(1696・12・4)崩	
九重塔	宝永6・12・17(＊1710・1・16)崩	
無縫塔　新上西門院尊儀	正徳2・4・14(1712・5・19)崩	
無縫塔　新中和門院尊儀	享保5・1・20(1720・2・27)崩	
無縫塔　承秋門院尊儀	享保5・2・10(1720・3・18)崩	
九重塔	享保17・8・6(1732・9・24)崩	
九重塔	元文2・4・11(1737・5・10)崩	
九重塔	寛延3・4・23(1750・5・28)崩	
九重塔	宝暦12・7・12(1762・8・31)崩	
九重塔	安永8・10・29(1779・12・6)崩	
宝篋印塔　盛化門院尊儀	天明3・10・12(1783・11・6)崩	
宝篋印塔　青綺門院尊儀	寛政2・1・29(1790・3・14)崩	
宝篋印塔　恭禮門院尊儀	寛政7・11・30(＊1796・1・9)崩	
宝篋印塔　成不動院尊儀	寛政12・4・4(1800・4・27)薨	
九重塔	文化10・閏11・2(1813・12・24)崩	
宝篋印塔　瑠璃光院尊儀	文政4・2・11(1821・3・14)薨	
宝篋印塔　妙莊嚴院尊儀	文政4・6・9(1821・7・8)薨	
宝篋印塔　新皇嘉門院尊儀	文政6・4・3(1823・5・13)崩	
九重塔	天保11・11・19(1840・12・12)崩	
九重塔	弘化3・1・26(1846・2・21)崩	
七重塔　新清和院尊儀	弘化3・6・20(1846・8・11)崩	
宝篋印塔　新朔平門院尊儀	弘化4・10・13(1847・11・20)崩	
無縫塔　新待賢門院尊儀	安政3・7・6(1856・8・6)薨	

表04　御近陵域内陵墓一覧

No.	代数	謚号・追号・御名	種別	陵名
①	87	四條天皇	陵	月輪陵
②	103	後土御門天皇	灰塚	
③	104	後柏原天皇	灰塚	
④	105	後奈良天皇	灰塚	
⑤	106	正親町天皇皇子　追尊天皇陽光太上天皇	陵	月輪陵
⑥	106	正親町天皇	灰塚	
⑦	107	後陽成天皇	灰塚	
⑧	106	正親町天皇皇子　追尊天皇陽光太上天皇妃晴子	墓	
⑨	107	後陽成天皇女御　中和門院藤原前子	墓	
⑩	110	後光明天皇	陵	月輪陵
⑪	108	後水尾天皇後宮　壬生院藤原光子	墓	
⑫	108	後水尾天皇後宮　新広義門院藤原国子	墓	
⑬	108	後水尾天皇皇后和子	陵	月輪陵
⑭	108	後水尾天皇	陵	月輪陵
⑮	111	後西天皇	陵	月輪陵
⑯	108	後水尾天皇後宮　逢春門院藤原隆子	墓	
⑰	109	明正天皇	陵	月輪陵
⑱	113	東山天皇	陵	月輪陵
⑲	112	霊元天皇皇后房子	陵	月輪陵
⑳	114	中御門天皇女御　贈皇太后尚子	陵	月輪陵
㉑	113	東山天皇皇后幸子女王	陵	月輪陵
㉒	112	霊元天皇	陵	月輪陵
㉓	114	中御門天皇	陵	月輪陵
㉔	115	桜町天皇	陵	月輪陵
㉕	116	桃園天皇	陵	月輪陵
㉖	118	後桃園天皇	陵	月輪陵
㉗	118	後桃園天皇女御　皇太后維子	陵	月輪陵
㉘	115	桜町天皇女御　皇太后舎子	陵	月輪陵
㉙	116	桃園天皇女御　皇太后富子	陵	月輪陵
㉚	119	光格天皇皇子　温仁親王	墓	
㉛	117	後桜町天皇	陵	月輪陵
㉜	119	光格天皇皇子　悦仁親王	墓	
㉝	120	仁孝天皇皇子　安仁親王	墓	
㉞	120	仁孝天皇女御　贈皇后繋子	陵	後月輪陵
㉟	119	光格天皇	陵	後月輪陵
㊱	120	仁孝天皇	陵	後月輪陵
㊲	119	光格天皇皇后欣子内親王	陵	後月輪陵
㊳	120	仁孝天皇女御　皇太后祺子	陵	後月輪陵
㊴	120	仁孝天皇後宮　新待賢門院藤原雅子	墓	

注　年月日の(　)内は太陽暦に換算したもの，＊はその際に翌年となるもの。

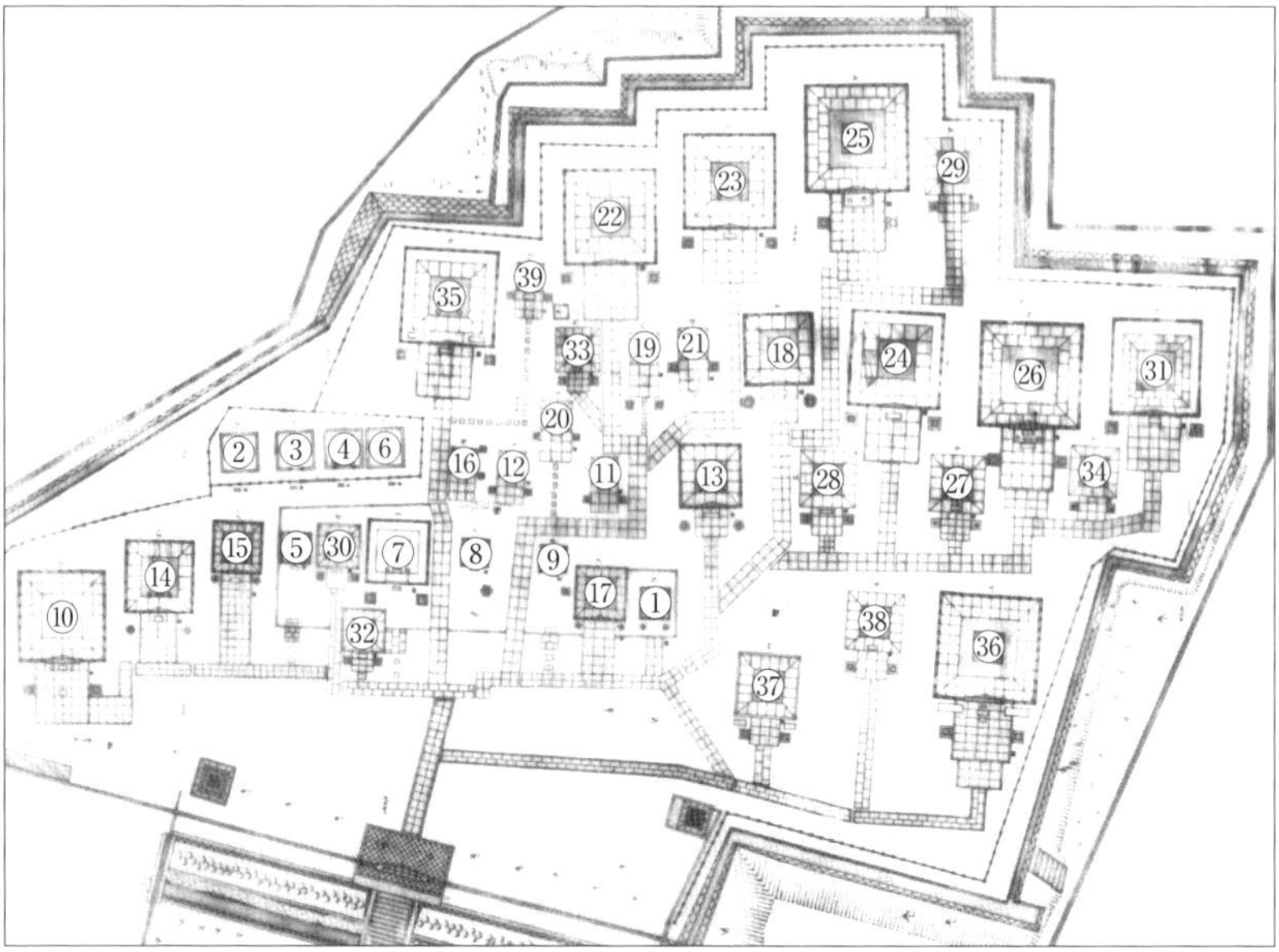

図14　御近陵域内の陵墓の位置図（数字は表04のNo.と対応）

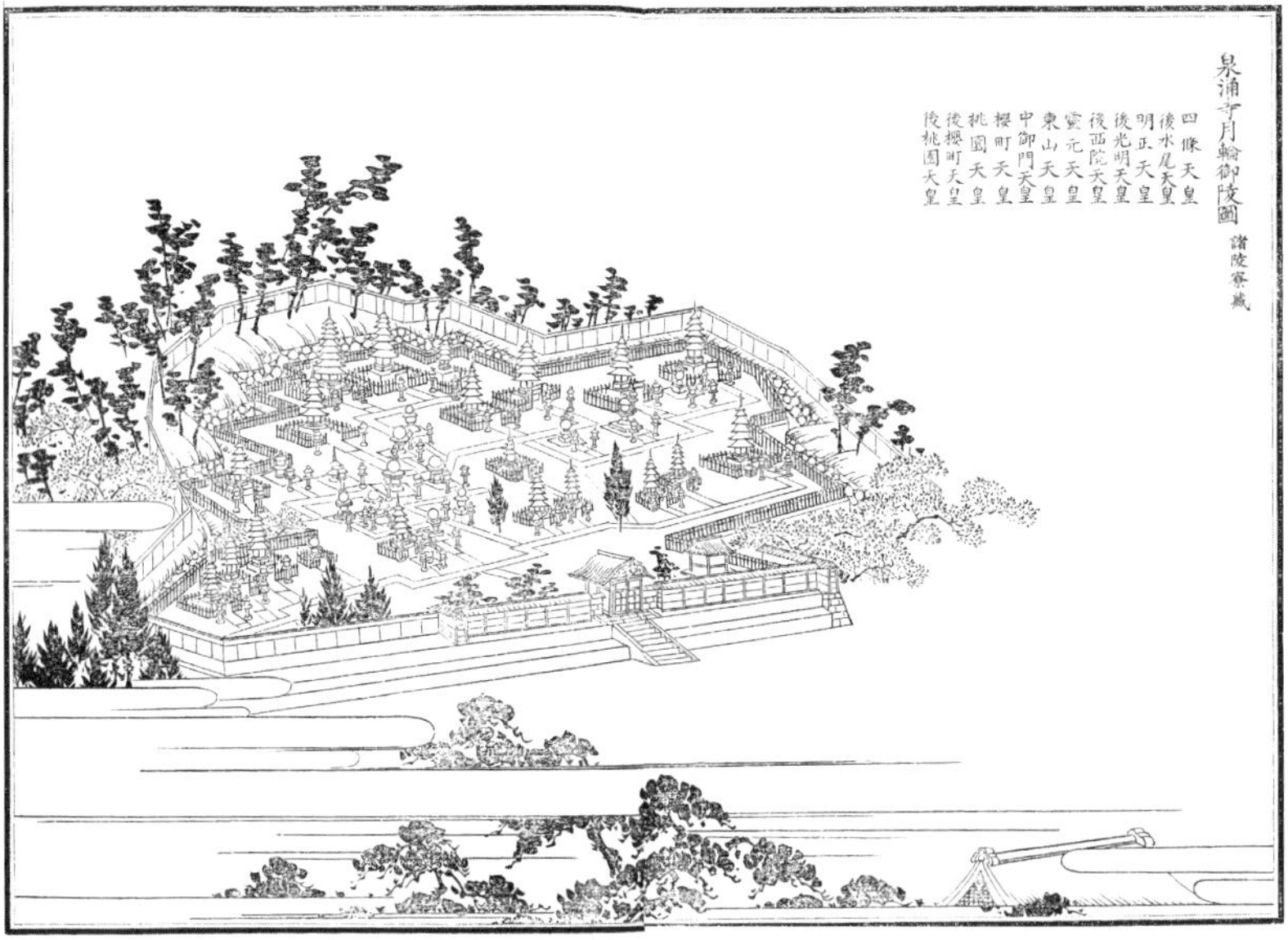

図15『古事類苑　帝王部』に見える御近陵

（天子の棺）は今までの火葬の例にならい、龕前堂《がんぜんどう》に移され、法要がおこなわれたのである。その後に火葬の場である山頭堂に移されて、あらためて法要がなされた。従前であれば、これらの行為の後に荼毘に付されるのであるが、今回は「御密行」と称し、遺骸は泉涌寺内の廟所（月輪陵）に運ばれ、石の唐櫃内に埋葬された。

後光明天皇の葬送は、平安期以来続いていた葬送地と埋葬（骨）地を区別する形態とその意識の消失を意味するとともに、深草北陵に示されるような合葬から一方一陵に復せられることでもあった。

この火葬の復活の背景には、魚屋八兵衛とも呼ばれる奥八兵衛の献言があったとされている。そのため、八兵衛は明治になり遡って士族に列せられるとともに、正五位が贈位されている。一七世紀前半期の作とされる青地礼幹著の『可観小説』では、八兵衛は疱瘡で亡くなった人は、下賤の者でさえ火葬にはしないこと、もし火葬とした場合は以後、国家にとっては不吉のことがあることなどを理由として、関係者に懇願したことが記されている〔青地一九三六〕。ただし、この献言のみによって陵制上の大転換がなされたとは納得しがたいところもある。

一方、野村玄は、天皇を火葬にした場合に起こりうる混乱への対応であり、幕府が天皇の遺体までも管理する姿勢を打ち出した状況を反映していることを強調している〔野村二〇〇三〕。つまり、幕府による天皇の「遺体管理」がおこなわれたという。確かに後陽成天皇の拾骨をめぐっては、泉涌寺と公家の間で作法等の見解の相違があった、と武家伝奏を務めた中院通村の『中院通村日記』に記されており〔書06〕、興味深い指摘となっている。

ただし、このような観点だけからは、火葬の復活の思想的な背景が明らかになったとはいえない。後光明天皇が儒教を尊重していたことはよく知られており、程顥《ていこう》・程頤《ていい》と朱熹の学説である程朱学に傾倒していたことにも配慮しておくべきであろう。なかでも、朱熹によって再構築されたいわゆる朱子学への造詣は深かった。儒教では陰陽の説に従い、人の死後は魂と魄とに分かれ、魂は陽に従って天に昇り、魄は地に降りて、陰に従うとされた。そこで、魂は位牌に祀るとともに、遺体は土葬としたのである〔加地一九九〇〕。

もちろん、結果的に土葬が採用された背景には、このような後光明天皇の生前の学問的な嗜好だけではなく、江戸幕府（徳川幕府）の思惑、さらには後水尾上皇の存在なども大きく関わったと思われる。なかでも、後光明天皇以降の歴代天皇が今日まで土葬されている状況を勘案すれば、江戸幕府の思惑が与えた影響についても過小評価は避けるべきであろう。

このように、後光明天皇陵以降の仁孝天皇陵に至るまでの歴代天皇が、泉涌寺内の同兆域内に営建されたことにより、それらの一連の葬送に関与した泉涌寺は、皇室の菩提寺として御寺と呼ばれるようになり、皇室との関係をより深めていくことになるのである。

御近陵の石塔の変遷

四條天皇陵以下二五陵五灰塚九墓は、東山連峰の月輪山の山裾にある泉涌寺霊明殿の東側に位置している。檜皮葺向唐門の左右に透塀を配し、側面と背面には土塀がめぐり、同一の塋域となっている。四條天皇陵以下二〇方の陵は月輪陵、光格天皇（一一九代）以下五方の陵は後月輪陵と称し、区別されている。以下、通称であるが、御近陵と称して稿を進めたい。

その端緒となったのは、四條天皇陵の営建である。その形状は石造り九重塔であり、和田軍一に拠れば、近世天皇陵の初例でもある後陽成天皇灰塚の九重塔を通じて、後光明天皇陵の九重塔に影響を与えているという〔和田軍一九三四〕。この時期においては、人々の意識のうえで現在のように、陵と灰塚が明確に峻別されてはいないことから、このような系譜関係が生じたものと考えられよう。

最近、「月輪陵域内所在陵墓石塔に見る近世天皇・皇族の墓制」の検討成果が発表された〔的場二〇一八〕。本論考では、同域内に位置する皇族墓についても興味ある考察がなされているが、ここでは主に天皇陵——すべてが九重塔を建立——に焦点を絞って、その概要を紹介してみたい。

まずは、先述の和田軍一の指摘を肯定しつつ、御近陵域内の近世の天皇石塔の変遷においては、三度の画期が認められるという。

最初の画期は後西天皇（一一一代）の石塔である。後陽成天皇から後水尾天皇の石塔の構造・各部の形状（以下、「構造等」という）が同域内の先行天皇石塔に通ずる特徴を有するのに対し、直近の後水尾天皇石塔とほぼ同一の構造等にされたという。以後、例外はあるものの、天皇石塔の構造等は、被葬者の身位・立場などが近似する単一の先行石塔に準拠することが慣例化する、とも指摘されている。

第二の画期は、次代の霊元天皇（一一二代）・中御門天皇（一一四代）の頃とされ、上皇として崩御された後水尾天皇石塔の系統を酌む石塔に、高さの設定基準や石柵の付置する位置等に変化が生じるとされる。その変化は、天皇として崩御の後光明天皇石塔系統の塔の規模にも影響を与えることになったという。

最後の画期は後桃園天皇（一一八代）石塔であり、以後、石塔の高さが増大する傾向になることが強調されている。ほとんどの御近陵は、凶事における幕府方奉行の設置が確認できることから、幕府によって調進された可能性が高い。しかし、その一方で石塔の建立にあたり、その形態について幕府から朝廷に対して照会していることから、幕府が調進する立場にあったとしても、朝廷内で検討・決定すべき事項であったともいう〔的場二〇一八〕。

本論考では、宮内省・宮内庁内で事務用に作成された石塔実測図が使用されている。従前からその存在は知られ、一部ではすでに公表もされていた。平成三〇年度末にはその目録が刊行され、その内容がより明らかとなった〔的場二〇一九〕（図16）。石塔の変遷等の理解の参考になるのみならず、今後のこの分野の研究の進展にも大きく寄与することが期待される。

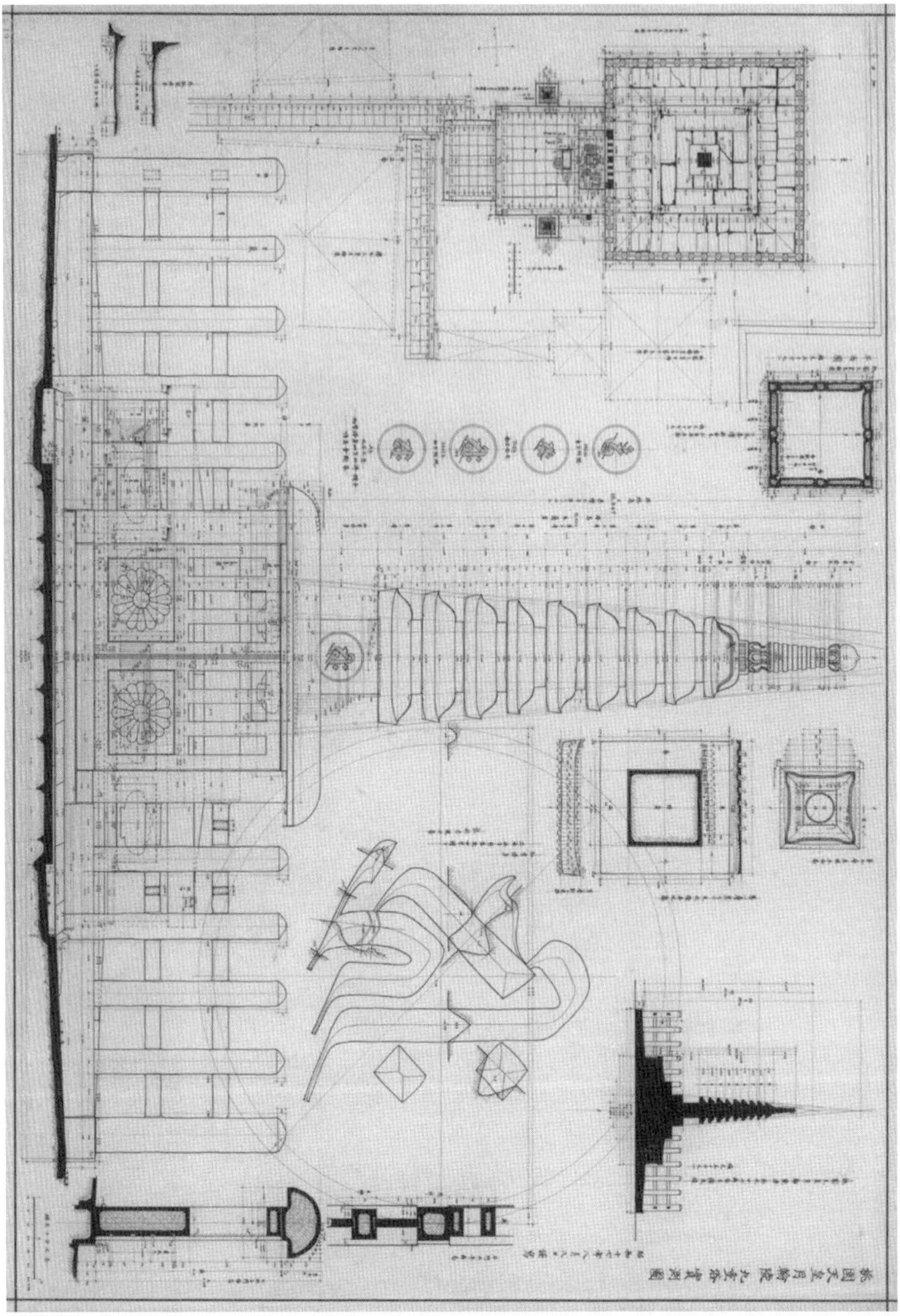

図16　桃園天皇陵　九重塔の実測図

3　「古制ニ復ス」――江戸時代末以降の陵墓（近現代高塚式陵墓）

孝明天皇陵の造営と英照皇太后の葬送

慶応二年（一八六六）一二月二五日に孝明天皇が崩御した。後述する幕末の修陵に伴い、対象山陵の竣功奉告を終えたのは慶応元年五月のことであり、修陵後二年にも満たない段階で、幕府や朝廷は新山陵営建の問題に直面することとなった。ここに登場するのが、幕末の修陵に際し、朝廷から山陵奉行に任じられた戸田忠至《ただゆき》（当時は下野高徳藩主）である。

忠至は、葬送の沿革を調査し、従来の無実の火葬の式を廃止し、古制に復して墳壟ある山陵（「古制営陵」）の復興を建言した。朝廷では公卿にこの建言を議論させて、慶応三年正月二日に可納されるに至ったのである。その結果として、泉涌寺の後山に高塚式の山陵が造営された（後月輪東山陵）。忠至にとっては、幕末の修陵の延長上に位置づけうる作業であったのであろう。

陵は丘陵の西面を大きく削り取り、南側に拝所を設けたものである。そのために参道が大きく蛇行している。三段築成の円丘で、斜面には石垣をめぐらしている。その直径は二六間（約四六・八メートル）、高さ二四尺（約七・二メートル）である。墳頂には巨石が据えられていることも大きな特徴といえよう（図17・18）。

また、棺を納めた石槨の一三枚の蓋石のうち、中央の蓋石には「後月輪東山陵慶應三年歳次丁卯／春正月丙辰朔二十七日壬午葬」（／は改行、以下同様）と鐫《ほ》られている。その揮毫者は祐宮《さちのみや》睦仁親王（明治天皇）の習字師範でもあった正二位権大納言の広橋胤保《たねやす》である。このように石槨の蓋石に鐫《せん》する例は、英照皇太后（孝明天皇女御）の後月輪東北陵などにも認められる。

英照皇太后は、明治も半ばを過ぎた同三〇年一月一一日に崩御した。同二二年二月一一日に裁定された皇室典範には陵

図17 『文久山陵図』に見える孝明天皇陵

図18 『古事類苑 帝王部』に見える孝明天皇陵

の規定はないが、現皇室典範第二七条の陵墓の規定を準用すれば、維新後最初に営建された陵となる。その陵形は孝明天皇陵と同じく円丘で、規模は同天皇陵の約二分の一である。陵前には、葬儀時の祭舎（拝舎）・神饌舎・奏楽舎・奉仕員および参列者の幄舎が残されている。なお、英照皇太后陵の石槨蓋石には、「後月輪東北陵／明治三十年二月八日葬」と刻され、その揮毫者は有栖川宮威仁《たけひと》親王である。

皇太后の大喪は基本的には神式であるが、その内実は明治政府により新たに「古式」として創出されたものであった。黒の喪服、軍装の儀仗隊など欧米の風習や儀式が新たに取り入れられたこともその特徴となっており、いわば、和洋折衷の様態を呈していたのである。伝統はその時折の新たな価値観をふまえつつ、創出・再構成される。これが「古制の復活」と呼ばれ、一度は途切れたものが復活したかのように周知されるのである。

一方、皇太后の霊柩は、東京での各種儀式を経て、明治天皇が皇太后のために造営した（京都）大宮御所に二月三日に移御された。翌四日には、泉涌寺長老の鼎龍暁《かなえりゅうぎょう》によって、泉涌寺で相伝されてきた「仏教の秘法」がおこなわれている。また、七日から八日にかけての葬送の際には泉涌寺の僧侶も参列している。

この皇室の葬儀において、仏教色がすべて払拭されたわけではなかった。この仏教との関わりは、翌三一年に薨去された山階宮の初代当主の晃親王の葬送の際に、より表面化し、問題視されることになるのである。

明治維新後の皇族墓地――豊島岡墓地

明治天皇の最初の皇子である稚瑞照彦尊《わかみずてるひこのみこと》は、明治六年九月一八日の誕生であったが、即刻薨去した。ここにおいて、明治政府は、東京遷都後の新たな皇族墓地の選定問題に直面することとなったのである。

翌一九日に御墓所選定のため、太政官被官の式部寮および宮内省において護国寺（現住所は東京都文京区大塚五丁目）付近を検分した結果、護国寺後山と治定になった。同二〇日には太政官より東京府へ護国寺後山を宮内省に引き渡すように指令し、二一日に宮内省はその譲渡を受けた。皇子の薨去後わずか三日後のことであった。

この護国寺後山は、俗に権現山と称するのみであった。そこで、宮内省は墓誌やその他の事務に不備を来すこともあり、郡名に拠って豊島岡と名付けたい旨を太政官に申し出た。これが採用され、太政官は二二日にその決定を大蔵省と東京府に通知した。以来、豊島岡御墓所、豊島岡御墓地と通称されてきたが、大正一五年一〇月に皇室陵墓令が施行されると、その第二一条（陵墓地等は公告する条）に拠り、昭和二年一〇月二九日付け宮内省告示第二三号によって、その名称は「豊島岡墓地」に、また所在地は「東京府東京市小石川区大塚坂下町豊島岡御料地」とし、その地域は図をもって公告された。ここに公式の名称が定められたのである。

稚瑞照彦尊の墓は、筒状に切石をめぐらした高さ一メートル弱の小円丘（径約一・八メートル）の上に高さ約一・六メートルの自然石を立てたものである。その約二ヶ月後に同じく即日薨去した明治天皇の第一皇女の稚高依姫尊《わかたけよりひめのみこと》、さらには明治九年六月八日に薨去の第二皇女薫子《しげこ》内親王の墓も同様の形状である。自然石を立てることは、孝明天皇陵と同一思想に起因するものと考えられる。

稚瑞照彦尊墓の造営に関しては、薨去後しばらくたった翌七年八月九日にその形状が定められている〔宮02〕。その際に形状等の案文を作成したのは、谷森善臣であった。各種文献を博捜している谷森は、『日本書紀』大化二年三月甲申条のいわゆる「大化の薄葬令」に拠って、「御墓制尺寸取調」をおこなった。その際、「御墓上石標の儀は書紀に諸王以下小智以上宜用小石と見えたり」とあることから、「小石は竪石にして則ち碑なりと註に見ゆ」とした。その結果として、立石が据えられることになったのである。

本節の冒頭の「孝明天皇陵の造営」で、孝明天皇陵上の巨石について触れた。おそらくその設置の根拠は思想的な背景はともかく、「大化の薄葬令」を広義に解釈したものと考えられよう。

その後、同一一年七月二六日薨去の第二皇子の敬仁《ゆきひと》親王以後の直宮の墓には、自然石は認められず、小円丘を築くのみとなっている。

一方、少ないながらも維新後に泉涌寺近辺に埋葬された皇族も認められる。四親王家の一つである桂宮家の最後の当主である淑子内親王（明治一四年薨去）や山階宮晃親王（明治三一年薨去）など一〇方を数える。

これらの方のうち、晃親王は明治政府の役職を退いた後、明治一〇年八月以降は京都に帰住し、同地で薨去した。その際に仏式の葬送によることを希望する遺言があった。この時期の皇族の葬儀は神式が定着していたため、明治天皇は枢密顧問官に諮り、善後策を講じた。

『明治天皇紀』第九では、その時の奉答書について次のように記している。皇室の喪儀に対する明治政府の考えを知るうえでもきわめて興味深い内容となっている。

謹て按するに建国の昔祭政一致を以て国是とせられしより　皇室の葬祭は常に尊厳なる式典によりて行はれ永く　皇室葬祭の儀体として今に伝はれり中古以降仏教の旺盛を極むるや仏式を以て大葬を行はせられしこと固より尠からすと雖も　皇霊殿は常に　歴代の神魂を安し奉り其祭祀は常に古来の式に依り奉せられたり明治維新に及ひ典礼の紊《みだ》れたるを正され　皇室の葬祭は純ら古式を以てするを定例とせらる今日国家の祭典は尚依然として古制に法とる所以のものは蓋し　皇室の祭祀と我国体とは其関係甚密なるものあれはなり
中古以降仏式を以て　大葬を行はせられたる例乏からすと雖も維新以後　皇室葬祭の典礼は一に古式に拠らしめられ且つ国家公式の祀典も一に之に法とる今日に在て　皇族の仏葬を聴許せらるるあらは是れより特例を後世に開き或は延て典礼の紊乱《ぶんらん》を来すあらんことを恐る
故宮殿下の遺旨寔に已むへからすと雖も　皇室の定例は亦固より斁《やぶ》るへからさるなり

明治維新までは、仏式による大喪が少なからずおこなわれていた。しかし、皇霊殿の祭祀は常時、古来の式により実施され、維新後は、皇室の葬祭も古式とすることが定例となったという。先に概観した陵制の変遷から見ると、やや曲解されている感が否めないが、先に触れた「古制の復活」という時代相に合わせて伝統が再生するということであろう。審議の結果として、葬儀は維新以来の先例に沿って神式で実施されることとなったのである。

ただし、その一方で、宮内省は、葬儀以外はすべて晃親王の遺志に従って差し支えないことも指示している。すべての皇族が、その信仰的な面では神仏分離を納得してはいなかったことを示す一例でもあろう。

明治初期における葬制の混乱

稚瑞照彦尊薨去の二ヶ月前の明治六年七月一八日に、「火葬の儀自今禁止候条此旨布告候事」(太政官布告第二五三号)によって、火葬が全面的に禁止された。このことは、明治政府がこの段階では、国民の葬儀を土葬に限定化しようとしていたことを示すとされる〔林二〇一〇〕。明治元年の神仏判然令(神仏分離令)に象徴される神道国教化政策なども、関連する事象であろう〔鯖田一九九〇〕。さらには、維新政府が成立する直前に崩御した孝明天皇が土葬であったことも大きな影響を与えたのではないか、と考えられる。

本禁止令に対して、東京府内の火葬場や火葬をおこなう寺院である火葬寺(上落合の法界寺〈現在の落合斎場の前身〉など)は、火葬の再開を願い出ている〔鯖田一九九〇〕。そこでは、火葬の利点として、遺骨を骨壺に収めることによって移動が自由となって、郷里の祖先伝来の墓に納めることも可能となること、都会に墓所を新設した際には、郷里の墓所に分骨もできるという点が強調されていた。

また、仏教界からは、西本願寺法主大谷光尊の侍講ともなった仏教運動家の大内青巒《せいらん》が、「火葬御禁令ノ儀ニ付建言」と題された建白書を左院(明治四年に設置された立法府、同八年に元老院設置に伴い廃止)あてに提出している。ここでは土葬であれ、火葬であれ、政治上の妨害になることはなく、火葬や土葬は「民人の心情」にあるにすぎないことを論じ、政治の妨害にならないのならば、火葬、土葬の選択は人民の自由であると主張している。とりわけ、火葬に対して積極的な浄土真宗僧侶からは、将来的な埋葬地とするべき土地の不足、土葬・水葬・林葬などの葬法は腐敗臭が生じて不衛生である、といった観点からの火葬禁止令反対意見が提出されている〔西野一九九九〕。

このようなこともあって、火葬禁止令はその布告後、二年にも満たない同八年五月二三日に「明治六年七月、第二百五十三号火葬禁止の布告は自今廃し候条此旨布告候事」（太政官布告第八九号）によって、解除されたのである。

以後、明治政府は火葬を公衆衛生的観点から扱うようになった。伝染病による死者の火葬の義務化、土葬のための墓地にはその新設・拡張に対して厳しい規制を設けた。加えて、人口密集度の高い地域に土葬の禁止区域を設定するなどの政策を講じたのである。

その一方、皇室関係の葬儀では火葬は採用されず、天皇・皇后・皇太后については現在まで、皇族についても戦前まではすべてが土葬であった。

明治天皇の崩御と陵の造営

明治天皇は、明治四五年七月三〇日に崩御した。御年六一歳である。同年の大正元年八月二七日に、明治天皇と追号されている。陵所は御遺詔により、同年八月六日に現在地に選定され、同月一九日に地鎮祭がおこなわれた。九月一三日夜、東京青山練兵場内に設けられた葬場殿において大喪の儀をおこない、次いで柩を列車にて陵所に遷し、一五日未明に斂葬を終えた〔大喪使（編）一九一二〕。この日、陵号を伏見桃山陵《ふしみのももやまのみささぎ》と定めた。

明治天皇の大喪では、古代にはなかった山陵儀礼が加わっている。さらに、儀式の半分近くが埋葬後に実施されていることを特筆しておきたい。古代においては、基本的に埋葬が終われば関係儀式は終了したものと見なされていた。記紀等を参考として、各時代の儀式の諸様相を再構成して「古式」が創出されたのである。万世一世を可視化することが、その大きな目的であったといえよう。

ここで、明治天皇陵が当時の天皇の居住地であった「宮城《きゅうじょう》（皇城）」の位置する「東京府」ではなく、伏見桃山と決定された理由についても、言及しておく必要があろう。よく知られている史料であるが、『明治天皇紀』第一二には次のような記載がある。（ ）内は筆者の注記である。

（大正元年八月）六日　大喪儀を行ふ期日を来る九月十三、十四、十五日と定め、又陵所を京都府紀伊郡堀内村大字堀内字古城山に決し、是の日之れを告示す、抑々陵所を此処に選定せしは大行天皇の遺詔に原づくものにして、明治三十六年宸慮已に決せり、共の年四月海軍大演習観艦式及び第五回内国勧業博覧会開会式に臨御したまはんがため、暫く蹕《ひつ》（天子の行幸、また、その儀仗をととのえた行列のこと）を京都御所に駐めたまふ、一夕皇后と饌を倶にし、旧都の今昔を語りたまふの次、卒然として宣はく、朕が百年の後は必ず陵を桃山に営むべしと、時に典侍千種任子、天皇の陪膳に候せしが、此の綸言を聴きて太だ異しみ、旨を日乗（日記）に誌す、大漸（帝王の病気が大いに進むこと）の事あるや、皇太后遺詔を遵奉（教えなどを尊重して、これに従うこと）し、陵を桃山に定めん事を命じたまへりと云ふ、（以下略）。

一方、天皇・皇族に関係する法令や儀礼などの調査・制定をするために、明治三二年に創設された帝室制度調査局（明治四〇年廃止）が作成した「皇室陵墓令案」では、「第一六条　将来の陵及墓地は東京府下に在る御料地内（以下略）」とすると定めていた〔他03〕。

にもかかわらず、陵所は東京府下には決定されなかったのである。このことに関連して、明治三一年から一二年もの間、宮内大臣の任にあった田中光顕は『青山餘影　田中光顕伯小傳』のなかで、次のように述べている〔熊澤一九二四〕。

今後は東京附近に霊域を選び広く其区域を取って御陵墓地となし、（中略）ソコで此事を　先帝に上奏しやうと思ったけれど、事柄が事柄ゆえ自分でも躊躇して差控えて居たが、或日思切って、今後御陵墓地は東京附近に御選定あらせらるゝ様上奏したが、流石御英明の　先帝とて、殊別御咎めもなく能く聞食《きこしめ》され、篤と考へて置かうといふ御沙汰があった。
明治天皇が崩御になった日に、御葬儀に就て御協議申すため、宮中牡丹の間に山縣（有朋）、井上（馨）、大山（巌）、徳大寺（実則）、松方（正義）、西園寺（公望）、土方（久元）、渡邊（千秋）と自分と九人で集会した時に、御陵を何処に定め奉るかといふ話が出た。（中略）渡邊宮相が言うのには自分は先帝の御思召は桃山にあらせらる、と拝察して居る。夫は曽て自分に桃山はどうなって居るかとの御下問があったから、自分が何も御異状はありませんと申上げると、夫じや宜しいとの御言葉があったが、此点から考へて先帝の御意中の程は分ると申し出たので、一同是れに同意して、御陵は桃山と御決定申すことになった。

結果的に陵所が伏見桃山となった。その代替え措置として、明治天皇と昭憲皇太后を祭神とする明治神宮が、東京府下に建立されたことについては、後述したい。

『伏見桃山陵陵制説明書』に見る明治天皇陵の造営理念

伏見桃山陵の営建にあたっては、当時宮内省御用掛であった増田于信《ゆきのぶ》の著した『伏見桃山陵陵制説明書』が参考になる〔宮03〕。本書の冒頭には、

「明治天皇を奉尊せる伏見桃山陵御造営に付ては、専ら古制に則り、左の方式に従て築陵することを予定す。」

とある。その作成時期は、「大正元年十月二十五日」となっている。つまり、一一月六日に山陵百日祭の儀が実施され、築陵工事が本格化する前のことである。陵所が告示されたのは九月六日であり、この間に作成され、宮内省などでの検討を経て、本説明書に拠って築陵に至ったものと考えられる。

当時はまだ、陵墓の形状や兆域、さらには場所等を定めた「皇室陵墓令」は定められてはいなかった。それが皇室令第一二号として公布されたのは、大正一五年のことであった。しかし、関係者や機関で検討はされていたことは、すでに指

摘されているとおりである〔西川一九九八〕。その具体的な内容に関しては詳らかにはしえないが、陵所に関しては増田于信が「伏見桃山築陵の話」において、

「田中前宮内大臣一日余に語りて曰く、天皇は御不幸に関するやうのこと御耳にきこしめすことをいたくいやがらせ給ひぬ故に、自ら大臣在職中発起して皇室令の制定を為して勅裁を仰ぎ、これを発布したれども、陵墓令だけは原稿のまゝにて奏覧を躊躇し居りたり云々。（中略）田中前宮内大臣は皇室令の制定者として、まづ陵墓令の原稿に規定したる東京説を提議したるに（中略）御陵は終に伏見桃山に決定したるなりと。此の事また田中前宮内大臣より予は親しく承りたり。而して御式は陵墓令の規定により執行すること、なりたり。」

と記述していることが注目されるのである〔宮04〕。つまり、先に触れた未決の「皇室陵墓令案」というものがあり、そこには、①当初は陵所は東京説であったが、伏見桃山の地に決定されたこと、②大葬の御式も本案に沿って執行されるようになった、というのである。『伏見桃山陵陵制説明書』はその御式をより詳述したものとしても位置づけられよう。

『伏見桃山陵陵制説明書』では大きく四点に分けてその依拠するところを述べている。原文を引用してみると、

「第一　天智天皇の山科陵、第二　孝明天皇の後月輪東山陵、第三　神武天皇の畝傍山東北陵の三陵を参照して、上円下方式に築営す。今之を区別すれば、御陵形は山科陵に則り、山地に御理棺して後、陵形を削成することは、後月輪東山陵に則り、御拝所及兆域周囲の形状は畝傍山東北陵に則る。而して礫石を以て陵上を葺くことは歴代山陵に則る。」

とある。この記述に続き、歴代山陵の沿革の大要が述べられ、それぞれの山陵の依拠理由が詳細に述べられている。詳述は避けるが、明治天皇陵で採用された理念のほとんどは、一部変更されることはあったものの、昭和天皇陵まで踏襲されている。

なお、陵形の根拠となった天智天皇山科陵は、そのモデルともなった舒明天皇押坂内陵ともども、当時の認識では上円下方の墳丘を有する陵と考えられていた。しかし、現在では上円と見なした部分は八角丘であることは前述した。学史上、

発掘調査により八角形墳の存在が確認され、公にされたのは、昭和四九年の奈良県明日香村の中尾山古墳が最初である。

なお、本陵にも孝明天皇陵と同じく石槨の中央の蓋石には、「伏見桃山陵」と陵名が鐫されている。加えて、蓋石を覆った二尺五寸（約七六センチ）の「コンクリート」の上には陵誌を刻んだ石が置かれた。揮毫者はともに大喪使総裁の伏見宮貞愛《さだなる》親王である。

皇室陵墓令の施行と大正天皇陵の営建・参拝状況

皇室陵墓令は大正一五年一〇月二一日に皇室令第一二号として公布された。その内容は多岐にわたるが、①陵墓の定義、②陵墓の形状、③陵籍・墓籍の編修・登録、④将来の陵墓を営建する地域、⑤陵墓の兆域の大きさ、という五点を定めたことに要約されるであろう。

陵墓をめぐる制度は、古くは大宝律令に喪葬令があり、治部省中に諸陵司を置いて、陵墓の祭祀と管理をおこなわせた。律令制度の衰退とともに、陵墓に対して次第に中央政府の管理が及ばなくなり、その多くの所在は不明となった。このようなこともあり、明確な法的規定もないことから陵墓はある面では自由に、その時代の社会的な状況を鋭敏に反映しつつ営建され、大正期に至ったのである。皇室陵墓令制定の意義を一言でいうならば、陵墓に関する総括的な制度が初めて明文化されたことにつきるといえよう。

皇室陵墓令公布のわずか二ヶ月あまりの後、大正天皇は葉山御用邸において御年四七歳で崩御した。その陵である多摩陵は、皇室陵墓令に基づき営建された。その形状は上円下方、地域は「東京府及びこれに隣接する県に在る御料地内」である武蔵陵墓地（昭和二年一月三日宮内省告示第一号）、兆域の大きさは二五〇〇平方メートルである。

陵名が多摩陵とされたのは、その所在地である「東京府南多摩郡横山村」が『万葉集』巻二〇に「赤駒を　山野に放し捕りかにて　多麻の横山　歩《かし》ゆか遣《や》らむ」（四四一七）に詠まれていることなどに因み、語調もまた佳良であることによっている。

墳塋（丘）は上円三段、下方三段になっており、上円部は多摩川産の礫石で葺き、下方部は相州産（伊豆）小松石の乱積みとなっている。築陵工事は昭和二年五月二日に起工し、同年一二月二三日に竣工した。工期は約八ヶ月であった。

大正天皇の斂葬後から本格的な陵墓の営建工事に着手するまでの間、一般参拝が実施された。当初は二月一三日から翌月一四日までの予定であったが、同月三一日まで延長され、さらに四月になっても百日祭ノ儀のあった三日を除いた四日まで再延長された。その間の総参拝者数は約八四万人であった。五〜七月にかけては工事が本格化したため、一旦は中止されたが、八月には遙拝所での参拝が再開され、一二月までに一一万余人が参拝した。つまり、昭和二年における多摩陵参拝者の総数は、約九五万人を数えた。

このように、空前ともいえるような参拝状況は、何も多摩陵に限ったことではない。各地の陵墓で同じような光景が見られたことは、関係書籍出版の盛況や参拝記念としての陵（墓）印蒐集の高まりなどからも、容易に察することができる。

一方、皇室陵墓令は施行後わずか二〇年余りにして「皇室令及附属法令廃止ノ件」（昭和二二年五月二日皇室令第一二号）によって、同日廃止された。大正天皇陵は、陵墓の形状等を定めた法令に基づいた唯一の陵であることを強調しておきたい。現在は陵墓の形状等を定めた法令はないのである。

ここで、本題の陵墓の変遷からは離れるが、皇室陵墓令に規定されている「陵籍・墓籍」について、少しばかり説明を加えたい。陵籍・墓籍に関しては、皇室典範の第二七条の後段に「陵および墓に関する事項は、これを陵籍及び墓籍に登録する。」とある。

陵籍・墓籍は、皇室陵墓令と同施行規則（大正一五年一〇月二一日宮内省令第八号）に初めて定められたが、突然に生じたものではなく、それ以前にも「御陵墓台帳」と「御陵墓図」の存在が知られており、これが陵墓の管理台帳に相当するものと思われる。明治期に皇室陵墓令が審議されており、そのなかにも陵籍・墓籍の規定があるが、この時期には制定されなかった。皇室陵墓令には、立法の趣旨、陵籍・墓籍が管理基本台帳であること、とりわけ陵墓の所在・形状を明らかにし、これを保存する目的であることが知られる。

なお、陵籍における登録事項は、以下のとおりである。

一　追号及御名又ハ名、二　陵所、三　陵名、四　崩御ノ年月日時、五　斂葬ノ年月日、六　営建ノ年月日、七　陵形、八　兆域ノ面積、九　附属物

山口鋭之助「陵制に対する愚見を陳して大喪儀の制に及ふ」

帝室制度調査局の調査をふまえた審議では未定に終わった皇室令などをさらに調査し、制定するために、宮内大臣の下に帝室制度審議会（大正五〜一五年）が設置された。そこで、明治天皇陵の陵制に関し批判的な議論があったことを、外池昇が指摘している〔外池二〇〇七〕。その対象について、外池は「「皇室陵墓令」の案文を検討するに際して」と限定しているが、「皇室喪儀令」案の検討も含まれていたことには、注意をしておきたい。

その際、大正六年一〇月一八日に資料として提出されたのが、「陵制に対する愚見を陳して大喪儀の制に及ふ」である〔他04〕。その作成者は、明治天皇陵営建時には大喪使事務官であり、山作部長でもあった山口鋭之助図書頭（兼任諸陵頭）である。山口鋭之助については第4章2節で触れたいが、増田于信の記した『伏見桃山陵陵制説明書』についての批判的な見解がちりばめられている。

その論旨は多岐にわたるが、まず、「伏見桃山陵の形式は、永世不易の範とし難し」と明治天皇陵の立地について述べる。ついで、明治天皇陵の「縦壙に伴ふ必然の欠点」として、「御所在の上に登攀して、作業に従事せざるを得さりし」ことから「最恐懼に堪えさる」とその構造に伴う問題点に言及する。第三に「御棺の位置は、平地より以上の高処に奉安すへきは、動すへからさる古制」とし、今後もこの方針の基に平地において山陵を営建するならば、多量の盛土が必要と

なり、「最不自然な工事」となることを述べている。最後は、「将来若し陵地を平地に設け、兆域を限定せらるる如きことありて、小墳を築くとせは、其の内に伏見桃山陵に於ける如き陵壙を設くることは、全く不可能の事に属すると云ふへきなり。」とし、「伏見桃山陵の形式は、之を歴史上より観るも、其の山作の方法過渡期の弥縫《びほう》的処置たるに過ぎすして、万世の定制と為さむには余りに不完全なり。（中略）不易の定制と為すには、不適当なる形式なりと断言（以下略）」と結ぶ。

以上のように明治天皇陵の陵制を批判的に概括したうえで、「今後採用すへき陵制と大喪儀」を提言している。ここでは、その骨子となる部分のみを取りあげてみたい。その骨子とは「帝陵は横壙の形式を用うへし。」である。

ここでいう「横壙」とは、「縦壙」に対応するものである。壙とは墓穴のことである。山口はいう。「帝陵」にどちらの施設が用いられたかの確証はないけれども、『阿不幾（乃）山陵記』の記事」や「当時の古墳を調査」から見て、横壙の制、つまり横穴式の埋葬施設が採用されたのではないかと。そのうえで、縦壙（壙穴）式は、霊柩降下の作法は臣民として拝するに忍びない作業であること、霊柩を納めた後に多数の労務者がその上に登攀することは、森厳を瀆《とく》するものであること、を述べ、横壙式の場合は、これらの問題が解消されるばかりか、霊柩を玄宮内に奉安し、玄宮の門を閉じるまでの間は、もっとも厳粛な儀式をおこなうことが可能となる、としている。

この山口の提案が、果たして大正天皇の大喪や陵において採用されたか否かについては、皇室喪儀令附式や上野竹次郎『山陵』の大正天皇陵の解説が参考になる。皇室喪儀令附式の「陵所ノ儀」では「霊柩を玄宮に奉還し御外槨石槨に斂む大喪使高等官奉仕」、「玄宮の門を閉ず諸陵頭奉仕」、「陵誌を埋め土を覆ふ同上」などが見える。また、『山陵』では、墳丘の中央に石室があって、それが皇室喪儀令の玄宮に相当し、その一方に羨道があり、南に石扉を伴う入口があることが明記されている〔上野竹一九二五〕。

その他、殯宮の設置場所に関して、「宮殿を充用する如きは、衰世の姑息策にして、正式に非さるなり。」とまで述べている。しかし、大正天皇の殯宮は明治天皇の場合と同じく、「宮城正殿」に設けられている。

このように、山口の「今後採用すへき陵制と大喪儀」という提案の骨子部分は、大正天皇の陵制に採用されてはいるが、採用されなかったものもあり、そのことが何に起因するかの検討は今後の課題であろう。

ちなみに、皇室喪儀令においては、その第八条に「大行天皇太皇太后皇太后皇后の大喪儀には天皇喪主となる」との規定がある。また、附式の「第一編　大喪儀」の「第一　天皇大喪儀」の斂葬の儀における葬場殿の儀の際に、「天皇御拝礼御誄を奏す」とある。明治天皇の大喪の際に、大正天皇が葬儀に参列して御誄を奏したことを追認し、規定することともなった。天皇は、記録に拠るかぎり、一〇〇〇年以上もの長きにわたって葬儀に参列することはなかった。死穢を恐れてのことである。ようやくその呪縛から解放されることともなったのである。

戦後に営建された初めての陵墓——貞明皇后陵と雍仁親王墓

第二次世界大戦後に最初に営建された陵は、大正天皇皇后の貞明皇后（昭和二六年崩御）の多摩東陵である。また、墓は大正天皇皇子の秩父宮雍仁《やすひと》親王（昭和二八年薨去）墓である。貞明皇后崩御後の大喪儀や陵の営建に関しては、皇室喪儀令や皇室陵墓令はすでにその効力を失っていた。しかし、その趣旨は尊重され、大正天皇や明治天皇皇后の昭憲皇太后（大正三年崩御）の例を参考にしつつ、実行された。

このことについて、当時の宮内庁管理部業務課長であった深尾代治は、『貞明皇后　大喪儀工営関係に就ての参考記述書』において、「新憲法実施後最初の場合であり、経費の面からも新（た）な構想に依らねばぬから、充分検討を要し、之には相当の時日を必要とするにもかゝわらず、突如としての崩御何等準備の心構へすらなかったのであり、崩御後充分検討を加うるが如き余裕のあろう筈もないので、一応前例に準じ、省略す可きは之を廃し簡素化す可きは出来るだけ切詰めた計画を立てる外な無《（ママ）》かった。」と正直な心境を吐露している〔宮05〕。

結果としては、陵は武蔵陵墓地に営建された。その形状は上円下方、兆域の面積は一八〇〇平方メートルとされた。結果的に、皇室陵墓令の規定が準用されたのである。墳塋は多摩陵と比べて規模を小さくしているが、上円部は多摩川産の玉石で半円型に張り詰め、下方は三段とも相州産小松石で乱積みに築造されていることは、大正天皇陵と共通している。

貞明皇后の葬送に関して、その納棺にあたる「御舟入の儀」の際に、「南無妙法蓮華経、南無阿弥陀仏」と墨と筆で書いた紙を溜めて棺に納められたという。同様のことは高松宮宣仁親王の葬儀の際もおこなわれたことも知られている〔工藤二〇〇七〕。皇室と仏教の根強い関わりを示す事例であろう。

なお、大正天皇の崩御後、その霊柩が安置された部屋（櫬殿《しんでん》）の隣室で、貞明皇后の発願によって「南無妙法蓮華経」という題目を認《したた》める作業がおこなわれたことが知られている。ただし、これらの題目が柩中に納められたかどうかについては、その可能性に言及されているものの、明らかではない〔小倉・山口輝二〇一二〕。

一方、雍仁親王は明治維新後の皇族では、最初に荼毘に付された方である。豊島岡墓地のほぼ中央に位置し、その墓形は戦前の皇族墓の一般的な例を踏襲し、径約三メートルの円丘である。平成七年に薨去の勢津子妃も合葬されており、その兆域の面積は約四五〇平方メートルである。皇室陵墓令第一七条には「親王親王妃内親王王王妃女王の墓の兆域は各二百平方メートル以内とす」とあるが、あらかじめ合葬が予定されていたこともあり、また、祭祀空間の確保もあって、各二〇〇平方メートルの二倍強の兆域となっている。皇族墓が合葬であることは、高松宮家（宣仁親王―昭和六二年薨去、喜久子妃―平成一六年薨去）も同様である。

皇室の葬儀は、大きく葬場殿の儀と斂葬（陵所・墓所）の儀からなっている。このうち、葬場殿の儀は貞明皇后、雍仁親王ともに、豊島岡墓地内でおこなわれた。従前とは異なり、昼間に実施され、その後の葬儀の前例となった。雍仁親王の場合は、式場内でベートーヴェン作曲のピアノソナタ第二六番変ホ長調作品八一a「告別」などが演奏されたことが注目される。葬場殿の儀が終了後には、落合火葬場（東京都新宿区）で「宮家の思し召しによる特別なもの」として火葬され、墓所の儀へと移行し納骨がおこなわれた。

昭和天皇陵と香淳皇后陵の営建

もっとも新しく営建された天皇陵は、昭和天皇武蔵野陵である。昭和天皇は昭和六四年一月七日の崩御である。陵所は大正天皇・貞明皇后の眠る武蔵陵墓地であり、官報には次のように公示されている。

内閣告示第二号

大行天皇の陵所は、次のとおり定められた。

武蔵陵墓地のうち八王子市長房町

平成元年一月十一日

内閣総理大臣　竹下　登

同年二月二四日には斂葬の儀がおこなわれた。陵所に関わる儀式としては、一月一七日の地鎮祭、斂葬の儀前日二三日の祓除の儀、二四日の陵所の儀があった（表05）。陵の所在する武蔵陵墓地は武蔵野の広がる要の位置にあり、その名は『万葉集』巻一四にも「武蔵国の歌」として、「武蔵野の　草は諸向《もろむき》　かもかくも　君がまにまに　吾《あ》は寄りにしを」（三三七七）と見える。昭和天皇も、「武蔵野の　草のさまざま　わが庭の　土やはらげて　おほしたてきつ」（昭和三七年）という御製において、武蔵野を詠まれた。これらの理由により、陵名は武蔵野陵と定められ、二月二七日に平成元年宮内庁告示第五号（「昭和天皇の陵名を定められた件」）により告示された。

斂葬後には、二月二七日から翌月二八日までの三〇日間にわたり山陵一般参拝が実施され、五七万余人の参拝があった。山陵の営建工事は百日祭の終了後に本格的に開始され、翌平成二年一月六日に竣工した。その陵形は大正天皇陵と同じく上円下方、墳塋は上円部・下方部ともに三段である。上円部は富士川産の玉石で葺き、下方部は山梨県産の乾徳石を乱積みにしている。その高さはどこからでも墳塋全体が見えるように配慮され、やや低くなっている。兆域面積も二五〇〇平方メートルである。このように外形や兆域に関しては大正天皇陵に酷似してはいるが、埋葬の形態は大正天皇陵に採用

表05　昭和天皇大喪関連儀式の日程

年　月　日	内　　　　容
昭和64・1・7	崩御。剣璽等承継の儀(宮殿)
平成元・1・8	御舟入(吹上御所)
平成元・1・9	斂棺の儀(吹上御所)
平成元・1・16	櫬殿十日祭の儀(吹上御所)
平成元・1・17	陵所地鎮祭の儀(武蔵陵墓地)
平成元・1・19	櫬殿祓除の儀(吹上御所)，殯宮移御の儀(吹上御所・宮殿)
平成元・1・19～2・24	殯宮移御の儀(吹上御所・宮殿)
平成元・1・20～2・23	殯宮日供の儀(宮殿)
平成元・1・20	殯宮移御後一日祭の儀(宮殿)
平成元・1・21	殯宮拝礼の儀(宮殿)
平成元・1・22～24	殯宮一般拝礼(宮殿)
平成元・1・25	外交団殯宮一般拝礼(宮殿)
平成元・1・26	殯宮二十日祭の儀(宮殿)
平成元・1・31	追号奉告の儀(宮殿)
平成元・2・5	殯宮三十日祭の儀(宮殿)
平成元・2・15	殯宮四十日祭の儀(宮殿)
平成元・2・23	陵所祓除の儀(武蔵陵墓地)，霊代奉安の儀
平成元・2・24	斂葬当日殯宮祭の儀・轜車発引の儀(宮殿)，斂葬の儀・葬場殿の儀(新宿御苑)，大喪の礼(新宿御苑)，斂葬の儀・陵所の儀(武蔵陵墓地)
平成元・2・24～翌年1・6	権殿日供の儀(宮殿)
平成元・2・25～翌年1・6	山陵日供の儀(武蔵陵墓地)
平成元・2・25	斂葬後一日権殿祭・権殿五十日祭の儀(宮殿)，斂葬後一日山陵祭・山陵五十日祭の儀(武蔵陵墓地)
平成元・2・27～3・28	山陵一般参拝(武蔵陵墓地)
平成元・3・2	倚廬殿の儀(宮殿)
平成元・4・16	権殿百日祭の儀(宮殿)，山陵百日祭の儀(武蔵陵墓地)
平成元・4・17	山陵起工奉告の儀(武蔵陵墓地)
平成2・1・6	山陵竣工奉告の儀(武蔵陵墓地)
平成2・1・7	権殿一周年祭の儀(宮殿)，山陵一周年祭の儀(武蔵陵墓地)
平成2・1・8	御禊の儀，大祓の儀
平成2・1・9	霊代奉遷の儀

注　本表の作成にあたっては，宮内庁ＨＰ(ホーム＞皇室のご活動＞天皇皇后両陛下のご日程)，『昭和天皇実録』第18巻(東京書籍，2018年)などを参照した。

された「横壙の形式」ではなく、「縦壙」となっている。

なお、陵誌には秋篠宮文仁親王の揮毫により、「昭和天皇／武蔵野陵／昭和六拾四年壱月七日／午前六時参拾参分崩御／平成元年弐月弐拾四日斂葬」と刻されている。

陵としてもっとも新しいものは、昭和天皇の皇后である香淳皇后武蔵野東陵である。香淳皇后は、平成一二年六月一六日の崩御である。大喪儀は七月二五日におこなわれ、陵所に葬られた。陵名は昭和天皇武蔵野陵の東方に位置することから、七月二六日に「武蔵野東陵」と告示された（「故皇太后の陵所が定められた件」平成一二年宮内庁告示第五号）。

その陵形は上円部、下方部ともに三段の上円下方で、貞明皇后陵とほぼ同様の規模（兆域面積一八〇〇平方メートル）となっている。上円部は富士川産の玉石を葺き、下方部は山形県産の庄内二之滝石を乱積みにしている。陵の営建については、同年九月二五日に起工し、翌年六月一五日に竣工した。陵誌や陵名石標の揮毫者は、常陸宮正仁親王である。

再び「今後の御陵及び御喪儀のあり方について」

以上、天皇陵を中心とした陵墓の変遷を辿ってきた。陵墓はその時々の社会情勢を鋭敏に反映しつつ、造営されたことは確認できたように思われる。陵墓は決して社会から隔絶した存在ではないのである。

その一方で、民墓を含めて死去から埋葬（埋骨）、さらにはその後の墓前儀礼などの様々な儀式（「喪儀」）は、本来、保守的なものである。その一例として、淳和天皇の旧例を覆すような過激な遺詔に対し、その延臣らが猛反発をしたことについては先に触れたとおりである。淳和天皇の遺詔については、嵯峨上皇の決断もあって、実行されることとなった。また、嵯峨上皇も薄葬に関する詳細な遺詔によって祭祀も断たれ、淳和天皇ともども、延喜諸陵墓式に記載のない山陵となった。

しかし、次代の仁明天皇の場合は嵯峨天皇の遺詔が覆られ、山陵への祭祀が復活する。結果的には、嵯峨・淳和両天皇

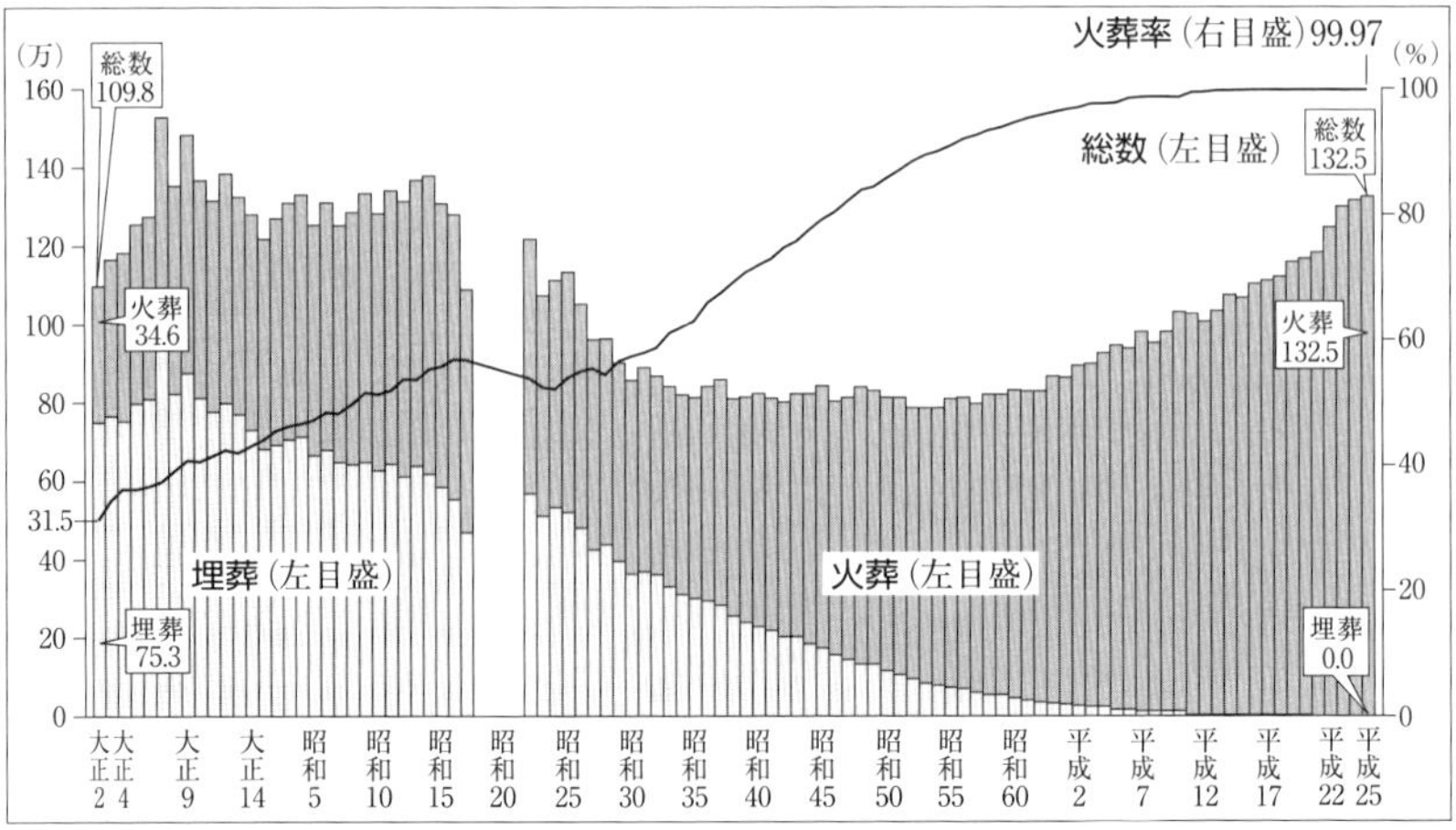

図19　埋葬・火葬，火葬率の推移

の葬送などは陵制上の特異な例となったのである。つまり、時代相に合わず、貴族社会の受け入れることにはならなかった。

「はじめに」で述べた「今後の御陵及び御喪儀のあり方について」において、御喪儀に際しては火葬を導入することが明記されている。明治維新後の皇族においては、昭和二八年の雍仁親王薨去以後の御方は、平成二八年の三笠宮崇仁親王まで、すべて火葬となっている。

天皇においても同様の状況となることは、明治政府が明治八年に、同六年に布告した火葬禁止令を廃止して以来、徐々に火葬が普及・浸透してきた状況をようやく反映することになろう。ここにも、時間の経過はあるものの、陵制がその時々の社会の情勢に規定されていることを確認することができるのである。

ちなみに、日本の火葬率は最近の統計に拠れば一〇〇パーセントに近い。近年の火葬率は、明治二九年が二六・八パーセント、大正一四年が四三・二パーセント、昭和二九年が五六・五パーセント、同五八年が九三・四パーセント、平成二六年が九九・九七パーセントと推移してきたのである〔蒲池二〇〇五、文化庁文化部宗務課二〇一五、e-Stat二〇一六〕（図19）。

「今後の御陵及び御喪儀のあり方について」については、第6章3節において、みたび触れることにしたい。

第3章　陵墓の治定・管理の沿革

本章では、陵墓の治定地の沿革、その後の維持・管理について、その折々の社会情勢をふまえつつ言及していく。

陵墓は中世の戦乱等による荒廃を経て、江戸時代には数回にわたる探索・修補があり、明治維新へと至っている。その契機は「元禄の修陵」ではあるが、それ以前にも陵墓を修補しようとする識者がいた。元禄の修陵以降、享保・文化・安政期を中心とする「陵改」を経て、文久から慶応期にかけて幕末の修陵が実施された。その修陵後には諸陵寮を再興し、諸陵に守戸を配するなど日常管理が強化され、後の陵制の規範ともなった。

陵墓の探索・治定作業は明治政府にも引き継がれ、明治二二年に大日本帝国憲法が公布されるまでに、当時の歴代天皇陵のすべての治定に至った。未治定の陵墓についても、開墾等によって壊滅することを避けるための措置として、陵墓参考地制度が創設された。また、新たに皇統に加列された長慶天皇（九八代）の陵を治定するために臨時陵墓調査委員会が設置され、陵墓に関する他の懸案事項も審議された。

1　江戸時代の陵墓の探索・修補

飛鳥時代以前の陵墓（古代高塚式）の管理

この江戸時代における陵墓の探索・修補の実態を見ていく前に、まずは、古代高塚式の時代（飛鳥時代以前）から陵墓の荒廃期である中世までの陵墓管理について、概観しておくこととしたい。

天皇陵古墳などとも呼ばれている古代高塚式陵墓の管理の実態については、ほとんど分かっていない。古墳は、甲冑や楯などの武具を形象した埴輪や鰭《ひれ》付きの円筒埴輪に象徴されるように、きわめて辟邪（シャットアウト）的性格の強い構造物である。それゆえ、一旦築造されると古墳内に入るのはタブー視されたようである。

そのなかにあって、先に取りあげた箸墓古墳では、花粉分析等により築造後の変遷が明らかにされている。つまり、金原正明によれば、築造後は早期に植生が遷移し、少なくとも五世紀には二次林化がおこなわれ、六世紀には二次林も減少し人為性の高い草本が増加すると指摘されている〔金原二〇〇二〕。また、寺沢薫は金原の指摘をふまえ、箸墓古墳周辺施設の外濠・内濠が整地される背景として、箸墓古墳における再祭祀を考えている〔寺沢二〇〇二〕（図20）。その証左としてあげられるのが前方部の頂部中央部の後円部寄りの肩から斜面にかかる地点から出土している須恵器𤭯《はそう》（注口の器）である（図21）。

この𤭯は六世紀末から七世紀にかけてのもので、築造後、何らかの理由で持ち込まれたものと考えられる。古墳築造後の祭祀の実態に関しては不明のところが多い。かつ、墳丘からは一点のみの出土ということも注意されるが、追祭祀などに使用された可能性も否定しきれないであろう。

また、景行天皇陵（渋谷向山古墳）においても、昭和四一年の調査の際に、前方部頂部に樹立されていた円筒埴輪の内部から須恵器𤭯が採集されている〔石田一九七〇〕（図22）。須恵器としては古い様相を示すものである。想定されている景行天皇陵の時期とはやや時期差があり、これまた後代の追祭祀などに使用された可能性を推測させる。

このように、少ないながらも後世の追祭祀とも見なしうるような事例はあるが、古墳築造後の継続的な祭祀の痕跡は確認できないのである。つまり、日常的、継続的な管理がなされていたと見なすことは難しい。このことは当時の古墳の性格を理解するうえで、きわめて重要と考えられよう。

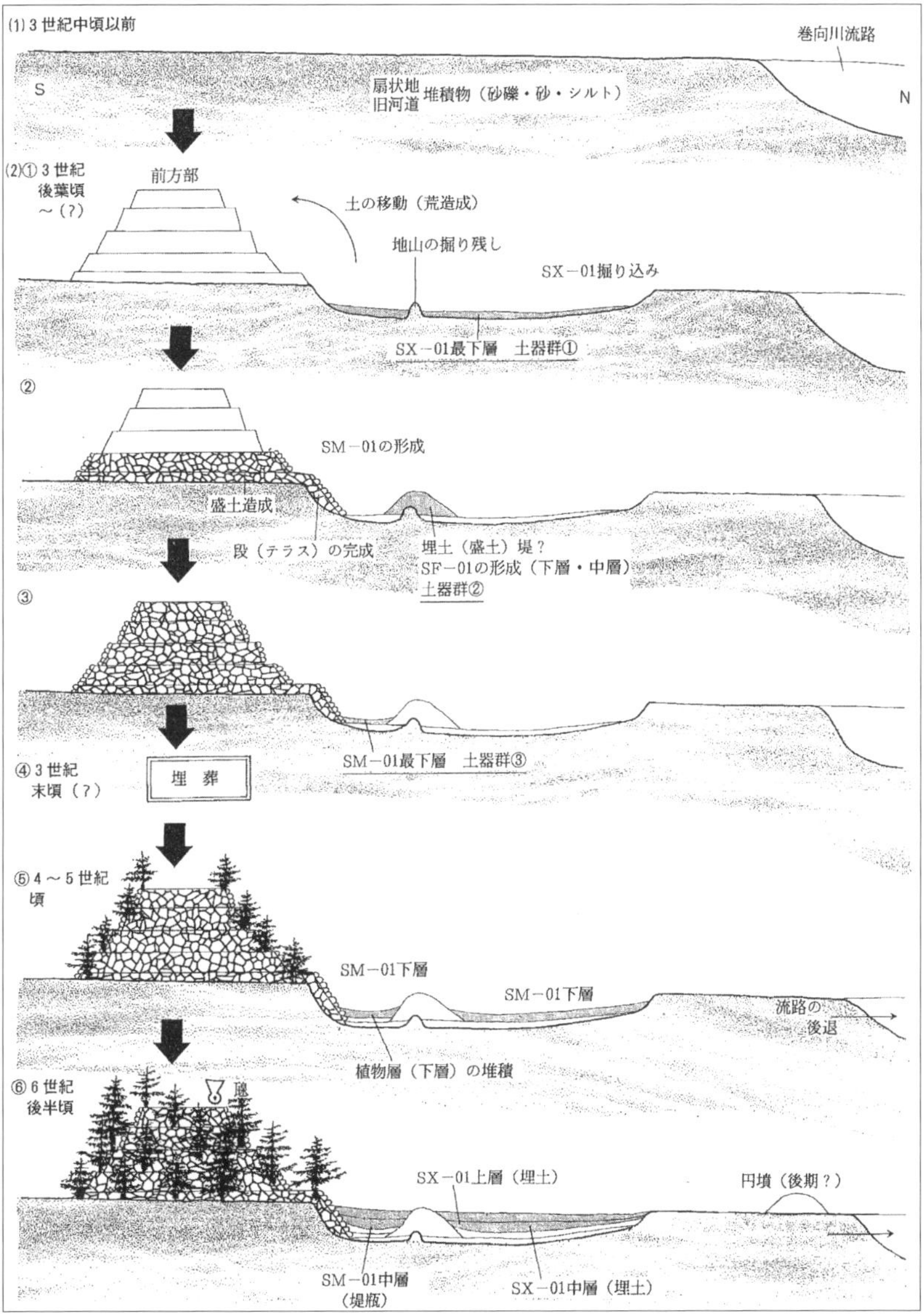

図20　大市墓（箸墓古墳）前方部の築造過程の模式図

奈良から平安時代の陵墓（山丘式陵墓―堂塔式陵墓）の管理

陵墓に対して、国家による継続的な管理が認められるのは、律令時代になってからのことである。天平元年（七二九）に諸陵司が拡充され諸陵寮となり、陵墓管理体制がより強化された。諸陵寮は諸陵頭のもと、陵には陵戸、墓には墓戸を配置して管理・守護させた。彼らは賤民であり、付近にいない時は良民をして年限を定めてあたらせた。これを守戸と

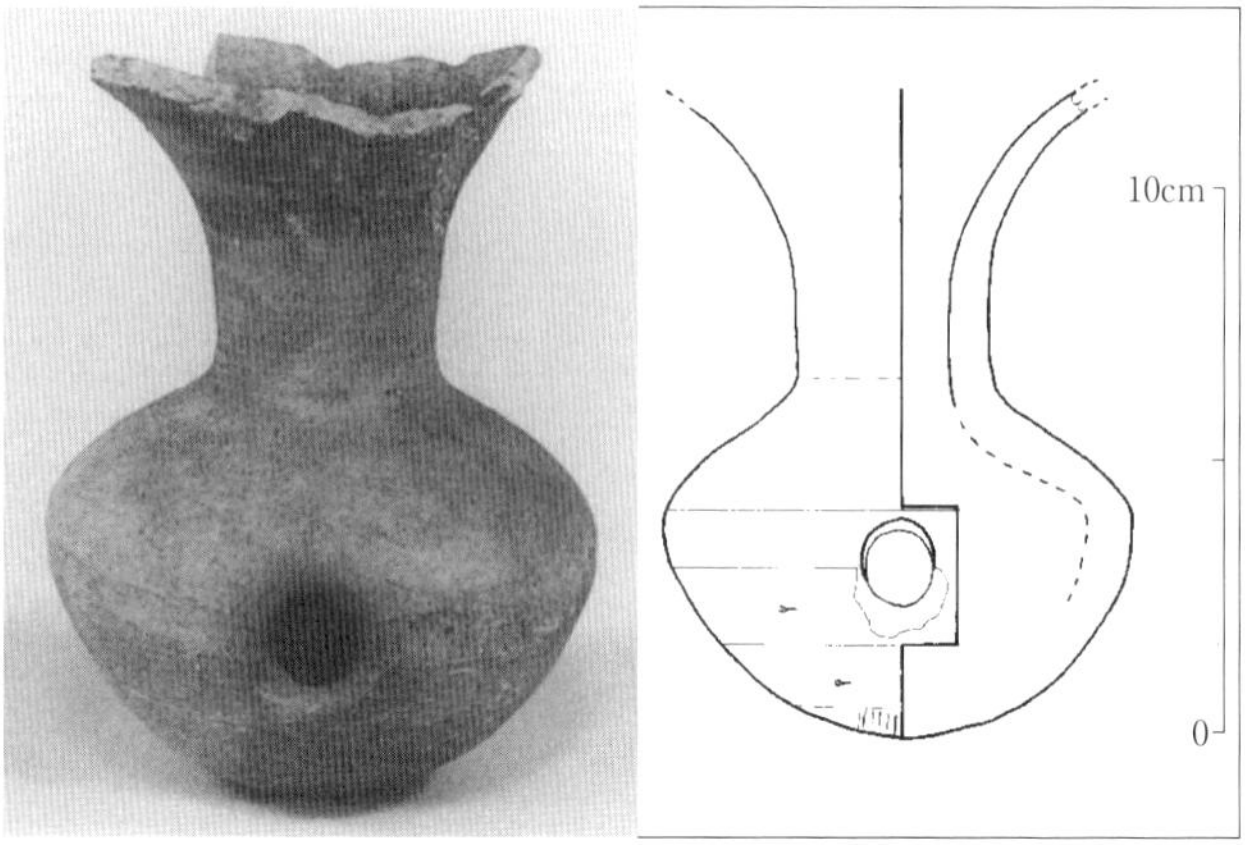

図21　大市墓（箸墓古墳）出土の須恵器𤭯とその実測図

図22　景行天皇陵出土の須恵器𤭯

いった。諸陵正（頭）の重要な職掌として、「祭二陵霊一」があり、『令義解《りょうのぎげ》』ではその注として「十二月奉二荷前幣一」としている。すなわち、諸陵寮から各山陵に使者の発遣がおこなわれていたものと考えられる。

この使者は、後に五頁にて触れた「荷前使」と呼ばれたものと考えられる。すなわち、九世紀になると、近陵・近墓（当代天皇と血縁関係の近い陵墓）に対して、毎年一二月の吉日にその年の調庸物の初荷を奉幣していた。天安二年（八五八）には近陵一〇ヶ所、近墓四ヶ所のいわゆる十陵四墓が定められた。近陵・近墓の加除は平安時代末頃まではしばしばおこなわれたが、天安年間（八五七〜八五九）以降、近陵数の増減はなかったので、十陵の制とも称した。

『続日本後紀』承和一〇年（八四三）四月己卯条には、楯列《たたなみ》山陵が鳴動（神功皇后陵に奇異）したため、図録を捜検したところ、成務天皇陵（延喜諸陵墓式によれば、狭城盾列池後陵）を神功皇后陵（同、狭城盾列池上陵）と誤認していたことが判明したとの記事がある。このことにより、当時の朝廷には、いわば陵墓の管理台帳が存在していたことがうかがわれる。

繰り返しになるが、延長五年に完成した『延喜式』の巻第二一の諸陵寮（延喜諸陵墓式）には、当時朝廷で管理していた陵墓の一覧が記載されている。律令国家にとっては、『日本書紀』に記された神武天皇陵以降の歴代天皇の山陵がすべて存在することが重要であり、不明の陵墓に関しては、探索・治定の作業がおこなわれたものと考えられよう。このことは、明治政府における陵墓の意義（後述する「付加される価値等」）に対する考え方と共通するところがあり、注目される。

また、延喜諸陵墓式には陵墓の一覧表以外に、総括としてその祭祀および管理方法も定められている。つまり、荷前の幣物の員数および頒幣の諸儀が詳細に記され、陵戸、守戸の定数および戸籍のこと、陵墓側近の原野を焼除すべきこと、毎年二月一〇日に陵墓の定例巡検をおこない、兆域の垣溝が損壊すればこれを修理し、さらに検分することなどが規定されている。このことから、陵墓には兆域があり、そこには区画するための垣根や溝があったことがうかがわれる。

このように、律令体制のもとに管理されていた陵墓であるが、死の穢れ等が貴族社会を中心に広まるにつれ、そのことを忌避するために、荷前使が義務を怠ることを意味する「闕怠《けったい》」が多くなっていく。このことは、陵墓に対する祭祀が特定の陵墓に収斂していくことと併せ、次第に陵墓の管理等がなおざりになっていくことにつながっていくのである。

中世の陵墓――陵墓の荒廃

鎌倉時代初期の正治二年（一二〇〇）前後の陵墓管理の実態を示す好資料として、『諸陵雑事注文《しょりょうぞうじちゅうもん》』がある。そこには山城・大和・摂津・和泉・近江の一八ヶ所の陵墓が地名で記載されている。陵墓や被葬者名ではなく、またあまり馴染みのない名称も多い。そのため、それぞれの場所の特定に関しては、諸説があるものもある。

たとえば、大和を冠するものとして、「大和青木御陵」、「同生辺」、「同白鳥」、「大和大墓」などの記載がある。大墓に関しては、和田萃は行燈山古墳〔崇神天皇陵〕、箸墓古墳、西殿塚古墳〔衾田陵〕などを想定している〔和田萃一九九六〕。ちなみに、「渋谷」は後段に別記されていることから、現在、景行天皇陵とされている渋谷向山古墳の可能性は排除されている。もっとも、渋谷向山古墳が当時においても景行天皇陵と見なされていたかは、別途検討すべき事柄であろう。

一方、倭の五王の奥津城が含まれていると考えられている百舌鳥・古市古墳群（大阪府）では、「和泉仁徳天皇」が記されているのみである。『諸陵雑事注文』に記載された一八ヶ所の陵墓が当時朝廷で管理していた陵墓のすべてとすれば、陵墓管理の衰退もここに至ったかと嘆きたくもなる。

しかし、この概嘆を有効にするためには、『諸陵雑事注文』の性格を明確にしておく必要があろう。本冊子は、諸陵寮被管の陵田から諸陵寮に納めた年中公事（年貢以外の雑税や賦役の総称）の供物等の品目や数量などを記載したものである。被葬者や陵墓名でなく、地名で記されていることも考慮すると、そこには陵戸田という農耕地を伴っていたことと関連するものと思われる。つまり、諸陵寮の収入源が確保されている場所を明記したものが、『諸陵雑事注文』といえよう。記載された一八ヶ所以外にも、その管理下にある陵墓があったとも見なしうることには注意しておくべきであろう。

前項で触れた荷前使発遣の儀も、観応元年（一三五〇）には次官の撰定ができず、以後は見られなくなっていく。

一方、一一世紀後半以降、山陵の盗掘関係記事が目立つようになっていく。康平三年（一〇六〇）の推古天皇陵、文暦二年（一二三五）の天武・持統天皇合葬陵などが代表的なものである。戦国時代になると、古墳は城郭として利用される例も認められる。陵墓とて必ずしも例外たりえなかった。高屋築山古墳［安閑天皇（二七代）陵］が著名な例であり、墳丘部を本丸として取り込んだ高屋城がそれにあたる。

いずれにしろ、中世は皇室が即位礼をあげる際などの資金の調達にも苦労した、いわば式微の時代であり、陵墓もその所在地が不明になるなど、荒廃していったことがうかがえよう。

「元禄の修陵」以前の陵墓の修補等――豊臣秀頼の山陵修補

上記した陵墓の荒廃状況に対して、その捜索と修補が本格的、組織的になされたのは、元禄一〇年（一六九七）から同一二年にかけて江戸幕府の主導のもとに実施された、いわゆる「元禄の修陵」とされている。しかし、それ以前の桃山時代から江戸時代前期にかけて、山陵の捜索と修補に関して、関心を示し行動を起こした人々がいたことには、あまり注意が喚起されていない。以下、簡潔に触れることとしたい。

まずは、豊臣秀頼の山陵修補について触れておきたい。慶長年間（一五九六～一六一五）に、秀頼が法隆寺をはじめとする近畿諸社寺の造営・修復をおこなったことはよく知られている〔森田二〇〇五〕。その父秀吉は、天正一六年（一五八八）四月に、後陽成天皇の行幸を聚楽第に迎えることがあった。また、京中の地子銀（土地に対する税）五五〇〇両余を御料として朝廷に献じて、皇室経済は安定することにもなった。

つまり、支配の権勢の誇示に関白・太閤の位を利用するためには、天皇を尊重し、その権威を高める必要があり、このことが朝廷の威信回復に尽力することになったのである。これに対して、秀頼がおこなった行為は、「豊太閤菩提」のためと称し、寺社の造営・修復を勧めた徳川家康の淀君への勧言によるものともされている。このことによって、大坂城に秀吉が残した膨大な金銀を消費させることになったともいわれている。一方、豊臣家にとってはその威信を保ち、秀頼がその継承者であったことを示す目的もあったのであろう。

この時、秀頼が修復した社寺のなかに、陵墓に関わるものも含まれている。誉田八幡宮、観心寺金堂、叡福寺太子堂などがそれである。これらはそれぞれ応神天皇陵（大阪府羽曳野市）、後村上天皇陵（大阪府河内長野市）、聖徳太子墓（大阪府太子町）とゆかりのある社寺である。また、山陵そのものを修理したものとしては、近衛天皇陵（京都市伏見区）がある。当該陵は多宝塔であり、文禄五年（一五九六）の慶長伏見大地震で倒壊したが、慶長一一年（一六〇六）に秀頼の命を受け、片桐且元が奉行として旧制に従い、再建していることについては、すでに述べてきた（図10）。

その直接の端緒となったのは、越前の前場半入感舜による再起願いであり、家康の教唆や秀頼の自発的意志であるかどうか、疑問が残る。このことは、近隣に位置する鳥羽天皇陵の御塔も天文一七年（一五四八）に焼失し、その後は慶長九年に金堂一宇が営まれていた状態であり、山陵としての体裁を整えていなかったにもかかわらず、再建が見送られたことからも裏付けられよう。ちなみに、鳥羽天皇陵塔跡に仮堂が建立されるのは、慶長一七年のことである。

秀頼が造営・修復した社寺が陵墓に関係あるものだけではなく、他の多くの社寺を含んでいることは、そこに陵墓に対する明確な尊崇の念を認めることは難しい。しかし、陵墓に関わる社寺を含んでいることにより、荒廃期には一顧だにされなかった陵墓に対する識者の関心を呼び寄せる契機となったことだけは、首肯してもよいように思われるのである。

徳川家光による山陵探索

家光が将軍として在位していた元和九年（一六二三）から慶安四年（一六五一）の間に、陵墓の調査・捜索がなされたことは、すでに寺田剛・雨宮義人などによって、指摘されている（寺田・雨宮一九四四、堀田二〇〇一）。つまり、平塚瓢斎の著した『陵地私考附考』（嘉永五年〈一八五二〉）には、「歴代陵所御調べの事は、はやく猷廟の御時御沙汰有しに」との記載があり、家光（大猷院）の代に諸陵の調査をおこなったという。その内容をより具体的に示す記述としては、細井知慎の『諸陵周垣《しゅうえん》成就記』の追記に、

　追記戊寅の夏（元禄一一年）、紀伊守（京都所司代　松平紀伊守）仰に云、大和の奉行に、帝陵御在所書付出せと申渡せしに、大猷院殿の御時御尋ねありしに、その時の奉行いかゞ想いけん、大和に陵一ヶ所もなきよし申上る、其扣《ひか》へ奉行所に在、如何すへきと伺ふ、此度は江戸より御考へ再来れり委しくは吟味して上べしと申付し、昔はいかゞしてかくしけるやらん、かくしがたきものを隠せるとの御直談なり

とあって〔書07〕、このことが金杉英五郎をして、

　泉山陵以外に／山陵の存在を知らざりしもの多かりしが如く。家光の時代に於て奈良奉行より大和には／一陵をも存するを見ずと幕府へ上申したることありとさへ傳へられ。

という評価をさせたのである〔金杉一九二六〕。つまり、家光の治政時に奈良奉行から幕府への上申がなされたことが知られる。ここでは、京都所司代を経由しているかどうか問題は残るものの、後に述べる元禄の修陵とほぼ同様の探索手続きがなされたと推測できる。ただし、修補まで伴うものではなく、陵墓の実情調査がその目的であったと考えられよう。元禄の修陵実施までには半世紀ほどの期間があり、その予備調査的な位置づけをすることも無理があろう。

一方、詳述は避けるが、朝廷においても、この時期前後に机上での探索・考証がなされたと考えられるような史料が認められる。この朝廷による山陵探索が幕府側と連動していたかどうか興味深いものがある。しかしながら、この時期の朝幕間に山陵に関する交渉をうかがわせるような史料は、確認していない。元禄の修陵は、幕府の主導により山陵探索が実施されたものであり、具体的な朝廷の関与や指示は認められない。

家光の代に、江戸幕府が陵墓に対する関心を有していたと考えられることは、きわめて重要なことであり、後の元禄の修陵の性格を理解するうえで見逃すことができない。加えて、前代の二代将軍の秀忠と後水尾天皇、さらには同皇后和子

（東福門院）との関係等をふまえて、理解する必要性が求められよう。

松平直政による後鳥羽天皇火葬塚の修補

徳川家綱が四代将軍宣下を受けてから七年後の万治元年（一六五八）、家康には孫にあたる松江藩主松平直政が、後鳥羽天皇火葬塚（島根県隠岐郡）を修補している。具体的には、祠宇を墳上に新造し、一年の折々に「歳時祭典」をおこなったのである。

これについては、「三代将軍家光死後の朝幕融和の風向にあわせた施策であった」との評価がある〔藤澤一九八六〕。たしかに、そのような側面を全面的に否定することはできない。しかし、そうだとすれば、他の地域にある山陵に対しても同様な行為が認められるはずである。とりわけ、山陵の多い山城・大和・河内でそのような形跡が認められないことは、朝幕融和の風向に添ったとのみはいえないように思われる。

直政の藩政基本指針を示したものとして、「国務の要領六ヶ条」（寛永一六年〈一六三九〉）がある。その第一条に、「国を治める本を立て」とあって、その実践として、つまり人心掌握の一環として、隠岐の象徴でもある火葬塚の修補がなされたと考えるべきではなかろうか。このことは、中世以降の山陵の荒廃以後、その修治の具体的な実態の判明する嚆矢として、位置づけることができよう。

とはいえ、歴史的には「御墓所」や「御陵」とも呼ばれることもあった天皇の火葬塚を一大名が修補するに際しては、後述する佐渡奉行曽根吉正のように、幕府へ上請するという手続きを経る必要があるかと思われるが、関連する史料を見いだすことができない。

直政は寛文年間に出雲大社の正遷宮を進言し、幕府はこれを受け入れ、銀五〇万両をもって造営がなされている。このことも、藩領における人心掌握の延長線上で理解すべきことであろう。ここでは幕府が関与しており、より注目すべき点となっている。

曽根吉正による順徳天皇火葬塚の修補

次に山陵修補が認められるのは、延宝七年（一六七九）の佐渡奉行曽根吉正による順徳天皇火葬塚（新潟県佐渡市）の修治である。吉正は寛文一〇年（一六七〇）二月に佐渡奉行となり、一〇年後の延宝八年二月に病のため、奉行を辞している。

吉正が赴任して直後、佐渡国内の巡視の際、雑太《さわた》郡真野の真輪寺において順徳天皇の「陵所」（火葬塚）が荒廃しているのを見て、大いに嘆いたという。延宝六年九月には、真輪寺の僧賢照とその本寺である国分寺の僧賢教が連署して、御廟修築を奉行所に請願し、吉正の了解が得られることとなった。吉正は本件を幕府に上請し、これを幕府が可納したものである。

工事は御廟地をさらに拡張し、五〇間（八〇メートル）四方を限って兆域と定め除地とし、中心部の四周に土手と堀をめぐらし、さらに外周には土手を築くという内容であった。竣工したのは、翌七年六月のことであり、賢照らの請願からわずか九ヶ月後のことである。同年九月の書状には、真輪寺に寄附する形で、以後の管理が寺に引き継がれたことが記されている。現在も火葬塚の前には、「奉寄進石燈爐」、「延宝八庚申稔二月十二日」、「曾根五良兵衛尉政重敬白」と陰刻された灯籠一対がある。

吉正が佐渡奉行所を去るのは、延宝七年七月二一日のことであり、二度と佐渡に戻ることはなかった。この時には火葬塚の修治を終え、完成を見届けたうえで、佐渡を去ったのであろう。では、順徳天皇の火葬塚を修築した理由は何であろうか。

そこには、地元の僧侶からの強い要望が一因となったことは間違いないが、磯部欣三が指摘するように〔磯部二〇〇〇〕、吉正は山鹿素行の高弟の一人であり、その尊王論や武士道論の影響を受けていることも否めない。しかし、素行は寛文六年から延宝三年まで赤穂藩浅野家へ流罪されており、順徳天皇の陵所を修補する延宝七年には赦免されているとはいえ、幕府に上請しても、素行との関係があれば、幕閣が容易に許容するところには至らなかったと推察される。

加えて、吉正は先述の松平直政が大名であったのに対し、一介の幕府の吏員である。その身分はわずか布衣八〇〇石の旗本にすぎない。当時、幕威は隆盛の時でもあり、皇室に関する事業を上請して成就するには、大変な労苦を要したように思われる。その結果が、佐渡奉行を罷免されたという風聞にもつながっていったのであろう。

徳川光圀の上表文

元禄の修陵の前段階としての山陵の探索等の最後を飾るのは、水戸藩第二代藩主の徳川光圀の上表文である。元禄七年のことであるから、元禄の修陵に着手するわずか三年前のことである。光圀は、我が国において学問的意図のもと、古墳を発掘した初めての人物としても有名である。つまり、延宝四年に発見された那須国造碑における国造の名を確認するために、元禄五年に、近在に位置する下野国（栃木県）湯津上村の上車塚（上侍塚）・下車塚（下侍塚）を発掘しているのである。

このことからも、光圀が我が国の歴史に対して深い関心を抱いていたことがうかがわれ、『大日本史』の編纂とも関連していたものと考えられる。『大日本史』の編纂のため、全国的な史料調査が延宝四年からなされているが、京都・奈良を中心に吉野や高野山などにも及んでおり、そこに位置する山陵に関する情報もその時に入手した可能性が高い。

山陵に関しては、元禄七年に、光圀が家臣森尚謙（儼塾《げんじゅく》）に命じた「追二及諸陵一。修二其可一修。」という上表文が『儼塾集』に納められている。そこでは、山陵修補に至る壮大な理念を知ることができる。その作成には、かなりの年月を経たとされているが、結果的には「此表元禄甲戌秋承二公命一、而有レ議罷而不レ達。」とあり、上表せずに終わっている〔書08〕。

その理由として、①幕府を憚った、②光圀の死去、③光圀が親藩大名であり副将軍といわれた身分や社会的地位に関係、などが指摘されている〔堀田二〇〇一ほか〕。②については、光圀の死去は元禄一三年一二月六日のことであり、上表文の作成から六年も経過しており関連づけることは困難なように思われる。また、①と③は内容的には重複するが、光圀の身分や社会的地位により幕府を憚ったとする見解には賛同を覚えつつも、決してそれがすべてではないように思われる。山陵の探索・修補にあたり、事前に朝廷との調整等を図る必要性などにも配慮が及んだこともその一因をなしていたと考えたい。

光圀と松江藩主松平直政は、ともに徳川家康の孫にあたる。その意図の違いこそあれ、直政は後鳥羽天皇火葬塚を修補し、光圀は断念した。それぞれの立場の相違に注目すると、その結果には興味深いものがあるといえよう。

松下見林『前王廟陵記』

これまで俎上にあげてきた豊臣秀頼、徳川家光、松平直政、曽根吉正、徳川光圀はいわば公的立場の人物であり、その治世の一環として山陵の修補等に関わっている。基本的にはその流れに沿って元禄の修陵がおこなわれるのである。一方、民間人の立場で山陵を探索したのが松下見林である。その成果は『前王廟陵記』（元禄九年序・同一一年上梓）にまとめられている〔書09〕。

見林は京都で医術を業としつつ、儒学、国史を究め、かつ講じている。『日本三代実録』を校正・刊行し、『異称日本伝』（元禄元年）などの著書もある。晩年は讃岐高松第二代藩主松平頼常（徳川光圀の実子）に仕えた。

見林と頼常との関係、さらには『前王廟陵記』の評価については、阿部邦男の詳細な研究がある。詳細は同氏の著書〔阿部二〇一三〕に譲るとして、『前王廟陵記』は頼常から山陵の探索を要請されたことを直接の契機として撰述されたこと、その見解は『大日本史』の編纂方針を勘案しながらも見林独自の歴史的考証によって自得したうえでの見解であること、などの興味深い指摘がなされている。

『前王廟陵記』の序文には、山陵の荒廃が著しく、「壮歳より旧記を参考し、幷に自ら其地を訪い、或いは故老に問いて之を記録す。」とある。このことに対して実地調査はあまりおこなわれていないという異論もあるが、阿部は否定している。

付記するのであれば、頼常の養父である初代藩主松平頼重は、藩内にある崇徳天皇陵（香川県坂出市）の拝所内の石灯籠一対を奉献している。なお、同所には五代藩主頼恭が奉献した石灯籠一対も所在している（図23）。崇徳天皇陵と高松藩との関わりを示す好例といえよう。

図23　崇徳天皇陵拝所内の向かって左側所在の石灯籠（手前が松平頼恭〈5代藩主〉，後ろが松平頼重〈初代藩主〉奉献）

元禄の修陵――最初の本格的な陵墓の探索・修補

元禄の修陵はかつて、大和郡山藩に仕えていた細井知名《ともな》が藩内の山陵の荒廃を嘆き、復興すべき旨を弟である細井知慎《ともちか》

（広沢）に伝えたことに端を発する。知慎は柳沢吉保の側近でもあったので、吉保を通じて五代将軍綱吉に上奏され、その結果として元禄の修陵がなされた。その間の経緯は、知慎の『諸陵周垣成就記』に詳しく記されている〔書07〕。修補の費用はすべてが幕府の公費でまかなわれた。つまり、朝廷側の発意ではなく、幕府からの働きかけであることに大きな特徴がある。

では、この時の修陵はどのような手順で実施されたのであろうか。「山城国山陵記録・大養徳《やまと》国山陵記録」と内題のある『元禄十丁丑年山陵記録』〔宮06〕〔秋山・廣吉（編）一九九四〕を参考にしつつ、同書の対象となっている大和国内の山陵について簡単に触れておきたい。

①　奈良奉行所による山陵の第一次調査――口碑伝承等の調査

山陵修補を決意した幕府は、元禄一〇年八月二一日付けで、四月に京都所司代に着任した松平信庸《のぶつね》を通じ、武家伝奏の柳原資廉《すけかど》・正親町公通《きんみち》に、申し出をおこなっている。つまり、陵所が不分明で雑人等も憚らぬ有様なので、その所々に垣を設け、みだりに近づかないようにしたい、ついては御内慮をうかがいたい、というものである。これに対して、翌二二日には両伝奏から（東山）天皇（一一三代）が満足のご様子との返牒があり、ここに元禄の修陵が開始されたのである。

幕府が朝廷の意向を照会していることが、当時の朝幕関係を理解するうえでも注目される。ただし、朝廷に修陵の具体的な内容についてうかがうこと、また、それに対して朝廷から注文があったという史料は知られていない。この点は後述する幕末の修陵との大きな相違であろう。

この修陵の実質的な担当責任者は、京都所司代の松平信庸であった。信庸は大和国内については、神武天皇陵を含む三三の山陵の調査、所在の有無を奈良奉行内田守政に求めたのである。その書帖が奈良奉行所に到着したのは、同年九月七日夜のことであった。当時、守政は管内の社寺を巡行中であったが、急遽予定を変更して九日に帰庁し、同日付けで翌一〇日に大和国内の関係九郡に廻状を遣わしたのである。それぞれの陵所を「吟味書付」し、書付のほかに「御廟跡」があれば別紙に書き付け、持参するように指示している。また、一一日には、その他の六郡にも廻状を遣わし、粗漏なきよう万全を期している。

このように、大和国内一五郡に照会するとともに、奈良奉行では、一〇日に与力の中條太郎右衛門・玉井與左衛門を「御陵諸事吟味役」に任じ、さらに翌一一日には、羽田新五兵衛・坂川武右衛門を追加し、山陵探索体制を整えることとなった。

各郡への照会の結果、一八日までには山陵の絵図ならびに由緒書が提出された。二六日には奈良奉行所は、大和国所在の一四帝陵（神武・綏靖・安寧・懿徳〈四代〉・孝霊・開化・垂仁・成務・神功・顕宗〈二三代〉・武烈〈二五代〉・聖武・称徳・後醍醐の各陵）の由緒書、および絵図面を宿送り飛脚で京都所司代に提出したのである。京都所司代から奈良奉行への書帖が到着してからわずか二〇日後のことであった。

三三陵のうち、残りの不分明一九陵については、翌二七日、後日の備えとして下書き案文を調整した。その後、絵図ならびに由緒書の「清帳」が出来上がってきたので、最終的には一〇月二日に所司代に提出した。ここに大和国内の山陵の探索は、一区切りを迎えた。

②　奈良奉行所による山陵の第二次調査——実地調査

奈良奉行所から京都所司代を経た報告を受けた幕府は、それぞれの陵を検分し、周囲に垣を設け、「年貢地或は小物成場」である場合は、除地とするように命じた。一一月二日には、京都所司代から実地調査依頼がなされている。奈良奉行所は、与力・同心を分担、各陵に派遣し、垣のめぐらし方法、溝をめぐらす必要性などを吟味させることとした。

そのうち、神武天皇陵については、玉井與左衛門ほかが現地を詳細に検分したうえ、それぞれの工事仕様に基づいた見積書の作成まで視野に入れた作業をおこなうこととなった。現地調査に先だって、村々庄屋年寄が提出した吟味書を確認したうえで、同月四日に奈良を出立、八木村・四條村・小泉堂村を経て神武天皇陵を検分している。検分の範囲は、畝傍山、その山頂にある神功皇后社、益田石（岩船）にも及んでいる。

翌五日から七日にかけて、神武天皇陵以外の四陵の検分をおこない、八日には吉野山を出発し、奈良に帰庁した。翌九日には陵絵図等を携え、奉行に復命している。その翌日には早くも、出張検分の覚書を奉行に提出することとなった。その内容は現地検分を経てより詳細な報告となっており、来るべき垣設置工事を意識した内容ともなっている。その後、同月一四日には分明陵一四の垣の絵図も完成し、所司代へ提出されている。

これらの報告をもとに、一二月七日には、安寧天皇など六陵の所在地の庄屋・年寄を奉行所に招集し、「此度如此間数の垣被仰付」とともに、陵域（垣）内の木枝や下草苅り禁止の通達がなされた。

また、同日には、大和国内の不分明陵一八についても、奉行から与力・同心に実地検分が申し渡されている。この時も、二班に分け、実施されることとなった。つまり、齊藤只右衛門以下四名は孝昭（五代）、孝安（六代）、安康（二〇代）、元明、元正、光仁（四九代）、平城各天皇、計七帝陵を担当し、玉井與左衛門以下の四名は孝元、崇神、景行、宣化、欽明、崇峻、舒明、斉明、天武・持統、文武の各天皇、計一一帝陵を担当することとなった。加えて、宇多天皇陵についても、「大和国大内山に葬る」とされ、同年九月九日には宇陀郡あて廻状を遣わしたこともあって、調査の対象となっていた。つまり、一九帝陵がその対象となるとともに、分明陵と同様、垣のめぐらし方などについて、詳細な現地検分がなされたのである。

玉井與左衛門の班は、同月九日に奈良を出立し、一四日に帰庁している。齊藤只右衛門の班は、同月一七日出発、二〇日に帰庁し、これをもって、施工に向けての現地検分は終了することとなった。

元禄の修陵における周垣普請の経緯

このように、元禄一〇年は奈良奉行所による山陵の実地調査で終わった。翌一一年になると、京都所司代から、分明陵一四の垣絵図の吟味が終わり、垣の修理代は正月二四日の入札とする旨、連絡があった。しかし、実際の入札は、二月六日となった。おそらくは、不分明とされていた陵の垣絵図の完成が遅れたためであろう。つまり、同月二日の記事に、不分明陵一六のうち一二陵分（孝昭天皇陵ほか）の陵垣絵図が完成し、調書と併せて奉行に差し上げ、翌三日に京都所司代に提出、という記載が認められるのである。加えて、宣化天皇・平城天皇二陵の調書と陵絵図をも作成し、崇峻天皇・斉明天皇二陵については候補地の全体絵図や垣之積絵図を作成している。

前年一二月七日の段階では、不分明陵となっていた一八帝陵は、二月三日には候補地を含めれば一六帝陵がその陵所を確定するに至ったのである。その結果、元禄一〇年の段階では分明陵と不分明陵とされていたもののうち、三〇陵が周垣の対象となったこととなる。実質的に修陵に着手した元禄一〇年九月には、大和国内には三三の山陵が所在するとされていた。きわめて限られた期間のなかで、九割以上も山陵の探索・修補に結びつけていることは、その調査方法が口碑伝承の確認を中心としたものでこそあれ、驚異的なことであろう。

入札に先だつ正月二九日には、各陵の周垣普請に関わる者は、奈良奉行妻木頼保・内田守政に誓詞（起請文）を提出している。入札は垣之積絵図に基づき、実施された。その「長延間数」は八六六間五寸（約一五五九・七キロメートル）であった。入札開の結果、南都の今井屋善五郎が銀六貫一九二匁八分二厘で請け負うことに決まった。しかし、二月二〇日になり、立垣から菱垣へと仕様の変更が指示されたことに伴い、金額も増額されている。

それでは、この時の普請とはどのようなことがなされたかというと、ほとんどが墳丘の一部——墳頂部（御所在）——にのみ竹垣を施しただけのものであった。『大坂表書留写先年右奉行ゟ申請候内　元禄十丑年』の『江戸帳書抜』によれば、この周垣の目的は山陵の捜索・考定のみならず、年貢地はあらためて除地にして、陵地の樵採を禁じている〔宮07〕。このことは庶民からの保護ということであり、そのために抵抗を招き、逆に墳丘の一部のみの竹垣設置にせざるをえなかったものと考えられる。いわば、妥協の産物であったともいえよう。

『徳川実紀』元禄一二年四月条によれば、この時の修陵を「廿九日、〔中略〕、すべて神武天皇より後花園院まで百三代。重祚二代と安徳天皇を除きて外、崇神、仁賢、継体、欽明、陽成、宇多、村上、花山、一條、三條、後一條、後朱雀、後冷泉、後三條、堀河、二條、六條、後深草、伏見、後伏見、崇光、称光の二十二陵は湮没《いんぼつ》（跡形もなく消えてなくなること）して其の跡もさだかならず。現存七十八陵のうち、十二陵は旧垣あり。六十六陵はこたびあらたに表章せられぬ。」とまとめている。

また、柳沢吉保の側室町子（武家伝奏の正親町公通の妹）の著である『松蔭日記』（宝永七年〈一七一〇〉擱筆）には、東山天皇の叡聞にも及び、「ことにかんじ下さるゝむねをぞつたえ給へる。」との記載がある〔上野洋二〇〇四〕。

元禄の修陵は、幕府という公的機関が、すべての天皇陵を対象にして一斉に探索・修陵をおこなったことが特筆され、以後、江戸期において数次にわたって実施された陵墓の探索・修陵の端緒となった。

なお、『諸陵周垣成就記』と併せて、元禄の修陵を記録したものとして『歴代廟陵考』がある〔書10〕。『諸陵周垣成就記』は、元禄一二年四月に京都所司代から幕府への報告書を細井知慎が書写したものである。一方、『歴代廟陵考』は同年一一月になり、朝廷および幕府へ正式に進献されたものである。両者は同源であり、大同小異ではある。『諸陵周垣成就記』をもって元禄の修陵の公式記録とする見解もあるが、その作成の過程から考えて、『歴代廟陵考』をこそがその公式記録とすべきものであろう。

後に実施された「安政の陵改」の成果は『歴代廟陵考補遺』と題し、安政二年（一八五五）五月に京都所司代に提出された〔書11〕。その後、前田夏蔭《なつかげ》の考訂を経て同四年九月頃、『歴代廟陵考補遺後案』と題され、幕府に提出された〔書12〕。その書名に「歴代廟陵考」を冠することからも、上記の見解を首肯することができよう。

元禄の修陵を契機として、幕府の山陵に対する関心は高められていったようである。元禄の修陵時に京都所司代であった松平信庸が、正徳四年(一七一四)には老中となっている。その影響もあってか、七代将軍家継在位の正徳四・五年には局部的な陵所検分や周垣修理がなされている。

さて、「享保の陵改」とは、享保年間(一七一六〜三六)に数次にわたって実施された山陵の探索・管理等の総称である。詳細は不明な点もあるが、享保二・三・四、五・六、[九]、一〇、一七年にそれぞれ実施されている。以下、和田軍一の研究成果などに拠りつつ、その具体的な内容について概述してみたい(和田軍一九三四)。

まず、享保二・三年は正徳四・五年と同様に、陵所の検分や周垣の修理がなされたとされる。神沢杜口《かんざわとこう》の著『翁草』(寛政三年成立)には、

享保三四年の頃、其御沙汰有て、京師両庁の与力石崎喜右衛門、入江安右衛門に被命、畿内近国に在処の陵を点検させられ、各陵図に写して玉垣石垣等の修理を積み、又安定あらぬ事は、其辺の領主の方拌地下人へ尋ね、土地に随て修理の品を被究。然れ共百余皇の陵、其上往古の事なれば、分明ならぬ事数多有て、年を超て不成。

との記載がある(神沢一九七八)。この記事に関しては否定する見解もあるが、和田軍一は同時期に桓武天皇陵の検分がおこなわれていることなどから肯定している。

享保五年には元禄期に設置された竹垣の有無を調査し、存している箇所にはとりあえず縄張りをおこない、立入りを禁じている。翌六年には周垣の状態以外にも、陵の大きさ、御陵山の通称、その守護の任にあたる者の存否、課税の有無、陵周囲の土地の所有関係などについても調査し、絵図面を添付せしめている。元禄以降初めて諸陵の全体にわたって、元禄期の周垣の状態を再確認するとともに、その囲い込み範囲を広げる意図もあってか、その周囲にも調査が及んでいることが注意されるのである。その一方、元禄の修陵の際に設けられた周垣の改修等はおこなわれず、享保一〇年の諸陵の実

態調査と併せて、同一七年の「陵改」の予備調査的色彩が強い。

なお、享保九年には諸陵に制札（高札・禁札）を立てることを老中から京都所司代に示達しているが、実施されるのは同一七年になってからであった。

同一七年の陵改は、元禄の修陵以後の最初の本格的な事業であり、享保の陵改という場合、当年の事業のみを指すことも多い。具体的には与力を諸陵に派遣して、竹垣建設、周溝掘工事を検分した。竹垣は高さ六尺（約一・八メートル）、親柱は栗丸太が五尺（約一・五メートル）ごとに入れられた。また、周溝は幅三尺（約九〇センチ）、深さ一尺五寸（約四五センチ）もしくは二尺（約六〇センチ）、その側面は二人持ちの野面石《のづらいし》で築いたものである。いずれも強固・丁寧に施工されている。

しかし、何といっても当年の事業を特徴づけるのは、制札の設置であろう。制札に関しては第4章1節において取りあげることとしたいが、江戸時代以前に、陵墓において制札が設置された事例は確認されていない。陵墓は中世以降、次第に荒廃しその所在が不明となるものが多かった。陵墓であることを明示するような構築物がなかったことも、その一因として指摘しうるであろう。また、元禄の修陵の際に制札が設置されたとされる確実な資料は見当たらない。この享保一七年に設置された制札が、現在確認できる制札のもっとも古い例にあたる。

享保制札の設置の目的は、地元民に対して陵の範囲を定め、雑人牛馬等の立入りを禁じ、掃除を怠ることがないように周知することであった。このことは、元禄の修陵の際に、墳頂部を中心に竹垣が施され、庶人らの立入りを禁じたことを踏襲・再確認することでもあった。そのうえで、制札によって一般にもより周知させ、地元民には掃除を求めたことを明記したことを指摘しうる。そういった意味においては、山陵に対する管理がなお一層強化されたともいえるであろう。

このことに関連して、竹垣等の朽損した場合は、村方において修理することも指示されており、制札の場合も朽損や取り替えの際には、奉行へ届け出ることとなっていたことを付記しておきたい。陵墓の管理や整備をその所在地の住民に委ねたことは、享保の陵改の性格を知るうえで特質しておくべきであろう。

「文化の陵絵図作成」

享保の陵改以降、局所的には山陵の調査や修補、さらには取締りがおこなわれている。例えば、宝暦年間（一七五一〜六四）には、後一條天皇陵とその生母である上東門院（一條天皇皇后藤原彰子）陵の探索がなされ、また、安永四年（一七七五）には孝元天皇陵の検分も実施された。

また、和田軍一に拠れば、天明年間（一七八一〜八九）には桓武天皇陵に擬せられていた場所（『徳川実紀』には「柏原」、この時期の場所は不明。京都市伏見区深草谷口町所在の「谷口古墳」であろう）に土盛りをして、高壇として植樹をおこない、竹垣を設け、制札を立てたという。加えて、納経御代参も執りおこなわれたとされる〔和田軍一一九三四〕。本陵の整備は宮中の思し召しにより実施されており、これ以前の江戸期の諸陵の修補等が幕府が主体であったことと比べて、特記すべきことであろう。ただし、桓武天皇陵以外に朝廷が関わった事例は他に認められず、特異な事情によるものと考えられる。

参考までに、文化二年（一八〇五）三月一七日には、桓武天皇の千年聖忌に伴う「深草郷柏原御陵」への御代参がおこなわれて、「御備物」が供されていることも付記しておきたい〔藤井讓・吉岡（監修・解説）二〇〇六〕。

時代は一九世紀となり、山陵に関しても蒲生君平の『山陵志』が、文化五年に版刻・刊行されている。その構想は寛政元年（一七八九）にまで遡るというから、刊行まで一九年を要したことになる。その刊行の意義の一部については前述したが、当時発達しつつあった国学の影響を受けていることは、すでに指摘されていることである。

その刊行前の享和三年（一八〇三）に、幕府は京都町奉行を中心として山陵所在の村々を介し、諸陵の従前の調査・修理および取締りの状況、さらには現状を調査し実地検分せしめた。その作業がほぼ終了したのは文化四年のことであった。

この時の現状調査の結果、制札の文言に記された「掃除無油断可申付候」という陵所（御所在付近）の清掃はともかくも実施されていたが、周垣の多くはすでに失われ、制札も多くは朽損していたことが判明した。そこで、元禄および享保の山陵取締り方針を遵守すべきことを、地元に命じたのである。また、朽損していた制札に関しては、この時期に再配布した事例も確認されている。

その成果は、『歴《れき》帝《てい》陵《りょう》糺《きゅう》濫《らん》觴《しょう》』〔書13〕と、それに付随する一般に「文化山陵図」として知られている絵図に記されている〔宮08〕。このこともあって、この時期の山陵に関する事業を称して「文化の陵絵図作成」ということが多い。

「文化山陵図」の奥書には「右三巻／陵所絵図、文化三寅年より調、同五辰年出来（以下略）」とあり、前述の享和三～文化四年実施という和田軍一の指摘とは齟齬があるが、文化三～五年というのは絵図作成に要した期間であろう。完成した絵図は朝廷と幕府に献じられたほか、京都所司代、京都町奉行にもそれぞれ備えられた。また、関係する写本も多く知られている。本図は天覧にも供せられ、文化五年六月一五日には、武家伝奏から奉行に「叡感不レ浅、可レ為二後徴一」、つまり、（光格）天皇が感心しておほめになり、後々の参考にすべし、との御沙汰があったことを伝えている。

なお、文化の陵絵図作成事業では、元禄の修陵以来、未定とされていた諸陵の探索もなされていることも特記しておきたい。ただし、現在、宮内庁管理の陵墓について、この時期の決定とされるものは認められない。

徳川斉昭の修陵建議

元禄七年に徳川光圀が、山陵修補の建白を試みようとしたことは先に述べたところである。このことは実現しなかったが、その意図は蒲生君平の『山陵志』に引き継がれた。君平は光圀が着手した『大日本史』を補完するものとして「志」という記録・資料編の撰述を九志として構想していた。すべてが完成したわけではないが、第二の志である『山陵志』は脱稿に至った。しかし、朝廷や幕府有志等に頒布した際に、幕府の咎を受けることとなった。その際の答申書には、大宝律令を例にあげつつ、山陵の廃滅を聖代の一大欠陥として、徳川光圀の意をくんで、山陵を後世に残すために版を刻したことを述べている。つまり、君平の意志は、光圀の遺志を継承することにあったのである。

斉昭のもとで藩政改革に尽力した藤田東湖は、幽谷の子であった。幽谷は君平の知己でもあった。その関わりのなかで、修陵の建議に至ったことは、阿部邦男などによりすでに指摘されている〔阿部二〇一三〕。ここに、山陵を通じた光圀―君平―斉昭という関係を見ることができるのである。

斉昭は不安定な世情を改めるためには、幕藩体制の立て直しが必要だと考えた。民衆を強力に結合し、国としてのまとまりが求められるとしたのである。ために、その紐帯として徳川光圀と同じく天皇、なかんずく神武天皇に注目し、その山陵修復や祭祀の実施を説いた。陵墓に付加価値を見いだし、政治的位置づけをしたとも評価できよう。

まず天保五年（一八三四）に、老中に対して神武天皇陵修補の建議をおこなった。神武天皇陵は神国の誰もが崇敬すべきものであり、その修復は将軍の徳を表すことになり、皇統無窮と将軍の武運長久の祈願につながるものとするものである。加えて、同年は将軍の世子家慶の厄年にあたること、さらには同一一年が神武天皇元年から二五〇〇年にあたることも述べている。この建議に対して幕府は、先例がないことなどを理由に却下している。

次いで光格天皇崩御の直後の天保一一年一一月にも、斉昭は再度、中古以降の仏教色の強い「中古之御襲例」を改めて「古例に御復し山陵御再興」すること、諡号を贈ることを建白した。しかし、山陵の復古に関しては実現することはなかった。

最後の建議は、翌一二年一一月に、御寺とも称せられる泉涌寺が火災にあったことを受けてなされた。同寺伽藍の再興に優先して山陵を復古すべきこと、さらには山陵と寺院の分離を述べたのである。しかし、これまた実施されることはなかった。

神武天皇即位二五〇〇年、光格天皇崩御、泉涌寺火災というそれぞれの機会を積極的にとらえ、山陵に関する建議をしていることは、斉昭が山陵復古を絶えず念頭に置き、その成就の機会をうかがっていたことを示すものといえよう。天保期には実現することはなかったが、その後も神武天皇陵への奉幣について朝廷と交渉をもったことが知られている。

「安政の陵改」

イギリスやアメリカなどの艦船の頻繁な来航、尊王攘夷論の高揚といった世情のなかで、幕府は、朝廷尊崇の念を示すためにも山陵問題に再着手した。尊王攘夷論は藤田東湖が唱えたものであり、水戸学による影響が大きい。結果的に徳川斉昭の建議の精神が形を変えつつ、実現されることになったのである。

このような世情のなかには、山陵の管理等の進展をさらに後押ししたものとして「山陵侵犯事件」もあげられる。これは、嘉永四年（一八五一）二月に奈良市北郊に位置する成務天皇陵などへの盗掘行為である。その詳細に関しては第5章1節で述べることとするが、山陵の荒廃を示す証左ともなった。

「安政の陵改」とは、嘉永四年から安政四年（一八五七）にかけて実施された山陵の探索考定を主とした調査の総称である。まず、嘉永四年に幕府は、所司代に元禄・享保期に考定された諸陵の現状と取締りの沿革を調査せしめ、享保期以降の山陵調査についても報告させた。併せて、諸陵の取締りに対する京都所司代の意見を徴したのである。

さらに奈良奉行に対しては、山陵侵犯事件の善後策と大和国所在の諸陵の取締り方法を講ぜしめた。加えて、元禄以降神武天皇陵に治定されていたのは「塚根山」（塚山・慈明寺山・福塚ともいう、現綏靖天皇陵）であったが、新たに神武天皇陵として有力視されつつあった「神武田《じむでん》（ミサンザイ）」を調査し、保存策を検討することを訓令している。

嘉永四年における準備作業をふまえ、翌五年から七年にかけ、京都西町奉行浅野長祚《ながよし》を中心に、洛中洛外の諸陵の調査が実施された。その結果、新たに山陵一五所、分骨所一所、火葬所一所が考定、もしくは改定が必要とされた。この結果を長祚は安政二年に上牋《じょうせん》（上表）した〔書14〕が、正式に採用されることはなかった。従来の山陵の調査が元禄・享保期に決定された諸陵を確定的なものと見なし、それらの管理・維持に終始したのに対し、安政の陵改では、改定をも視野に入れた山陵の探索・考定が主眼とされたことに大きな特徴があるといえよう。

その調査にあたっては、奉行所与力や民間の山陵研究者の助力を得たことも特記しておくべきであろう。京都町奉行所与力（後に旗本）の平塚瓢斎（津久井清影）、奈良奉行所与力の中條良蔵、後に津藩士に登用された北浦定政、さらには幕末の修陵時に絵師として随行した岡本桃里などがその主なものである。これらの人々の関与により、諸陵の地理、口碑伝承、古記録にも配慮が及び、調査の精緻度が増すことにもなったのである。

この安政の陵改の成果は『歴代廟陵考補遺』と題し、安政二年五月に京都所司代に提出されたことは先に述べたとおりである。

しかし、安政の陵改は、それ以前の治定状況に対して疑問を呈したことはあっても、結果としてみれば、陵の改定を伴ったものではなかった。つまり、諸陵の調査に基づいた問題提起に終わったのである。そこでの論議は、安政元年に禁裏造営掛となった浅野長祚が、安政の大獄により同五年に小普請奉行に左遷され、翌六年には免職されたことに象徴されるように、緊張感を増しつつあった内外の情勢を反映しつつ、頓挫した。諸陵の改定や新治定を含めた修陵が確定するには、幕末の修陵を待たねばならなかったのである。

神武天皇陵の注目化

安政の陵改においては、他の陵墓に比べて神武天皇陵が特別視されたことも注意しておくべきであろう。神武天皇陵＝神武田（ミサンザイ）説が有力となったのは、川路聖謨《かわじとしあきら》が嘉永二年には脱稿したと考えられる『神武御陵考』に拠るところが大きい〔書15〕。聖謨は当時、奈良奉行の要職にあり、政治的にも大きな影響を与えたことは容易に推測できるのである〔川田一九七九〕。

神武天皇陵の所在地に関しては、寛政六年以前に竹口英斎（尚重）が、現在は神武天皇陵附属物（由緒地）となっている

「丸山（御殿山）」を候補地とした〔書16〕。明和九年三月に本居宣長が大和国の吉野や飛鳥を旅した時の日記である『菅笠日記』では、当時、神武天皇陵とされていた塚根山（現綏靖天皇陵）説を否定していた。しかし、竹口説に接し、その説に与するに至ったことが『玉勝間』三の巻（寛政六年）に記してある〔本居宣一九八七〕。以後、蒲生君平をはじめ〔蒲生一九七九〕、北浦定政（『内墨縄』、嘉永元年）〔書17〕、平塚瓢斎（『聖蹟図志』、安政元年）〔書18〕、山川正宣（『山陵考略』、安政二年）〔書19〕などが丸山説に加担し、幕末まではきわめて有力な説であった。

丸山説が支持されたのには、畝傍山のまさに東北の尾根の上に位置し、「御陵在二畝火山之北方白檮尾上一也。」（『古事記』）、「葬二畝傍山東北陵一」（『日本書紀』）といった記述に相応しいことが主な根拠となっている。

また、元禄の修陵以降、神武天皇陵とされていた塚根山は、享保一七年のいわゆる「享保子年制札」（此陵之地廻り四十七間半之内、雑人牛馬等猥に入間敷候。掃除無油断可申付候。依て年貢免許之事。子九月　日。〔（裏に）和州高市郡四條村〕）の設置が知られており、この時期には引き続き神武天皇陵とされていた。その後、「文化五戊辰年十月」（一八〇八）や「文政八乙酉年」（一八二五）銘のある石灯籠各一基が建立されている。前者は大和国高市郡畑村の人源三郎、後者は大坂堂島北浜の医業三上大助とその弟子十市藤三郎が、それぞれ寄進したものである〔福尾二〇一〇〕。

なお、文政八年に石灯籠と併せて石柵垣（高さ四尺、石柱一七四本）を立てる際には、北側土中から高さ一尺一寸（約三三センチ）の石地蔵尊二体が掘り出されている〔後藤一九二三〕。

このように、江戸時代においては神武天皇陵の所在地をめぐって、大きく三説が鼎立していた。この三説は各時期によってそれぞれ支持者がいたが、現在地に治定されたのは、文久三年（一八六三）二月一七日の孝明天皇による勅裁であった〔書20〕。政治的に決着がつけられたのである。

幕末の修陵の発端

安政七年三月三日、江戸城桜田門外の変において井伊直弼が殺害され、安政の大獄は収束へと向かった。しかし、時代は同年（安政七年三月一八日に万延と改元）のアメリカ公使秘書兼通訳ヘンリー・ヒュースケン殺害事件、翌文久元年の水戸藩脱藩浪士による江戸高輪東禅寺におけるイギリス公使襲撃事件などで知られるように、尊皇攘夷、さらには公武合体の嵐が吹き荒れ、激動期へとなっていったのである。

幕末の修陵に関しては、戸原純一の詳細な研究があり〔戸原一九六四〕、今回の記述もその成果に拠るところが多い。

文久二年六月、一四代将軍家茂は幕政改革の企図のもと、諸侯を引見し、政治上の意見を徴した。それ以前の同年一月には、江戸城の坂下門外で水戸浪士が老中安藤信正を襲撃し、負傷させた。坂下門外の変である。その際、下野国（栃木県）宇都宮藩の関係者もいて、捕縛された。藩に対しての責任は帰せられなかったが、藩としての事後対応が求められた。当時、藩の家老であった間瀬忠至《ただゆき》（同年九月に戸田姓に復し、戸田忠至）は起死回生の施策を藩内に求めたのである。

忠至の諮問に答えて、元郡奉行の県勇記（信輯《のぶつぐ》・六石。後に藩の中老職）は山陵修補を発案し、忠至ともども下向中の勅使大原重徳に謁して意見を仰ぎ、賛意を得た。忠至は、政事総裁職松平慶永《よしなが》（春嶽）にもその決意を開陳し、慶永の賛同を得るに至った。

そして、同年閏八月八日藩主戸田忠恕《ただゆき》の名をもって、幕府に修陵建白書を提出したのである。その内容としては、修陵の実施は「今上皇帝には莫大の御孝道」、「徳川家には広大の忠節」であり、「官武一和」することにもなって、「御強国の基」であり、天下無双の一大盛事であるとした。併せて、この事業は時節柄、外様大名よりも譜代の当藩に委ねられたいとしたのである。

本建白は同月一四日をもって採用され、修陵を忠恕に仰せつけることが通達された。忠至には修陵事業を統括すべきことが命じられたのである。また、幕府はこの趣を京都所司代から武家伝奏を経て朝廷に上申している。

朝廷においては、一〇月九日の忠至をはじめとする宇都宮藩士一行の入洛に伴い、正親町三条実愛《さねなる》・柳原光愛《みつなる》・野宮定功《さだいさ》・中山忠能《ただやす》などの諸卿を順次山陵御用掛に任じて、修陵事業の監督にあたらせた。一方、同月二二日に忠至は、本事業の武家側の総轄者として山陵奉行に任命された。朝廷が、本来は幕府の職制である奉行職に任ずることはきわめて異例なことではある。このことは、本事業を従前のように幕府に任せるのではなく、朝廷が主導権を有することを明確に示したものと解されている。

本事業には諸陵調方として、谷森善臣（外記）・平塚瓢斎（利助）・砂川政教（健次郎）などの山陵研究家のほかに、岡本桃里といった絵師も参画している。このことにより、修陵方針の策定や諸陵の考定などの取調べがより具体的になされることとなった。また、工事監督や会計等の事務に関しては宇都宮藩士が従事することとなった。このように忠至の上洛に伴い、諸役が任命され、その組織が整えられたのである。

幕末の修陵の展開と意義

幕末の修陵は、文久二年の修陵建白書の提出に端を発することから、「文久の修陵」と称されることも多い。しかし、本事業が帰着を見るのは、慶応元年（一八六五）五月の山陵奉行から朝廷あての修陵事業終了の届であり、年号も文久・元治・慶応と及んでいることから、本書では「幕末の修陵」と称することとしている。

山陵奉行は仕様書・絵図などを朝廷と幕府に提出し、朝廷からは主に修陵の方針を、また幕府からは修陵の経費について、双方から指示監督を受けることとなった。幕末の修陵以前の修陵事業がすべて幕府主体・直営で、京都所司代の指揮のもとに実施されたのに比べて、本事業はその組織や機構の点において大きな特徴を有するものであったとされている。

修陵にあたっては、まず諸陵調方により、天皇陵の考定・治定が組織的におこなわれた。とくに、調方の中心となった国学者の谷森義臣の考定作業は、関係資料の抽出、諸説の集成のうえで現地調査をおこない、考証し、天皇陵を中心とした陵墓の治定を進めるという当時の最先端の学問的なレベル・態度で臨んだものであった。あらためて述べるまでもなく、現在のような考古学という学問体系は未成熟であり、学問的な限界はあったことには留意しておくべきであろう。

幕末の修陵における陵墓の治定方法について簡単にまとめるならば、『古事記』・『日本書紀』・『延喜式』等の古記録における陵墓の記載や口碑伝承に基づき、現地踏査がおこなわれ、総合的な判断により治定に及んだことが特徴といえよう。

このような陵墓の治定に沿って、修理の方針としては営建当初の古制に従い、周壕を復元し、周堤には柵を設けることにしたのである。加えて、陵前には拝所を設け、鳥居、灯籠、石標などを配し、祭祀のための施設を設置することとされた。そのために解決すべき大きな課題は、着工に至る諸手続き、さらに陵墓の用地とその資金に関することであった。いずれも、その解決には困難を極めた。とりわけ、古形の復旧を主張する山陵御用掛と経費の節減を唱える幕府の間に立つ忠至は、復旧方針の緩和について、山陵御用掛に伺書を提出し、元治元年（一八六四）二月に至り、容認されることとなった。結果として見れば、当初の方針の後退といわざるをえないであろう。しかし、当初の方針に実情に応じた融通性をもたせたことにはなっても、古制復旧の方針は原則として貫かれていたともいえよう。このことが、停滞しがちであった修陵事業を推進することにもなったのである。

幕末の修陵において最初に着工されたのは、神武天皇陵である。前述したように、文久三年二月一七日に字ミサンザイ（神武田）に治定の御沙汰があり（書20）、同月二四日に奉告使として山陵御用掛の徳大寺実則と万里小路博房が当地に参向した。同日、孝明天皇は四方拝の儀に準じ、御所の東庭において、神武天皇陵に拝礼するとともに、綏靖天皇以下の諸陵にも拝礼され、山陵修補のことを奉告されている。神武天皇陵の実際の着工は文久三年五月であり、同年一二月に竣成した。しかし、同年には天智天皇陵と奈良周辺の垂仁天皇陵などの諸陵がわずかに着工されたにすぎず、全面的に着工されたのは、先の問題に決着がついた翌元治元年になってからであった。

修陵は、慶応元年春頃までに竣成し、同年三月以降、山陵御用掛がそれぞれ修陵の状況を巡検し、竣功を奉告している。

表06　幕末の修陵に伴い竣成した陵墓の箇所数

No.	内　容	山城	大和	河内	和泉	摂津	丹波	計	備　考
1	天皇陵	34	24	12	3	1	2	76	・四條天皇陵および後水尾天皇以下の歴代13方の陵は，含まれていない。ただし，北朝天皇陵を含む。 ・深草北陵は合葬陵であるので，御方数としては87方の陵となる。 ・この時，陵所未定とされたのは18陵(うち，4天皇陵は仮修補)。
2	皇后以下陵墓	2	8	0	0	0	0	10	・神功皇后，飯豊天皇(飯豊青尊)のほか，追尊天皇の春日宮天皇，岡宮天皇，崇道天皇の5方の陵。さらに皇后陵として後冷泉天皇皇后章子内親王陵。 ・墓としては，倭迹迹日百襲姫命，大田皇女，吉備姫王，邦良親王の4方。前一者は古来著名，後三者はいずれも天皇陵の陵域内，もしくは隣接のため，あわせて修補。
3	分骨所・火葬塚	15	0	0	0	0	1	16	・分骨所は亀山天皇と後土御門天皇の2所，火葬塚は淳和天皇以下の14所。
4	仮修補陵	0	4	0	0	1	0	5	・未定陵のうち，綏靖，崇峻(2所)，文武，光明(摂津)の4天皇陵を仮に定めて修補。
5	その他	1	1	0	0	0	0	2	・安寧天皇陵側の御陰井の修理，泉涌寺内歴代天皇陵陵前の拝所施設を修営。
	計	52	37	12	3	2	3	109	

注　戸原純一「幕末の修陵について」(『書陵部紀要』第16号，宮内庁書陵部，1964年)に依拠。

表07　江戸幕府による陵墓の探索・修補の内容

時期 通称(年号)	年(西暦)	端緒	概要と特徴	備考 将軍	天皇	その他
元禄	10~12(1697~99)	・大和郡山藩に仕えていた細井知名が，藩内の山陵の荒廃を嘆き，復興すべき旨を弟である細井知慎に伝えた。 ・知慎は柳沢吉保の側近でもあったこともあり，吉保を通じて五代将軍綱吉に上奏，実現。	i)すべての歴代陵が探索・修復の対象になった。 ii)実質的な担当責任者は，京都所司代松平信庸。 iii)関係する奉行所を通じ，村々に回状をまわして，陵の所在や伝承地の有無の回答を求めた。 iv)その結果，村々の答申を採用し，治定された陵墓については墳頂部を中心に竹垣が施され，庶人らの立入りを禁じた。	徳川綱吉	東山天皇	・細井知名は，元禄10年8月に死去。翌9月には，柳沢吉保と細井知慎により陵墓の修復事業が開始される。 ・その成果は元禄12年11月に『歴代廟陵考』として朝廷および幕府に進献される。 ・『徳川実紀』元禄12月4月条には，この時に新たに周垣されたのは66陵とある。
享保	2~4(1717~19), 5･6(20･21), [9](24) 10･17(25･32)		i)元禄以降初めて諸陵の全体にわたり元禄期の周垣の状態を再確認。 ii)実質的担当者は京都所司代(水野和泉守ほか)。 iii)17年には初めて制札を立て陵墓の存在を知らしめた(「享保子年制札」)。 iv)陵墓の管理や整備をその所在地の住民に委ねた。	徳川吉宗	中御門天皇	
文化	享和3~文化4(1803~07)		i)陵墓の調査検分を実施。京都所司代において「陵所絵図」3巻を作成。 ii)竹垣の修復等実施。「享保子年制札」の建て替えもおこなわれる。	徳川家斉	光格天皇	
安政	嘉永4~安政4(1851~57)	・奈良奉行川路聖謨による神武天皇陵の所在地考定(『神武御陵考』，嘉永2年脱稿)。 ・嘉永4年2月，成務・称徳・垂仁各天皇陵へ添下郡横領村百姓らが盗掘をおこなっ	i)元禄・享保期の天皇陵修補の基準・方針を継承しつつ，天皇陵の見廻りを20年に1度から3年ないし5年ごとに実施するなど管理を強化。 ii)奈良奉行佐々木顕発や京都町奉行浅野長祚らにより陵墓所在地等の調査が実施される。	徳川家慶	孝明天皇	・その成果は『歴代廟陵考補遺』と題し，安政2年5月に京都所司代に提出される。その後，前田夏蔭の考訂を経て同4年9月頃，『歴代廟陵考補遺後案』と題され，幕府に提出された。

		た「山陵侵犯事件」があり，老中達が出されたことに起因(遠因として，英露の艦船渡来頻発や尊皇攘夷論の横行。考証学の進展と山陵研究者の増加)。	iii)他の陵墓に比べて神武天皇陵を特別視→安政の大獄により頓挫。 iv)以前の探索・修陵の踏襲だけではなく，探索考定を主としたところに特色あり(←外部民間の協力を仰ぐ)。	↓ 家定		・『御陵取調復命書』(図書寮文庫所蔵　函架番号：陵・869)は，奈良奉行与力の中條良蔵等によって実施された大和国の諸陵の実地調査の提出書類(復命書)である。
文久	文久2 ~慶応元 (1862~65)	・文久2年閏8月，宇都宮藩主戸田忠恕は，幕府に山陵修補のことを建白。この建議を幕府採用。	i)最大規模の陵墓の探策・修補事業。 ii)山陵御用掛(権大納言正親町三条実愛ほか)が修補事業を監督，山陵奉行(戸田忠至)が実務担当。 iii)修陵にあたっては，調方を任命し，天皇陵の考定，治定が組織的におこなわれた。 iv)陵域を墳丘全域に広げ，周濠の埋もれたものは復元するなど古制に復することがおこなわれた。従前に比べ，修補の内容・規模が拡充され，陵墓の聖域化が進み，とくに神武天皇陵が荘厳化された。 v)朝廷が陵墓の修復方針を決定，幕府からは経費についての監督を受け，幕府とともに宇都宮藩もその経費の多くを負担。実際の工事は宇都宮藩が担当するという役割分担のもとに実施。 vi)修陵後は諸陵寮を再興し，諸陵に守戸を配するなど日常管理を強化し，後の陵制の規範ともなった。	徳川 家茂	孝明 天皇	・竣成した諸陵には勅使が巡検し，幣物を捧げ，告文を奏して修陵の竣工を奉告した。 ・慶応元年5月に山陵奉行から朝廷へ修陵事業終了届け提出。修補箇所は109ヶ所に及んだ。 ・修陵後，山陵奉行戸田忠至は修理以前(荒蕪)と修理後(成功)の様相を対照的に描いた山陵図2帖を作成せしめ，その所在考證4冊を附して，同3年10月に朝廷と幕府，それぞれに献上した(『文久山陵図』)。

なお、修陵はすべて宇都宮藩によって実施されたのではなく、一部に例外がある。つまり、宇都宮藩による修陵の建白が採用されると、他の諸藩においても自領内の山陵修補を願い出、許可されるものがあった。

雄略天皇（二一代）陵は上野（群馬県）館林藩の領地内（飛地）にあり、山陵奉行の指図のもと館林藩は修営工事に関わり、その費用の一部を負担している。また、伊勢（三重県）の津藩は館林藩と同様、自領内（飛地）の光仁天皇、春日宮天皇（施基《しき》親王）、崇道天皇（早良親王）それぞれの陵の修補に従事した。この場合はその経費の全額を負担している。さらに大和（奈良県）柳本藩は、藩内の崇神天皇陵の修補に際して人夫を差し出しており、同郡山藩、同高取藩や大和高市郡に知行地のある旗本神保山城守相徳は、それぞれ修陵のための木材を提供している。

また、山城国の嵯峨天龍寺内の後嵯峨天皇・亀山天皇各陵は東本願寺により、南禅寺内の亀山天皇分骨所と天龍寺西傍の後嵯峨天皇・亀山天皇火葬塚は西本願寺によって、修営されたことも特筆しておきたい。

本修陵によって竣成した陵墓の箇所数は、慶応元年に山陵奉行から朝廷に対し提出された修陵事業終了の届によると、天皇陵七六を含む一〇九ヶ所となっている（表06）。その前年の元治元年には、これらの陵墓を継続的に維持管理する機関として、諸陵寮が再興されている。この諸陵寮は以後、様々な変遷を辿り、現在の宮内庁書陵部へとつながっていく。

加えて、山陵に陵守を設置することはすでに徳川斉昭の主張するところであったが、慶応元年（一八六五）には、修補竣功の陵に対し現地管理のため、「長・長格守戸・守戸」を任命している。

このように、幕末の修陵事業によって、現在の陵墓の景観（風景）の基礎が形づくられたのである。本事業の終了後には、山陵奉行戸田忠至は修理以前（荒蕪）と修理後（成功）の様相を対照的に描いた山陵図二帖を作成せしめた。その所在考證四冊を附して、文久三年一〇月に朝廷と幕府、それぞれに献上した。これがいわゆる『（文久）山陵図』（以下、「文久山陵図」という）と称せられるものである。平成一七年に現在、国立公文書館に所蔵されている幕府献上本の複写本が刊行され、その内容については解説付きで知ることができるようになった〔外池（編）二〇〇五〕。朝廷献上本は、書陵部に保管されている〔書21〕。

以上、江戸時代における陵墓の探索・修補について縷々述べてきた。表07にその概要をまとめておいたので、併せて参考に願いたい。

2 明治以降の陵墓の探索――附、陵墓参考地制度の創設・臨時陵墓調査委員会

歴代天皇陵の確定

これまで述べてきたように、江戸幕府は元禄期以後数次にわたり、天皇陵の探索をおこない、その決定と修陵の事業を実施してきた。この過程で決定された歴代天皇陵は、幕末までに六〇方五一陵（深草北陵は後深草天皇以下一〇方合葬）を数える。明治以後も政府がこれを引き継ぎ、その探索・治定の作業は続けられた。

元禄の修陵時にすでにその所在の判明していたものは、応神天皇陵など二四方二四陵あり、江戸時代に崩御し、当初から所在の明らかな数は、後水尾天皇から孝明天皇までの一四方一四陵であった。つまり、江戸時代末の段階で歴代天皇の陵として確定していたのは、九八方八九陵であったのである。

明治維新の際の歴代天皇の御方および陵数は、当時まだ大統に列せられていなかった弘文天皇（明治三年追謚・加列）、仲恭天皇（八五代、明治三年追謚・加列）、長慶天皇（九八代、大正一五年加列）を除けば、一一六方一〇六陵であったから、この段階での所在不明の歴代天皇は一八方の一七陵であった。

明治に至り、同七年に未治定の陵墓に関して、「口碑流伝の場所は勿論、其他古墳と相見え候地」はみだりに発掘しないで、発見した場合は絵図面などを添えて、教部省に伺い出ることが達せられている（太政官達第五九号）。

同年に、つまり明治になって最初に決定された歴代天皇陵は、淡路廃帝とも称された淳仁天皇（四七代）であった。次

いで、同一〇年に弘文天皇陵、翌一一年に綏靖天皇陵、同一三年に桓武天皇陵、翌一四年には天武・持統天皇合葬陵と文武天皇陵が現在地に治定されている。

その後しばらくは歴代天皇陵が新たに治定されることはなかったが、明治二二年六月に顕宗・武烈・光孝・村上・冷泉・円融・三條・二條（七八代）・順徳・仲恭各天皇の一〇陵、同年七月には安徳天皇陵・崇峻天皇陵（改定）・後一條天皇陵（改定）が定められたのである。この明治二二年の治定によって、明治天皇以前の歴代天皇の陵は、まだ皇統未加列の長慶天皇陵を除いてすべて決したのである。

明治二二年は大日本帝国憲法が公布（二月一一日）された年である（施行は翌年一一月二九日）。この年にすべての歴代天皇陵が決定された理由については、『明治天皇紀』第七の明治二二年六月三日条の記事が参考となる。そこには、

是より先、条約改正の議起るに際し、伯爵伊藤博文以為《おもえ》らく、万世一系の皇統を奉戴する帝国にして、歴代山陵の所在の未だ明かならざるものあるが如きは、外交上信を列国に失ふの甚しきものなれば、速かに之れを検覈《けんかく》（厳しく調べること）し、以て国体の精華を中外に発揚せざるべからずと、廟議亦之れを可とす、

とあるのである。つまり、伊藤伯爵は大日本帝国は万世一系の皇統を奉戴する国であり、（そのことを証明する）歴代天皇陵の所在が不明であることは、列国に対して外交上の信頼を失うことが甚大であるため、早急にきびしく調査して、国体の真髄を国内外に視覚化すべきと考えており、朝廷の評議もこのことを承認したとする。ここには、歴代天皇陵の有する政治的な意味を的確に把握し、その利用価値についても思慮が及んでいたことを知ることができよう。

一方、本文の後段には、

諸陵助足立正聲《まさな》を京都府及び奈良・山口二県に差遣し、天皇・皇親・后妃等の陵墓所在の明かならざるもの捜討せしむ、正聲之れを旧記に徴考し、実地に検覈し、其の実を得、帰りて覆奏する所あり、（以下略）

とあって、足立諸陵助（明治二六年に諸陵頭）がその所在考証にあたり、貢献したことが知られる。足立がその治定に際し

て、根拠が曖昧なため苦慮したことを正直に吐露するメモが、宮内公文書館に残されている〔宮09〕〔高木二〇一〇〕。ともあれ、この明治二二年までの治定作業によって、この時期の歴代天皇陵はすべてその所在が確定することになったのである。

皇后陵・歴代外陵、墓の治定

幕末の修陵において、歴代天皇陵以外の陵墓でその対象になったのは、次の一〇方にすぎない。つまり、神功皇后（仲哀天皇皇后）の陵、飯豊天皇（飯豊青尊）、春日宮天皇（施基親王）、岡宮天皇（草壁皇子）、崇道天皇（早良親王）の歴代外陵、さらには大田皇女（天武天皇即位前妃）、吉備姫王（敏達天皇皇孫茅渟王妃）、章子内親王（後冷泉天皇皇后）、邦良《くになが》親王《よし》（後醍醐天皇皇太子）、倭迹迹日百襲姫命（孝霊天皇皇女）の各墓である。このことからも、幕末の修陵など江戸期に実施された陵墓の探索・修補の対象となったのは、基本的には歴代天皇陵が中心であったといえよう。

明治期になって、歴代天皇陵の確定作業と併せて、皇后陵や歴代外陵、さらには墓の治定作業も進められた。これは、天皇を中心とする新たな国家体制作りにおいて、当時の天皇を支えた皇后などの皇族や華族と同様、陵墓に対しても歴代天皇陵を基軸に据えた、いわば陵制を支え補完する役割が求められたことに起因するものであろう。

まず、明治四年二月には、「后妃皇子女御陵墓取調方」が府藩県に太政官布告第七三号として出されている。そこには雛形として「兆域図面」・「石碑石塔位牌類」・「祭日」などの添付や記載が求められていることが注目される。その回答の期限は五月までとされ、翌年一〇月一二日には教部省から「御陵墓取調督促」がさらに府県に対してなされている〔東京市役所（編）一九一三〕。

同年一〇月には、野口王墓山古墳に決定されていた天武・持統天皇合葬陵である檜前大内陵が、五条野丸山古墳に改定の予定とされた。その後、同八年に仮定され、最終的に現陵である野口王墓山古墳とされたのは、同一四年二月のことであった〔福尾・徳田一九九四〕。

明治四年の改定は最終的な治定ではないことから、本例を除けば、この時期に最初に決せられた陵墓は、静岡県井伊谷（浜松市）に位置する後醍醐天皇皇子宗良《むねなが》《よし》親王墓である。これは、明治元年一一月に彦根藩主井伊直憲がその墳墓の修復を願い、許可されたことに起因する。翌年には親王の社が井伊谷に創建されている。その後、明治六年一二月に、その社である井伊宮の接続地である龍潭《りゅうたん》寺の境内の一部を割いて、宗良親王墓の兆域としている。本例は、明治政府が積極的に陵墓の探索・調査を実施し、治定に結びついたものではないことには、注意しておきたい。

宗良親王墓の場合を例外として位置づけるならば、明治政府による最初の治定陵墓は、神代三陵と呼ばれている瓊瓊杵尊の可愛山陵《えのみささぎ》、「山幸彦」とも呼ばれる彦火火出見尊の高屋山上陵《たかやのやまのえのみささぎ》、鸕鷀草葺不合尊の吾平山上陵《あひらのやまのえのみささぎ》である。慶応三年一二月九日の王政復古の大号令において、「諸事　神武創業の始に原き」と明言された。その神武天皇の功績等をより可視化するため、その前段階の神代三陵の所在、およびその位置の確定が早急に求められたのである。

その結果、近世の諸説のなかから、八世紀初頭に薩摩国と大隅国が分かれる以前は日向国の一部であった鹿児島県内に、やや強引に日向神話に関わる三代の皇祖神の陵が治定されたのである。明治七年七月のことであった。

皇后陵・歴代外陵、墓の治定に向けての明治政府の施策

明治七年八月には「皇后陵、及皇子皇女墓」の管理の件が太政官達第一〇二号として、通達されている。これは、山陵並びに皇后陵、皇妃〔国母にして立后なきを云う〕・皇子・皇女墓の守護のため、地方官中に陵掌・墓掌、陵丁・墓丁を置くというものである。その後段には「現存の分、巡検並猶湮没《いんぼつ》（跡形もなく消えてなくなること）の分探覈《たんかく》（探索して調べ明らかにすること）のため、時々教部省より官員派出為致候に付、篤と遂協議不都合無之様可取計　此旨相達候事。」とある。

当時の陵墓所掌官庁であった教部省（明治一〇年からは内務省が所掌）が、皇后陵などの治定に向けた調査に着手していた

ことを示している。

また、翌八年一月には「法親王、及出家されし皇子・皇女墓」、同年四月には「中宮陵」、翌九年四月には「女院、准后墓」それぞれの管理の件が、立て続けに教部省達としてなされた。翌々年の明治一一年一〇月には、同年二月に内務省から陵墓事務を所掌することになった宮内省から「二世以下親王御墓」の管理の件についての達しがなされている。

加えて明治一四年一月には、その治定に向けての調査考証の範囲がさらに拡大し、「諸王にて奉仕の子孫なき方の墓」の管理についても宮内省達がなされた。

一方、治定に向けての現地現状保存や情報収集に向けての施策も、一連の対策としてなされている。つまり、明治七年五月には、府県に対し太政官達第五九号として「上世以来御陵墓の所在未定の分、即今取調中に付、各管内荒蕪地開墾の節、口牌流伝の場所は勿論、其他古墳と相見え候地は、猥に発掘為致間敷候。若差向墾闢《こんぺき》（開墾）の地に有之分は、絵図面相副教部省へ可伺出、此旨相達候事。」が出された。また、本達しを受けて、より具体的に明治一三年一一月には沖縄県を除く府県に対して、「（前略）古墳と相見候地は、人民私有地たりとも猥りに発掘不致筈に候えとも、自然風雨等の為め、石槨土器等露出し、又は開墾中不図古墳に掘当り候様の次第有之候わゝ、口碑流伝の有無に不拘、凡て詳細なる絵図面を製し、其地名並近傍の字等をも取調、当省へ可申出、此旨相達候事。」と宮内省達乙第三号がなされている。

これらの施策により「古墳」（この場合は古い墓という意味。以下、この意味で使用する場合は「古墳」という）に対して調査考証が加えられ、その結果に基づき陵墓の治定は飛躍的に進んだ。明治七年から同二二年までに、皇后陵を含む歴代外陵は五七方五一陵、墓は七六方七一墓が新たに治定されるに至った。

その後の墓の管理についても触れておきたい。桂宮家は、四世襲親王家の一つであり、安土桃山時代に創設されて明治維新に至った。しかし、明治一四年に最後の当主である淑子内親王が薨去し、継嗣不在のため断絶することになったのである。桂宮家の墓は淑子内親王薨去後、主殿寮《とのもりょう》の主管に付せられていたが、明治三一年には、それらの墓が諸陵寮に移管された。

明治四三年には、宮内大臣から各宮の別当家令に対して、宮家の墓はすべて諸陵寮の管理とすることが通達されている。このことにより、皇族墓はすべて諸陵寮の管理下に置かれることとなり、現在の宮内庁書陵部管理の基となったのである。なお、明治二二年以降同四五年までに新たに治定された陵墓の数は、皇后陵一方（嵯峨天皇皇后嘉智子）一陵、皇族墓一三方（天武天皇皇孫長屋王ほか）一三墓である（表08）。

陵墓参考地制度の創設

陵墓参考地の制度も、将来の治定に備えて開墾等の開発から保護するために設けられた〔福尾二〇〇八〕。すでに言及してきたように、明治政府にとっての大きな課題は、未定陵墓の考証・探索であった。そのため、陵墓の伝承のある土地や「古墳」を開墾等から保存し、後の考証と治定に支障がないように、先述した太政官達第五九号（明治七年）や宮内省達乙第三号（同一三年）などが示されている。後者の宮内省達は自然風雨等により、石槨・土器等が露出したり、開墾中に「古墳」を発見した場合は、詳細な絵図面を作成し、発見地の地名や近傍の字名等を報告することを義務づけている。その報告をふまえ、調査考証を加え、その結果に基づき措置するためであった。

陵墓参考地という制度の直接のきっかけとなったのが、長崎県の対馬にある安徳天皇陵の伝承地であった。太政官達第五九号に遡る明治六年三月に「対馬国に於ける安徳天皇御陵と称する場所、従前の保護を廃し、該村戸長に命じ保管せしむ。」としており、それが現在の佐須陵墓参考地の治定につながっていくのである。

ただ、この段階ではいわば個別的な対応であった。それがより総括的なものになるのが、明治一五年八月のことである。つまり、「古墳墓の往々見込みあるものにして其陵墓と確定し難きものは、御陵墓見込地として地種組替え、宮内省の所管とし四至の区域を表し、近傍の陵墓掌丁をして兼務せしめ、又は地方適宜の取締を設く。」とあり、ここに初めて「御

表08　歴代天皇陵・歴代外陵，および墓の決定数（火葬塚などの準陵は除く）

決定年	歴代天皇陵		北朝天皇陵		歴代外陵		墓	
	御方数	陵数	御方数	陵数	御方数	陵数	御方数	墓数
幕末の修陵以前	58	49	1	1	13	13		
文久年間	39	39	3	3	8	6	4	4
慶応２年	1	1						
明治６年							1	1
明治７年	1	1			3	3	3	3
明治８年					12	10	24	23
明治９年					8	5	28	24
明治10年	1	1			19	19	6	6
明治11年	1	1					2	2
明治12年					6	5	4	4
明治13年	1	1			3	3	2	2
明治14年	3	2					1	1
明治16年					1	1	4	4
明治17年					2	2	1	1
明治22年	13	13	1	1	3	3	1	1
明治30年					1	1		
明治34年							2	2
明治36年							2	2
明治43年							3	3
明治44年							4	4
明治45年	1	1			1	1	2	2
大正３年					1	1		
大正６年					1	1	5	4
大正15年	1	1						
昭和５年							2	2
昭和14年							4	4
昭和16年							5	5
昭和18年							1	1
昭和19年	1	1					1	1
昭和26年					1	1		
昭和64年	1	1						
平成12年					1	1		
	122	112	5	5	84	76	112	106

注　孝明天皇以降の各天皇陵の決定年は便宜上，崩御年とした。墓に関しては，宮家墓を除く。

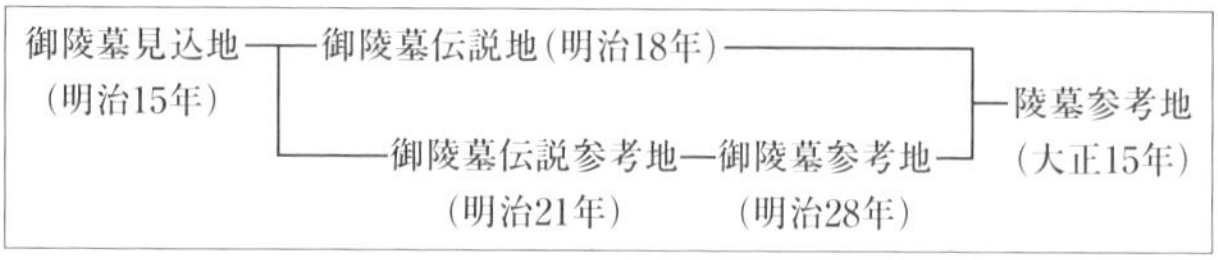

図24　陵墓参考地制度の変遷

陵墓見込地」の名称が見えるのである〔宮10〕。

本制度は、陵墓の所伝がありその形式がほぼ合致すれば、どの御方の陵墓かと特定する徴証が不十分であっても、とりあえず御陵墓見込地として、その土地を買い上げたり無償編入して宮内省の所管としたものである。つまり、他の占有権を排除し後日の考証・治定に備えて、保存しようと意図したものであった。その結果、「安徳天皇御陵見込地」として宮内省の所管となったのが、山口県丸尾山「古墳」（現西市陵墓参考地）・高知県鞠ノ成路《なろ》「古墳」（現越知陵墓参考地）・長崎県大内山「古墳」（現佐須陵墓参考地）の三ヶ所であった。

その後、明治一八年には、御陵墓見込地の名称は「御陵墓伝説地」と改められた。また、同二一年には、御陵墓伝説地とは別に、「御陵墓伝説参考地」という区分が新たに設けられた。次いで、同二八年、御陵墓伝説参考地の名称は「御陵墓参考地」と改められ、このことにより伝説地と参考地に二大別されるようになった。両者の区別理由は明確ではないが、参考地は伝説地に比べて根拠のやや薄弱なものをいったようである。その後、大正一五年に、皇室陵墓令とともに公布された施行規則（大正一五年宮内省令第八号）に、初めて陵墓参考地の名称が見え、御陵墓伝説地は認められないことから、陵墓参考地という名称に統一されたと考えられる。

しかし、その後もなお旧称が混用されたので、昭和四年（一九二九）に陵墓参考地に統一した旨を地方職員に示達した。また、その際に従来、各陵墓参考地には固有の名称がなかったが、陵墓参考地名が決定され、現在に至っている（図24）。

陵墓の本義は、皇室の祖先を葬るところであり、現に皇室により祭祀が継続しておこなわれていることにある。陵墓参考地もその例外ではない。被葬者は特定・決定されていないものの、皇室関係者と考えられるため、原則として春秋いずれかの皇霊祭の日に、皇室から神饌が供進されている。なかには、先ほど述べた安徳天皇陵の伝承を有する参考地のように、現地での伝承に基づく崩薨去日に実施されているものもある。例えば、佐須陵墓参考地では、地元で挙行される旧暦四月一五日に併せて実施している。

長慶天皇陵の治定――「臨時陵墓調査委員会」の設置

陵墓の治定作業は、大正・昭和になっても継続的におこなわれた。明治天皇・昭憲皇太后の崩御に伴う陵の造営等に一区切りがついた大正六年に、歴代外陵としては後崇光太上天皇（後伏見天皇皇玄孫）の伏見松林院陵が、また、墓としては頼仁親王（後鳥羽天皇皇子）墓ほか五方四墓が新たに治定されている。

昭和となってからは、まず、同五年に好君《よし》（後伏見天皇一三世皇孫貞致《さだゆき》親王妃）墓ほか二方二墓が治定されている。その後、墓のみに限れば同一四年から一九年にかけて雅慶王（宇多天皇皇孫）墓ほか一三方一三墓が決定された。昭和一四年以後の治定にあたっては、都紀女加王《つきめか》（応神天皇皇曽孫）墓の一例を除いて、従前の陵墓決定の方法とは異なり、外部の有識者の答申を受けていることが注意されるのである。

この有識者の会議が「臨時陵墓調査委員会」である〔和田軍一九五三、外池二〇一二〕。臨時陵墓調査委員会は、昭和一〇年六月に宮内省に置かれ、同一九年二月に廃止された。その設置の主たる目的は、大正一五年一〇月に在位が確認された長慶天皇の陵所を調査・確定するためであった。皇統に登列以来、宮内省に長慶天皇陵に闘する調査要望の上申は相次ぎ、その箇所は一〇〇ヶ所を超えていた。宮内省ではこれを機会に、未定陵墓の調査審議の機構の充実や陵墓に関する様々な問題の解決のために、国史学や考古学における東西の諸大家を委員とした会議の場を設けたのである。

この間、長慶天皇の陵の所在をはじめとする二七件の諮問がなされ、それぞれについて現地視察を伴う慎重な調査と審議が重ねられ、答申が提出されている〔宮12〕。長慶天皇の陵所に関しては、その諮問第一号において、「長慶天皇の陵は如何に調査考證すべきや」となっており、最優先事項であったことがあらためて確認できる。また、諮問に際しては「臨時陵墓調査委員会諮問要項及諮問要点」が添えられており、その要点として、(一)陵所捜索調査の指針、(二)陵所に関する衆説の検考、(三)調査の結果一定の理由を以てする陵所の認定方、(四)陵所判明の見込立たざる時に於ける措置方、という四点が具体的に述べられている。これはまさに陵所決定に向けての段取りともいえるものである。

それぞれに興味深い内容を含んでいるが、(一)から(三)という手順をふまえ、結果的に(四)に至っている。(四)の陵所判明の見込みが立たない場合は、まず確認されるまで調査を継続することの可否が問われた。ここでは否とされ、紀元二六〇〇年(昭和一五年)を期して陵所を決めるとされた。次いで、否ならば「擬陵」を設けることの可否に諮問が及び、可として、天皇の動静・称号の典拠・崩御前後の諸事情を考察するほかないと答申された。

擬陵についてはは前に崇峻天皇陵の例をあげたが、文字どおり陵に見立てる、なぞらえるの意である。崇峻天皇陵以外には、二條天皇陵、安徳天皇陵、仲恭天皇陵がある。具体的には、これらに関しては古記録に陵の所在についての記載がないか、あるいは陵の営建の記載があっても陵所の範囲の具体的記載がないため、それぞれの天皇の皇居跡・菩提所跡など、とくに由緒のある地を定めて陵所とされている。

これらの前例をふまえつつ、最後に長慶天皇陵について、擬陵を設けるならば何処と諮問している。その結果、昭和一五年一二月に天皇の由緒がもっとも深く、その遺址が明瞭な慶寿院跡(京都市右京区)を陵所とすることは、史実上首肯しがたいものの、皇室陵墓令による決定の都合上難が少なく、もっとも適当であることが答申され、その位置が決定したのである。

この答申をふまえ、同一六年九月には、慶寿院跡を「下嵯峨陵墓参考地」として購入保存する方針が決定され、翌年には陵墓参考地として土地が購入されている。同一九年二月には同所が陵所となること、さらには「嵯峨東陵」という陵名が定められ、修補が裁可された。同年九月には修補が竣工したことが奉告されている。

なお、長慶天皇陵の治定に併せて、その皇子である承朝王の墓も同じ慶寿院跡に定められている。

分骨所・火葬塚・灰塚の治定

以上の長慶天皇および承朝王の陵墓の決定をもって、江戸時代以降継続的に幕府や朝廷、政府によって実施されてきた陵墓の探索・治定作業は、ひとまず完結することになったのである。第二次世界大戦後に新たに営建された陵墓数は、昭和天皇陵などの三方三陵、秩父宮雍仁親王墓ほか八方六墓（平成三〇年一二月末現在）であり、その結果としての総数は「はじめに――陵墓とは何か」ですでに述べたとおりである。

一方、分骨所・火葬塚・灰塚は陵墓に準ずるもので、「準陵」と総称されており四五方四二所を数える。その内訳は分骨所が一一方一〇所、火葬塚二七方二七所、灰塚六方六所であるが、重複する方もあり、総数とは齟齬が生じている。

明治六年一一月二日には、これら準陵のうち、火葬塚（所）はその囲柵・守戸等を一切廃し、分骨所・灰塚は本陵に合葬し、遺趾は何れも郷里一般の地籍に帰し、山陵が未詳であり、火葬塚あるいは分骨所のみ判明する分は、しばらくその場所を本陵と定めた。しかし、翌七年九月一五日の教部省の伺いによって、同年一一月一三日に、太政官から最寄りの陵墓の掌丁によって従前どおり管理すべき旨の達しがあった。遠地の場合は守丁を置いて管守させている〔宮02・10・11、東京市役所（編）一九一三〕。分骨所については、幕末の修陵時にはとくにそのように標示したものは見当たらない。例えば現在、京都南禅寺内に位置する亀山天皇分骨所は『文久山陵図』に拠れば、「南禅寺陵」として修補されている。『文久山陵図』に添えられた考証の書である『山陵考』（谷森善臣著）には南禅寺陵は分骨所であることが明記されており、分骨所に対する当時の考え方を知るうえで参考となろう〔書21〕。幕末の修陵においては、歴代天皇としてはこの亀山天皇分骨所と後土御門天皇（一〇三代）が、修補されている。

明治になってからは、同一二年に現地に対して、後宇多天皇陵に亀山天皇・後二条天皇・遊義門院姈子内親王の分骨が安置されていることを心得ることが達せられているなど、分骨所に関してもその調査や治定は及んでいる。

火葬塚は一二世紀後半頃に成立したとされる『吉事略儀』によれば、火葬所において拾骨後、御骨を少し残して墓としたものとされている。『文久山陵図』には「御火所」と表記され、基本的には方丘で周囲に堀をめぐらせるように修補されている。幕末の修陵の際は淳和天皇以下の一四所が修補された。その後、後一條天皇火葬塚のように陵に改定されたり（明治二二年）、後深草天皇火葬塚とされたものが、陵墓伝説地（明治三六年）を経て後崇光太上天皇陵（大正六年）と治定されたものもある。

灰塚は分骨所や火葬塚に比べて、あまり馴染みのない言葉である。火葬された方の灰骨を集め、他所に移して塚を築いた箇所を称している。現在、後小松天皇ほか六方の灰塚が宮内庁により管理されている。これら六方の本陵は深草北陵であり、いずれも泉涌寺（山頭所）において荼毘に付した方々である。後小松天皇の灰塚は泉涌寺雲龍院に、また後土御門天皇ほか五方の灰塚は月輪陵・後月輪陵（御近陵）域内にある。慶応元年におこなわれた幕末の修陵に伴う竣功奉告のための巡検使の発遣については、御近陵へは認められない。つまり、灰塚への参向はないのである。しかし、後小松天皇灰塚に関しては、雲龍院にあるため（『文久山陵図』では「後小松帝雲龍院陵」とする）、同年八月に参向している。

陵墓の治定手続き

以上、明治維新以降の陵墓の探索状況とその結果をふまえた治定事業について、述べてきた。本章を終えるにあたって、陵墓の決定に至る手続きについて、簡単に触れておきたい。

維新後に最初に治定された陵墓は、前述のように明治六年の宗良親王墓であった。その際には、親王の奉祀社の宮司等から、当時陵墓事務を管掌していた教部省あての上申を受けて、太政官が決裁している。また、翌年の神代三陵については太政大臣の決裁となっている。この年には景行天皇皇子の神櫛《かみくし》王墓なども治定されているが、その最高決裁者については明らかにしえない。

これまた前述した明治四年の天武・持統天皇合葬陵が五条野丸山古墳への改定予定の際には、太政官経由で、地元の高取県に達しをしている。その後、明治八年五月には太政官に伺いのうえ、(正式に)仮定している。

陵墓の決定手続きを最初に明確にしたのは、明治一一年八月の法制局からの「指令」である。この法制局というのは、明治六年五月に太政官に設置された法制課が同八年に改組されたもので、同一八年の内閣制度の創設に伴い、内閣法制局官制が定められた。

明治一一年の法制局からの「指令」は同年七月の宮内省からの「歴代御陵検定等の儀は、上申裁可を俟て取計らい、皇后御陵以下皇子皇女御墓検定等の儀は、不レ経レ伺、当省限り処分いたし可レ然哉。」との伺いに対して、「伺之通」とされたものである。つまり、歴代天皇陵の治定のみが上申裁可の対象となり、皇后陵や皇族墓は宮内省が決裁するとしたものである。

本指令以前に治定された弘文天皇陵(明治一〇年)は右大臣岩倉具視、綏靖天皇陵(同一一年)は太政大臣三条実美の決裁によっている。また、本指令以後、明治一三年の桓武天皇陵の治定、同一四年における天武・持統天皇合葬陵と文武天皇陵の改定については、太政大臣が決裁している。上申裁可は、太政官決裁をも意味していたのであろうか。

一方、明治一二年に治定された聖武天皇皇后の天平応真仁正皇太后(光明子)の場合は、宮内卿徳大寺実則の決裁によっており、同一一年の法制局指令に基づいている。決裁者を明確にできる例では、同年の安積《あさか》親王(聖武天皇皇子)の和束墓ほかの墓も同様である。

明治二二年の顕宗天皇ほか一三方の歴代天皇陵の治定の際は、天皇決裁、つまり勅裁となっている。同年の北朝天皇の光明天皇(二代)の治定も同様である。その後も墓を中心にその治定はおこなわれていることは前述したが、その場合も長屋王墓をはじめ、原則として勅裁としている。例外を設けたのは桂宮家墓のように、諸陵寮に所管替えされる手続きが宮内大臣の決裁に基づくものがあるからである。

このように、明治二二年以降、第二次世界大戦の終戦まで、すなわち大日本帝国憲法のもとでは、原則として陵墓の治定は勅裁という手続きを経ていた。つまり、明治一一年の法制局の指令は有名無実となっていたのである。このような治定手続きの実態が法制化されるには、大正一五年の皇室陵墓令の施行を待たねばならなかったのである。そこには、第四四条に、

従前不明の墳塋を陵又は墓と定むるは勅裁に由る

2　前項の規定に依り勅裁ありたるときは勅使をして其の陵又は墓に奉告せしむ

とあって、陵墓の決定は勅裁によると明記されている。臨時陵墓調査委員会の答申を経て決定された陵墓が、すべて皇室陵墓令に規定された手続きとしていることは、ここにあらためて強調するまでもない。

第4章　陵墓景観（風景）の形成、および陵墓関係人物

本章では、陵墓を特徴づける現在の景観（風景）がどのように形成されたかについて触れることとする。古代高塚式の場合、営建後は「兆域内」への立入りはタブー視され、林相も成り行きに任せられたようである。律令時代には兆域の垣溝が損壊すればこれを修理し、さらに検分することなどが延喜諸陵墓式に規定されている。中世の荒廃以降は、入会地としての性格を強め、多くの陵墓でその管理は地元住民に委ねられた。江戸時代になると、幕府は埋葬施設部分を中心に管理を地元住民に委ね、そのことにより「年貢免除」となっている。鳥居・制札など陵墓に馴染みの深い構築物は、前者は一部の陵墓において平安時代の古記録にその設置が見える。また、後者は江戸時代享保年間がその初現である。しかし、両者が一体となって設置されるようになったのは、江戸時代末の幕末の修陵以降である。併せて、綏靖天皇陵（元禄期などには神武天皇陵）内の石灯籠などの沿革にも言及しておきたい。

さらに、陵墓に関わったというか、取り憑かれたというような人々を紹介したい。陵墓には地元住民をはじめ多くの人々が関わり、現在の治定や景観（風景）の形成に大きな影響を与えている。ここでは、幕末の修陵という事業にブレーンとして関わった谷森善臣をはじめ、明治期から大正期にかけて陵墓の考証や管理に尽力した増田于信・山口鋭之助という一般にはあまり知られていない人物について言及してみたい。

1　林相・関係構築物〔鳥居・制札など〕の沿革

（1）　陵墓の林相

明治神宮の林相と陵墓

陵墓の林相について、陵墓研究のなかに体系的に位置づけたものは皆無に近い。わずかに西田孝司や高木博志が言及しているのみである〔西田二〇〇五、高木二〇一〇〕。この方面の研究も、陵墓の性格を知るうえでは欠かすことのできない視点であり、着実な研究成果とそれをふまえた陵墓の綜合的な研究が期待される。今回は、まさにその一歩に位置づけられる内容に言及してみたい。

まずは明治神宮の林相について考えてみたい。神社というと、伊勢神宮のように主に杉や檜などといった針葉樹林からなる林相をイメージされる方が多いように思われる。まさに背筋が針のようにぴんと伸びる張り詰めた空間であり、粛然として襟を正させられるものでもある。

一方、明治神宮は主に椎や楠などの常緑広葉樹からなる奥深い空間である。なかに一歩足を踏み入れると森厳かつ静粛な気持ちに打たれる。第二次世界大戦による空襲の際、その境内に爆弾も投下されたというが、地面には落葉などが厚く堆積しており、クッションの役目を果たし不発に終わったとの伝聞もあるという。

ところが、この明治神宮の「鎮守の杜」は人為的に造成され、たかだか一〇〇年しか経てはいない。このことも併せ、その造成の背後に「陵墓の林相」の影響があることはあまり知られてはいない。「景観十年、風景百年、風土千年」という造園関係者のなかでは有名な言葉がある〔進士二〇〇八〕が、一〇〇年もたてば、地域に溶け込んだ馴染みのある風景となるようである。

あらためて述べるまでもなく明治神宮は、大正九年一一月一日に明治天皇と昭憲皇太后を両祭神として東京都心の代々木の地に鎮座したものである。大正四年五月一日にその創建が内務省告示され、同年一〇月には内苑で地鎮祭がおこなわれ、造営工事に着手された。外苑での地鎮祭は大正七年六月のことである。内務省告示以前は南豊島御料地と称され、荒れ地のような景観を呈していた。この荒れ地に植林をすることによって、現在の鎮守の森に至ったのである。

なお、第2章3節で取りあげた『明治天皇紀』第一二には、

始め大漸《たいぜん》（病気が徐々に重くなること、主に帝王の病気についていう）のことあるや、東京府民、近郊清浄の地を選びて陵域を定めたまはんことを建議哀願する者尠からず、伯爵土方久元之れを聴き斡旋するところあり、又東京市長以下市民有志、東京商業会議所に会し、神宮建立の事を議す、他日明治神宮造営の挙ある、全く此に胚囚すと云ふ、

とあって、陵が東京近辺に営建されなかった代替え措置として、明治天皇と昭憲皇太后を両祭神とする明治神宮が、建立されたことを知ることができる。

さて、この植林事業は献木によってまかなわれた。献木は日本（北は樺太〈サハリン〉から南は台湾）だけではなく、満州・朝鮮からも届いた。献木の数は約一〇万本を数え、延べ一一万人に及ぶ青年団の勤労奉仕により植林されたのである。その種類は当時、在来種等を含めて三六五種、なかには東京の気候にそぐわない種類もあり、現在では二三四種という。平成二五年の「鎮座百年記念　明治神宮境内総合調査」では、日本新発見の昆虫（ジングウウスマルヒメバチと命名）が報告されたほか、数多くの絶滅危惧種や、都会には珍しい生物がいることが報告されている〔鎮座百年記念第二次明治神宮境内総合調査委員会（編）二〇一三〕。

明治神宮の林相に関しては、日本最初の林学博士である本多静六（慶応二〜昭和二七年）をはじめ、本郷高徳（明治一〇〜昭和二〇年）・上原敬二（明治二二〜昭和五六年）といった錚錚たる造園学者が関わり、「永遠の杜」を目指した。「神社境内の設計については新境地で、依拠すべき文書がない。」〔上原一九七九〕ことから参考とされたのが陵墓の林相であった。

とりわけ、当時、宮内省諸陵頭であった山口鋭之助の配慮により、仁徳天皇陵内を実見したことが大きな影響を与えることとなった。その時の感想を上原は、

全くの原生林である。以来筆者の頭には神社林の終局はこの林型にまで進めなければならぬと深い自覚を得たのである。全くの藪である。永遠に変わらない極限の林叢である。百年の未来を想うがゆえの思慮であった。〔上原一九七九〕

陵内は全くの原生林、恐らく数百年の間人工は加わっていない。あまりの荘厳さに足がすくんだ。いわゆる照葉樹林、地床は絨毯を踏む如く、数百年の落葉の蓄積、樹木の生長は実に見事であり、全く手入不要である。〔上原一九八三〕

と記している。

後に触れるように、山口諸陵頭は明治一三年に東京帝国大学理学部物理学科に入学し、卒業後の同一九年には、農商務省から東京山林学校の数学教授を嘱託されたこともある。また、『陵や御墓の監守者の心得』などの著作もあり〔宮13〕、日本庭園協会の会合にも出席するなど、林学関係にも造詣が深いことから、その方面の研究者や神社林との関わりが生じたのであろう。

陵墓の林相の沿革

一般には古墳といわれている古代高塚式陵墓の多くは、その築造直後は全面葺石に覆われた構築物であった。つまり、意図的に植林をした痕跡は認められないのである。第3章1節の「飛鳥時代以前の陵墓（古代高塚式）の管理」の項で述べたような古代高塚式陵墓の性格とも、密接に関連することであろう。箸墓古墳における花粉分析等から見て、築造後の林相はその形成を含めて成り行きに委ねられたものであり、人為的な樹林管理がおこなわれた痕跡は認められない〔金原二〇〇二〕。

次いで、山丘式陵墓の場合は元明天皇の遺詔（『続日本紀』養老五年〈七二一〉一〇月一六日条）が注意される。そこには

「皆殖二常葉之樹一。」とあって、同書の慶雲三年（七〇六）三月一四日条（「氏々祖墓及百姓宅辺、栽レ樹為レ林。」）をも参考にすれば、墓所には樹木を植えて、林とするのが常であったらしい。ただし、その後の樹林管理については明らかにしえないところが多い。

一方、九世紀代には、神功皇后陵・天智天皇陵・桓武天皇陵などの「陵木」が伐採されたので、謝罪の使を派遣したという記事が『続日本後紀』や『日本三代実録』に見える。古代高塚式や山丘式の山陵には木が生えており、山陵の重要な構成要素となっていたこと、さらには「陵木」の伐採によって陵が穢されると観念されていたことが知られる。

さらに時代が下り、江戸時代に至ると、宝暦七年（一七五七）に編纂された『全堺詳志』（高志芝巌・養浩著）には、履中天皇陵は地元の石津村で管理しているため、いつの間にか農民が自由に墳丘に立ち入るので樹木がなくなり、禿げ山となって牛が遊んでいる、という記述がある〔河野一九八四〕。また、天保年間には仁徳天皇陵の樹木が伐採された記事もあるが、このことについては後述したい。

宮内公文書館の所蔵する『河内国諸陵成功ニ付長守戸仮任命関係文書控』には元治元年の守戸任命の際、「一、御陵草木等御掃除之外、決而苅取申間敷事。」とあって、墳丘に生い茂る草木をこまめに刈り取ることが業務の中心で、大木の伐採等は禁止されていた〔宮14〕。しかし、同三年に朝廷と幕府に献上された『文久山陵図』の修陵前（荒蕪）とその後（成功）の絵図には、ほとんどに成木が少なく、疎林であることがうかがわれる（図25）。

明治改元直前の慶応四年閏四月七日に、「山陵御穢」の審議がなされている。その際に、谷森善臣諸陵助は山陵を穢の場とするのは仏教の解釈による誤謬であると断言し、神社と山陵を同列視し、伊勢神宮に擬して尊崇するべきと説いた。この見解に対して、勢多周甫《のりみ》大判事は宮中における平安時代までの年中行事を記した『年中行事秘抄』荷前条に「神事に似たりと雖も煇《かか》る不浄に渉る、仍て他の神事と行われず。」とあるように、陵墓を穢と見なして反論した。しかし、谷森の意見が採用され、「御穢の事、廟議遂に之なきに決せり。」とされた。山陵は穢と見なされていた地から御霊がやどる聖

図25 『文久山陵図』に見える仲哀天皇陵(左：荒蕪図，右：成功図)

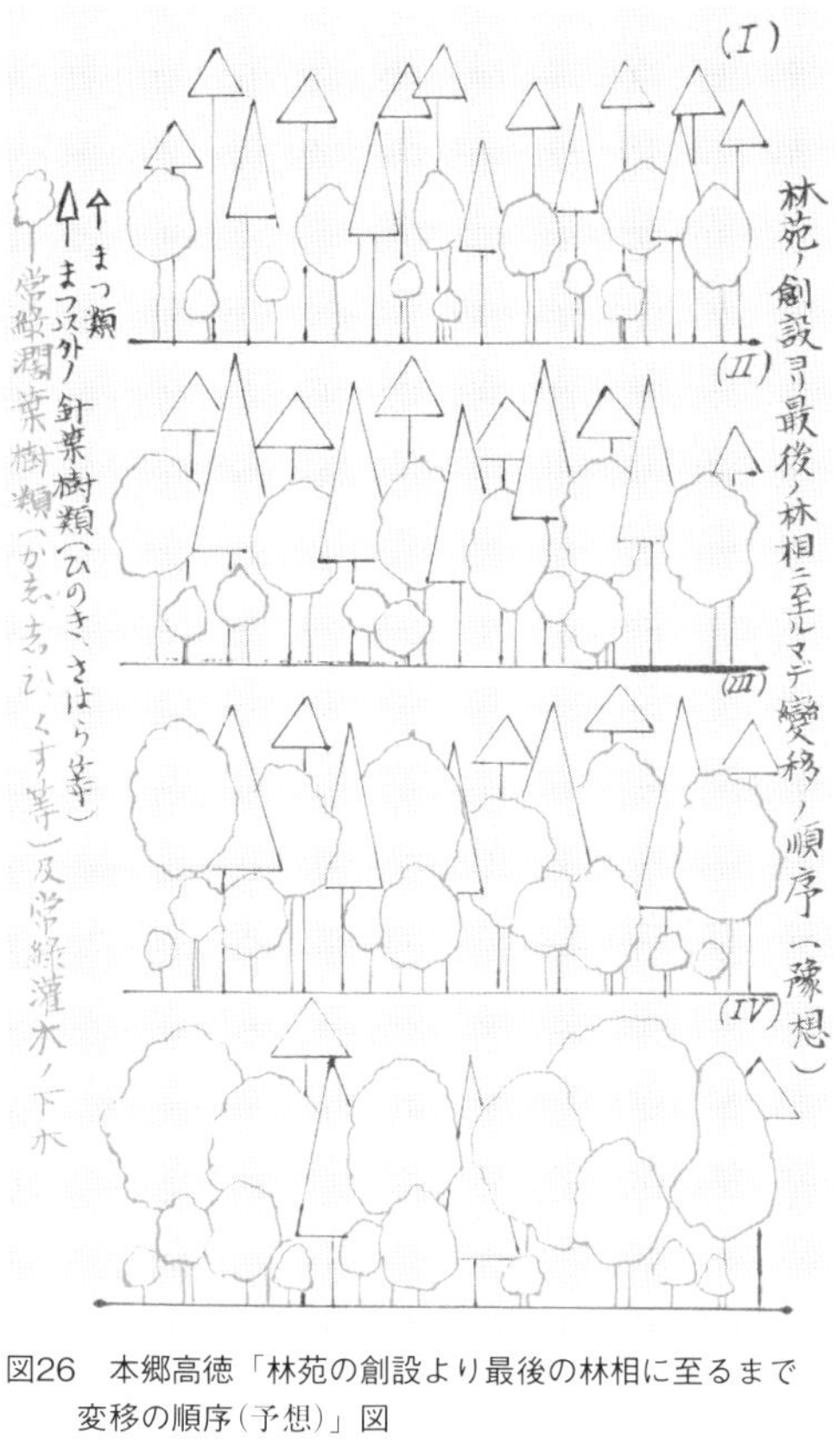

図26 本郷高徳「林苑の創設より最後の林相に至るまで変移の順序(予想)」図

域と見なされていったのである。このことによって、聖域に相応しい環境への整備がなされ、林相にも反映されていくようになるのである。

仁徳天皇陵の林相

その具体的な環境整備の状況を、上原等が参考とした仁徳天皇陵の林相において確認しておきたい。その林相は、文久二年の奥付のある伴林光平『野山のなげき』によれば、「大仙陵は（中略）此三十年ばかり前つかたより、其木材ども悉くきりとりて、背肉《そしし》の空山《からやま》となれり。」とある〔書22〕。つまり、今から三〇年ばかり前（天保三年頃）に、前方部から樹木がことごとく伐採され、樹木のない山となった、という。このこともあってか、『文久山陵図』など江戸時代末に仁徳天皇陵を描いた絵図には樹木は少ない。

大阪府内の陵墓の沿革や状況を知るうえでの好資料として、大正一四年に刊行された松葉好太郎の『陵墓誌　古市部見廻區域内』がある〔書23〕。著者の松葉は同一一年一一月に古市部の陵墓監に任ぜられており、当然のことながら部内の陵墓について精通していた。

本資料によって、明治期の仁徳天皇陵の林相の変遷を辿ってみると、

・明治一〇年頃―松・杉・柏などの常緑樹の苗木を植え付け、

・同二〇～二三年―竹をことごとく伐採、約三万四五二六坪（ほぼ墳丘部全体面積）に松・杉・檜・樫などの苗木一九万二六四五本を植え付け、

・同二八年―先に植えた苗木の間に、さらに松・杉・檜の苗を一万五〇〇〇本、樟五〇〇本を補植、

とあって、かなりの量の苗木が植え付けられたことを知ることができる。

また、江戸中期以降、丹北・八上（現在の羽曳野・松原・八尾・大阪各市）の両郡内一八ヶ村の大庄屋を務め、雄略天皇陵

表09 『御陵沿革取調書』(吉村家文書1)に見える陵墓の林相

番号	陵　名	墳　丘(「塚上塚下」)			外　　堤			備　　考
		種類	数	樹　齢(割合)	種類	数	樹　齢(割合)	
1	応神天皇陵	松	約8,000本	約100年以上(2/10) 約30年以上(4/10)	松	約20,000本	約80年以上(2/10) 約30年以上(4/10)	・陵上，従前槲(カシワ)多し。明治二十年の交悉く伐採す。葛荊棘藤蘿根笹繁茂せしに右同時に掃除し，今殆ど尽たり。 ・桜樹の外，果実の種類無之。
		杉	約2,000本	約100年以上(2/10) 約20年以上(4/10)	杉	300本	20年以上	
		檜	約2,000本	約50年以上(2/10) 約20年以上(4/10)	櫨	11本	約15年以上50年まで	
		樫	1,400本	約50年以上(2/10) 約20年以上(4/10)	桜	1本	約100年以上	
		桜	20本	50年以上(2本)				
		楠	15本	約15年以上				
2	允恭天皇陵	松	数千本	約50年以上(2/10) 約20年以上(4/10)		/		・陵上，従前槲多し。明治十八九年の頃，悉く伐採し，其跡へ檜苗数千本補植せしに地味宜しきを得て発育殊に甚し。
		檜	2,900本	20年以上				
		青木	10本	20年以上				
		樫	3本	20年以上				
3	安閑天皇陵	松	約1,000本	約30年以上(2/10) 約20年以上(4/10)		/		
		樫	約400本	約20年以上				
		檜	約350本	約20年以上				
		杉	10本	約20年以上				
		桜	1本	約10年以上				
4	仲姫命陵	松	約4,000本	30年以上		/		・従前雑木多し。明治八年の交悉く伐採せり。目下蒼に翠を湛えたる幾千の松樹は皆其後独生せしものとなす。

5	春日山田皇女陵	松	約50本	約30年以上(2/10) 約20年以上(4/10)	/			
		樫	90本	約30年以上(2/10) 約20年以上(4/10)				
		桜	3本	約20年以上				
6	白鳥陵［古市］	松	数千本	約20年以上 50年以上(3本)	楊	90本	約50年以上(2/10) 約20年以上(4/10)	・陵上，従前苦竹及檞多し。明治十八年買収之際，松三本及杉桜樫の四種を存置し，他は悉く伐採せり。目下生育せる所の松樹は皆其後独生のものなり。
		樫	約300本	約20年以上	樫	20本	約20年以上	
		桜	20本	約10年以上30年に至る	椋	1本	約20年以上	
		杉	5本	約10年以上 30年以上(1本)	檞	7本	約20年以上	
					楡	5本	約20年以上	
		/			ゴサイバ	/	約10年以上	
〈参考〉7	仁徳天皇陵	［昭和27年前後調べ］樹木：松・杉・檜・椿・樫・椎，その他						
〈参考〉8	反正天皇陵	［昭和27年前後調べ］樹木：松・樫・椎，その他						

注　一部，正漢字を常用漢字に変更したところがある。文中の「凡」の表記に関しては統一はとれていないが，そのまま「約」に変えた。〈参考〉は，『陵墓沿革伝説調書』(宮内公文書館所蔵，識別番号 41047)に依拠した。

などの管理に関わった吉村家に残された文書に、『御陵沿革取調書』がある〔宮15〕。そこには六陵墓のみではあるものの、明治三〇年代後半（同三九年五月四日の通達に基づき、翌四〇年一〇月二日に提出）の陵墓の林相を知ることができる（表09）。六陵墓とは応神天皇陵、允恭天皇（一九代）陵、安閑天皇陵、仲姫命（応神天皇皇后）陵、春日山田皇女（安閑天皇皇后）陵、古市白鳥陵である。

そこには樹齢とその割合を示す記載があるが、齢一〇〇年以上の樹木が認められるのは、応神天皇陵のみである。応神天皇陵の樹相は『文久山陵図』のなかでも異彩を放っており、鬱蒼とした状況であることが知られる。誉田八幡宮の奥院であり、社叢林として永年にわたり維持管理された経緯を示すものであろう。

他の五陵墓では五〇年以上の樹齢を有するものは稀で、二〇年以上三〇年未満の樹木が大半を占めている。樹種としては、松・檜・樫が多い。つまり、仁徳天皇陵と同様に、他の陵墓においても植栽がおこなわれ、明治三〇年代後半にはその成果が、樹相に反映することになったと考えられるのである。このことを裏付けるように『御陵沿革取調書』の允恭天皇陵の項には「陵上、従前槲（カシワ）多し。明治十八九年の頃、悉く伐採し、其跡へ檜苗数千本補植せしに地味宜しきを得て発育殊に甚し。」との記載がある。

その一方で、陵墓の一部にはその環境が松の生育に適していたためか、同書の仲姫命陵については、「従前雑木多し。明治八年の交悉く伐採せり。目下蒼に翠を湛えたる幾千の松樹は皆其後独生せしものとなす。」ともあり、現在の陵墓の拝所付近や外堤の景観（風景）へと連なっている。

仁徳天皇陵は戦後、松枯れの被害などを受けたことにより、疎林化したこともあったが、定期的な林相整備などにより現在の林相に至っている。

このように、仁徳天皇陵の林相は主に明治一〇年代以降に形成されたものである。上原敬二の感慨にあるような林相は、数百年を経て形成された応神天皇陵こそ相応しいのである。仁徳天皇陵が明治神宮の林相構想のきっかけになったとすれば、人工的な植林であっても、時がたてば、原生林のような森に遷移することが確信されたことにあったのではなかろうか。本郷高徳の示した「林苑の創設より最後の林相に至るまで変移の順序（予想）」（図26）は、まさにその見通しを図化したものであったのである。しかし、その後の都市化の急速な進展、さらには地球の温暖化によって、この変異は加速化することになった。結果的には、上原の当初の見通しをはるかに超えるものとなったのである。

「柳本の御陵桜」

さて、ここで陵墓の桜についても述べておきたい。現在、陵墓を参拝してもその域内に桜を見いだすことはできない。ところが、たびたび引用している『文久山陵図』を見てみると、わずかではあるが、崇神天皇陵や舒明天皇陵などに桜が生育している状況が観察される。また、『御陵沿革取調書』にも応神天皇陵で二〇本（うち、二本は樹齢五〇年以上）、安閑天皇陵で一本（樹齢一〇年以上）、春日山田皇女陵で三本（樹齢二〇年以上）、白鳥陵で二〇本（樹齢一〇年以上三〇年に至る）の桜があることが記されている。『御陵沿革取調書』の記載から見れば、『文久山陵図』では描写の季節なども関連して、桜が表記されていたとしても、そのように判断できない事例が含まれている可能性も否定はできない。

『文久山陵図』の舒明天皇陵には、荒蕪図・成功図いずれも、桜の存在が認められる。一方、崇神天皇陵の場合は成功図にしか桜は表現されていない。この桜が後に「柳本の御陵桜」として世に知られるようになったものである（図27）。

秋永政孝によれば、幕末の修陵の竣功に伴って、「（元治二年二月八日）堤に松を植えようとする話もあったが、後年繁茂すると田畑に障害となるというので藩から桜樹［八重桜］を植え付けた。周囲六百間のところ、三間隔にして木数二百本を要した。」という（秋永一九六三）。

以来、崇神天皇陵は桜の名所として知られることになった。ところが、修陵後しばらくの状況は不明であるが、明治一六年や翌一七年には多くの人々が、外堤上で夜遅くまで歌舞飲食するような事態を引き起こしていた。そこで、当陵の

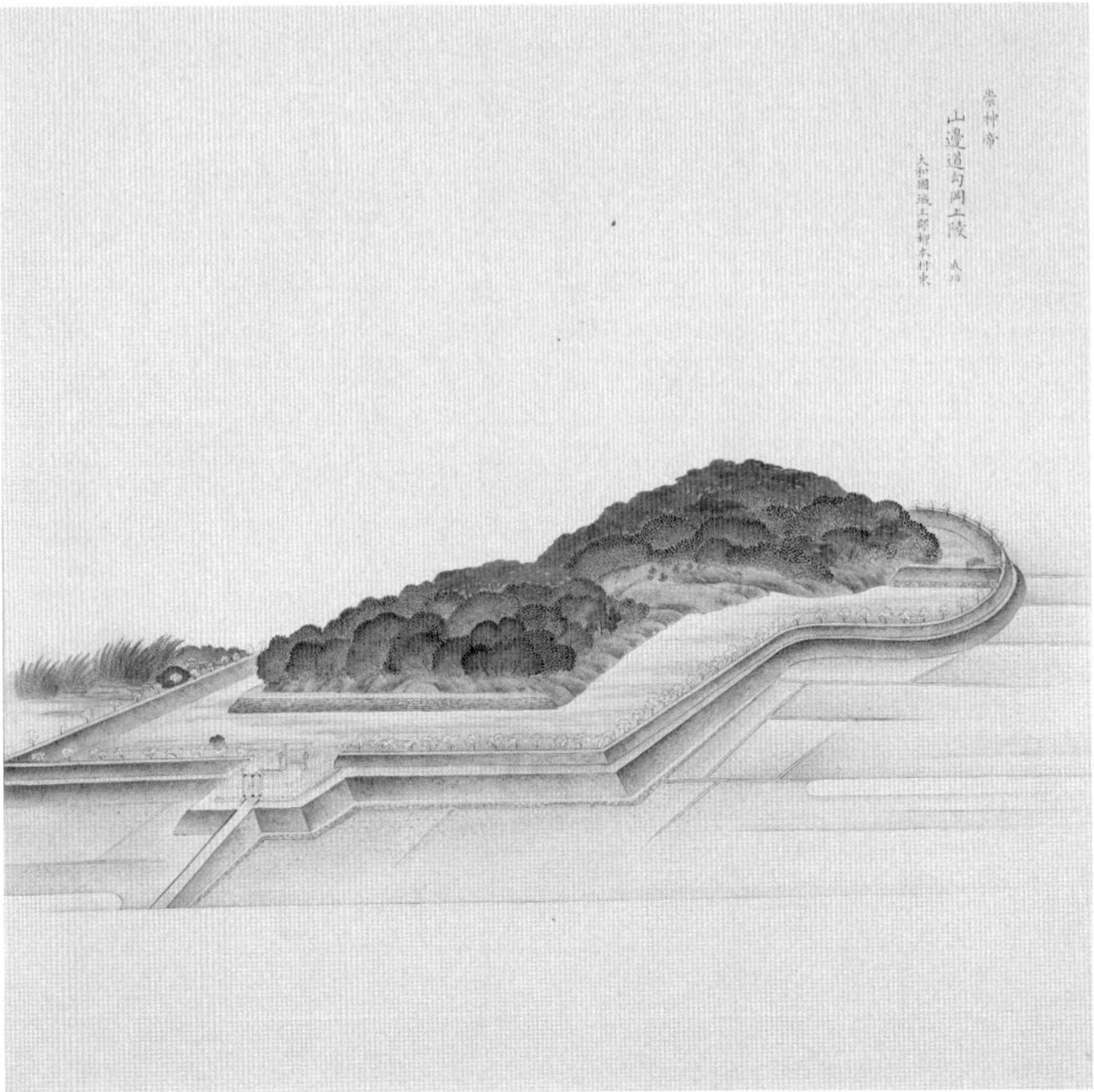

図27 『文久山陵図』に見える「柳本の御陵桜」（外堤部分）

管理者である陵掌や有志者が縄張りし、休息所を設けて、取締りを実施したのである。このこともあってか、同二六年六月には諸陵寮から現地出張所に対して「御陵墓兆域内植附樹木の種類制限方等」との通牒がなされている。そこには「桜樹　紅樱《かなめ》（棗《なつめ》の一種）　高麗芝　山茶花」は「御陵墓兆域内に植付ざる様致度事」とあって、桜の植え付けは禁止されている〔宮16〕。

また、明治三六年には「御陵墓取締に係る方針大要」として草花や果物のなる木である「花卉《かき》果木」の類は決して植え付けない、在来のものも自然枯損するに任せることなどが、現地に指示されている〔宮17〕。より強い表現となっており、以後徐々に桜を含めた花卉果木は、陵墓に認められなくなっていくのである。

現在の陵墓の林相

前記のこととも関係して、山口諸陵頭の著した『陵や御墓の監守者の心得』には事細かい樹木管理の方針が列挙されている〔宮13〕。その内容は多岐にわたるが、まずは「樹木は凡て自然の形を保たしむべし。枯損蟲《ちゅう》損予防等のため手入をなすにも決して天然の形を損すべからず。盆栽や寺の庭木の如き作り方をなすべからず。」と基本方針を述べている。明治神宮造営の際の基本理念とされた「天然更新」という考えである。つまり、最終的に目指した形は「原生林」（究極の藪）であった。

この天然更新を実践する具体的な方策として、広大な陵墓の場合は、拝所以外は皆喬木林であることから、「適当なる下木を生やし落葉を積らしめ土地の力を維持して地味の恢復を図りいつまでも樹木の生長が天然にある時の様にあらしむべし。」としている。このことが、「御墓地全体の御威儀を永久に保つ」ことになるというのである。本書には常緑闊葉樹（広葉樹）を主体に落葉闊葉樹、針葉樹を交えた樹相が理想とされており、その具体的な樹種をも指摘している。

陵墓の林相を観察・研究、さらには実践する場として、昭和三〇年代までは桃山陵墓地内に、生垣や灌木の補植用の苗木を植栽する苗甫が四ヶ所あって、桃山陵墓監区事務所の職員がその管理にあたっていた。昭和三六年九月に室戸岬西方に上陸した第二室戸台風の被害跡には、これらの苗圃で植栽している樹木が大いに役立ったともいう。

この時期までは、造園業者を陵墓職員に採用することもおこなわれていた。蛇足ではあるが、その一郭には茶畑もあり、来客者や職員用のお茶を生産したりもしていた。また、桓武天皇陵の東側には神饌米を栽培していた箇所もあった。

『陵や御墓の監守者の心得』に記された陵墓地内の林相に関する理念は、現在も踏襲されている。つまり、墳丘部については、こんもりと自然に安定した森林の相をもつ状態とするとしている。すなわち、常緑広葉樹を主体とし高木、低木の適当な割合の混在、下草類の存在などにつき、その墳丘の森林に適したものを研究し実践しているのである。

このような樹林管理により、現在の陵墓、とりわけ古代高塚式は、カシ類を中心とする常緑広葉樹に覆われているものが多い。その地表面には腐葉土が厚く堆積し、葺石などの築造当時の遺構の保存にも良好な影響を与えているように思われる。しかし、その一方、これらの樹根は、細いものであれば腐葉土の流出を抑える効果をもたらすものの、太くなれば地下の遺構にも良くない影響をもたらすとも考えられる。基本的には天然更新に委ねるとはいえ、それなりの樹林管理は必要とされよう。

また、墳丘部以外の拝所付近、参道並木、外周付近などについても、墳丘部に準ずるものの、それぞれの環境に適した機能と形態を有する樹林の相とするとされる。加えて、植樹にあたっては、その陵墓に適した樹種を選定し、埴輪列などにも配慮し、遺構を破壊する虞のある箇所は避けている。

現在は、上記のような方針や原則墳丘部への立入りが禁じられていることなどもあって、陵墓地内は天然更新の森となり、推移しているところが多い。「御陵の森」として親しまれる一方、花粉や害虫、さらには生息する鳥の糞害などによる近隣住民からの苦情も多くなっている。その対処に追われたり、苦慮することも多く、陵墓の林相の維持管理や将来像の構築まで、十分な目配りができているとはいえない状況にあるのが現状ともいえる。

（2）陵墓関係構築物――鳥居・制札など

拝所とその付近の構築物

まずは、仁徳天皇陵の陵前を眺めてみよう（図28）。まず、最初に目に飛び込んでくる構築物は（陵墓）制札である。一般拝所の向かって右奥部に設置されている。ここで、一般拝所という用語を使用したのは、拝所にはこの一般拝所に加えて、通常、特別拝所、さらには御拝所という区別がされているためである。狭義の意味では、御拝所のみを拝所と称することもあり、注意を要する。

一般拝所には誰でも参入できるが、特別拝所と御拝所には制限が加わっている。とりわけ、御拝所には両陛下しか参入できないのである。特別拝所において参拝することを特別参拝と称している。その場合も、戦前にはその爵位等に応じて厳然たる規定があった。つまり、大勲位や親任官同待遇、さらには貴族院・衆議院正副議長などは「御拝所の数尺前」（尺は約三〇・三センチ）、奏任官同待遇、貴族院・衆議院議員などはそれより「少しく退きたる所」、また、判任官同待遇などはそこから「尚数歩退きたる所」でそれぞれ拝礼することになっていたのである〔宮44〕。

仁徳天皇陵では特別拝所から御拝所に至る左側に、「仁徳天皇百舌鳥耳原中陵」という陵名石標が立っている。そして、御拝所には石灯籠一対と鳥居が建立されている。これら制札、陵（墓）名石標、石灯籠と鳥居が通常、陵墓に認められる構築物である。

拝所は、祭祀空間として幕末の修陵の際に新たに構築されたものである。同修陵時には、これらいわば四大構築物のうち、鳥居と石灯籠も原則として、建立されている。しかし、陵（墓）名石標は認められず、その多くは明治期に立てられたものである。また、制札の設置例は幕末の修陵以前に遡るものの、同修陵時にあらためて統一・悉皆的に建立された形跡は認められない。

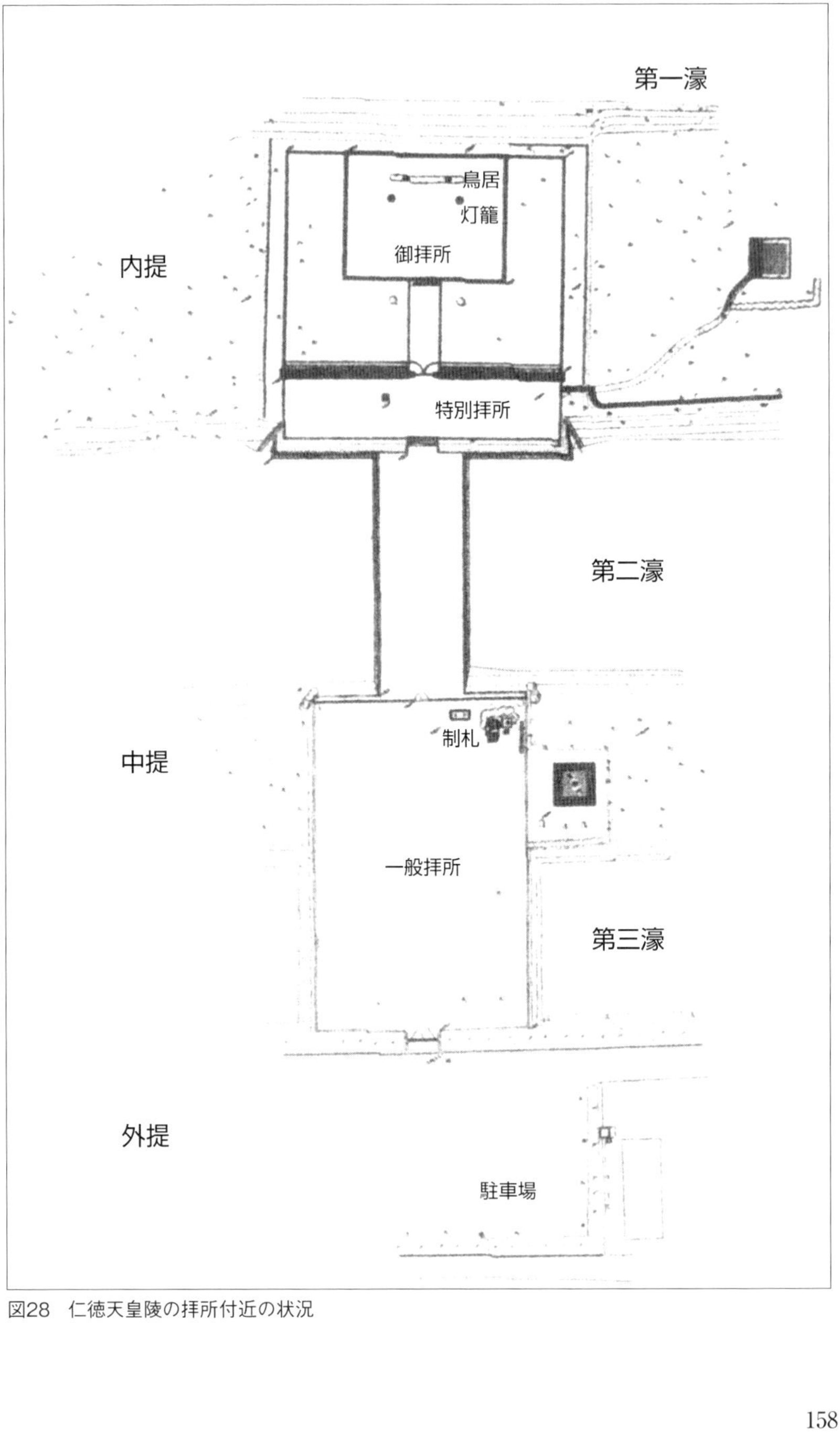

図28　仁徳天皇陵の拝所付近の状況

陵墓鳥居の沿革

鳥居は、神明鳥居系と、神明鳥居が装飾的に発展した明神鳥居系の二つに大別できる。両者は柱や笠木などの構成部材に相違があり、「反り」があり装飾性の強いものが明神鳥居である。神明とは神と同義であり、天照大神を指す語としても使用されている。

陵墓の鳥居は神明鳥居系に属し、靖国鳥居や伊勢鳥居と同一視されることもある。しかし、靖国鳥居は貫が矩形であり、また伊勢鳥居は笠木が五角であるなどの相違があり、「陵墓鳥居」として分類されることが妥当と思われる〔根岸一九四三〕。なお、戦前の陵墓職員は、「お鳥居」と称していた。

鳥居は陵墓における構築物としては、もっとも馴染みの深いものであろう。しかし、鳥居のない陵墓もあるのである。歴代天皇陵であれば、鳥羽天皇陵、近衛天皇陵、後白河天皇陵、後宇多天皇陵、後深草天皇以下を合葬した深草北陵、後嵯峨天皇陵、亀山天皇陵、さらに四條天皇陵以下同兆域である月輪陵・後月輪陵がそれにあたる。箇所数としては後嵯峨・亀山両天皇陵は嵯峨天龍寺内の同兆域にあるため、七ヶ所となる。これらはいずれも堂塔式であり、方形堂（法華堂）や石造九重塔などの形状となっている。

鳥居は、一般的には神社を象徴するものとして理解されることが多い。鳥居のない天皇陵が仏教とも関係が深いとされる堂塔式に限られることからも、このことに賛意を示す向きもあろう。しかし、四天王寺（大阪市）などのように寺院に鳥居が認められる例もあるのである。神仏習合との関わりも考慮する必要があろう。陵墓における鳥居の歴史的な経緯を辿ってみても、必ずしも神社との関係ばかりとはいえないのである。

平安時代の公卿の日記には、天智・桓武・仁明・村上天皇等の陵に鳥居があったことが記されている。もっとも古い記載例としては村上天皇陵の例であり、右大臣藤原実資《さねすけ》の日記である『小右記《しょうゆうき》』の永観二年（九八四）一〇月二七日条に見える。そこには、円融天皇が村上天皇陵（「邑上山陵」）に参拝の際、御車を鳥居の外に留めたとある。また、左大臣三条実房の日記、『愚味記』仁安三年（一一六八）四月三〇日条には、天智天皇陵（「山階山陵」）へ参向した実房が鳥居内の敷筵に着座し、宣命を読んだことなどが記されている。残念ながら、村上天皇陵例以前に陵墓に鳥居があったかどうかは明らかにしえない。

長元九年（一〇三六）に崩御の後一條天皇の喪儀に関しては、源経頼の日記である『左経記』の凶事関係記事を抄出した『類聚雑例』に詳しい。そこでは火葬所（「貴所屋」）の四周を囲む内垣の前面に鳥居があり、外荒垣の前面にも鳥居があったことが知られる。

火葬所に鳥居を立てることは、後の時代の後土御門天皇（明応九年〈一五〇〇〉崩御）や後柏原天皇（大永六年〈一五二六〉崩御）でも認めることができる。その際には、火葬をする場所である葬場殿の四方に白木造りの鳥居が立てられ、それぞれ発心（東）、涅槃（北）、菩提（西）、修行（南）という額が掛けられていた。現在の陵墓の鳥居には額は認められない。江戸期以前の公卿の日記には、「鳥居」という表現以外に、「涅槃門」とも記されていることには注意しておきたい。

中世には陵墓は荒廃し、その所在が不明となったものも多いが、天智天皇陵や後醍醐天皇陵のように、その守衛が確認される事例では鳥居の存在が知られている。江戸時代に至り、現在は鳥居が建立されていない深草北陵でも、寛政年間の絵図には、法華堂（「御骨堂」）の前に鳥居が描かれている〔書24〕。

江戸時代には元禄の修陵をはじめとし、幕末の修陵に至るまで、数次にわたる探索・修補等がおこなわれたことはすでに述べてきた。これらのうち、意図的に悉皆的に鳥居を建立したのは、幕末の修陵のみである。その際に、原則「扉付鳥居」と陵墓鳥居を設置したのである。扉付鳥居は、後に鉄扉に模様替えされている。また、『文久山陵図』を見てみると、鳥居には玉垣に取り付くもの（Ⅰ類）（図29）が多いが、独立したもの（Ⅱ類）（図30）もある。これらはあらためて述べるまでもなく、木造であった。

現在は一部の陵墓を除いて、石造となっている。これは、木造鳥居は通常、二〇〜三〇年という耐用年数であり、石造

図29　『文久山陵図』に見える推古天皇陵(成功図)

図30　『文久山陵図』に見える醍醐天皇陵(成功図)

図31　神武天皇陵の三基の鳥居(手前が第三鳥居)

にすることによって、その延長を図るという経済的な理由によるところが大きい。また、その規格も原則として、柱心間は陵は九尺（約二・七メートル）、墓は六尺（約一・八メートル）である。現在、陵墓においてもっとも大きい鳥居は、明治天皇陵の第三鳥居の一八尺（約五・四メートル）である。ちなみに、陵墓に鳥居が複数ある場合、過去には混乱もあったが、現在では、墳丘部（「御所在」）に近いほうを第一鳥居と称しており、神社等における呼称とは異なっていることには、注意を要する。

神武天皇陵の黒木鳥居

神武天皇陵には三基の鳥居が建立されている（図31）。これらのうち、第二鳥居と第三鳥居は、神明門を兼ねた構造となっている。一方、最奥部に位置する第一鳥居は、黒木鳥居と呼ばれるものである。黒木鳥居は樹皮の付いた丸木で造られており、白木の鳥居に対応する用語でもある。『源氏物語』や謡曲「野宮」で有名な野宮神社（京都市右京区）の例が、よく知られている。先に述べた平安時代の公卿の日記に見られる鳥居が、黒木鳥居であったかどうかについては、明らかにしえない。

文久三年一二月八日に、神武天皇陵に権中納言柳原光愛が竣功奉告のために参向した時の状況を示したと伝えられる『神武天皇御陵修補竣成勅使参向之図』〔書25〕には、陵の東方にある入口に屋根付き扉付きの白木丸太鳥居、陵の前面外側に扉付きの白木丸太鳥居が認められる。さらに、内側には両袖に木柵を備えた扉なしの黒木鳥居が見える。

この黒木鳥居については、元治元年三月一七日の戸田大和守から水戸藩の西野新治（西宮宣明）への書状に「御鳥居は黒木之御鳥居にいたし」とある〔書26〕。幕末の修陵に際して、山陵奉行であった戸田忠至が設置したものと考えられる。おそらくは、山陵修補に際してのブレーンである調方、とりわけ谷森善臣などの建議が直接の契機になったと推察されるのである。

一方、幕末の修陵に先だつ安政二年四月に、奈良奉行組与力の中條良蔵等の「神武天皇御陵儀御沙汰之場所奉見伺候書付」〔書20〕にも、「黒木鳥居」の記載があり、この時点で、神武天皇陵に黒木鳥居の建立が話題となっていたことが知られる。中條良蔵は安政の陵改に関与している。この陵改には前述したように、結果的に徳川斉昭の陵墓に対する見解が実現していることから、黒木鳥居建立についてもその発想の根源は、水戸藩に求められる可能性が高い。

幕末の修陵竣功時には、黒木鳥居は両袖に木柵が伴っていたが、現在、この木柵は認められない。明治三九年に、この鳥居を建替えした時の絵図面には木柵は見えないことから、この時期までには撤去されていたのであろう〔宮18〕。

黒木鳥居が神武天皇陵のみ、それも最奥部にのみ建立されている理由については、明確な答えは用意できていない。おそらくは初代の天皇であること、修陵にあたっては古制への復古が重視され、鳥居については黒木鳥居がその古制と捉えられていたこと、などがその大きな理由として想起されるであろう。

幕末の修陵以前の陵墓における灯籠

灯籠についても、今のような体裁、つまり拝所内鳥居の前面に一対を建立するのは、幕末の修陵以降のことである。それ以前の古図を見てみると、陵墓に灯籠が認められる例はきわめて少ない。

このような状況のなかで、幕末の修陵以前には神武天皇陵とされていた現綏靖天皇陵（塚根山）を描いた文化山陵図の系統を有する『廟陵記』には、灯籠一基の表記がある。先に述べた内容を繰り返すと、そこには、「此燈籠／文化五辰年ニ建」（／は改行、以下同様）の注記が認められる。その後、嘉永七年（安政元）頃に刊行された平塚瓢斎の『聖蹟図志』には、灯籠二基が描かれている（図32）。追加された一基には、「文政八乙酉年」の銘がある。

この灯籠二基は幕末の修陵に際しても、引き続き使用されていた。明治二〇年になって、綏靖天皇陵前には官（宮内省）で制作された灯籠が立てられた。銘として「桃花鳥田丘上陵前」、「明治二十年三月」と刻されている。このことに伴い、灯籠二基は一旦は域内に撤去・別置された。現在、これらの灯籠は特別拝所内の向かって右側に立てられている〔福尾二〇一〇〕。

同様の事例は後醍醐天皇陵でも認められる。元禄の修陵の際の報告には、藤沢上人《ふじさわしょうにん》（四二世遊行上人）が後醍醐天皇三百五十年御忌にあたる貞享四年（一六八七）に、石垣や石灯籠を立てたことが記されている。その寄進数は不明であるが、『文久山陵図』の荒蕪図には三基の灯籠が描かれている。

以上のほか、大名や旗本が奉献したものもある。とくに讃岐高松藩内の陵墓については、藩主である高松松平家が献じている。崇徳天皇陵の御拝所外側にある灯籠二対については先に触れたが（図23）、その一対には、「元祿二己巳年十月廿六日」、「龍雲軒源英」の銘が、もう一対には「寶暦十三癸未年八月廿六日」、「従四位上行左近衛權中将兼讃岐守　源朝臣頼恭」銘が刻されている。龍雲軒源英は初代藩主の松平頼重であり、源朝臣頼恭は五代藩主の松平頼恭である。なお、讃岐高松藩内には、景行天皇皇子神櫛王墓もあり、当墓の灯籠一対には「従四位守高松藩知事　源朝臣頼聰」銘がある。「明治三年歳次庚午秋九月」に奉献されたものである。この年にはまだ神櫛王墓として治定はされておらず、その治定は明治七年のことであったことはすでに述べた。

他に大名が寄進した灯籠としては、平城天皇皇子の阿保親王墓の四対八基がある。これらは周防国・長門国（長州藩）の藩主である毛利氏が、阿保親王の嫡孫大江音人をその祖先としていることによっている。江戸時代に毛利家は、芦屋の打出宿が参勤交代の際に通過する場所であった。そこに阿保親王塚を管理するゆかりの寺としての親王寺があり、親王寺を介して阿保親王墓を庇護し、灯籠などを寄進したものである。阿保親王墓が治定されたのは、明治八年のことであった。この四対八基の灯籠は平成七年一月一七日の阪神淡路大震災により、崩落した。復旧にあたり、すべては復元されず、二対四基のみの復元がなされている。

さらに、旗本が献じた例としては、順徳天皇火葬塚所在の灯籠一対がある。その銘文については先に触れたが、佐渡奉

図32 『聖蹟図志』に見える神武天皇陵(現綏靖天皇陵)の灯籠

図33 『文久山陵図』に見える聖武天皇陵(荒蕪図)

行であった曽根吉正が「延宝八」年に奉献したものである。

また、聖武天皇陵にも『文久山陵図』の荒蕪図に、灯籠一対が見える〔図33〕。元禄の修陵の際の実地調査の報告や幕末の修陵以前の古絵図には、灯籠に関する記述や表記はなく、寄進者等は不明である。江戸時代にはすでに陵下に山陵に奉祀する眉間寺が営建されており、眉間寺との関係を考慮すべきことは述べるまでもない。

このように、幕末の修陵以前に陵墓に対して奉献された灯籠はあるものの、その数はきわめて少ないことには留意しておくべきであろう。とくに前方後円形の古代高塚式に献じられた例は、神功皇后陵〔当時は佐紀陵山古墳に治定〕、百舌鳥陵墓参考地〔堺市・御廟山古墳〕などが知られるのみである。前者については第6章1節において触れるので、ここでは百舌鳥陵墓参考地の例について、言及しておきたい。

現在、百舌鳥陵墓参考地の後円部の水際には、「延宝四年」銘のある石塔部材が、上乗せされた笠とともに立っている。先にも取りあげた松葉好太郎『陵墓誌　古市部見廻區域内』には、「維新前は丘上に一宇の小祠及石燈籠一基〔享保年間建立〕ありて、〔中略〕明治初年官有林に編入せらるゝと同時に、祠及石燈籠は取除かれ〔以下略〕」とある〔書23〕。「延宝四年」銘石塔部材は、縦断面が撥型を呈する四角柱で、〔神前〕灯籠、もしくは常夜灯の竿石となる可能性が高いものである。『陵墓誌』の享保年間建立の灯籠との関係が気にかかるところである。ここでは、応神天皇の初葬地という伝承を伴う御廟山古墳が、百舌鳥八幡宮の奥の院であることもあり、江戸期に灯籠、もしくは常夜灯が献じられた、という事実のみを強調するにとどめておきたい。

前方後円形の古代高塚式陵墓の墳丘部は一部を除いて、江戸期のほとんどが地元住民の入会地として利用されていた経緯があり、灯籠が奉献される対象とはならなかったとも考えられよう。

幕末の修陵以後の陵墓の灯籠

幕末の修陵にあたって、まだ山陵奉行に任ぜられる以前の戸田忠至が、江戸出立前にその修陵方針を幕府に提示している。そこには、その建立位置は不明であるが、灯籠、尊号御建石（石標）、将軍様御建石などが見える。戸原純一に拠れば、この方針は京都上洛後に谷森善臣等の調方の意見により、陵前に拝所を築き足し、その内に鳥居、灯籠、石標等を配することに変更されたという〔戸原一九六四〕。

幕末の修陵によって新たに建立された灯籠には、例えば神武天皇陵であれば、竿部前面に「畝傍山東北陵前」、同背面に「文久三癸亥年十一月」と刻されている。文久三年一一月は、柳原光愛が参向し竣功奉告がなされる前月のことである。ただし、用明天皇陵など一三ヶ所については、無銘の灯籠であったため、明治一一年に陵号を追刻することが現地に指示されている。

明治・大正・昭和各天皇陵の灯籠にも同様に陵名、および年月が刻されている。年月については、崩御の年月ではなく、竣工時、つまり崩御の約一年後の年月となっている。その揮毫者に関しては、陵誌執筆者と同じである。ちなみに、大正天皇陵は閑院宮載仁親王、昭和天皇陵は秋篠宮文仁親王である。

一方、豊島岡墓地内の皇族墓の灯籠に関しては、明治天皇の直宮《じきみや》墓などのように、官（宮内省）が建立した一対二基が基本ではあるものの、四親王家や幕末から明治時代にかけて新設された宮家墓のように、関係者が奉献した灯籠が列立するものもある。小松宮墓地は彰仁親王墓と同妃頼子墓の同兆域となっているが、墓地内には計三〇基もの灯籠が認められる。

ところで、幕末の修陵が終了した翌年に崩御した孝明天皇の陵には、一五代将軍徳川慶喜が陵営建に伴い、陵前に「慶応三年九月」銘の灯籠一対を奉献している。しかし、その後、勤王派によって灯籠は撤去された。うち一基は、泉涌寺別格本山である雲龍院の庭にあったが、霊明殿の前に移設され、現在もその姿を見ることができる。他の一基については、一時期近隣民家にあったことは知られるが、その後の消息は不明である。灯籠でさえも、当時の政治情勢に翻弄された状況を知ることができよう。

陵名・墓名石標

幕末の修陵の際に鳥居、灯籠などとともに、尊号御建石と称された石標を建立することがその方針に示されていた。尊号とは天皇・上皇・皇后・皇太后などの称号であり、陵名の表記ではないことに注意しておきたい。しかし、『文久山陵図』の成功図を見ても、石標の存在は認められない。明治となって、同一一年には、府県に各陵墓地の実測図の調整が進達され、その成果は翌年の『御陵図』（宮内公文書館などに所蔵）に見ることができる〔宮19〕。同図にも一部を除いて石標は確認できないのである。

明治一二年に至り、現在の奈良県をも含んでいた堺県に所在する陵墓に、長さ六尺、一尺角の石標が建設されることになった。これが現在の陵名・墓名石標建立の直接の契機となった。その際に、神武天皇陵に関する記載がないことが注意されるが、綏靖天皇陵であれば、「綏靖天皇桃花鳥田岡上陵」、聖徳太子墓であれば「聖徳太子磯長墓」と彫刻することを、当時の堺県令である税所篤《さいしょ》が徳大寺実則宮内卿に上申している。税所は鳥居の正面に建立することを上申したが、陵議の結果は石標の刻文の内容や設置は認めたものの、その位置は（鳥居）正面を外すことを指示したのである。

先述した『御陵図』のうち、仁徳天皇陵の俯瞰図には鳥居の正面奥にこの石標が描かれている（図34）。その後、陵議の結果によってその建立位置は移設された。

陵名・墓名石標に関しては、富岡鉄斎が揮毫したものが今でも建立されていることはあまり知られていない。奈良県では欽明天皇陵や吉備姫王墓、大阪府では雄略天皇陵や聖徳太子墓（図35）などがある。このことに関しては、宮内公文書館所蔵の「新聞掲載記事　富岡鉄斎陵標揮毫の事について」が参考になる〔宮20〕〔高木二〇一八〕。

図34 『御陵図』に見える仁徳天皇陵の俯瞰図(拝所付近)

図35　聖徳太子墓の墓名石標

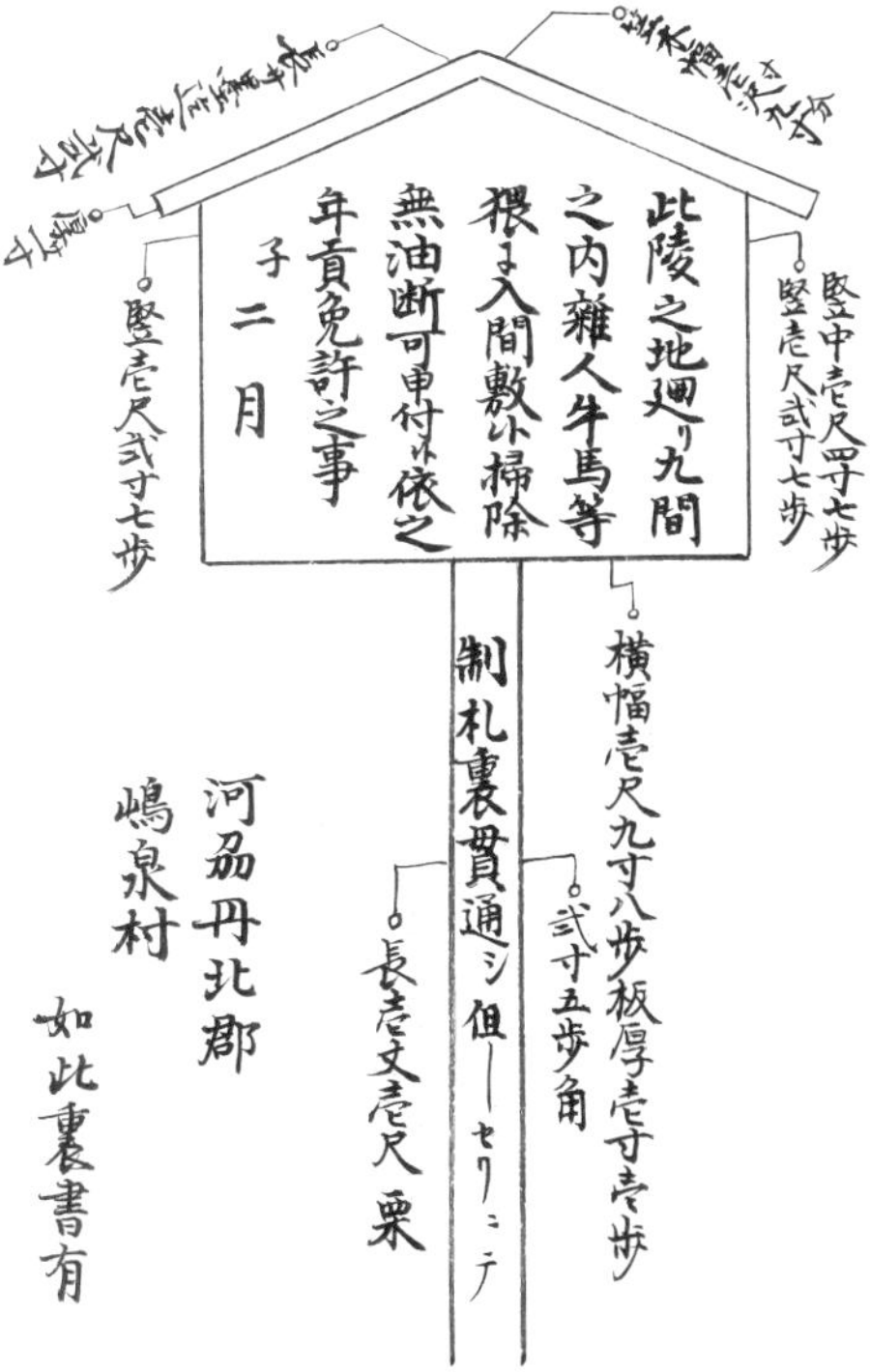

図36　雄略天皇陵の「享保子年制札」

そこには、

① 鉄斎翁が陵名石標を揮毫した由来は、大鳥神社の宮司であった頃、税所篤堺県令が大和・和泉・河内の陵墓の木標は腐朽しやすいので、石標にし、文字を刻む意向を示した。税所県令は翁とも親交があったので、その揮毫を嘱託し、数十枚を書いた、

② その後、翁は大鳥神社宮司を辞職し、京都に帰った。京都には宮内省出張所があり、出張所の宇田淵《ふかし》は翁の旧知であることもあり、以前揮毫していただいた陵墓の石標が毀損したり、また新設すべきものもあるので、前例によって揮毫してもらうよう翁に依頼があった、

③ このような揮毫は数回に及んだが、その後、翁は旅行や病気のこともあり、嘱託の際、ただちに執筆することもできなくなったので、後には宮内省で揮毫することとなった、

といった記載がある。鉄斎が大鳥神社宮司であった時期は明治九年一二月から同一二年一二月までである。また、税所篤が堺県令であったのは、明治三年から一四年までである。さらに、宇田が京都出張所において諸陵寮勤務主殿助として勤務したのは、明治二七・二八年までである。先述した税所が徳大寺宮内卿に上申した時期とも重なるのである。

明治一二年に遡る同九年四月には、豊島岡墓地内の墓所（この時期には直宮墓しか営建されていない）に、「木標建設」したことが知られている〔東京市役所（編）一九一三〕。ここに紹介した新聞記事と照らし合わせれば、石標設置以前には木標が存していたことを推察せしめる。

以上のように、陵名・墓名石標は、幕末の修陵時に設置されたと確認はできないが、その後、木標が立てられたことがあり、大和・和泉・河内所在の陵墓から順次石標に立て替えられた、もしくは新規に建立されたといえよう。

陵墓の制札

制札は法令・禁令などを檜や梅などの板札に墨書し、人目につきやすい場所に高く掲げて公示する告知法の一種である。高札や禁札とも呼ばれているが、陵墓に掲げられる場合は慣例的に制札と称していることから、以下、（陵墓）制札として稿を進めたい。制札は現在の陵墓では、参道の入口や拝所脇に設置されている。

鳥居、灯籠が陵墓に悉皆的に建立されるようになるのは幕末の修陵以降、また、陵（墓）名石標については幕末の修陵よりもやや遅れることは先に触れた。一方、制札の場合、その設置は江戸時代中期にまで遡る。元禄の修陵の際には、制札が設置されたとされる確実な資料は見当たらない。

次段階の数次にわたる享保の陵改のなかで、もっとも大規模に実施されたのは、享保一七年の事業であり、現在確認できる制札のもっとも古い例もその際に設置されたものである。俗に「享保子年制札」と呼ばれている。その形状は五角形を呈するいわゆる駒形制札であり、上部に屋根状の笠木を有するものである。

その一例を古市古墳群中に位置する雄略天皇陵に求めてみたい〔宮21〕。その文言は「此陵之地廻リ九間／之内雑人牛馬等／猥ニ入間敷候掃除／無油断可申付候依之／年貢免許之事／子二月（「河刕《しゅう》（州）丹北郡／嶋泉村」の裏書あり）」となっている（図36）。

その基本的な文言の構成は、一部に例外はあるものの、①陵の範囲、②雑人牛馬等が猥りに立ち入らないこと、③掃除を怠ることがないようにすること、④このことによって、年貢を免許すること、⑤年月日、となっている。

まず、注意されるのは、制札の裏面に設置陵墓の所在地が記されることはあっても、周知すべき文言に被葬者や陵墓名が明記されていないことである。③や④の文言から見て、その周知の対象が陵墓の所在地付近の住民（地元民）であったことがうかがわれ、とりたてて被葬者や陵墓名を特記する必要性がなかったことに起因するものと考えられる。その設置の意義については第3章1節の「享保の陵改――制札の設置」の項で述べており、ここでは繰り返さない。

和田萃に拠れば、享保子年制札は普段は村長の蔵に保管され、幕府による二〇年に一度の「御陵改」の際にだけ、取り出して立てた例もあるという（和田萃一九八七）。しかし、その一方で、享保一七年以降、享保子年制札と同じ文面をもち、新たに下げ渡されたり、「認直」された制札も存在している。継体天皇陵の制札の場合は、文化三年一二月に下げ渡されたことが、「池之山之由来書」によって知られる（宮22）。このような場合は、本来の目的に沿って現地に永く立て置かれたことにより、朽損していったことに起因するのであろう。

『文久山陵図』には、天皇陵とその火葬所（「御火所」）が九二ヶ所（荒蕪図と成功図を併せると、一部の天皇陵で複数描いているものもあるため、総数は一八六図）描かれている。そのなかに制札を描いた例が、少ないながらも荒蕪図と成功図を併せて二一図（一〇陵六火葬所）認められる。

それぞれを比較してみると、制札が

① 荒蕪図のみ描かれ、成功図では確認できないもの（八陵二火葬所）、
② 荒蕪図・成功図、ともに描かれているもの（一陵四火葬所）、
③ 成功図のみ描かれているもの（一陵）、

と区分できる。細部はともかく、駒形という形状に変更は認められない。『文久山陵図』の描写に信を置けば、幕末の修陵に伴い、制札を設置するという意図が貫徹していたとは見なしがたい。

『文久山陵図』で、前方後円形の古代高塚式に制札の設置が認められるのは、成務天皇陵の荒蕪図のみである。そこには、墳頂部に周垣は認められないが、墳頂部をわずかに下ったあたり、おそらくは嘉永五年に盗掘された埋葬施設（「御所在」・「御在所」）関係の石材を仰ぎ見る位置に設けられた制札が確認できる（図37）。十数年前の盗掘への対応を示した結果、制札が描かれたとも考えられ、特異な例として位置づけられよう。成功図には制札は確認できない。

享保一七年に制札が設置された具体的な地点については、明確にしえない。しかし、その後の制札の設置場所を確認で

きる絵図では、墳頂部の周垣された部分付近に立てられている。最初の享保子年制札の設置場所も、このように理解して差し支えないであろう。

明治以降の陵墓の制札の文言と形状

幕末の修陵以降、明治初期までは陵墓の制札の存否はまちまちであった。その文言も基本的には享保子年制札（山城国紀伊郡深草谷口町之裏御草山之内にあったとされる桓武天皇陵の場合）の

此陵之地東西四間南北六間／之内雑人牛馬等／猥ニ入間敷候掃除／無油断可申付候依之／年貢免許之事／子二月　日

という表記を踏襲するものであった。

ところが、明治六年一一月二日の太政官達（以下、本達しに基づき設置された制札を「明治六年制札」という）では、次のような文言に統一されている〔国01〕（図38）。

この文言の特徴は、まず、「何天皇御陵」という諡号・追号のみで、陵号は記載していないということである。この段階で陵号が定められていないもの（四條天皇月輪陵など）もあったことに起因するものであろう。また、陵の範囲（兆域）としては享保子年制札の表記を踏襲している。享保子年制札に認められた地元民対策の文言は、その周知範囲がより拡大し、現在の制札の文言である三禁（一、みだりに域内に立ち入らぬこと、一、魚鳥等を取らぬこと、一、竹木等を切らぬこと）へと結びつく内容となっている。

その後には、年月日と太政官と署し、末尾には陵墓の直接の管理者として府県が添書している（図39）。英文・仏文の掲示が添えられていることが注目される（図40）。その具体的な文体・内容は「諸陵制札ニ掲載スル英佛文體ヲ定ム」として、明治八年一月二〇日に定められた〔国02〕。しかし、明治八年三月一八日の教部大輔から太政大臣への伺いに対する同月二七日の回答によると、教部省に下付した文書に誤字があったことが判明した〔国03〕。そこで、教部省は翌月八

図37　『文久山陵図』に見える成務天皇陵（荒蕪図）の制札（○印）

何天皇御陵
東西何間　南北何間
定
一　猥ニ立入事并土居へ
登ル事
一　魚鳥ヲ捕ル事
一　竹木ヲ伐ル事
右令禁止者也
年號月日
太政官

英文ニテ
同斷

佛文ニテ
同斷

右堅可相守者也
某
縣 府

図38　明治６年11月２日の太政官達

図39 『国華余芳』に見える履中天皇陵の制札

It is defended without
permission
to enter in,and to mount up,
the bank.
to catch the birds and fishes.

to damage the bamboos and
trees.

in the limit indicated by this
enclosure.

Il est defendu,
sans permission,
d' entrer,et de monter sur la
terrasse.
de prendre des poissons,et
des oiseaux.
de couper des bambous,et
des arbres.

dans la limite
indiquée par des enclos.

図40 明治６年11月２日の太政官達の英文と仏文

日に京都府・大阪府・奈良県・堺県・名東県へ訂正の通知をおこなっている〔国04〕。この英文・仏文は、明治一〇年二月六日に内務省達で廃止されている。なお、その際に所轄官庁の変更に伴い、「太政官」を「内務省」としている〔国05〕。

さらに、明治一一年一〇月五日には、宮内省達で文面の変更がなされた〔図41〕。宮内省達とされたのは、陵墓の管理が同年二月二八日以降は宮内省へ移ったためである。同一七年七月一八日には、文面が一部修正され、「某府県」が「宮内省」とされた。また、明治三〇年一二月二五日には、初条に「猥ニ」を加えている。「周囲何百何間」という表記に関しては、その削除の時期については明らかではないが、畿内の陵墓では、大正七年頃からの制札については記載例がないので、この頃に削除したようである。ここにおいて、現在の陵墓制札とほぼ同様の文面となったのである。蛇足ではあるが、これら三禁は、各地の神社仏閣等に立てられた制札の基本文言ともなった〔図42〕。

第二次世界大戦後は、貞明皇后多摩東陵の制札の文言が、宮内庁書陵部長の決裁により、定められた〔宮23〕〔図43〕。以後、基本的には本文言が踏襲されて現在に至っている。

陵墓制札の形状は、幕末の修陵を終えた段階では、駒形であった。先に触れた明治一二年の『御陵図』では、この駒形制札が、仁徳天皇陵や履中天皇陵では正面扉付き鳥居の脇に描かれているのに対し、神武天皇陵などの奈良県所在の陵は制札屋形となっている〔宮19〕〔図44〕。制札屋形は明治になって、新たに設けられたものと考えられる。

このように、明治一〇年代には制札の形状に統一性が認められなかったためか、明治二八年四月に至り、制札の形状が定められた〔宮24〕。つまり、陵は二腰、墓は一腰の制札屋形とし、火葬塚・参考地・陪冢は駒形にするとしたのである。火葬塚については現在、一腰の制札屋形としているものが多いが、何時の時代から変更したかは明確でない。

二腰の制札屋形とは、基礎部が二段の石積みとなっており、屋根部も二段葺となっているものである。陵に関しては、歴代天皇陵の場合は竹柵が付された。現在でも、例外はあるものの、基本的にはこれらの形状が踏襲されている。しかし、竹柵に関しては第二次世界大戦中から戦後にかけて自然消滅し、その後は認められない。

何天皇何陵
周圍何百何間
一　周圍内ニ立入ル事
一　魚鳥等ヲ捕ル事
一　竹木ヲ伐ル事
右令禁止者也
年號月　某
縣府

（朱書）
皇后以下御陵墓如左

何天皇　皇后
中宮　何陵
同文

何天皇　御母
何　御墓
同文

何天皇　皇子
皇女
何　御墓
同文

図41　明治11年10月5日の太政官達

大正天皇
多摩陵
貞明皇后
多摩東陵
一、みだりに域内に立ち入らぬこと
一、魚鳥等を取らぬこと
一、竹木等を切らぬこと
宮内庁

図43　昭和27年4月21日決裁の大正天皇陵・貞明皇后陵の制札板文言

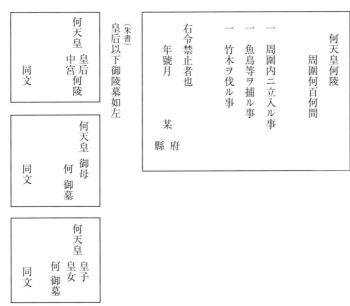

図42　関係制札（上：甲子園八幡神社，下：龍安寺）

図44 『御陵図』に見える神武天皇陵の制札屋形（○部分）

「銃猟制札」と英文の制札

明治初年には、外国人の来日の増加に伴い、禁猟の制札である「銃猟制札」が立てられた〔宮25〕（図45）。幅九一センチ余の駒形である。銃をクロスさせ、府県名を縦書きとし、横書きにて「銃猟禁制」とする。その下には、

Foreigners are requested not to ／shoot or catch birds or beasts.

と記している。本例には「堺縣」とあることから、堺県が置県された明治元年から同一四年の間の建立と知ることができる。

その間に作成された度々触れている『御陵図』（明治一二年）には、この銃猟制札が描かれているものがある。本図帖では、一六陵二墓の平面図・俯瞰図がそれぞれ一枚ずつ描かれているが、そのうち、応神天皇・清寧天皇・推古天皇・孝徳天皇の四陵に、通常の駒形制札と銃をクロスした本制札が並立している状況が確認できる。また、敏達天皇陵も銃をクロスした表現は認められないものの、制札が相並んで描かれ、設置されていた可能性が高い。

前述したように、明治六年制札で定められた英文・仏文は、明治一〇年二月六日に内務省達で廃止されており、この銃猟制札との関係が注意されるところである。『御陵図』に描かれているように、設置陵墓や地点によっては、銃猟制札は引き続き使用されていた可能性も指摘できるであろう。

一方、英文のみが記されている制札についても言及しておく必要があろう。明治六年制札に英文が併記されていることから、この制札を「英文制札」と称する見解もある。しかし、混乱を招く虞があり、ここでは単独で設置された英文表記のみの横長の駒形制札のみを英文制札と称しておきたい。

近年に至り、樋口吉文により「英文制札」が紹介され、その歴史的意義等についても考察が加えられた〔樋口二〇一一・二〇一二〕（図46）。また、田村唯史によって形態、内容等の検討がなされ、その内容を周知させることに対して、大きな寄与があった〔田村二〇一二〕。

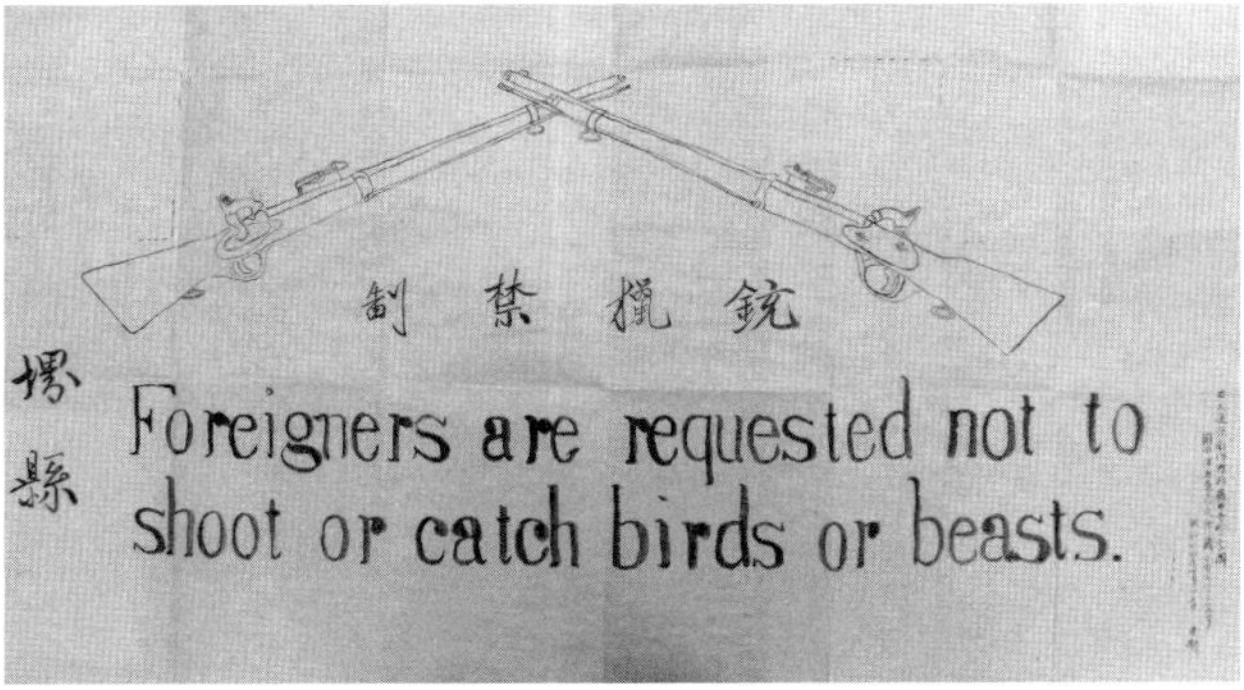

図45 「銃猟制札」

NOTICE!

ENTERING SACRED PRECINCTS WITH-
OUT PERMISSION;SHOOTING BIRDS,
&C.,CATCHING FISH.&C.,OR DAMAG-
ING TREES.&C.,GROWING THEREIN IS
STRICTLY PROHIBITED
BY ORDER

図46 英文制札の文面

樋口が紹介した英文制札は、平成一九年に堺市博物館が谷村為海の遺族から寄贈を受けたガラス乾板写真のうちに含まれていたものである。「旧崇神天皇陵に在りしもの（昭和一七年一〇月一六日撮影）」との添え書きがある。谷村は昭和一〇年前後に宮内省に陵墓の写真撮影を願い出ており、『陵墓聖鑑』第一（大和高市ノ部・大和吉野ノ部）などの著書もある〔谷村一九四五〕。

樋口は本制札を明治六年の太政官達に基づく制札と理解しているが、明治六年制札は日本語・英文・仏文が併記されており、そのようには見なしがたい。また、その内容にもやや相違があり、英文制札では、明治六年制札にはなかった（陵墓域内を）聖域としていることに特徴がある。また、銃猟制札では示されてなかった二禁も加わっていることも追記しうるであろう。

仁徳天皇陵など百舌鳥古墳群の天皇陵の最古の写真は、『國華餘芳』に収録されている〔明治美術学会二〇一二〕。本書は明治一二年に印刷局の職員が近畿地方などで古美術品調査を実施した際、道中で撮影した寺社仏閣などの写真をアルバム仕様にしたものである。刊行されたのは翌年であった。百舌鳥三陵のうち、仁徳天皇陵には制札は写し込まれていないが、履中天皇陵と反正天皇（一八代）陵には駒形の制札を認めることができる（図39・47）。

両陵の制札の文字の判読は可能であり、太政官や堺県、さらにはかろうじて明治六年という文字も見える。英文・仏文は明治一〇年二月六日に内務省達で廃止されており、その際に所轄官庁の変更に伴い、太政官を内務省に変更したとされる。しかし、両例は英文・仏文表記のみが廃止されていることに注意される。本写真が撮影されたのは明治一二年であり、前年の一〇月五日の宮内省達の内容が反映されて然るべきであるが、そうはなっていない。

一方、明治三五年前後に撮影されたという（堺市立図書館による）『堺大観』第七巻所収の仁徳天皇陵の陵前には、制札屋形とともに、英文制札が写っている〔他05〕（図48）。明治一〇年に一旦は廃された英文を含んだ制札が、英文の表記のみで復活しているのである。

図47　『國華餘芳』に見える反正天皇陵の制札

図48　『堺大観』に見える仁徳天皇陵の制札

同三三年一〇月一八日には「御陵墓制札に英文を記入す。」とあって、英文制札はその結果として立てられたものであろう。その際に、「近来官国幣社、県社等之制札面追々横文記入ニ相成候。」といった現状をふまえての指示であることが注目される。加えて、既存の制札の文面に追加するには文字が細小となるなどの不都合が生じることから、別途、その側に添えて駒形の制札を立てることが現地に指示されている〔宮26〕。

このように設置された経緯を有する英文制札は、大正六年五月一八日に「全部廃棄」の旨が通牒され、陵墓からは撤去されるに至った〔宮27〕。つまり、先に定義づけた英文制札の設置は、課題は残すものの、明治三三年から大正六年までに限定されるといえよう。

なお、戦後まもなく允恭天皇陵などで、「英文立札」の設置が知られていることを付記しておきたい〔宮27〕。

2　陵墓に取り憑かれた人々——谷森善臣・増田于信・山口鋭之助ほか

江戸時代における陵墓に関わった人々

江戸時代において陵墓に関わりをもった人々については、本文中でもたびたび触れてきたように、蒲生君平をはじめ多くを数える。それらのすべてではないが、その功績に対して、明治から大正にかけての追贈位者は、二〇人を数える（表10）〔宮28〕。追贈されることが功績のすべてとは思わないが、一つの目安とはなりうるであろう。

本表に掲げた人物のうち、本文中では取りあげなかった人物について、若干の補足を加えておきたい。

秋元志朝《ゆきとも》は上野国館林藩の初代藩主であり、禮朝《ひろとも》は二代藩主である。大谷光澤（広如）は浄土真宗本願寺派第二〇世宗主である。この三名は、宇都宮藩に協力して幕末の修陵に関わり、修営費用などを負担している。雄略天皇陵が館林藩の飛地にあったこと、本願寺が後嵯峨天皇・亀山天皇と大きな関わりを有していたことによるものである。

表10　山陵関係贈位者一覧

No.	人　　名	所　　属	贈　　位 位階(年月)	内　　容	備　　考
1	蒲生君平秀實	宇都宮処士	贈正四位 (明治14年5月)		
2	伴林光平	大和中宮寺家士	贈従四位 (明治24年11月)		
3	秋元志朝	館林藩主 従四位下但馬守	贈従三位 (明治29年5月)	山陵副官。	
4	戸田忠至	下野高徳藩主 従三位	贈従二位 (明治30年4月)		
5	戸田忠恕	宇都宮藩主 贈従四位越前守	贈従三位 (明治30年4月)		
6	松下見林秀明	京都儒医	贈正四位 (明治30年4月)		元禄16年12月，67歳にて没。
7	細井甚蔵知名	郡山藩士	贈従四位 (明治30年4月)		元禄10年8月没。
8	細井廣沢知慎	江戸処士	贈従四位 (明治30年4月)	元禄11年8月，禁庭に召され，賞賜あり。	享保20年，79歳にて没。
9	縣勇記信輯	宇都宮藩士	贈正五位 (明治30年4月)		維新後には司法省判司。
10	徳川光圀	水戸藩主 贈従一位	贈正一位 (明治33年11月)		
11	大谷光澤	西本願寺法主	贈従二位 (明治35年4月)	嵯峨・亀山両陵の修理，「御衣を賜ふ」。	明治4年寂，74歳。
12	松平直政	松江藩主	贈従三位 (明治40年5月)	後鳥羽天皇火葬塚の修補・「歳時祭典」。	結城秀康の子。
13	柳沢吉保	甲斐国主 従四位下左近権将	贈従三位 (大正元年11月)		
14	秋元禮朝	館林藩主 従四位但馬守	贈従四位 (大正4年11月)		
15	浅野長祚	従五位下中務少輔	贈正五位 (大正4年11月)		
16	平塚瓢斎茂喬 (津久井清影)	京都町奉行与力	贈正五位 (大正4年11月)	「山陵会」を興す。	
17	北浦義助定政	津藩士	贈従五位 (大正4年11月)		
18	栗原治兵衛信毅	水戸藩士	贈正五位 (大正7年11月)	徳川斉昭の命を受けて神武天皇陵調査。	
19	山川大作正宣	摂津池田町人	贈従五位 (大正8年11月)		
20	砂川健次郎政教	京都町奉行与力	贈従五位 (大正13年2月)		

桒原信毅《くわはらのぶたけ》は、徳川斉昭の命を受けて神武天皇陵の現地調査などをおこなった水戸藩士であり、『畝傍山陵考』などの著書がある。

谷森善臣の陵墓研究

追贈ではないが、谷森善臣も明治三年に正七位に、最終的には同三九年に特旨をもって正四位に叙せられている。現在の陵墓の治定に関して、多大な貢献をしてきたことは本文中でも触れてきた。谷森は、文化一四年に京都の三条西家侍臣の家に生まれ、平田篤胤などとともに、「天保の国学の四大人」と呼ばれた伴信友《ばんのぶとも》の門に入り、国学や歌道を学んでいる。幕末から明治時代にかけて陵墓だけではなく、南朝史・皇室系譜の研究にも大きな業績を残している。日本史研究に関する基本的な文献を蒐集・校訂しており、「谷森本」とも称されている。それらの一部は、『国史大系』の底本にもされている。これら古文献に精通した考証が、我が国の歴史学に与えた影響はきわめて大きいといえよう〔堀田一九八三〕。

谷森が山陵研究者として脚光を浴びるようになるのは、幕末の修陵に際し、「調方」として活躍したこととされている。つまり、宇都宮藩の戸田忠至に先だって上京した同藩士縣勇記《あがたゆうき》は、谷森等の「山陵会」と呼ばれる山陵考証サークル（安政元年創設）のメンバー（北浦定政・平塚瓢斎・砂川政教・鈴鹿連胤《つらたね》ほか）と会合を重ねているが、その際に谷森の意見を徴することが大きかった。このことにより、谷森は「調方」一〇名の筆頭として位置づけられている。

谷森の学問は、三条西家という由緒ある家系の侍臣という環境もあり、山陵関係の資料を入手しやすい立場にもあったことが大きな利点となったことにあろう。それらを渉猟・精読した成果の一端を示す『諸陵徴』は、嘉永四年（一八五一）にはひとまず稿了していたと考えられる。その自序には、

これの年ごろ、朝廷《おほやけ》の正史や、諸家《いえいえ》の記録や、なにくれやと、探索《あなぐりたず》ねて、ものの徴《あかし》となるべき文ども抄出置《ぬきいで》たるを今かくかき集（め）て、諸陵徴といふ。

とあって、関係文献を博捜する研究姿勢が示されている〔書27〕。

次いで、安政二年には、『諸陵説』に序文を記していることから、本書もこの時期には脱稿していたと推測される〔書28〕。ここでは関係する先学の陵墓に関する諸説を抜粋し、来るべき考証に備えたものである。

これらに加え、谷森の陵墓考証の特徴は、現地踏査をおこない、地元住民などを通じて口碑伝承を確認していることである。その記録・成果は、安政四年三月一四日から翌月一日に至る大和国を中心とした見聞をまとめた『藺《い》笠《がさ》乃《の》志《し》つく』に結実している〔書29〕。

『諸陵徴』の自序の後段には、

さてかく古書の證徴と、先達の考説とを集め見わたして、その御陵の存《あ》る国々地々《ところ》をも周《あまね》く巡《めぐ》り踏窮《きわ》むるに、誠に此《こ》所《こ》なりけりと、考得らるゝ御陵もあり、猶いかにぞや打かたぶかれて、正《まさし》き御陵に尋あたらぬもあり、また先達の考の実《まこと》に善《よ》かりけりと思はるゝもあるを、今試に書《かき》つづりて、諸陵断といふ。

とある。以上の三段階を経て、『諸陵断』として、陵墓考証の結果を提示しようとしたことが知られる。残念ながら『諸陵断』の存在は不明であるが、その意図は文久二年には成ったと考えられ、戸田忠至が奥書している『山陵考』〔『文久』山陵図　附、考證之書』〕に反映している〔書21〕。

このように、谷森の陵墓の考証は、当時においては最先端の学問的なレベル・態度で臨んだものであった。むろん現在のような考古学という学問体系は未成熟であり、学問的な限界があったことは素直に認めておくべきであろう。

上田長生は、谷森の考証に対する反発があったことを、水戸藩士の疋田棟隆の著した『山陵外史徴按』〔書05〕を取りあげて指摘している〔上田長二〇一二〕。疋田は谷森に欠けていた石槨や祭器などの「出土物」をも考証の対象としていたのである。谷森は『読山陵外史徴按』において、詳細な文献資料の検討をふまえて厳しい論駁をしている〔書30〕。

上田は、学問的な問題というよりは、考証の成果をどのように政策化、つまり治定へと結びつけるかというヘゲモニー争いであると興味ある見解を示している。その結果は、陵墓行政において、谷森が主導権を握り、その考証の成果が陵墓治定にも反映し、再興された諸陵寮の官人としても重用されることになったのである。

宮内省に関わるまでの増田于信

谷森の陵墓研究の学風は、幕末の修陵に「調方」として関わり、維新後も陵墓行政に関わった砂川政教〈健次郎—文化一三〜明治一六年〈一八一六〜八三〉〉などを通じて、猿渡容盛《ひろもり》〈文化八〜明治一七年〈一八一一〜八四〉〉・大沢清臣《すがおみ》〈天保四〜明治二五年〈一八三三〜九二〉〉・大橋長憙《ながおき》〈天保六〜明治二九年〈一八三五〜九六〉〉、六村中彦〈弘化二〜大正四年〈一八四五〜一九一五〉〉などに伝えられた。しかし、彼らの学問は谷森の学識を超えるものではなかった。

江戸期の国学の伝統をふまえつつ、大学教育を受け、諸陵寮に関わり陵墓考証に携わったのは増田于信である。明治四〇年のことである。宮内省御用掛としてであった。

于信が宮内省御用掛を仰せつけられた経緯の一端については、宮内公文書館所蔵の「調査資料回復主意書」に記されている〔宮29〕。すなわち、

〈前略〉于信曽て世を遁れて、嵐山の麓に閑居す。時に宮内大臣田中光顕伯より、面会を請わる。因て東上して面会す。伯曰く、今回諸陵頭足立正聲男、脳溢血にて倒れて起たず。足立にして逝かば、則山陵の事、復た知るものなし。君幸《(ママ)》に其の後を継げと。于信辞して曰く、于信は極めて事務に疎きものなり。故に寮務に御免を乞う。但京畿に在て、陵墓の調査を為すことは、謹で御承けせんと、即ち大臣より、奏して、直に宮内省御用掛を仰付けられ、諸陵寮京都出張所詰を命ぜらる。〈以下略〉

つまり、于信は、①明治四〇年までは、京都嵐山の麓に閑居していたこと、②宮内大臣田中光顕と面識があること、③「山陵の事」についての造詣がきわめて深いこと、④諸陵頭足立正聲の後継者と目されたこと、などが知られるのである。

足立は、幕末に鳥取藩士として尊皇攘夷に関わり、維新後は明治四年に神祇省に出仕したことを端緒に、教部省、内務省、宮内省とほぼ一貫して陵墓行政に関わっている。明治二六年からは諸陵頭も勤めた。同四〇年四月に死去している。また、田中は、土佐勤王党に参加するなど尊王攘夷運動に傾倒し、西南戦争を経て陸軍から初代内閣書記官長などを歴任し、明治三一年からは約一一年にわたり宮内大臣を務めている。

ここで、簡単に于信の履歴を見てみたい。于信は、文久二年二月一〇日に水戸藩士雨宮于勝《ゆきかつ》の四男として誕生した。本人の言葉を借りれば、「幼より大日本史を読み、国史を研究して」いたことが知られる〔斎藤二〇〇六〕。明治五年に学制が施行され、小学校の設立とともに、入学・卒業し、弱冠一一、二歳で教師として教壇に立つほどであった。同一四年、一九歳にして最初の著作『文海問津　初編』が刊行されている〔雨宮一八八二〕。翌一五年、東京帝国大学に古典講習科が設立されると、その第一期生として図書課に籍を置く。官費生待遇であった。池邊義象《よしかた》（歌人・国文学者）、落合直文（歌人・国文学者）、萩野由之（歴史学者）などが同期生である。

明治一七年、于信に大きな転機が訪れる。本居宣長の学統を継ぐ本居家の養子となったのである。当時の当主は、その四代目である本居豊頴《とよかい》であった。豊頴は古典講習科で教鞭をとっており、于信を見込んでその一人娘である並子と結婚させたのであろう。翌年には後に日本童謡の父とも称された本居長世が生まれている（図49）。しかし、結婚生活は長くは続かなかった。明治一九年に並子が死去し、本居家から離籍されている。同年に古典講習科を卒業して後は、元老院書記生となった。離婚の翌年には、増田家の養子となり、常子《とわこ》と再婚した。その後、妻常子とも死別し、再々婚している〔金田一一九八三、松浦二〇〇五〕。

本居家での生活が于信にとってどのようなものであったか、今となっては明確にしがたい。しかし、本居家の将来の担い手として嘱望された人物であったことは、間違いないことと思われ、そのことに足る十分な学識等を備えていたのであろう。一方、于信のこのような過去は、その後の人生においても大きなトラウマになったようで、とりわけ晩年には、ぬぐいがたい影を投げかけている。

本居家を離れた于信は、宮内省に関わるまでは、歴史・法制関係、および国文学関係を中心とする各分野に、主に教育者としての立場から関わっている。明治二六年には、京都市参事会から平安遷都千百年祭の一環事業である『平安通志』編纂員を命ぜられており、その後に陵墓行政に携わるにあたって、貴重な経験・財産になったと推測される。

于信の著作は明治二〇年代から三〇年代に集中している。『文海問津　初編』刊行後に知られる論考は、『大八洲学会雑誌』に掲載された歴史・法制関係のものである。掲載された雑誌は本居豊頴門下の国学者による「大八洲学会」の学会誌であることから、本居家からの離籍後も、豊頴との関わりを完全に絶ったわけではないことがうかがわれる。

図49　本居(増田)于信と並子(妻)，長世(子息)

宮内省時代、および退官以後の増田于信

于信は明治四〇年五月一〇日に宮内省御用掛を仰せつけられ、諸陵寮勤務、京都在勤を命ぜられた。その後すぐに、同年一一月一日の官制改革によって設置された諸陵寮京都出張所に勤務することとなった。この出張所は大正三年に廃されており、結果的には于信とほぼ命運を共にしたことになる。

出張所廃止直前の大正二年には出京を命ぜられ、翌三年八月には諸陵寮考證課長となった。考證課長としての于信は同七年五月までであり、以後は宮内省御用掛として関わることになったらしい。同八年一〇月には内務省から、また、翌九年二月には内閣からも史蹟名勝天然紀年物調査会考査員を命ぜられ、史蹟古墳保存に関する調査を嘱託されている。この史蹟名勝天然紀念物調査会は大正一三年一一月二五日に廃制となったが、調査の嘱託は継続とされた。

大正一二年九月一日には、関東大震災のため、皇居前の和田倉門内にあった諸陵寮が被災し、関係図書等が焼失してしまった。于信は、その復旧に尽力することになったのである。その間の経緯を再び「調査資料回復主意書」に見ておきたい〔宮29〕。

（前略）諸陵寮は此の災いに、山陵奉行以来の記録書冊、一切灰燼に帰したるより、于信は命を奉じ、病を押して之が復旧に従事すること二年有半にして、漸く之を完成し（以下略）

震災後、于信は病を発しており、そのなかで作成した陵墓関係資料は数十冊に及び、現在でも陵墓の考証研究に欠かせない貴重なものとなっている。蔵書等の復旧が「完成」した大正一五年六月二一日に宮内省御用掛として退官し、翌月には正五位に叙されている。

宮内省退官以後の于信の足取りを追うことは難しい。今一度于信の言葉を借りてみたい〔宮29〕。

（前略）専ら健康の回復に力むること二年余、昨今全く其の回生を得たり。あわれ于信にして死なば、則、別紙目録の百千の陵墓古墳は元の木阿弥に帰して、天下後世、また之を知るものなきに至らん。因て再び老軀を駆り、余命の

在る間、今一度全国を跋渉《ばっしょう》して、焼失の回復を計らんと欲す。曽て討査（ママ）の箇所、今尚一々于信が眼に在り。一度杖を曳かば、則之を帳に収むるは易し。況や今日交通機関の便あるに於いておや、因て二十年の調査は、三年を期して之を回復せんとす。世の賢豪大人、国家皇室の為め、于信が微衷《びちゅう》を愍《あわれ》み、之が補助を賜わらんことを請う。

昭和三年十一月大禮山陵御親謁の日

増田于信　謹白

しかし、于信のこの希望がかなえられた痕跡は認められず、失意の域にあったらしい。

晩年の于信については、子息の本居長世の手記が参考となる（以下、「長世手記」という）〔本居長世一九三二〕。そこには、于信が自殺するまでの経緯が記されている。「長世手記」には、年代に関する具体的な記述がなく、長世と同居したのが何時なのか、明確ではない。金田一春彦は「于信は、昭和三年ごろに財を失い、以後、老残の身を目黒の長世の家の別棟にかこっていた」と記している〔金田一一九八三〕。また、「生来の事業欲を出し、周囲の煽《おだ》てにのって散財の上、莫大な負債までかかえた。」、さらには「在職当時」から負債を抱え込んでいたとの記述もあり〔松浦二〇〇五〕、注目される。「過度な精神疲労と責任とから、遂に猛烈な神経衰弱となり、終ひには、精神に異常を来した。」、「数回自殺を企てた」〔松浦二〇〇五〕などを経て、ついには、昭和七年九月一五日に覚悟の自殺という結果になってしまった。なお、その前日には、親友達に自ら「小生儀今般都合により死去仕り候云々」という死亡通知が書かれている。

増田于信の学問

明治四〇年、宮内省御用掛を拝命した于信が、同職を大正一五年に依願退職するまで、公刊した著作は足立栗園《りつえん》著『国史参考御歴代名鑑』の校訂のみであった〔増田于（校訂）一九一六〕。この期間のほとんどは、業務に関わる陵墓の考証等についての資料作成に費やされた、と考えられる。以下、宮内省時代の于信の業績に関して、大きく四点に絞り、概説してみたい。

①　陵墓管理・修営

于信は諸陵寮京都出張所に勤務することとなった。ここで、簡単にこの時期の京都における陵墓の管理営繕について言及しておきたい。諸陵寮京都出張所が設置される以前は、明治一六年に設置された宮内省京都支庁に諸陵寮職員が在勤し、畿内の陵墓管理を担当していた。その後、同一九年に支庁が廃止されて、主殿寮京都出張所が設置され、支庁の事務を継承することとなった。出張所長である主殿権助（後には「助」となる）が諸陵寮兼勤として、京都に駐在する諸陵寮職員を指揮し、畿内の陵墓管理にあたったのである。

同四〇年には諸陵寮京都出張所が設けられ、陵墓の修営は、同時に設置された内匠寮京都出張所が分担することとなった。しばらくは、その体制のもと、畿内の陵墓管理はおこなわれた。大正三年、諸陵寮出張所職制が廃され、陵墓の修営は諸陵寮が直接、主管することとなったのである。諸陵寮出張所は、于信の京都在住期間とみごとに重なることが注意される。経緯から見て、むしろ于信のために設けられたといっても過言ではないであろう。

諸陵寮京都出張所には庶務課と会計課が置かれた〔宮30〕。于信が所属したのは庶務課である。そこでは「御陵墓の取締」、「古墳の調査」、「考證に要する文書及書籍の保管に関する事項」などを分掌している。陵墓の考証そのものについては、諸陵寮に考證課が置かれ、そこで「御陵墓の考證検訂」などがおこなわれることになっていた〔宮31〕。

したがって、于信の本来業務は「御陵墓の取締」という陵墓管理であったはずである。しかし、その方面に積極的に関わったという痕跡を見いだすことはできない。于信に期待されたことは、その経歴から見てもまさに考証という業務であり、本来は諸陵寮でおこなうべき業務だったのである。前項で述べた「調査資料回復主意書」に記されたように、于信の希望が認められた結果といってよいように思われる。

前述した京都出張所庶務課の職務である「古墳の調査」の一例は、明治四二年一二月の岡山県への出張であろう〔宮

32〕。岡山市新庄下所在古墳〔千足・榊山〕に関して、「宮内省御用掛増田于信氏実地調査相成りし事も有之候」との記載が認められる。この時にはまだ、同古墳から副葬品は出土していない。にもかかわらず、この地を視察していることは、地元の口碑伝承を中心に調査した可能性が高いように思われる〔福尾二〇〇六・二〇一五〕。明治四〇年代に于信は、岐阜県・愛知県・石川県・福岡県など各地に出張しており〔宮内庁一九一一〕、同様の調査を実施したものと考えられよう。

このような「古墳の調査」は陵墓の管理の一環というよりも、陵墓の考証、とりわけ未定陵墓の確定に至る作業として位置づけることができよう。その結果が、以下に述べる陵墓治定関係資料の作成につながっていくのである。

② 陵墓治定関係資料の作成

于信が宮内省在職中に捜索・考証し、上奏勅定に至った陵墓は、『増田于信在職時調査上奏勅定陵墓　陵墓調査認定目録第一回寮議決定陵墓・参考地等　諸陵寮頭検分予定書』〔以下、「在職時勅定陵墓書」という〕によれば、二陵一三墓である〔宮33〕。ただし、震災による焼失もあって、そのすべての考証書類が残存しているわけではない。

これらのなかで、京都出張所時代におこなった著作は、確認できる資料では明治四一年の『嵯峨天皇々后嘉智子　嵯峨陵勘註』〔以下、「嵯峨陵勘註」という〕〔宮34〕、同四四年の『恒性《こうしょう》皇子墓考證』〔宮35〕、翌四五年の『磐衝別命《いわつきわけのみこと》墓　磐城《いわき》別《わけの》王墓考證』〔宮36〕と『右大臣贈正二位清原眞人夏野　雙岡《ならびがおか》墓勘註』〔宮37〕の四点である。

やや解説を加えるならば、「嵯峨陵勘註」は嵯峨陵を決定するための理由書である。本書は諸陵寮勤務の六村中彦が明治三九年三月に作成したもので、于信が同四一年三月に「附言」を加え、現在の体裁になったものである。陵墓考証の先輩を差し置いて、「附言」をしているところに、于信の学識等における自信と諸陵寮内におけるその立場を見ることができよう。その結果、嵯峨陵は、明治四五年三月二六日に現在地に決定されている。

また、後醍醐天皇皇子の恒性王の墓は、『恒性皇子墓考證』の結果をふまえて、同年一月二九日には治定に至った。

垂仁天皇皇子の磐衝別命墓とその子磐城別王墓については、明治四五年に『磐衝別命墓 磐城別王墓考證』が作成されたが、実際の治定に至ったのは大正六年九月であった。明治天皇の崩御に伴う大葬に加えて、昭憲皇太后の崩御・大葬、さらには大正天皇の践祚・即位に伴う各種儀式等があって、治定が遅延したためと考えられる。

清原夏野の雙岡墓については、父の小倉王（舎人親王の孫）の上表により清原真人姓を賜り臣籍降下したため、陵墓としての治定には結びつかなかった。

しかし、いずれの著作も各種文献に通じた博識がうかがわれ、現地における口碑伝承や地名等の検討をふまえ、現在の水準から見ても、説得力のある考証書となっている。とりわけ、『磐衝別命墓 磐城別王墓考證』は一〇章からなり、「羽《は》咋《くい》国」や「羽咋国造弁羽咋公」などに対する考察も含まれ、注目すべき内容となっている。ここでは、宮内省入省以前の著作のほとんどを占める古典注釈書や歴史の概説書に比べて、専門色がより強くなっていることを特徴として、指摘しうるであろう。

「在職時勅定陵墓書」には、于信がこの時期、治定に関わった陵墓として、明治四三年治定の後二條天皇皇孫深守《しんしゅ》親王墓・同弘覚《こうかく》王墓、同四四年治定の後醍醐天皇皇子恒性王墓、後陽成天皇皇子冷雲院宮墓・同皇女空華院《くうげいん》宮墓、後水尾天皇皇女月桂院宮墓、明治四五年治定の後村上天皇皇末孫北山宮墓・同河野宮墓といった八墓が記されている。

これらのうち、恒性王墓については前述したが、残りの七墓についても、関東大震災により原本は焼失しているものの、その後に復旧した勘註が現存しており、いずれも于信による考証であることが知られるのである。

次に于信が考證課長を命ぜられた大正三年八月以降の陵墓の治定をめぐる状況を見ていきたい。

大正年間に新たに決定せられた陵墓は、火葬塚・分骨所を除くと、天皇陵として明治天皇伏見桃山陵（大正元年）、皇后陵として明治天皇皇后の昭憲皇太后伏見桃山東陵（同三年）、歴代外陵として後崇光太上天皇伏見松林院陵（同六年）があり、墓としては、榮仁親王（後伏見天皇皇曽孫、合葬）、治仁《はるひと》王（後伏見天皇皇玄孫）、磐衝別命（垂仁天皇皇子）、磐城別王（垂仁天皇皇孫）、頼仁親王（後鳥羽天皇皇子）（いずれも大正六年）がある。これら八方のうち、伏見桃山陵と伏見桃山東陵は新たに営建されたものであり、除外すると六方が対象となる。

六方のうち、磐衝別命墓と磐城別王墓については、明治年間にすでに于信によって勘註が作成されていたことは、前述したとおりである。伏見松林院陵、栄仁親王墓、治仁王墓についても、治定に先だち、考証書が作成されたことは間違いないが、原本は焼失し、大正一五年に復旧された資料が現在残っている〔宮38〜40〕。これまた、于信による考証であることが知られるのである。残りの頼仁親王墓の治定についても、おそらくは考證課長としてのみならず関与している可能性が高いが、資料が残存せず確認することができない。

前述した「調査資料回復主意書」には、

全国を跋渉捜索すること、前後二十年、自ら測量図写して、之を帳に収むること、数百冊に及べり。然るに大正十二年の大震災に、諸陵寮、内務省、共に全焼して、于信が心血を濯ぎたる調査書類は、半紙を残さず、一片の煙と化し去れり。

という記載があり、関東大震災までに于信の著作が数百冊あったことが知られる。しかし、現存する資料は七十数冊である。そのほとんどは、震災で焼失した資料を復旧したものであり、数百冊の一端は知ることができる。「在職時勅定陵墓書」に考証されつつも、治定に至らなかった墓なども記されており、これらに関する考証書と考えて、ほぼ誤りはないように思われるのである。

いずれにしても、明治四〇年代から大正時代における陵墓の考証に関し、于信の果たした役割はきわめて大きいものであったことは、容易に推測されるのである。とりわけ大正年間における陵墓の治定に関しては、考證課長という立場もあり、于信の存在を抜きにしてできなかったことは、強調しておいてもよいであろう。

③　岡山市新庄下所在古墳や西都原古墳群等の調査

于信の陵墓考証についての大きな特色は現地視察をおこない、考古学的な所見をも加えていることであろう。先に述べた明治四二年一二月の岡山県への出張の際は、岡山市新庄下所在古墳を調査していることは前に述べた。しかし、その主な目的は、近くにある岡山市造山古墳や総社市作山古墳の調査にあった、と考えられる。つまり、造山古墳は全国で第四位、作山古墳は同第九位の規模を誇る巨大古墳であることから、陵墓伝承の有無や内容、さらにはその現状調査をおこない、造山古墳では現在も前方部に位置する石棺の調査も実施したのであろう。

このことに関しては断言することはできないが、明治四五年一月に出土した新庄下所在古墳（千足・榊山両古墳）の出土品との関連が考えられる。つまり、新庄下所在古墳出土品は当所、帝室博物館に帰属する方向で進んでいたが、大正六年六月になり、急遽諸陵寮にて保管することに変更されたのである。その変更理由については、陵墓との関連性が見いだされたこと以外には考えにくい〔福尾二〇〇六・二〇一五〕。

このことを示す資料が宮内公文書館に所蔵されている。同年一〇月に作成された『孝霊天皇々子稚武彦命　孝霊天皇々孫吉備武彦命墓考證』（以下、「稚武彦命墓ほか考證」という）と題する考証書がそれである〔宮41〕。残念ながら、執筆者は明らかにしえない。この時期の于信は考證課長の職にあり、考証に関わっていることは誤りないところであろう。しかし、結果的にはこの両墓の治定には結びつかなかった。

「稚武彦命墓ほか考證」には、古墳の形状などについて、以下のような言及がある。

（前略）前方の頂上には妙見堂ありて、其傍に石棺あり。土人呼て石の長持という。馬鬣《たてがみ》及び後円の頂上は開墾して畑地と為し、其の間往々埴輪を見る。（以下略）

などという所見は、現地踏査の成果を十分にふまえたものとなっている。とはいっても、この段階での于信の古墳調査に関する知識は、当時の考古学研究の一般的なレベルを超えるものではなかった。

于信の業績のうち、注目されている宮崎県西都市西都原古墳群の調査は、諸陵寮京都出張所に在職時代のことである。その第一次調査に関わり、男狭穂塚・女狭穂塚（陵墓参考地）の近隣に位置する一六九号（飯盛塚）と一七〇号（雑掌塚）

の発掘をおこなっている。陸路現地入りしたのは、大正元年一二月二〇日であり、発掘を終え、宮崎県内の関係遺跡を視察後、翌二年一月一三日に熊本に向かって発っている〔石川（編）一九八八〕。

当時は前述した明治七年の太政官達や同一三年の宮内省達により、「古墳」の保存が力説され、発掘も制限されていた。そのようなさなか、当代の代表的な研究者が、西都原古墳群において組織的な調査をおこなったことは、学史的にも特筆すべきことであった。于信は宮内省を代表する立場として参加したものであり、当時の文献史学・考古学を代表する諸賢と接したことは、陵墓の考証にも大いに役立ったと推測されるのである。

その好例が、大正四年に提出された『雄略天皇丹比高鷲原陵考證』である〔宮42〕。ここでは、現在の雄略天皇陵とその近隣に位置する河内大塚陵墓参考地（大塚山古墳）を、墳形などから比較している。その際、大塚山古墳の「御廟石」を「隧道の蓋石」と見なしていることが注目される。

しかし、古墳の研究が飛躍的に発展するには、大正三年の喜田貞吉による『皇陵』の刊行をめぐる高橋健自との竪穴式石室と横穴式石室の前後関係の論争、同五年の京都帝国大学文科大学における考古学講座の開設、などを待たねばならなかった。したがって、于信が受けた考古学的方法や知識には自ずから限界点があったといえよう。

このことは、同五年に盗掘された日葉酢媛命陵の裁判に伴う裁判の際に、于信が提出した鑑定書を一読すれば明らかであろう。そこには、盗掘遺物に関して、諸陵寮の考證課長という立場もあってか、「名品珍器」であることが強調され、考古学的な所見には乏しいことが見てとれるのである〔玉利一九九二〕。

④　関東大震災焼失資料の復旧

宮内省時代の于信の大きな業績は、大正一二年九月一日の関東大震災によって焼失した陵墓関係資料の復旧である。この時には、于信は考證課長の職を離れ、宮内省御用掛と併せて、内務省と内閣から史蹟名勝天然紀念物調査会考査員を仰せつけられていた。

前項②で指摘したとおり、于信の著作は大震災までに数百冊あったことが知られるが、現存する資料は七十数冊である。そのほとんどは、大震災による焼失資料を復旧したものである。

この間の経緯を『増田于信震災復旧関係草稿』に収めてある「諸陵寮ノ記録図書回復ニ付意見　稿本」（以下、「意見書」という）で確認しておきたい〔宮43〕。「意見書」は于信自筆の稿本である。陵墓関係資料の復旧に対する方針等を知るうえで大いに参考になると考えられるので、やや長文であるが、以下に記してみたい。なお、原文には三稿まであり、それぞれに訂正や加筆箇所が認められる。煩雑となるので、三稿を決定稿として記すことにする。

諸陵寮の記録図書回復に付き意見

今回稀有の強震大火の為め、諸陵寮傾倒焼亡し、山陵諸墓に関する秘書記録図画一切烏有に帰したるにより、之が回復をはかるに付て、左に愚見上陳仕候。

（一）　速に既定陵墓の台帳を作成する事
（二）　速に既定陵墓兆域の測量概図を作成する事
（三）　速に既定陵墓の見取図を作成する事
（四）　既定陵墓の勘註を新成する事
（五）　陵墓決定の年月を調査する事
（六）　未定陵墓の調査考按を再成する事
（七）　陵墓一覧を作成する事
（八）　速に陵墓に関する文書図画を捜索蒐集する事
（九）　速に陵墓調査に関する必要の書籍を捜索購入する事
（十）　各府県に通牒して陵墓古墳上申に関する書類（指令既済と未済とを問わず）の写を求むる事

（十一）　嘱託員、写字生、図工、若干名を雇い入る、事
（十二）　右に関する経費の支出を仰ぐ事
以上
右本月十五日附宮内大臣閣下の訓示に基き、愚見上陳仕候。尚、詳細の儀は口頭を以て可申上候也
大正十二年九月十八日
宮内省御用掛　増田于信
宮内大臣子爵　牧野伸顕殿
（この間に鉛筆書きで、「手当月六百五十円　年七千八百円　旅費二千二百円　一万円」という数字が計算式とともに記されている──筆者注）
右は九月廿日、仙石宮内省御用掛に内示し、廿一日朝、関屋宮内次官を其の邸に訪問し、之を提出したるに、同日午後一時次官、仙石氏、及び山口諸陵事務官、及び予を次官室に招致し協議の結果、全項採用に決し、直ちに実施に取りかゝる事となりたり

このことにより、震災後の陵墓関係資料の復旧に際し、その立案に于信が主導的な役割を果たしていることが知られる。加えて、同じく『増田于信震災復旧関係草稿』に収録されている「諸陵寮記録回復に付き当面の事務分擔　稿本」（以下、「事務分擔書」という）により、実施に際しての于信の分担を知ることができるのである〔宮44〕。つまり、「事務分擔書」によれば、山口事務官（諸陵頭）の次に、増田御用掛の分掌として
（一）　既定陵墓の見取図を作成する事
（二）　既定陵墓の勘註を新成する事
（三）　陵墓決定の年月を調査する事

（四）　未定陵墓の調査考按を再成する事
（五）　京都地方に就て陵墓関係の記録を蒐集する事
右　増田御用掛

が挙げられている。「（二）　既定陵墓の勘註を新成する事」については、他の職員の分担とはなっておらず、于信が中心となって、もしくは単独にて作成したと考えて差し支えないように思われる。

現在、宮内庁書陵部に保管されている関東大震災以前に治定された陵墓の決定理由書は、于信の存在があって、初めて現存している。あらためて、その功績を評価する必要性を痛感する次第である。

以上、やや饒舌に過ぎたが、于信の学問とその業績の一端について言及してきた。その陵墓研究は鎌田正憲（明治二〇〜大正一二年）、和田軍一（明治二九〜平成一〇年）、中村一郎（明治四四〜平成元年）、戸原純一（大正一三〜平成二八年）といった宮内省諸陵寮（明治一九〜昭和二一年）・宮内府図書寮（昭和二二〜二四年）・宮内庁書陵部（昭和二四年〜）の陵墓調査・考証の伝統的学風に引き継がれており、各種文献に通暁した実証性・堅実性に特徴があるといってよかろう。

山口鋭之助の人と思想

ある面、于信と対照的な生き様を示すのが、山口鋭之助である。鋭之助は于信誕生の前日、つまり文久二年二月九日に島根県松江市で誕生している。父は松江藩士であった。明治七年に上京し、大学予備門を経て、東京大学理学部に入学した。同一七年に同大学を卒業し、翌年には東京大学予備門御用掛を申しつけられている。翌一九年には農商務省から東京山林学校数学教授を嘱託され、その後、第一高等中学校教諭に任ぜられた。同二三年には同校の教授に昇任している。

同三〇年に京都帝国大学理工科大学教授となり、物理学第一講座を担当することとなった。翌三一年からは物理学研究のため、満二年六ヶ月間、独国と仏国に留学している。この間、ロンドンにおいて、「学術上の出版目録編纂に関する万国会議」に委員として参列している。

明治三四年には理学博士の学位が授与された。同三八年には学習院次長に任ぜられ、学習院教授を兼任することとなった。翌年には学習院長となり、その一年後には図書頭に任命され、さらに三ヶ月後に諸陵頭を兼任することとなった。ちなみに、学習院長の鋭之助の後任は、乃木希典《まれすけ》（当時は軍事参議官）であった。

大正時代となり、明治天皇や昭憲皇太后の大喪使事務官、昭和天皇の大礼使参与官、さらには竹田宮宮務監督などを経験し、大正六年からは諸陵頭に専任している。図書頭の後任は森林太郎（鷗外）であった。同八年には内閣から史蹟名勝天然紀念物調査会委員に任命されている。同一〇年には依願して諸陵頭の職を辞するとともに、宮中顧問官に任ぜられている。諸陵頭の在任期間は兼任時代を含めると、一四年六ヶ月にもわたり、歴代の諸陵頭では最長である（表11）。その後は、諸陵頭として培った陵墓や皇室に関する深い造詣を、著作・論文として精力的に公表するとともに、各地で講演等をおこなっている。その死去は、昭和二〇年三月四日のことであった〔東郷二〇一一〕。

鋭之助の学問は、大きく三期に区分できるであろう。第一期は、第一高等中学校と京都帝国大学理工科大学の教諭・教授時代である。物理学者として活躍し、理学博士号を授与されている。その研究成果の集大成は、明治四〇年に刊行された『普通教育　物理学』であり〔山口一九〇七〕、物理学の基礎に関する古典的著作として評価されている。

第二期は宮内省在官時代で、学習院と図書寮・諸陵寮がその舞台であった。学習院に関わったのは、当時の学習院長の菊池大麓（前京都帝国大学総長）の推薦によるものであった。ただし、学習院時代は約二年と短かった。図書頭としての活躍は、独国と仏国に留学中に得られた経験や造詣などをもとに、後に宮内省の図書の整理に着手し、初めて十進法による分類カード目録を作成していることであろう。これは時代の先駆をなすものとして、特筆すべきことである。諸陵頭としての業績は後述したい。

第三期は宮内省を退官して以降である。明治維新に際して、国学の理論的指導者として活躍した大国隆正の本教本学

表11　歴代諸陵頭一覧

<table>
<tr><th>No.</th><th>氏　名</th><th>叙任等年月日</th><th>在任期間</th><th>授　爵　等</th><th>異動事項等</th><th>出身地・学歴</th></tr>
<tr><td>1</td><td>香川敬三</td><td>明治19年2月5日</td><td>2年11ヶ月</td><td>皇后宮太夫</td><td>（兼任）</td><td>水戸</td></tr>
<tr><td>2</td><td>川田　剛</td><td>明治22年1月8日</td><td>4年5ヶ月</td><td>従五位，勲六等，文学博士</td><td>宮内省四等出仕より。錦雞間祗候被仰付。</td><td>松山（士分）</td></tr>
<tr><td>3</td><td>足立正聲</td><td>明治26年6月20日</td><td>3年5ヶ月</td><td>東宮亮</td><td>（兼任）</td><td>鳥取（士分）</td></tr>
<tr><td>4</td><td>矢野文雄</td><td>明治29年11月18日</td><td>4ヶ月</td><td>正五位</td><td>式部官より。明治30年3月11日任特命全権公使清国駐剳被仰付。</td><td>大分（士分）</td></tr>
<tr><td>5</td><td>戸田氏共</td><td>明治30年3月13日</td><td>4年9ヶ月</td><td>従三位，勲三等，伯爵</td><td>主猟官より。依願免本官。</td><td>大垣藩主</td></tr>
<tr><td>6</td><td>足立正聲</td><td>明治34年12月6日</td><td>5年4ヶ月（二期合計8年9ヶ月）</td><td>主猟官，従四位，勲四等</td><td>（兼任）</td><td>鳥取（士分）</td></tr>
<tr><td>7</td><td>山口鋭之助</td><td>明治40年4月25日</td><td rowspan="2">14年6ヶ月</td><td>図書頭</td><td>（兼任）</td><td rowspan="2">松江（士分），明治17年東京大学理学部卒</td></tr>
<tr><td>8</td><td>山口鋭之助</td><td>大正6年12月25日</td><td>理学博士</td><td>図書頭兼諸陵頭より。任宮中顧問官。</td></tr>
<tr><td>9</td><td>仙石政敬</td><td>大正10年10月7日</td><td>1年8ヶ月</td><td>正四位，勲三等</td><td>宮内事務官より。任賞勲局総裁。</td><td>東京，明治31年東京帝国大学法科大学卒</td></tr>
<tr><td>10</td><td>關屋貞三郎</td><td>大正12年6月25日</td><td>8ヶ月</td><td>宮内次官</td><td>（事務取扱）</td><td>栃木，明治32年東京帝国大学法科大学卒</td></tr>
<tr><td>11</td><td>杉榮三郎</td><td>大正13年2月1日</td><td rowspan="2">8年6ヶ月</td><td>図書頭</td><td>（事務取扱）</td><td rowspan="2">岡山，明治33年東京帝国大学法科大学卒</td></tr>
<tr><td>12</td><td>杉榮三郎</td><td>大正13年4月9日</td><td>図書頭</td><td>（兼任）</td></tr>
<tr><td>13</td><td>渡部　信</td><td>昭和7年9月</td><td>6年7ヶ月</td><td>図書頭</td><td>（兼任）</td><td>栃木，明治41年東京帝国大学仏法科卒</td></tr>
<tr><td>14</td><td>金田才平</td><td>昭和14年5月</td><td>5年4ヶ月</td><td>図書頭</td><td>（兼任）</td><td></td></tr>
<tr><td>15</td><td>池田秀吉</td><td>昭和19年9月6日</td><td>1年6ヶ月</td><td>図書頭</td><td>（兼任）</td><td></td></tr>
<tr><td rowspan="3">参考</td><td rowspan="3"></td><td>昭和21年3月31日</td><td colspan="4">諸陵寮廃止。</td></tr>
<tr><td>昭和22年5月2日</td><td colspan="4">宮内省を廃止して，宮内府を置く。</td></tr>
<tr><td>昭和24年6月1日</td><td colspan="4">宮内府を改めて宮内庁とし，また図書寮を書陵部と改める。</td></tr>
</table>

（本教とは「本つ教え」、つまり、本来の教えのこと、本学は本教を知ること）の研究へと突き進んでいる。山岡栄市によれば、「宮内省時代の御陵や祭祀の研究から、自然に神典や祝詞、新党への関心を深め、大国隆正に傾倒するにいたったのであろう。」とされている。また、その邸内には隆正を祀る御社も建てたという〔山岡一九六八〕。

この時期の活動の成果は、『歴史地理』（日本歴史地理学会）〔山口鋭一九二三ｂほか〕、『島根評論』（島根評論社）〔山口鋭一九二五ほか〕、『本学』（本学会）〔山口鋭一九三七ほか〕などに論文として発表されている。なかでも、『歴史地理』には「陵と神道」と題して九回にわたり、連載されている。その最終回は「御大喪と神祭との類似の例證を挙げて最近の祭祀制度に関する感想に及ぶ」で結ばれている。その刊行は大正一四年のことであり、隆正の大きな影響がうかがわれる。また、『本学』にはその監修者として関わり、掲載された論文にはその傾向がより強く、陵墓以外にも「法治教育の欠陥と親子心中」、「政党的議会政治の没落」など思想や政治色の強いものが認められる。

諸陵頭としての山口鋭之助

前述してきたように、鋭之助と陵墓との関わりは、明治四〇年四月二五日に諸陵頭を兼任するようになってからであった。実績を積み上げてからではなく、いきなり、陵墓行政の実質的なトップとして就任したことによって、陵墓との関わりが生じたことには注意しておくべきであろう。

鋭之助の諸陵頭就任時において諸陵寮の大きな課題は、未定陵墓の治定であった。実質的にその主たる考証はすでに触れたとおり増田于信が担ったが、その理由書である勘註を確認し、上奏するのは諸陵頭であった鋭之助の職掌であった。このような状況のなかで、陵墓についての研鑽を重ねていくとともに、于信との関係にも変化が生じるに至ったのであろう。この変化は于信が大正三年に考證課長を命ぜられ、上京するに至り、決定的なものとなっていった。

鋭之助の陵墓に対する見解を示す最初のものとしては、大正四年二月九日に部局長官会議席上において発表した内容が口述筆記された『山陵の沿革』〔國學院大學図書館所蔵〕であろう〔他01〕。山陵の沿革を八期に区分し、それぞれの概要を述べるとともに、文末には「陵墓統計表」が添えられている。この陵墓統計表は当時、諸陵寮で陵墓職員の執務参考図書として刊行を予定していた『陵墓要覧』〔大正四年一二月刊行〕の内容を反映したものとなっている。

この『山陵の沿革』は大正一二年に刊行された『山陵の研究〔内題「陵の祭と陵の神の宮」〕』の小序によれば、「私はもと歴史的方面の知識が一向にありませんので、陵のことが分らず、在職中は役所に古くから居る人々に聞いたり、役所に調べてあるものを少しづゝ見たりして、やうやうにお役を勤めて居りました。」とあって〔山口鋭一九二三a〕、諸陵頭就任からわずか八年で、陵墓に関する基本的な見識と管理の理念を有するに至ったことが知られる。

その後、大正六年には、『陵制に対する愚見を陳して大喪儀の制に及ふ』〔同年一〇月一八日に帝室制度審議会に提出〕が開陳されている。その内容と評価については第2章3節で前述しており、繰り返さないが、陵墓に関する基本的な考え方は『山陵の沿革』の内容を踏襲している。

次いで、同八年には、『陵や御墓の監守者の心得』〔以下、「監守者心得」という〕と『陵墓職員服務心得』〔以下、「服務心得」という〕が印刷された〔宮13・45〕。この二冊は諸陵頭としての立場から「陵墓監・陵墓守長・陵墓守部・守衛人」などの陵墓職員に対して、その訓示として示されたものである。「服務心得」には、鋭之助の陵墓に関する基本的な理念が示され、「山陵を崇敬するは国民の忠君愛国心の大本なり」と記され、そのためには「専《もっぱ》ら敬虔《けいけん》の念を持して御陵墓に奉仕し誠実を以て其の職務にたるべし」としている。

「服務心得」にはこれらの理念を実践するための「御陵墓御掃除の方針」も記されている。その内容をより具体的に記したものが「監守者心得」である。鋭之助の陵墓に関する考え方を理解するうえで、参考となるため、やや長くなるが引用してみたい。そこには冒頭に、

森林や樹木のある処では其の保護の方法、手入れの仕方は、其の霊域の御威厳に非常な関係がある。御境域は庭園で

もなければ、公園でもない。又収益を目的として経営せられる山林でもない。従って、通常是等のものに行わる、保護や手入の方法では満足はできぬのは勿論である。日々特別細心の注意を払うことによってのみ、その尊厳を維持し、清浄の感を与える様にすることができる。

とある。

このことを陵墓管理の理念として、以下一八項目にわたり、より具体的に述べている。とりわけ、陵墓の林相についての記述は詳細を究め、「種々の樹木、殊に常緑闊葉樹の繁茂したる数百年間人工を加えざる森林で昼尚暗く、長年堆積したる落葉は厚き腐蝕土となり、下水も多く常に湿気があって、原生林の如き相貌を呈するものは、他より望みても最も美しく神々しき感じを与える。」として、「故意に破壊する殊さえなくば、幾百年を経るも地形の変わる恐《(ママ)》れもなく、陵や御墓の御在所なる御塚としても最もふさわしく理想的な者である。」として、その理想像を述べる。

この陵墓林相に対する考えが、明治神宮の造営にあたり、その林相の参考となったことはすでに述べたところである。東京山林学校での勤務、さらには諸陵頭としての陵墓視察の経験が大いに活かされたものといえよう。

大正一三年刊行の『島根評論』に掲載された「山陵の祭祀を國家祀典となすべきの議」に添えられた鋭之助の送付書には、次のような記述がある〔山口鋭一九二五〕。

御歴代天皇神霊の鎮り坐す山陵を祀りて、国民崇敬の対象たる国家の祀典に列せるもの一も之れあらざるは実に不可解の至りに堪へず候。小生は先年諸陵頭在職中此の不可解を痛感の余り先輩識者の意見を各方面に渉り相叩き候へども遂に満足なる弁明を得ず。（中略）御歴代の山陵の奉祀を国家の祀典となし、国民崇敬の念を深からしめ候は政治上教育上誠に緊要のことにして、因りて以て挙国の民心を統一し国本を鞏固《きょうこ》ならしめ度きものと存じ候。

このことがまさに鋭之助を陵墓の研究に邁進せしめた要因であろう。このような考えは、本人が『島根評論』で回顧しているように「宮内省を御免になった」原因の一つであったとされ、退官後により顕在化していくことになるのである。

第5章　陵墓の盗掘、埋蔵文化財と陵墓

本章においては、陵墓の盗掘、埋蔵文化財と陵墓との関係等について述べてみたい。

古代高塚式の多くは過去に盗掘されており、その時の古記録が残されているものもある。災禍を被ったことに対してはきわめて遺憾ではあるが、その一方で、文献史料では知ることのできなかった考古学的情報を後世の我々に残している。

また、明治時代以降の埋蔵文化財行政の出発点が、陵墓および関係古墳の保護にあったことを再確認しつつ、陵墓参考地制度との関係で示してみたい。最後に、皇室の祖先を葬るところという本義とは別に、近年注目されることともなった文化財という視点から陵墓を考えてみたい。

1　陵墓の盗掘

盗掘と埋蔵文化財の保護

我が国において墳墓の保護を唱えた最初の事例は、『続日本紀』宝亀一一年（七八〇）一二月甲午条に見える。つまり、「今聞、造レ寺悉壊二墳墓一、採二用其石一。非三唯侵二驚鬼神一、実亦憂三傷子孫一。自レ今以後。宜レ加二禁断一。」とあって、光仁天皇が、寺を作る時に墳墓（古墳）を壊し、その石材を用いていると聞くが、それは単に死者の魂を驚かせるだけではなく、子孫をも憂えさせることになるので、今後禁止せよ、と命じたとされる。ここで禁止されていることは、造寺に伴う行為

だけであり、他の開発行為にまで本勅命が及んでいたかどうかについては不明である。

本勅を七〇年ほど遡る和銅二年（七〇九）一〇月癸巳条には、「勅、造平城京司、若彼墳隴《つか》、見二発掘一者、随即埋斂、勿レ使二露棄一。普加二祭酎《さいらい》一、以慰二幽魂一。」とあり、元明天皇が造平城京司に、工事中に墳隴（墳墓）が発見されたならば、すぐに埋め戻して暴いたまま放置してはならない、すべて酒を注いで祭り、死者の霊を慰めよ、と命じたという。

現在であれば、遺跡と認められるものを発見した時は、文化財保護法（昭和二五年五月三〇日法律第二一四号、平成二六年六月一三日〈平成二六年法律第六九号〉改正）に基づき、「その現状を変更することなく、遅滞なく、文部科学省令の定める事項を記載した書面をもって、その旨を文化庁長官に届け出なければならない。」（同法九六条）ところである。そのうえで、場合によっては発掘調査に至ることにもなるが、この和銅二年の勅では、直ちに埋め戻し、幽魂を慰めるための祭祀が求められたことが注意される。

実際、平城宮の造営に伴い、破壊・削平された可能性がきわめて高い古墳も確認されている。神明野《しめの》古墳（前方後円墳、全長一一七メートル）や市庭古墳（前方後円墳、後円部は現平城天皇陵）がその例とされている（奈良国立文化財研究所一九六二、吉田一九七六）。市庭古墳は後円部の多くを残しつつも前方部は削平されており、全長二五三メートルに復元されている。盾形の周濠がめぐり、宮造営時にいっきに埋められたものと判断されている。ただし、両古墳において、発見後に鎮魂のための祭祀が実施されたかについては明らかでない。

宝亀一一年の勅は、墳墓（古墳）を破壊する一方でそれを保護しようとするもので、開発と保護の対立の歴史は、すでに奈良時代から始まっていたといえよう。

『続日本紀』記載のこれらの勅は、開発行為に伴う対応であり、盗掘に伴う措置ではない。しかし、盗掘と埋蔵文化財の保護とは密接な関係を有していることを再認識させる記事でもある。盗掘への防止対策が埋蔵文化財の保護政策をうながした側面が大きいことは、あらためて述べるまでもないであろう。以下、このような観点から、陵墓の盗掘をめぐる状況を確認したうえで、埋蔵文化財と陵墓をめぐる行政上の対応について、述べてみたい。

陵墓の盗掘

盗掘とは文字どおり、権利や許可もなく他人の所有地、公有地などを掘り出すことである。その本来の目的である内部の物品（副葬品）の入手行為については、古記録によるかぎり、江戸時代以前は以外なほどに少ない。

盗掘の意味をやや広義に解釈すれば、『日本書紀』景行天皇四〇年条に、日本武尊が白鳥となって能褒野墓から飛び立ったので、群臣等は棺を開けたところ、明衣のみが空しく残っており、屍骨はなかったとの記事が注目される。副葬品の入手が目的ではないにしろ、棺を開口し暴いたという点では、盗掘の一種と理解することもできよう。

また、『古事記』下巻の顕宗天皇条には、天皇は父である市辺押磐皇子《いちのべのおしはの》を殺した雄略天皇を深く恨んでおり、その報復のために陵を破壊することを意図した。そのために、兄の意祁命《おけのみこと》（後の仁賢天皇）を遣わしたところ、陵辺を少しだけ掘ってきたとの記事がある。この行為も広義に解釈すれば、盗掘に含まれると考えられる。

九世紀代には、陵墓の樹木が伐採されたので、謝罪の使を派遣（神功皇后陵など）したり、伐採犯穢の祟りに読経奉謝（桓武天皇陵）したという記事が、『続日本後紀』や『日本三代実録』に見える。これまた、副葬品を入手することが目的ではないにしろ、無断侵入し、陵墓内の樹木を切り出したという点では、広義の盗掘に含めることは可能であろう。すでに述べたが、伐採という行為が穢の誘因と見なされていたことにもあらためて、留意しておきたい。

一一世紀には、聖徳太子墓、推古天皇陵、成務天皇陵などにおいて、盗掘の記事が見える。主犯として僧侶が関わっている事例が多いことが注目されるのである。とくに、康平六年（一〇六三）の成務天皇陵の場合は、『扶桑略記』などに拠って、その経緯を時系列的に追うことができる。すなわち、同年三月に宝物が略奪されたため、五月一三日に山陵使が発遣される。九月二六日には善後策を検討し、宝物を山陵に還して修復し、翌一〇月一七日に主犯の興福寺僧を伊豆国に、共犯の一六人を安房・常陸・佐渡・隠岐・土佐国に配流している。

略奪された宝物の内容は明らかではないが、副葬品が目当てとすれば、天喜二年（一〇五四）に聖徳太子墓に僧侶が乱入したが〔高楠・望月一九四二a〕、その詳細が明らかではない例を除けば、記録上はその早い例とも考えられる。

陵墓の盗掘でもっとも知られているのは、天武・持統天皇合葬陵であろう。文暦二年（一二三五）三月二〇・二一日に群盗が石室内に侵入し、宝物を奪い取り、犯人は召し捕らえられた。翌嘉禎二年（一二三六）四月一五日には、盗掘された陵の実検をすませた勅使が、その報告のために参内している。さらに、その二年後の暦仁元年（一二三八）二月七日に、召し捕らえられた盗掘犯が検非違使に移されている。

これまでたびたび触れた『阿不幾乃山陵記』はその時の検分記録である。墳形は八角形とされ、石室の構造や副葬品についても記されている〔宮01〕。藤原定家の日記である『明月記』にも、この盗掘事件のことに詳細に触れている。天武天皇の骨は一旦納められたものの、三条実躬《さねみ》の日記『実躬卿記』には約六〇年後の正応六年（一二九三）に再度盗掘され、天武天皇の「御頭」（頭骨）は持ち出され、法勝寺阿弥陀堂に安置されたという〔書31〕。

陵墓の盗掘の目的の一つとして、骨や歯の入手があったことも知られている。とくに聖徳太子墓の場合は異常ともいえるほど広まった聖徳太子信仰や舎利信仰のなかで、墓への敬慕・崇拝も高まっていた。このことにより、元久年間（一二〇四〜〇六）に太子御廟寺（叡福寺）の僧が太子墓に入り、その棺から牙歯を取り出して、諸国を廻って売買したり、人に斡旋していたというのである（『聖徳太子伝私記』）〔高楠・望月一九四二b〕。本例を含めて、盗掘には天皇や皇族、さらには高僧に対する仏縁へのあやかりを求める場合もあり、現代とは異なった盗掘の目的があることには配慮しておくべきであろう。

江戸時代以降の陵墓の盗掘

日本の歴史上、盗掘が目立つ時期が大まかには三回ある。平安時代後期から鎌倉時代、江戸時代後期、および第二次世界大戦直後である。概括するならば、程度の差こそあれ、不安な世情を反映した行為ともいえよう。ただし、それぞれの時期の盗掘の目的や主体者は異なっており、平安時代後期から鎌倉時代における陵墓の盗掘は、その多くに僧侶が関わっていることに特徴がある。

一方、江戸時代以降における陵墓の盗掘は、宝物〈副葬品〉の入手がその目的であり、その主体者も一般民衆がほとんどである。その対象となったのは、奈良市北郊に位置する佐紀古墳群内の陵墓がよく知られている。なかでも、成務天皇陵については数回にもわたる盗掘がおこなわれた。

まず、寛永一六年〈一六三九〉から承応二年〈一六五三〉にかけて、里人が採石中に石棺を掘り出し、内部の大小の刀や鏡などを発見した。大和郡山藩主の本多政勝はこれを聞き知り、天子の陵なるをもって、元のように埋め戻すように厳命している〔宮46〕〔益軒会〈編〉一九七三〕。

次に、奈良奉行の記録である『帝陵発掘一件』を見てみたい〔書32〕〔茂木一九九〇〕。天保一五年〈一八四四〉九月に、深さ幅とも三尺許りを掘って石棺を現出し、中から勾玉五〇個ほどを盗み取った。四年後の嘉永元年〈一八四八〉九月には、石棺内から管玉六八個、朱一貫六〇〇目を盗んでいる。さらにその翌月には同じく石棺内から、管玉数十個を盗み取った。ほぼ同じ時期に、付近に位置する神功皇后陵や垂仁天皇陵も盗掘の災禍を受けている。

犯人は嘉永四年一月に召し捕らえられた。首謀者とみられる四人のうち三人は獄死し、これら三人の遺体は塩詰めにして奈良市中を引き回しのうえ、残りの一人とともに磔に処せられた。安政五年〈一八五八〉のことであり、召し捕りから七年後のことであった。

この時期は、嘉永六年に黒船が来航するなど世情に不安が認められた。このような情勢を反映してか、先に述べたように安政の陵改が実施されるなど陵墓の整備を進めていた幕府が、その見せしめもあって犯人を厳罰に処したことがうかがえよう。

明治以降も陵墓の盗掘は、その厳しい管理にもかかわらず、認められる。明治五年九月七日には、仁徳天皇陵の前方部正面中腹が崩壊して、竪穴式石室内に納められた長持形石棺が露呈した。短甲、眉庇付冑、ガラス碗などが出土し、そのまま埋め戻された〔白神二〇一三〕。本例に関しては、風水害の影響と見なす見解が有力ではある〔中井一九九二〕。その一方、当時の堺県令であった税所篤などによる鳥糞取除清掃という名のもとの意図的な発掘（盗掘）と見なす見解もあることも、指摘しておきたい〔森一九七四ほか〕。

日葉酢媛命陵の盗掘と考古資料の取得

明治以降のもっとも大がかりな盗掘は、奈良市に位置する垂仁天皇皇后日葉酢媛命陵でおこなわれた。つまり、大正五年五月一四日頃、後円部頂の石室が盗掘されたのである。翌六月七日に再度の盗掘中に男数人を逮捕した。この盗掘団は、大正五年以来、京都・大阪・奈良で一八件もの盗掘を重ねたという。このなかには、応神天皇皇子大山守命の那羅山墓（奈良市）や宇治陵（京都府宇治市）を含んでいる。最終的に古物商として関わった人物に対しては、他人の墳墓を発掘して不法に取得した棺内蔵置物を領得したとして、懲役三年が求刑されている〔玉利一九九二〕。

さて、日葉酢媛命陵の盗掘が発覚の後、宮内省諸陵寮は直ちに復旧工事に着手した。盗掘された鏡などの副葬品は警察に押収されていたが、写真撮影や拓影の採拓、さらには石膏模造品二組（図50）を制作したうえで、石室内に戻されている。その際に副葬品はすべてコンクリート製の箱に納めている。また、埴輪は一時諸陵寮に運んで復原された。しかし、諸陵寮は大正一〇年三月に和田倉門内にある帝室林野管理局構内に移転し、当地において関東大震災に被災し、その際に埴輪も焼失している。

盗掘後の復旧工事にあたり、着手直後、および完了後の状況を示す実測図も作成された。また、大正一四年から昭和四年まで諸陵寮から陵墓調査に関する事務を嘱託されていた和田千吉による埴輪の樹立状態をも含めた「御所在復元図」なども、知られている〔石田一九六七、浅田一九七〇〕。

このように、日葉酢媛命陵は盗掘の結果とはいえ、埋葬施設の構造、副葬品、埴輪の樹立状態などが判明しており、陵墓のなかでは稀有な例である。さらに、戦後に宮内庁書陵部によって実施された整備工事に伴う事前の発掘調査によって得られた墳丘構造に関する所見〔福尾・徳田一九九二〕も併せれば、大形前方後円墳でもある陵墓に関する考古学的情報は、もっとも充実したものとなっている。

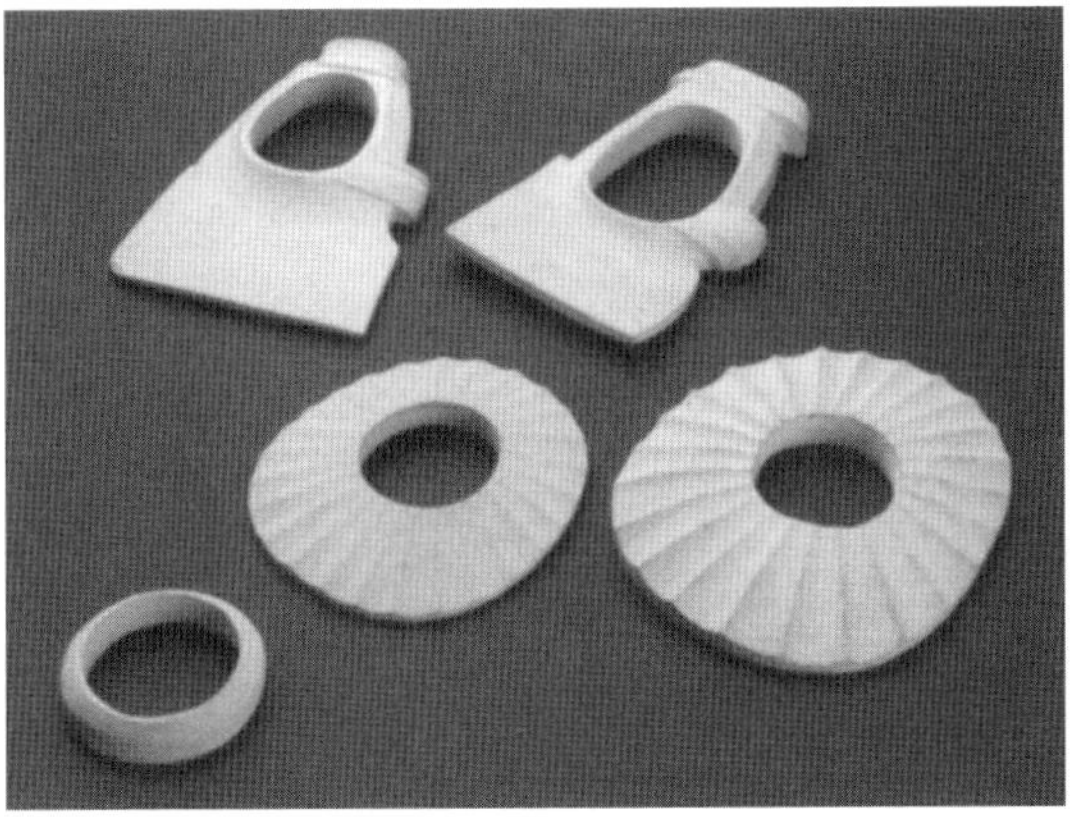
図50　日葉酢媛命陵出土の腕輪形石製品（石膏模造品）

一方、盗掘という不慮の事態により、埋葬施設や副葬品などの内容が判明したことにより、治定へと結びついた例もある。例えば、大和大塚陵墓参考地〈新山古墳、奈良県広陵町〉は、明治一八年に開墾と称する盗掘まがいの行為により、直弧文鏡など豊富な副葬品が出土した〔梅原一九二一〕。出土品は買い上げられ、翌年には陵墓参考地に治定された。武烈天皇陵説が附会している。出土品の豊富さがその治定の要因となったとしても、考古学的な位置づけを十分にふまえた結果として治定に至ったのではないことには、留意しておくべきであろう。

同様に、結果的に埋葬施設や副葬品の発見に至り、治定へと結びついた例として、藤井寺陵墓参考地〈津堂城山古墳、大阪府藤井寺市〉、雲部陵墓参考地〈雲部車塚古墳、兵庫県篠山市〉などがある。

近年の盗掘では、平成二四年八月に継体天皇皇后手白香皇女衾田陵の前方部頂部が、その災禍を受けたことが記憶に新しいところである〔清喜二〇一四〕。本例では、犯人は逮捕されている。

以上、陵墓の盗掘について述べてきた。盗掘が不法な行為であることはあらためて強調するまでもない。しかし、不慮の事態ではあっても、埋葬施設や副葬品などが判明し、考古学的な位置づけが可能となった例があることも事実である〔安本二〇一二〕。

六国史・公家の日記等の文献記録で、判明する盗掘の事例はほとんどが陵墓のみであり、一般の古墳の盗掘関係記事はあまり見当たらない。もし、その文献記録と盗掘墳墓の対応関係が考古資料等によって実証されたのならば、当時治定されていた陵墓を確定できる可能性をも秘めているともいえよう。

2 埋蔵文化財と陵墓——明治維新後の埋蔵文化財行政の変遷

第二次世界大戦以前の埋蔵文化財の取扱い

埋蔵文化財は、通常は遺跡といわれており、土地に埋蔵されている文化財のことである。この埋蔵文化財には、不動産である「遺構」と動産である「遺物」がある。明治になって、これらのうち、遺構に関しては、陵墓との関係で明治七年五月に、「古墳」の保存が太政官達第五九号として出されたことはすでに述べた。

一方、遺物に関しては、まず、明治四年四月二五日の太政官弁官に対する大学の献言をふまえて、翌五月二三日に「古器旧物保存方」(太政官布告第二五一号)が布告された。この布告では、保存すべき古物旧物を具体的に列挙し、その目録および所蔵人の詳細なリストの作成・提出を命じている。明治九年四月一九日には、「遺失物取扱規則」(太政官布告第五六号)が公布された。

翌一〇年九月二七日には、内務省通達として「遺失物取扱規則中の埋蔵物の取扱についての告示」がなされた。「埋蔵物」が学術資料としての色彩を強めつつ、断片的ながらも法の整備が図られている。ここでは、「古代の沿革を徴す」べき発掘品については、代価を支払って博物館の列品に加えることになっていた。

すなわち、府や県で処分するに先だって当時博物館を所管していた内務省博物局に届け出て、検査することにしたのである。このことは、当時陵墓を管轄することになっていた同省社寺局諸陵課にとっても、益するところ大であったといえよう。ここに、「埋蔵物」も陵墓との関連が注目されるようになったのである。

内務省の管轄下にあった陵墓業務は、明治一一年には宮内省に移管され、御陵墓掛が担当することとなった。同一四年七月には御陵墓掛でも、陵墓の考証のための参考資料として古墳からの出土品を購入し、備え置くという方針を決めた。この時には博物局は農商務省の部局となっていたため、同省と協議のうえ、同年一〇月五日には、次のように定めた。

一　府県からの埋蔵物発掘の報告を宮内省にも回付すること、

二　博物局において必要のない埋蔵物は、宮内省が買い上げること、

明治一九年二月に宮内省内に諸陵寮が設置され、翌三月に博物館は宮内省に所管替されることになった。このような経緯に伴い、発掘された出土品の取扱いは宮内省が中心となったのである。つまり、開墾などに伴って出土品があった場合は、まずその所在府県から諸陵寮に届出があり、出土地と陵墓との関連の有無が審議され、出土品を陵墓の考証・参考の資料として備える必要があれば、買上・保管された。その必要が認められなければ、博物館に回付され、博物館において審査が加えられたのである。諸陵寮や博物館で不要の出土品は、出土した府県を通じて地主や差出人に返却されることとなった。

明治三二年三月二三日には「遺失物法」（法律第八七号）が「遺失物取扱規則」に代わって公布され、同年一〇月二六日には内務大臣から庁府県長官あて訓令九八五号として、

一　古墳関係品其の他学術技芸若は考古の資料となるべきものは　宮内省

とされた。石器時代遺物については、新たに東京帝国大学が加わったものの、それ以外の古墳出土品等については、従前の取扱いに大きな変更はなかった。大正元年六月には、さらに京都帝国大学が加わって、終戦直後まで宮内省〔諸陵寮および博物館〕・東京帝国大学・京都帝国大学で出土品を選取する時代が続いたのである〔福尾二〇一〇〕。

「史跡名勝天然紀年物保存法」の制定

以上のように、遺構であれ、遺物であれ、さらに過去の人間活動を反映した位置関係を保っている総体としての遺跡であれ、まずは陵墓との関係が問題視され、その結果如何によって、保存を含めた措置が決定されたことが戦前の埋蔵文化財をめぐる大きな特徴といえよう。しかし、陵墓の可能性が指摘されるに至ったとしても、それらすべての墳墓を保存することは、陵墓と断ずることができる決定的な資料でも確認できないかぎり、財政上などからも困難なことであった。

「史蹟名勝天然紀年物保存法」〔大正八年四月一〇日法律第四四号。以下、「史名天法」という〕は、このような陵墓治定の不備を補完する目的をも有しつつ、制定された側面があることには留意しておくべきであろう。史名天法は、陵墓以外の古墳でも「史蹟」に指定することにより、国有財産〔公有地〕化することによって、有効な保存対策ができることを法令上、確定したものともいえよう〔尾谷二〇一四〕。

その背景として、内務省から通知のあった明治三四年五月三日付けの「古墳発掘手続の件依命通牒」などにより、届出の励行が指示され、明治三〇年代半ば以後、古墳等の発掘件数が急増したことが指摘できよう。この時代はまた、急速に近代化、資本主義化が進み、鉄道や工場が各地に建設されて土地開発が急激に進んだ時代でもあった。

このような時代的背景もあり、史名天法の制定にあたっては、諸陵寮も大きく関わっていた。先に述べた宮内省御用掛の増田于信〔当時、諸陵寮京都出張所に勤務〕に対して、明治四四年に内務省から史蹟并古墳保存に関する調査が嘱託されている。また、内閣から史名天法の制定直後の大正八年一〇月には、諸陵頭の山口鋭之助が史蹟名勝天然紀念物調査委員会委員に任ぜられ、于信も大正九年二月に、史蹟名勝天然紀年物調査会考査員を仰せつけられている。于信や鋭之助を通じて、陵墓と史名天法との密接な関わりを知ることができよう。

史名天法による史蹟指定を経て、陵墓参考地となった稀有な例としては、河内大塚陵墓参考地がある。本参考地は河内大塚山古墳と呼ばれる全長約三三〇メートルの巨大古墳で、我が国第五位の規模を誇っている。被葬者の候補としては、治定時には雄略天皇説が有力であった〔宮42〕。

その後の検討によって、河内大塚山古墳の築造年代は六世紀に下る可能性が高く、近年では未完成の安閑天皇陵説なども唱えられている〔十河二〇一一、岸本二〇一二〕。なお、江戸時代には、平城天皇皇子阿保親王墓や用明天皇皇子来目皇子墓とする説もあった。大正四年に増田于信が、現治定の雄略天皇陵を否定し、この河内大塚山古墳を雄略天皇陵と認める説を著した〔宮42〕。このこともあってか、史名天法施行後の同一〇年に内務省告示第二八号をもって、史蹟に指定されている。史蹟指定後の同一四年には、本墳を皇室関係のものと見なし、永久保存の計画をたて、保存に適した方法を講じたいという諸陵頭から宮内大臣への上申が出され、陵墓参考地として購入することが決定された。この年をもって、陵墓参考地の治定年としている。つまり、これからしばらくは史蹟と陵墓参考地といういわば二重指定の状態が続くのである。

購入のために速やかに動いたのは、帝室林野局である。同年には、大塚陵墓参考地購入の件を林野局長官から大阪府知事に依頼している。当時、山内は住民の生活の場となっており、学校や寺などの存在も知られている〔藤田友一九九五〕。昭和三年の山麓に散在する民家の立ち退きの完了などをふまえて、同五年に、林野局から諸陵寮へ大塚陵墓参考地として購入済地を引き渡し、同九年には山内に残っていた民有地を買い上げて同じく引き渡している。同年には、古墳周濠の魚蓮採集入会権に対して補償費を支払って、大塚陵墓参考地に関する民有の権利をすべて消失させることもおこなわれた。

その結果、昭和一六年一二月四日付文部省告示第八五二号に拠って、「史蹟名勝天然紀念物保存法第一条に依り大正一〇年内務省告示第三八号を以てしたる史蹟大塚古墳の指定を解除」とされた。なお、土地整理合筆、登記を完了して、林野局から諸陵寮へと所管を転換したのはさらに二年後の昭和一八年のことであった。

文化財保護法の制定と陵墓

上述のように、戦前においては、「史蹟」の保存と陵墓とは密接な関係を有していた。このような状況は、戦後になって大きく転換することになった。昭和二四年の法隆寺金堂焼失事件を契機として、文化財の保護がより強化されることとなり、翌二五年に文化財保護法が定められた。その施行に併せて、史名天法も廃止されたのである。

文化財保護法では、周知の埋蔵文化財包蔵地において土木工事などの開発事業をおこなう場合に事前の届出等をおこなうことを求めている。しかし、宮内庁においてこの法的行為が文化財保護法制定以後、終始一貫して実施されていたわけではない。

陵墓の特別営繕工事は、昭和四二年度を初年度として始まった。そのほとんどは、波浪により墳丘や外堤の裾の浸食が進み、その護岸工事が必要とされていた古代高塚式陵墓であった。この段階においては、文化財保護法に定められた手続きはおこなわれていなかった。

昭和四〇年に森浩一がその著『古墳の発掘』において天皇陵に対する疑念を表明した〔森一九六五〕ことを端緒とし、学会においても、陵墓に指定されている古墳の科学的保存を要求する声が高まりつつある時期でもあった。一方、国会においても昭和四二年に初めて陵墓に関する質問があり、当時の書陵部陵墓課長が前方後円墳については、文化財としての価値を認めつつ、史跡指定を受けないで保存している旨を答弁している。

その後、同四七年三月に高松塚古墳壁画が発見され、空前の関連ブームが起こった。この発見直後から、国会において継続的に陵墓の学術調査等の問題が取りあげられることとなった。当時の書陵部長は、「大部分のものは文化財保護法のている。

適用を受けていない」ことを述べ、また、文化庁次長は「文化財という観点から見ますれば、これはやはり古墳」と答えている。

昭和五〇年の「文化財保護法」の改正の際には、文化庁からの助言もあり、古代高塚式陵墓を適切に保存するため、整備工事の方法を中心に文化庁の代表も含め、広く専門家の意見を聞く場として、同五二年に陵墓管理委員会を設け、以来、毎年一回開催されている。また、同五四年からは毎年一回、現地に案内して意見を聴することもおこなわれている。

以後はいくつかの段階を経て、平成一一年三月末には「古代高塚式を含む埋蔵文化財包蔵地内における陵墓等の営繕工事等」の文化財関係の事務処理について、文化財保護法に規定されたとおりの手続きに全面的に切り替える旨を再確認し、関係機関（京都事務所・陵墓監区事務所）に通知・徹底した。その際、事前調査については文化財保護法第九二条（当時、第五七条第一項）に拠ることを明記している。このことに伴う最初の手続きは、同年八月におこなった允恭天皇陵防災整備工事に伴う事前調査である。以後、陵墓営繕工事に伴う事前調査の場合は、すべて同法同条による手続きをしつつ、現在に至っている。

陵墓の有する文化財的な側面については、次章において、あらためて述べることにしたい。

第6章　これからの陵墓

本章では、これからの陵墓の行方を考えるうえで、重視されることを述べてみたい。

陵墓地内には様々な構築物が残されており、その保護にあたっては地元住民の協力は欠かせないものであった。ここでは信仰という観点から吉備姫王墓内の「猿石」、神功皇后陵（江戸期には現日葉酢媛命陵）の「安産奇石」、舒明天皇陵における各種祈願、陵墓参考地（安徳天皇陵伝承地）における正辰祭などを取りあげ、地元住民との関わりにおいて、陵墓が保護されてきた経緯について考えてみたい。

さらに、陵墓には墓・文化財・環境といった側面があり、それぞれの観点から追求し、最後に今まで述べてきた諸点をふまえつつ、みたび「今後の御陵及び御喪儀のあり方について」に触れて、まとめとしたい。

1　陵墓と地元住民との関わり

地元住民との関わりがあってこその陵墓

陵墓はその造営以後、その時々の社会との関わりのなかで、様々な影響を受けつつ今日に至っている。この間、時には経年や盗掘等による荒廃、時には修補などといった自然的・人工的な改変もあった。このような経緯をふまえつつ、現在、我々の目の前にその姿を呈しているのである。

この間、その所在が不明となる陵墓もあったが、江戸幕府は元禄期以後数次にわたり、探索をおこない、その決定と修補の事業をおこなった。明治以降は政府がこの作業を引き継いだことは、第3章においてすでに述べてきたところである。

このような歴史的経緯のなか、現在の陵墓とその周辺の景観（風景）も形成されてきた。その背後に地元住民の協力によって保存されているところが大きいことは、強調してもよいであろう。そこには、陵墓の被葬者に起因するものと、陵墓の被葬者とは直接関係はなく、陵墓域内に存在する各種構造物に対するものの二者がある。以下、それぞれの代表的な事例について述べてみたい。

応神天皇陵と誉田八幡宮

まず、応神天皇陵と誉田八幡宮との関係を取りあげてみたい。つまり、八幡信仰を通した陵墓との関わりである。誉田八幡宮（大阪府羽曳野市）は応神天皇を主祭神とし、古くから応神天皇陵を守護してきた歴史的経緯がある。『誉田宗廟縁起』に拠れば、後冷泉天皇の御宇に、御廟前にあった宮を南へ一町余り移し造営し、これが今の社であるとしている。江戸時代において、秋の大祭時には境内にある太鼓橋（図51）を渡り、後円部頂上にあった「宝塔屋」に神輿が渡御していたことが知られている。しかし、通常は八幡宮から陵に至る間は閉門され、陵に渡れば神祟があるともいわれていた。江戸時代末の元治元年に至り、本陵と八幡宮は分離されるに至り、堤上にあった関係施設も域外に撤去され、その間に門扉が設けられた〔福尾二〇一三b〕。

しかし、このように培われた地元住民と応神天皇陵との関係は断ち切られることはなく、維新後も継続し、現在でも九月中旬の秋季大祭時には門扉が開かれ、後円部を間近に臨む堤上まで神輿の渡御（「お渡り」）がおこなわれている。

本例以外に、八幡信仰が認められる陵墓としては、允恭天皇陵と国府八幡神社（大阪府藤井寺市）、神功皇后陵と山陵八幡神社（奈良市）、日葉酢媛命陵と山上八幡神社（奈良市）、百舌鳥陵墓参考地と百舌鳥八幡宮などがある。国府八幡神社が

図51　誉田八幡宮の太鼓橋（「神橋」）

允恭天皇を祀るのは天皇が応神天皇の皇孫にあたるためであろうし、山上八幡神社の場合も、日葉酢媛命陵がかつて神功皇后陵に治定されていた経緯を示すものであろう。また、百舌鳥陵墓参考地については、前述したように応神天皇陵の初葬地という伝承によって、関わりを有することになったものと考えられる。

一方、皇室と深いつながりをもつ神社、あるいは天皇を祭神とする神社は数多ある。それらのなかで、陵墓の奉祀社的性格を有するものの一部を列挙してみると、瓊瓊杵尊陵と新田神社（鹿児島県薩摩川内市）、孝昭天皇陵と孝照宮（奈良県御所市）、景行天皇皇后の播磨稲日大郎姫命《はりまのいなびのおおいらつめのみこと》陵と日岡神社（兵庫県加古川市）、彦五《ひこいつ》瀬命《せのみこと》の竈山墓と竈山神社（和歌山市）などがある。これらのうち、孝照宮（孝昭天皇神社）は古くは陵内の丘上にあり、幕末の修陵の際に丘下の東側に移したものである。

応神天皇陵と誉田八幡宮との関係に類似したものとして、すでに第2章で述べたように陵（この場合は堂塔式）を護持する陵寺がある。しかし、関係寺院との密接な関わりは知られるとしても、そこに地元住民との直接的な接点は応神天皇例などに比べて稀薄といえよう。

男狭穂塚・女狭穂塚陵墓参考地などにおける地元住民との関わり

また、地元での祭礼に伴い、陵墓への立入りが認められる例としては、他に男狭穂塚・女狭穂塚陵墓参考地（宮崎県西都市）がある。男狭穂塚は全長一七六メートルを計る我が国最大規模の帆立貝形古墳、また、女狭穂塚も全長一七六メートルの九州最大の前方後円墳である〔東・甲斐二〇一二〕。男狭穂塚は「可愛《え》ノ塚」とも称される。そのなかに瓊瓊杵尊を祀る「可愛社」と呼ばれる小祀があったことが江戸時代の『可愛御陵図（日向国児湯郡穂北郷）』〔書33〕などに描かれている。

この祭は、西都市に位置する神社の『三宅神社記録』に拠ると、その信憑性に関してはより慎重な検討が必要とされるものの、平安時代末期の承安年間にも大祭として山陵祭がおこなわれていたという〔日高一九九八〕。現在では、女狭穂塚前の広場（三宅広場）を主会場とする西都古墳祭が、毎年一一月上旬に二日間開催されている。二日目には、男狭穂塚の後円丘の前の、かつて可愛社があった付近にまで特別参拝が認められている。このような形となったのは、昭和末からである。

地元住民の信仰を介し、通常は立ち入ることのできない区域までの参拝が一時的であるにせよ、認められている例としては、応神天皇陵と男狭穂塚・女狭穂塚陵墓参考地の二例しかないが、陵墓前の公共の広場において、鎮魂等の祭礼がおこなわれている例も認められる。ここでは、二例ほど取りあげておきたい。

一つは、後村上天皇皇子の良成親王墓（福岡県八女市）である。良成親王は、南北朝時代に九州で南朝方の再興を図りつつも志半ばで亡くなった後征西将軍である。その霊を慰めるために、その命日にあたるとされている毎年一〇月八日に、墓前の大杣《おおそま》公園で大杣公園祭がおこなわれている。その際には、地元保存会メンバーによる公卿唄などが奉納されている。

他は、西市陵墓参考地（山口県下関市）である。文化五年頃の「毛利家上申」では、安徳天皇は神器を奉じ、二位尼と入水したので、源義経が海中を捜索させたとある。その際、尊骸と二位尼の遺骸を壇ノ浦で引き上げたが、宝剣は見つからず、尊骸を当地へ隠し埋め奉ったと伝えている〔国06〕。

その結果、明治一六年、安徳天皇御陵見込地として宮内省の所管となった。本参考地では毎年四月二四日、安徳天皇を偲び「先帝祭」が執りおこなわれているが、以前は詩吟や舞も奉納されていたという。ちなみに、安徳天皇が入水の日は、元暦二年（一一八五）三月二四日（ユリウス暦一一八五年四月二五日、グレゴリオ暦同年五月二日）である。

陵墓では、その被葬者の命日とされる祥月命日に正辰祭がおこなわれている。その際に地元住民が参列することも多く、このことも前述した正辰祭の沿革から見れば、長い伝統を有するわけではないが、陵墓と地元との関わりを示す一つの証座とはなりうるであろう。

舒明天皇陵と神功皇后陵における地元住民の信仰

一方、このような主に鎮魂等の意味合いの強い陵墓と地元住民との関わりのほかに、その被葬者の業績や功徳に対する信仰の形態もある。

まずは舒明天皇陵を見てみよう。谷森善臣の『藺笠乃志つく』には、

この陵、頭の病をよく治し給へりとて、近き村々より参拝むもの多きにつきて、陵壇のうへ御在所の前に、諸人の手洗ふ所を構えて手水鉢などいふものをも居《すゑ》たる、いとかしこし。

との記述がある〔書29〕。頭痛以外にも目の病、神経痛、さらには縁結びなどにも効能があったことが知られており、江戸時代には参拝者が絶えなかったという。このことを裏付けるかのように、上円（八角）部正面には奉納された陶製の小瓶が今でも散乱している。戦後になっても、その信仰は継続していた。しかし、墳丘内への一般の立入りが禁じられていることもあって、次第に途絶えていった。現在でも陵への参拝者は認められるものの、頭痛などへの効能を祈願した参拝か、一般の参拝かの区別は難しいところである。

また、幕末までは神功皇后陵とされていた佐紀陵山古墳（現日葉酢媛命陵）では、神功皇后が新羅征討の帰路に筑紫（福岡県）で応神天皇を産んだという故事にちなんだ、安産祈願の民間信仰が知られている。文化三年に刊行されたという昌東舎真風の『（諸国）周遊奇談』には、

此御陵は、わけて今に至るまで人々参詣して安産の事を願ふに一人も禍なし。まづ初め参りて石段を上れば、丸き小石山のことく御借家のまへにあり。其石を願ひて借用して帰宅す。さて子産の時に臨て産婦借用の石を紙に包て、両手に握り持て、皇后を信心して心をしづめ、其場に至れば千に一つも過なくみなあんざんなすことなり。

と記され、また、出産後には借用した小石を倍にして返す習わしになっていたともある〔書34〕。この小石は「安産奇石」とも呼ばれる白礫である。淡路島付近に産出する石英質安山岩で、櫛山古墳では白礫を敷き詰めた遺構が検出されているように〔上田宏ほか一九六二〕、前期の大型古墳では確認されることも多い。

さて、神功皇后陵は、文久三年に現陵に改定された。このことに伴い、佐紀陵山古墳でおこなわれていた安産信仰はどのように推移していったのであろうか。出産に際し、神功皇后にあやかり安産を祈願するという目的からすれば、陵所の変更に伴い、元神功皇后陵であった佐紀陵山古墳での安産信仰は途絶えたとするのが自然な考えであろう。

今までたびたび参考としてきた上野竹次郎の『山陵』には、佐紀陵山古墳に関して次のような記述がある〔上野竹一九二五〕。

此の陵、一時誤認して神功皇后陵となす。里民亦久しく神功皇后陵として崇信す。之を里老人に問ふ。曰く、往事里人の往きて拝するもの、皆陵北よりす。即ち後円半腹に門あり。門前に到りて拝す。敢て門内に入るものなし。孕婦《ようふはらめ》（妊婦）の詣で、寧産を祈るもの、皆陵地の小石を獲りて帰り、これを懐にして以て護符となす。今や狭城三陵及び高野陵、官之を考定す。里俗今猶安産を神功皇后陵に祈るも、皆池上陵（神功皇后陵）に詣で、復た此の陵に詣づるものなしと。

つまり、治定替え後は、現神功皇后の陵に参拝して安産信仰が途絶えることはなかった。ここには、民衆のしたたかさ、信仰の深さをうかがい知ることができるのである。大正一〇年六月の調査の結果を示した『日本産育習俗資料集成』には、「神功皇后陵の北域から小石を頂いて来て妊婦の腰にはさませておくと安産する。」との記載がある〔恩賜財団母子愛育会（編）一九七五〕。『山陵』の記載を参考にすれば、佐紀陵山古墳ではなく、現神功皇后陵である五社神古墳の状況を示していると考えられよう。

昭和六〇年代に、地元において本件に関する聴き取り調査を実施したことがあるが、安産信仰のことを知る人はいたものの、実際に祈願した人には出あわなかった。五社神古墳では佐紀陵山古墳のように、白礫の存在が目立つこともなく、また、何よりも立入りが厳禁されていることが、安産信仰に起因する参拝が途絶えたと考えられる大きな要因であろう。その信仰がどのように変質し、いつ頃消滅していったかの解明が新たな課題であろう。

また、神功皇后陵では拝所の西側、つまり向かって左側に八基の灯籠が南北に並んでいる。これらは陵前の丘上に立てられていたが、幕末の修陵の際に原位置に移設されたものである。安政二年の記録には、地域社会の有力者が、家内安全や所願成就のために献納した寛文七年から寛政七年までの灯籠二〇基の存在が認められるという〔高木二〇一〇〕。現存する八基のうち、もっとも古いものは「延享二」年（一七四五）、新しいものは「寛政二」年の銘を有する。もっとも大きな灯籠は、宝暦六年に大和郡山藩の重臣であり、日本文人画の先駆者ともされる柳沢里恭《さととも》（淇園《きえん》）が「永代常夜燈」として寄進したものである。

さらに、本陵では江戸時代後期には、毎年正月一〇日にはその陵前において、地元の超昇寺郷七ヶ村の老人によって注連縄が巻かれ、雨乞いの儀式がおこなわれていた〔高木二〇一〇〕ことも付記しておきたい。

恭礼門院陵の厚朴

恭礼《きょうらい》門院は桃園天皇（一一六代）の女御である。名は富子、英仁親王ほかの母にあたる。明和七年に英仁親王が後桃園天皇（一一八代）として即位すると、翌年皇太后となった。院号を受けて出家し新女院、のち女院と称した。陵所は泉涌寺内の御近陵域内（京都市東山区）に位置する宝篋印塔で、陵名は月輪陵である。髪塔が高野山字奥の院（和歌山県高野町）にある。

本陵の後方には、かつてモクレン科の植物のホオノキが植えられていた。その樹皮や根皮を乾燥したものが厚朴《こうぼく》であるが、ホオノキそのものを厚朴と称することもある。『万葉集』巻一九にもホオノキについて、「攀《よ》ぢ折れる保宝葉《ほほがしは》を見る歌二首」として、「吾が背子が　捧げて持てる　ほほがしは　あたかも似るか　青ききぬがさ」（僧恵行）、「皇神祖《すめろき》の　遠御《とおみ》代《よ》御代は　い布《し》き折り　酒《き》飲むといふぞ　このほほがしは」（大伴家持）と詠まれている（四二〇四・四二〇五）。

明治天皇の一年祭後に昭憲皇太后（一条美子）が光格天皇陵・仁孝天皇陵に参拝し、併せて恭礼門院陵にも参拝している。恭礼門院の父一条兼香《かねか》は昭憲皇太后の六世の祖にあたることによるものである。この行啓に供奉し、陵墓の概要を説明したのが前述した増田于信である。

その時の于信の説明によると、恭礼門院が御崩《おかく》れの際に、我が陵の傍に必ず厚朴の木を栽えて、病に悩む民には誰にでもその葉を採って与えよ、との御遺令（遺言）があったという。そして、明治維新までは、泉涌寺からこの葉を採って希望する者に遣わしたともいう〔宮47〕。このホオノキは現在は枯渇し、石柵の間にわずかにその痕跡をとどめている。したがって、このことに伴う葉の下賜も途絶えている。

本例は、地元住民から陵墓に積極的に関わったものではなく、女院から地元住民に関わった例であることには留意しておきたい。女院の存命中、後桃園天皇の次代の光格天皇が、天明の大飢饉で困窮した民草の救済を幕府に求めたという事例に通じるものがあるともいえよう〔藤田覚一九九四〕。

陵墓地内の各種構築物に見る地元住民との関わり

次に、陵墓域内に存在する各種構造物と地元住民との関わりについて、考えてみたい。陵墓に普遍的な構造物である灯籠のうち、大名や旗本などが寄進した例については、すでに触れてきた。大名や旗本などの為政者ではなく、一般民衆が奉献した例として、まずは聖徳太子墓の墳丘をめぐる「結界石」を見ておきたい（図52）。

①　聖徳太子墓の「結界石」

墳丘を二重にめぐる結界石のうち、内側をめぐる中段結界石は弘法大師の寄進によるものという説もあるが、鎌倉時代に聖徳太子信仰との関わりのなかで樹立されたという説が有力である。本来は、梵字を刻んだ卒塔婆ではなかったかともいわれている。その多くは凝灰岩製である。本来の形状をとどめているものはほとんどないものの、比較的保存状態の良好なものでは、おおむね高さ約一メートル、幅約三〇センチ、厚さ約二〇センチの板状を呈している。もともとは上部に聖観音を示す𑖭《サ》の梵字一字を陰刻したのであろう。その数は「聖徳太子墓の七不思議」では、何度数えても数が合わないとあるが、保存処理に伴う宮内庁の現状調査では四四八基とされている〔北條・福尾二〇〇六〕。

一方、下段結界石とも呼ばれている墳裾に位置するものは、享保一九年二月二一日に、「摂州大阪」の樋口正陳《まさのぶ》が願主となり喜捨を募って、梵字一字および浄土三部経を彫刻した四七八基を建設寄進したものである。個々の結界石は花崗岩を使用しており、頂部が三角形を呈する造りとなっており、保存状況もよい。全体を上下三段に区画し、上段に𑖭の梵字一字、中段に浄土三部経、下段に寄進者などが刻されている。この下段結界石も聖徳太子信仰の現れであろう。ただし、結界石そのものに対する信仰の明証は認められないことには注意しておくべきであろう。聖徳太子墓にあってこそ、その意味をなすものなのである。

下段結界石の施主の居住地は、銘文に拠ると大坂、河刕《（州）》、河内国、が圧倒的に多い。その他、堺、泉州、和州や摂州も比較的多く認められる。その一方で、肥後、備後、紀刕、京、江戸などの地名もある〔福尾・清喜・加藤二〇〇九〕。

このように、聖徳太子墓では太子信仰を通じて、地元住民のみならず、西日本だけではなく、江戸に至るまでのかなり広域にわたって関わりがあることが知られるのである。ここでは、太子信仰の結果として、結界石が列立されるに至ったことを指摘するにとどめたい。その対極に位置づけられるものとして、これから述べる「猿石」などが現地に置かれた結果として、新たな性格が付加されるに至ったこととは区別しておきたい。

② 吉備姫王墓内の「猿石」

皇極（重祚して斉明）・孝徳両天皇の母である吉備姫王の墓は、祖父にあたる欽明天皇陵の南隅角付近に位置する。墓は檜隈墓と称され、幕末に治定された径約八メートルの小円墳である。その墳丘の前面には、「猿石」として親しまれている四体の石造物が認められる（図53）。猿石についての記録は、古くは『今昔物語集』に「石の鬼形」とあるが、近世においては、延宝九年の序のある『大和名所記』（以下、『和州旧跡幽考』という）が初見であろう〔書35〕。そこには、鬼の魚板・雪隠の西方にある鬼頭田《くびた》という田の中にある「頭」二つについての記事があり、おそらくはこれが猿石を示すものと考えられている〔今尾一九八五〕。

寛政三年の『大和名所図会』には、元禄一五年一〇月一五日に平田村池田より掘り出したもの、とある〔書36〕。延宝期以前に、田の中に埋もれていた猿石を元禄一五年になって掘り上げ、欽明天皇陵の陵側に立てたものであろうか。

谷森善臣が安政四年（一八五七）に実見した際は、欽明天皇陵前方部（猿山トアリ）の南側下段に立てられていた〔書29〕。その著の『山陵考』では、陵の南方の二重湟の中堤にあったものが外堤に没入したものか、としている〔書21〕。

幕末の修陵の際には、欽明天皇陵の周濠の外に出して、外柵を設けた。『文久山陵図』では、欽明天皇陵前方部外側の南側にあたり、木柵にて囲まれた石人が描かれている〔書21〕。その後、現位置に移された。明治八年一〇月に、吉備姫王墓内の石像保存のことを堺県に達しているので、この時以前には現在の位置に据えられたものであろう。

猿石はそれぞれの表貌に因んで、北から「女」、「山王権現」、「僧（法師）」、「男」と呼ばれている。石材は、いずれも

図52　聖徳太子墓の結界石（保存処理後）

図53　吉備姫王墓内の猿石（保存処理前）

図54　聖武天皇皇太子墓内の隼人石
「第一石」（保存処理後）

飛鳥一帯に広く分布する石英閃緑岩である。その性格については、古墳の前に立てる石人・石獣の類とする説、民間信仰の遺物とする説などがある。近年では、飛鳥時代に渡来盛行した伎楽の様子を表現したとする解釈も示されている〔亀田一九九九〕。猿石をめぐる研究は新たな段階へと突入しているといえよう。

猿石については、安産・厄除の神として地元住民の強い信仰があり、毎年一一月五日には「山王山のお祭り」がおこなわれている。第二次世界大戦の終了後、GHQ〔連合国最高司令官総司令部〕に持ち去られることを危惧して、諸陵寮の指示によって、現在地に一時埋められたことがある。しかし、地元の平田村では従来は絶えてなかった難産者や火災の難が頻発したため、一年余りで地元住民の手によって掘り出され、再び元の状態に復されたという〔宮48〕。

③　聖武天皇皇太子墓内の「隼人石」

猿石と並び、陵墓地内の石造物として著名なものは、聖武天皇皇太子墓内に所在する「隼人石」である。太子の名は明らかでない。皇后光明子の所生で、誕生の年である神亀四年（七二七）に皇太子に立てられ、翌年に薨去、那富山墓に葬られた。墓は東西約一一メートル、南北七メートルの小円墳で、明治一二年に現在地に治定された。

隼人石は『和州旧跡幽考』では「七疋狐」、「犬石」や「狐石」とも呼ばれていた〔書35〕。藤貞幹が『奈良山御陵碑考證』〔明和七年〕〔屋代一九二三、斎藤忠一九七九〕で狗装の隼人説を示して以来、隼人石と呼ばれることが多い〔福山一九八三〕。明治四二年に柴田常恵が「元明陵の隼人石に就て」を発表して以降は、統一新羅時代の十二支像と関係するものとして理解されることが多くなっている〔柴田一九〇九〕。

現在、隼人石は四体が知られている。墓の北西に位置する第一石〔本石を基点に時計回りに第一〜四石とする〕はネズミを表し、その頭上に「北」と刻した像はとりわけ著名である〔図54〕。『聖蹟図志』〔嘉永七年〕では、現治定箇所に稲荷社があり、「犬石」が三体あることが記されている〔書18〕。その後、「東」の刻字がある第三石が、奈良町の小祠から運ばれ、文久三年以前には計四体となった。明治八年には、東大寺大仏殿・回廊で開催された第一次奈良博覧会に出陳され、終了

図55　蓮華峯寺陵内の石仏（保存処理前）

後には現在地に戻されている。その際に、第一石などは、出陣前の位置を移動し、現位置に置かれたようである。

隼人石も猿石と同じく、終戦後には地中に埋められたこともあった。これまた後に掘り起こされ、平成一〇年度の保存処理を実施した際には、下部が四〇〜七〇センチほど埋められていた〔北條二〇〇〇〕。この隼人石に関しては現在、地元における明確な信仰の実態を確認することはできない。猿石とは異なり、入口部が常時閉門され、視認することができないことも関係しているのであろう。しかし、隼人石の一部は江戸時代末までは奈良町の小祠のなかに安置されており、何らかの信仰の対象となっていたことは間違いのないところであろう。この信仰が原位置に移動されることによりどのように推移していったか、さらには本来あったとされる他の十二支像の行方等の解明は、今後の課題として残されている。

④　蓮華峯寺陵内の石仏

猿石や隼人石が江戸時代末以降に現在の位置に留め置かれたのに対し、蓮華峯寺陵内の石仏が現位置に区画を設けて安置されたのは、昭和五二年のことである（図55）。蓮華峯寺陵の沿革については、すでに第2章2節において言及してきた。

陵をめぐる巡回路の東斜面には、何時の頃からか五輪塔なども含む石仏が、雑然と積み重ねられていた。宮内庁書陵部では同年に、それらの写真撮影・実測等をおこない、その東側に区画を設け安置した。その数、四〇〇体余りである。舟形や笠塔婆形等の様々な形態を示し、阿弥陀如来や地蔵菩薩を表現したものもある。なかには「文明六年」（一四七四）の年号が刻されているものがあり、その前後に制作されたものと考えられよう。

北嵯峨一帯にはこのような石仏が多く認められ、当地の中世の地域性を理解するうえで、貴重な資料となっている。近年、散逸する石仏も多く、その意味でも本陵内の石仏は貴重視されるものである。堂を中心に「浄土」が形成されていたと考えられ、地元住民の信仰を集めていたものであろう。現在でも、周囲に散見される石仏に詣でる人も見かけられる。なお、石仏は長期間にわたり、野ざらしとなっていたため、地衣類等の繁茂があり、大気による風化も進行し、表面の剥落等、著しいものもあった。平成一八～二〇年度にかけて、緊急に保存処理が実施されている（宮内庁書陵部陵墓課（編）二〇〇九）。

再び陵墓と地元住民との関わりについて

陵墓における地元住民の各種の信仰がどの時期にまで遡るか、明らかにできるものは少ない。今回、取りあげた各種信仰以外にも、孝霊天皇皇子の大吉備津彦命墓（岡山市）の後円部裾部の「穴観音」における「観音信仰」（半肉彫りの仏像は、本来、大日如来といわれている）などもある（清喜二〇〇九）。

以上のうち、もっとも古くまで遡る可能性があるものは、聖徳太子墓の中段結界石である。その形状等から考えて、鎌倉時代には樹立されていたものと考えられている。太子信仰の萌芽的状況はすでに『日本書紀』に「一《ひとたび》に十人の訴《うたへ》を聞きたまひて」（推古天皇元年四月条）や片岡遊行（同天皇二一年一二月条）の説話があり、太子は常人と異なることが記されている。奈良時代には、すでに太子を菩薩とみる伝記が出たこともあって、中段結界石もこれらとの関係を考える好資料となりうるであろう。

以上、陵墓における各種信仰を、陵墓の被葬者に起因するものと直接関係ないものとに二分し、簡単な説明を加えてきた。後者は、信仰対象物が移動しても信仰は継続されている。しかし、隼人石については、実見することが困難な状況にあることから、現在ではその信仰はほぼ途絶えている。一方、前者については、治定替え等の移動により途絶えるかと思いきや、その信仰は根強く継続し、感嘆に値する。

現在、陵墓への一般の立入りは禁じられてはいるが、江戸期、もしくはそれ以前にまでも遡る地元住民による信仰は細々とはいえ継続している。このことが、今後の陵墓の公開等を考えるうえでの大きな推進力になりうる可能性を、強調しておきたい。

2　陵墓を構成する三要素——墓・文化財・環境

陵墓の本義再び——祭祀の継続

これまでたびたび触れてきたように、陵墓には様々な性格がある。しかし、その本義は現に皇室により祭祀が継続されているところにある。陵墓において現在おこなわれている祭祀については、すでに「はじめに」の「陵墓の本義」の項で述べてきた。ここでは陵墓の有する様々な性格を概観していく前に、まずはそれぞれの祭祀の沿革について考えてみたい。

①　式年祭

『明治天皇紀』第二に拠れば、明治三年一一月二二日に「歴代皇霊式年祭の制」が定められている。これは「一周・三年・七年・十三年・十七年・二十五年・三十三年・五十年・百年とし、以後は五十年毎に追祭を山陵に行ふこととし」たものであり、仏式を反映したものであった。

同五年一一月七日には、「一年、三年、五年、十年、二十年、三十年、四十年、五十年、百年、爾後毎百年に之を祭る」

と式年が変更された。つまり、仏式による年忌から神道式に変更されたのである。ただし、一年祭は服喪中であり、喪礼であって、式年祭ではない。なお、この時期に挙行された式年祭は、数え年によるものであった。明治九年からは満年によっている。

「歴代皇霊式年祭の制」は、歴代天皇陵のみに限定した規定であったが、墓に関しても同様に式年祭がおこなわれたことは、明治九年に明治天皇の第一皇子である「稚瑞照彦尊墓三年祭」が豊島岡墓地で実修された例などにより、知ることができる。

明治一一年には、「綏靖天皇より後桜町院天皇に至るの式年祭正辰祭を廃す。但し畝傍山東北陵於《ママ》近陵は旧典に仍る」とされた。この状態は、明治四一年に皇室令第一号として、「皇室祭祀令」が定められ、その第一〇条に「式年は崩御の日より三年五年十年二十年三十年四十年五十年百年及爾後毎百年とす（以下略）」、また、第二一条に「（前略）綏靖天皇以下先帝以前四代に至る歴代天皇の式年祭　崩御日に相当する日」と規定されるまで、続いた。

ただし、皇室祭祀令では、綏靖天皇より後桜町天皇（一一七代）に至る式年祭は、皇霊殿のみでおこなわれるとされており、陵所での実修については記されていない。大正五年九月五日の春日宮天皇千二百年式年祭では、陵所に勅使が参向していることから、この時期には陵所での式年祭が再開されていることを知ることができる。翌六年九月二五日の後陽成天皇三百年式年祭、一〇月一六日の伏見天皇六百年式年祭でも、陵所で関係する儀式がおこなわれている。以後は現在に至るまで、式年祭は陵所でも実修されている。

② 正辰祭

正辰祭は、毎年、天皇および皇族の崩御・薨去された日、または崩御・薨去された日が明らかでない御方については春季皇霊祭、秋季皇霊祭の日、若しくはその前後の日に、それぞれの陵墓において、皇室がおこなっている祭祀である。

式年祭のほかに官費をもって神饌・玉串等を献備していた陵では、これまで現地管理者である守戸長等が私費で神酒洗米等を献備していた。明治七年一二月一四日になり、（現地管理のために）掌丁を置かれた際、御祭日・御祝日等には全陵墓に官費をもって神饌・玉串等を献備するように、京都府知事から教部省に対して、上申があった。

同一〇年一月に陵墓の所管が教部省から内務省になったため、同年六月に前記の件について、内務省より追って取り決め指令すべき旨を通達している。同一一年には、春秋二季祭（春分・秋分の日）を設けて、歴世の皇霊を祀ることとし、皇妃皇親をも合祭することとした。このことによって、前述したように、綏靖天皇から後桜町天皇にまでの式年祭・正辰祭は廃せられたのである。

大正期には同一〇年に天皇陵の正辰に限り、三円以内にて榊購入、献供の儀を許可する旨、諸陵寮事務官より現地の責任者である陵墓監に通牒している。次いで、同一三年には今後、天皇陵以外の陵（崩御日不明なものを除く）にも正辰の際に天皇陵同様、榊を献備すべき旨、諸陵寮事務官より現地の管理責任者である陵墓監に通牒した。昭和六年には、崩御日不明の皇后陵には、これよりその配偶天皇の崩御日において天皇陵の拝礼の終わった後に、榊を献備することを決定している。同一〇年には、明年度より御墓（宮家奉祀の分を除く）の正辰祭にも、榊を献備することとした。

戦後は、昭和二四年に、従前は正辰祭の榊料は宮廷費から支弁していたが、以後、図書頭より皇室経済主管あてに内廷費で支弁願いたい旨を依頼し、翌二五年四月一日から実施している。

同五七年四月一日からは陵墓参考地に対しても、榊料が支給されるようになったことを各陵墓監区事務所長あてに通知している。このことにより、すべての陵・墓・陵墓参考地に榊料が支給されるようになった。

③　山陵例祭

すでに崩御した先帝（昭和天皇）、先帝前三代（大正・明治・孝明各天皇）、神武天皇および崩御の先后（香淳皇后）の各崩御日に、毎年、それぞれの陵において皇室がおこなっている祭祀である。皇霊殿では、別途関係儀式が実施されている。

皇室祭祀令では、神武天皇祭と先帝祭は大祭・山陵奉幣（第九条・第一二条第一項大祭式）、先帝前三代および先后の皇霊殿での例祭は小祭（第二一条・第二五条第一項小祭式）と位置づけているが、先帝前三代および先后の陵所での例祭は皇室祭祀令に規定はなく、慣例によっている。

陵墓の有する性格――多面性

陵墓でおこなわれている以上のような祭祀の実態をふまえつつ、以下、陵墓の有する性格を墓・文化財・環境という側面からあらためて見ておきたい（図56）。

① 墓に起因する性格

まずは、陵墓とは皇室典範に規定する定義を繰り返すまでもなく、皇室関係者を葬るところ、つまり、限定された意味を有する墓である。墓に関しては、刑法第二第二四章「礼拝所及び墳墓に関する罪」に礼拝所不敬及び説教等妨害（第一八八条）、墳墓発掘（第一八九条）、死体損壊等（第一九〇条）、墳基発掘死体損壊等（第一九一条）に関係する罰則がある。墓を勝手に掘削したり破壊した場合には、単なる器物損壊とは別の罪で裁かれることとなるのである。これは、墓そのものが人間にとってもっとも尊厳を保つべき場所である、という判断を示したものと考えられよう。すなわち、国民の宗教生活、健全かつ善良な宗教的な敬虔感情の保護を図るものであることがわかるのである。

現に皇室において祭祀が継続しておこなわれ、皇室と国民の追慕尊崇の対象となっているという陵墓の本義に鑑み、陵墓を良好な状態で維持および保存するためには、静安と尊厳の保持がもっとも重要であるということも、このことに関連してのことである。

② 文化財に起因する性格

次に、陵墓の文化財的側面について、言及してみたい。このことについては、近年、とりわけ注目されるようになったものでもある。陵墓には様々な形のものがある（図57）。そのなかでも、もっとも特徴的なものは、前方後円形を呈する

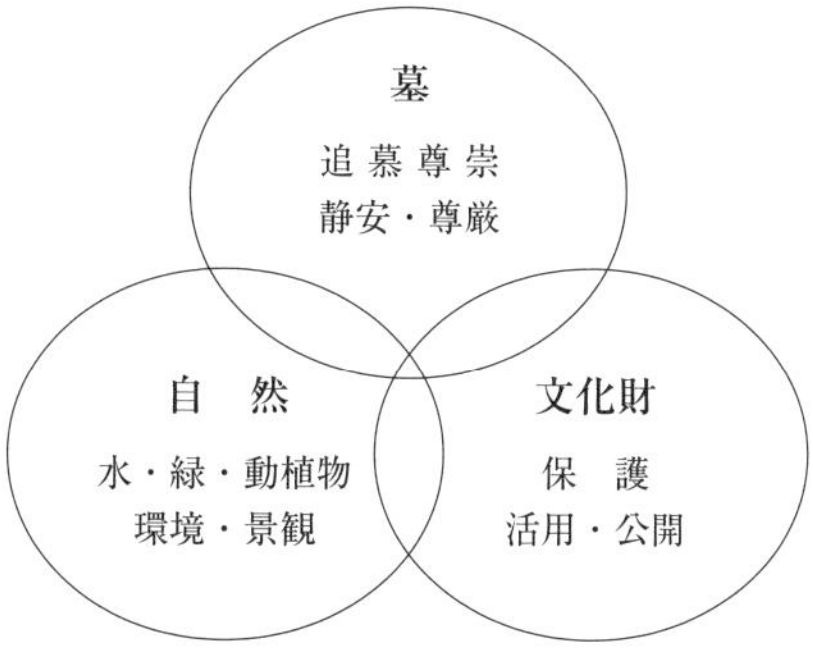

図56　陵墓の有する性格

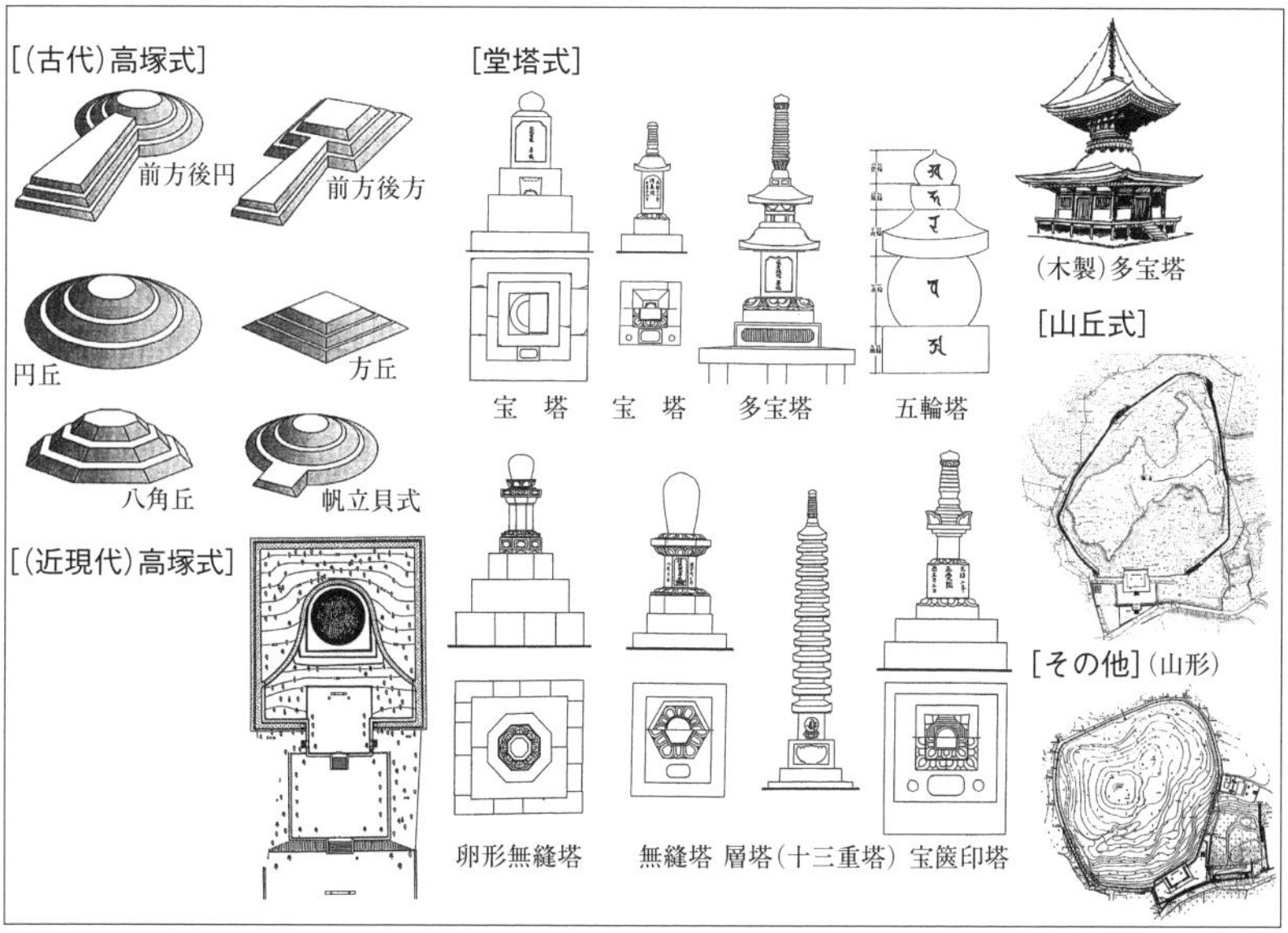

図57　陵墓の形

（古代高塚式）陵墓である。前方後円墳は、三世紀半ばから六世紀末まで営まれ、その分布は九州の南端から東北地方南部まで及ぶ。その数は、約五二〇〇基ともいわれている〔広瀬二〇一〇〕。

このような同じ形をした墳墓を、首長の死に際して造営するという事実は、きわめて重要なことである。つまり、同じ宗教・政治観を共有する社会体制が確立したものとして、捉えることができるのである。「クニの誕生」と言い換えることもできよう。

文字記録が十分に残されていない時代において、我が国の成立過程を研究する際に、前方後円墳のもつ情報はきわめて重要であり、欠かすことのできない手がかりであるといってもよいであろう。大きさが上位二〇基の古墳はすべて前方後円墳であり、うち陵墓に治定されていないのはわずか四基だけである（表12）。単純化して述べるならば、規模の大きな前方後円墳の被葬者が、それだけ大きな統治能力を反映しているということになれば、これらの治定陵墓が有する情報が重要であることは当然のことであろう。

ここで言及した古代高塚式陵墓だけではなく、堂塔式陵墓においても仏教等、当時の宗教的背景をもった建築物や造形品、あるいは石塔そのものが有する美術的価値も、「我が国にとつて歴史上又は芸術上価値の高いもの」（文化財保護法第二条）と定義される文化財と呼ぶに相応しいものであることは、誰も否定はしないであろう。

陵墓が有する墓としての性格と文化財的な性格とは、表裏一体のものであり、その片方だけを注視するということでは、十分な議論はできない。例えば、陵墓と同様な多面的な性格を示す事例として、仏像一体のみを取りあげても、それは信仰の対象であると同時に、美術（彫刻）作品という見方もあるのである。仏像の微笑みを見て癒しを体感し、思わず手を合わせることもあれば、美術作品としての造形に美を感じる人もあろう。仏像の見方についても、いろいろな観点があり、それぞれの人がどのように感じるかのほうが、より重要かと思われるのである。

ちなみに、仏像が有するこのような多面性は、時代時代によってそれぞれ強調される視点が異なることもある。明治時

表12　大型古墳の大きさ上位20

順位	陵　墓　名	古　墳　名	所　在　地	全長(m)
1	仁徳天皇陵	大仙陵(大山)古墳	大阪府堺市堺区大仙町	500以上
2	応神天皇陵	誉田御廟山(誉田山)古墳	大阪府羽曳野市誉田	425
3	履中天皇陵	上石津ミサンザイ(石津ヶ丘)古墳	大阪府堺市西区石津ヶ丘	365
4	−	造山古墳	岡山県岡山市新庄下	350
5	河内大塚陵墓参考地	河内大塚山古墳	大阪府羽曳野市南恵我之荘・松原市西大塚	335
6	畝傍陵墓参考地	五条野(見瀬)丸山古墳	奈良県橿原市見瀬町・五条野町・大軽町	310
7	東百舌鳥陵墓参考地	土師ニサンザイ古墳	大阪府堺市百舌鳥西之町	300以上
8	景行天皇陵	渋谷向山古墳	奈良県天理市渋谷町	300
9	仲姫命皇后陵	仲津山古墳	大阪府藤井寺市沢田	290
10	−	作山古墳	岡山県総社市三須	286
11	倭迹迹日百襲姫墓	箸墓(箸中山)古墳	奈良県桜井市箸中	280
12	神功皇后陵	五社神古墳	奈良県奈良市山陵町	275
13	宇和奈辺陵墓参考地	ウワナベ古墳	奈良県奈良市法華寺町	255
14	平城天皇陵	市庭古墳	奈良県奈良市佐紀町	復元250
14	−	メスリ山古墳	奈良県桜井市高田・上之宮	250
16	崇神天皇陵	行燈山古墳	奈良県天理市柳本町	242
16	仲哀天皇陵	岡ミサンザイ古墳	大阪府藤井寺市藤井寺	242
18	−	室宮山(室大墓)古墳	奈良県御所市室	238
19	允恭天皇陵	市野山古墳	大阪府藤井寺市国府	230
20	垂仁天皇陵	宝来山古墳	奈良県奈良市尼ヶ辻町	227

図58　陵墓関係15学・協会による桃山陵墓地への立入りの状況(平成21年２月20日)

代初期の廃仏毀釈の際には、その美術性、つまり文化財的な側面を強調し、宗教性を緩和することによって、保護に至ったという経緯があることを指摘しておきたい。

また、陵墓のなかには、築造後に城郭として利用されたもの、さらには城郭の一郭を陵墓に利用したものもある。代表的なものとしては、桓武天皇陵・明治天皇陵などが営まれた京都市の桃山陵墓地があげられる。ここには、豊臣秀吉が築いた伏見城があるのである。この分野は近年、急激に研究が進展しており、明治天皇陵などの兆域を除いた地には、関係学会や京都府による立入り調査も実施されている〔京都府教育庁指導部文化財保護部（編）二〇一四〕（図58）。残念ながら、城郭を構成していた石垣等が確認されている箇所はきわめて少ないが、その縄張り等の構造については比較的良く残存しており、今後の研究の進展が楽しみな分野でもある。

文化財はそれぞれの時代の社会情勢を反映しつつ、形づくられ、場合によっては補修などが加えられつつ現在に至っている。陵墓の有する文化財的な側面も、このような観点から追求することにより、各時代の人々の歴史をより明らかにすることができると期待されるのである。

③　景観（風景）としての陵墓――自然環境との関わり

近年、仁徳天皇陵や応神天皇陵などの濠をめぐらした古代高塚式陵墓については「都市の中の水と緑」という環境的側面から取りあげられることが多くなりつつある。濠に水をたたえた前方後円形の陵墓は三三基を数え、陵墓以外の古墳にはあまり見られない特徴となっている。

陵墓の濠水は、農業用水として長い期間にわたり利用されてきた経緯がある。土地開発に伴い、農地から住宅地等へ転地されていく過程で、農業用水としての利用は少なくなってくる一方で、災害用の非常用水、あるいは防災用水としての性格を強めてきている。また、都市化とともに下水道の整備が進み、それまで濠に流れ込んでいた雨水は減少しつつある。加えて、生活雑排水の流入もなくなり、その整備は歓迎されることではある。しかしその一方で、濠水の十分な確保が難しくなるとともに水流が滞り、水質の悪化を招く要因ともなっている。

このように、陵墓の濠水は陵墓のなかで完結する問題ではなく、それぞれの土地の長い歴史を背景にしているものであり、今日的にも大きな課題になっているといえよう。

陵墓の緑の問題にしても、地球温暖化が深刻に取りあげられるなかで、墳丘上の樹木が二酸化炭素の削減、さらにはヒートアイランド緩和の効果があるとの指摘もある。このような実利的な面だけでなく、都市のなかの緑として、住民に憩いや癒やしの場を提供するという精神的な効果も付記できよう。

さらに、墳丘に樹立している木については、燃料としての側面も見逃せない問題であろう。すなわち、現在のようにガスや電気が普及するまでは、薪が燃料の主役であった。陵墓地は村の入会地的な性格の場所として、薪の採取地としても利用されてきた。現在、墳丘上の樹木を薪として利用することは皆無となっており、結果的に林相整備という観点からは、目配りが十分に行き届いていないということも事実であろう。そのために、墳丘上にある樹木が大きく繁茂、雑木林化し、台風等によって倒木が生じた際には、墳丘にかなりのダメージを与えることになるのである。近年では、平成一〇年に大和盆地を襲った台風七号によって、大市墓（箸墓古墳）などが大きな被害を受けた〔徳田・清喜二〇〇〇〕。

また、陵墓の緑に誘われて陵墓地の近くに居を構えても、樋《とい》に枝葉が詰まったり、日照が遮られたり、さらには杉花粉の飛散等があり、苦情となることも多い。陵墓の日常管理にあたる現地の陵墓監区事務所では隣接者へ被害が及ばないように努めているが、すべて解決しているとはいえない状況にある。古代高塚式陵墓において、林相を将来的にどのようにしていくかという議論についても、より深める必要性はあるが、宮内庁だけで完結的に解決できるものでもない。

水と緑という環境問題は、近年の都市化のなかでクローズアップされてきた。陵墓のもつ性格の一面として、対応していかなければならない問題であろう。さらに付け加えるならば、陵墓内に棲息する動・植物にも十分な配慮が求められよう。陵墓地はある意味では完結された空間であり、レッドデータブックに記載されているような稀少動・植物が生息しているところもある。これらについては、引き続き適切な保護に努めるべきであろう。

陵墓地内に棲息するカラスやカワウは、その糞害や鳴き声によって環境問題ともなっているという現実もある。その一方で、濠で羽を休める渡り鳥の光景は、一つの風物詩にもなっている。このような環境問題については、絶対的な正解を見いだすことはきわめて難しいといえよう。害鳥の駆除という側面があれば、その一方で野鳥保護という側面からの提言もある。環境の問題というものは数年で解決する、あるいは急激に変化するものではなく、数十年単位の中長期的な視点で見ていく必要があるように思われるのである。

文化財の保護と活用

さて、以上述べてきた陵墓の有する三側面をふまえつつ、皇室によって祭祀が現に継続しておこなわれている陵墓の保護と活用は如何に図られるべきであろうか。

文化財としての観点から陵墓を見た場合、文化財の保護と活用（公開など）は、大英博物館やフランスのルーブル美術館が開館した一八世紀半ばから末には、相対立する概念として存在していた。この両者に如何に折り合いをつけるかは、文化行政の柱でもあることは理解されつつも、二〇〇年以上の様々な議論を経た現在でも、明確な結論は出ていないというのが実状であろう。

昭和二五年から施行されている文化財保護法の第一条では、「この法律は、文化財を保存し、且つ、その活用を図り、もつて国民の文化的向上に資するとともに、世界文化の進歩に貢献することを目的とする。」ことが明記されている。しかし、このような事情を反映してか、文化財の指定・登録や変更の手続きを定めているものの、活用するための具体的な方法・施策は「公開する等」（同法第四条第二項）だけしか記されていないのである。

このように、文化財の活用については、文化財保護法の制定時から問題視されつつあったことは知られるが、より強調され始めたのは、一九八〇年代からではないであろうか。その背景には、同法が制定された昭和二五年は終戦後まだ間もない時期でもあり、国の財政事情が厳しいことが背景にあった。所有者等の権利者に規制を課して国が強く関与することにより、保護を図ろうとしたものであった。その後、経済事情の好転によって、権利者への規制の代償として修理等の資金の援助の増額、政府および地方公共団体が買い上げて公有化するといった施策によって、文化財保護は成果をあげてきた。その間、同法は大きく改正されることはなかったのである。

平成一三年には、文化審議会文化財分科会企画調査会により「文化財の保存・活用の新たな展開——文化遺産を未来に生かすために」が報告され、その成果は同一九年一〇月三〇日に報告書としてまとめられた〔文化庁二〇〇七〕。そこでは、文化財の総合的な把握、さらには社会全体で継承していくための方策が示されている。

また、最近では同二九年五月に文部科学大臣から文化審議会に対して、「これからの文化財の保存と活用の在り方について」の諮問がなされ、中間報告がまとめられている〔文化審議会二〇一七〕。

ここでは、文化財の保存と活用に関する基本的な考え方として、文化財保護法第一条に規定されているように「保存と活用は文化財保護の重要な柱」と位置づけ、「両者は互いに効果を及ぼしあい、文化財の継承につなげるべきもので、単純な二項対立ではない。」ことを確認しつつ、「文化財の保存と活用は、共に、文化財の次世代への継承という目的を達成するために必要なものである。」とする。

そのうえで、「今後、文化財の種類や性質に配慮しながら、適切な保存・活用の在り方を整理し、保存も確固とするような活用の在り方を模索していくことが必要である。（中略）その恩恵は、現在のみならず将来にわたり各世代の人々が同じように授かるべきものである。」とする。また、地域住民の存在・役割にも言及して、「文化財を通じて地域住民がふるさとへの理解を深め、文化財の継承の担い手として様々な活動に主体的に参画することが、文化財と地域コミュニティの維持発展に必要である。」としている。

加えて、「今後は、文化財の保存と活用の好循環を創り上げていく視点が重要である。」とし、文化財を核にした取組の進展により生まれる「社会的・経済的な価値を地域の維持発展に役立て、文化財の保存や新たな文化創生へと還元するという視点」の重要性を説く。「目先の利益は本質ではなく、文化財とそれを育んだ地域の持続的な維持発展のために、文化財の保存・活用とその担い手の拡充を考えていくべきである。」とする。以上をふまえ、「これからの時代にふさわしい文化財の継承のための方策」に言及している。

文化財は文化資源と呼ばれることもあり、経年等により、いわば消耗していくものである。基本的な原則として、持続可能な活用をすることが必要とされよう。活用という側面を強調すれば、近年、観光のためという視点が強調されがちでもある。その折り合いは難しいところではあるが、文化財の保護という第一義だけは厳守すべきであろう。

陵墓の保護と活用

陵墓も文化財的側面を有する以上、その保護と活用が適切に図られなければならないことは、あらためていうまでもない。しかし、その活用は十分な保護がなされていることが前提となる。

発掘調査によって、文化財としての価値の確認、さらには学術的な解明を期待する向きもあるであろう。が、発掘は破壊であり、その後の十分な保存対策が考究されていないかぎり、拙速に発掘することは避けるべきであろう。

このことは、高松塚古墳の発掘とその後の状況が参考となろう。つまり、同古墳において壁画が発見された後、高松塚古墳総合学術調査会による学術調査が実施され、壁画は現状のまま現地保存することになった〔高松塚古墳総合学術調査会一九七二〕。発掘後三〇年余りを経た平成一六年には、壁画がカビの発生や雨水の浸入などによって、退色・変色が顕著になっていることが明らかになったのである〔文化庁〔監〕二〇〇四、毛利和二〇〇七〕。当時としては、いくら万全の対策が講じられたとしても、結果的には壁画を含めた古墳そのものを損なうこととなったのである。

まずは、文化財として有する価値を後世に向けて確実に維持・担保し、伝えることが緊要であろう。そのためには、学問的な好奇心は抑制せざるをえないことも肝に銘じるべきであろう。そのうえで、文化財としての価値と現状をふまえ、文化的・歴史的価値を現代社会に活かしつつ、未来像を考える参考とすべきであろうと考える。

つまり、継続的に有意義、かつ適切な利用を図るための工夫も必要であろう。また、陵墓の位置する地域住民や一般国民が、陵墓に対する理解をより深めることも重要であることを強調しておきたい。その仲介者として、文化財保護とその活用に対して、両者の微妙なバランスを判断する力を有する専門家の育成と適正な配置、その能力を発揮できる環境づくりにも十分に配慮する必要があろう。

以上、文化財的な側面から陵墓の保護と活用について、きわめて簡潔に述べてきた。すでに触れてきたように陵墓の有する性格は、必ずしも文化財的な側面だけではない。墓に起因する性格、景観（風景）の構成要素としての性格もあるのである。当然のことながら、このような観点からも陵墓の保護と活用も図られなければならない。

この場合、例えば林相の整備一つを取りあげても、伐採、除間伐、さらには自然の推移に委ねる等、いくつかの選択肢があり、一つの選択が他者にとっては受け入れがたいこともあろう。それは陵墓の近隣住民と参拝者といった立場の違いによっても、異なるものである。

かつては、陵墓の多くは人の生活と密接に関わった里山として、管理・利用されていた。幕末の修陵以降、江戸幕府や維新政府によってその管理がより強化され、地元住民を含めた立入りは大きく制限されることとなった。それでも、第二次世界大戦前までは薪炭採取を中心とする入会利用がおこなわれたり、古代高塚式陵墓の濠の浚渫に伴って生じた土砂が地元の要望に基づいて下賜されるなど、地元との関わりは細々ではあるが、継続していたのである。

戦後は燃料の電気化・ガス化、陵墓周辺の宅地化の進展、さらには陵墓の管理の強化などによって、このような関係も断たれ、陵墓は前述のような信仰の形態を除いて、地域からほぼ孤立することともなり、愛着心も大きく欠如するに至ったのである。

このような経緯が示すものは、陵墓の保護や活用に関して、地元住民の果たす役割はきわめて大きいということであろう。陵墓の管理者である宮内庁、さらには所在する自治体、そして地元住民が協力し、よりよい方向に向けて、知恵を出し合わなければならないのである。

陵墓もその構成資産とする「百舌鳥・古市古墳群」は、平成二九年にユネスコへの世界文化遺産推薦候補に決定された。平成三一年の世界文化遺産登録の実現に向け、宮内庁・地元自治体（大阪府・堺市・羽曳野市・藤井寺市）と地元住民は、このような関係を構築しつつある。今後の陵墓の方向性を考えるうえでのモデルケースになるうることを大いに期待するものである。

3 「今後の御陵及び御喪儀のあり方について」（承前）

歴代天皇の葬法と陵の変遷の概要

最後に、本書の冒頭で述べた「今後の御陵及び御喪儀のあり方について」をみたび取りあげるにあたり、歴代天皇の葬法と陵の変遷を振り返っておきたい（附表01・02）。

まず、飛鳥時代に持統天皇の崩御にあたり、火葬がおこなわれる以前の歴代天皇は、土葬であった。以後、奈良時代を通じて火葬が広くおこなわれたが、土葬も引き続き認められた。この時期を陵制上の第Ⅰ期としておこう。

第Ⅰ期のほとんどは、広大な前方後円形等の古代高塚式の山陵が営まれた。推古天皇以降は陵の造営等について、薄葬を旨とする遺詔がたびたびあり、また、火葬の採用もあって、陵の規模は小さくなっていった。元明天皇陵以降、「高陵ヲ作ラズ」とし、その形状は山丘式となっていった。

第Ⅱ期は、ほぼ平安時代から江戸時代のごく初期である。この時期、とりわけ平安時代を中心とした時期には、陵の営建の規制、葬送儀礼の簡素化、服喪期間の短縮などの葬送儀礼の簡素化といった薄葬を内容とする遺詔が出されることが慣例化していた。室町時代中期からは火葬が定着したともいえよう。この時期は若干の例外はあるものの、堂塔式の時代である。まずは、皇室に縁のある寺院の近傍に陵を営建するようになる。次いで、陵所に法華堂（方形堂）や塔を建立するようになる。鎌倉時代も後期以降は、深草北陵（深草法華堂）への天皇の合葬も認められるようになった。

この時期、とりわけ一〇世紀以降は他界観にも大きな変化があったことが、すでに指摘されている（佐藤二〇〇八ほか）。別次元の存在として「あの世（彼岸）」が明確に意識されるようになったのである。第Ⅰ期には、生者と死者が明確に分化することなく、同一社会を共有するようないわば一元的世界観であったのに対して、新たに異なった中世的な他界観が形成されるに至ったのである。

第Ⅲ期は、江戸時代のほぼ全般にわたる。後光明天皇の崩御以降は土葬に復したが、形式的には火葬とされた。第Ⅱ期に引き続き堂塔式の時代であり、陵は泉涌寺内に集中する。天皇陵は、いずれも石造の九重塔である。

第Ⅲ期には、中世的な世界観も転換し、人々の他界観において「あの世（彼岸）」のもつ意味が低下していった。遠い他界に往生することが、理想とは見なされなくなったのである。その結果、相対的に現世の生活が重視されてくる。現世の拡大と彼岸の縮小ともいえよう。

第Ⅳ期は、近現代高塚式の時代である。江戸時代末から現在に至る。その端緒となった孝明天皇陵は、円丘の高塚式に復するとともに、葬送時の形式的な火葬も廃された。明治以降は、その喪儀も古式に倣って実施することとし、大正一五年には皇室喪儀令や皇室陵墓令が制定された。戦後の昭和天皇陵も、基本的には皇室陵墓令に基づいて営建された大正天皇陵の形状等を踏襲している。

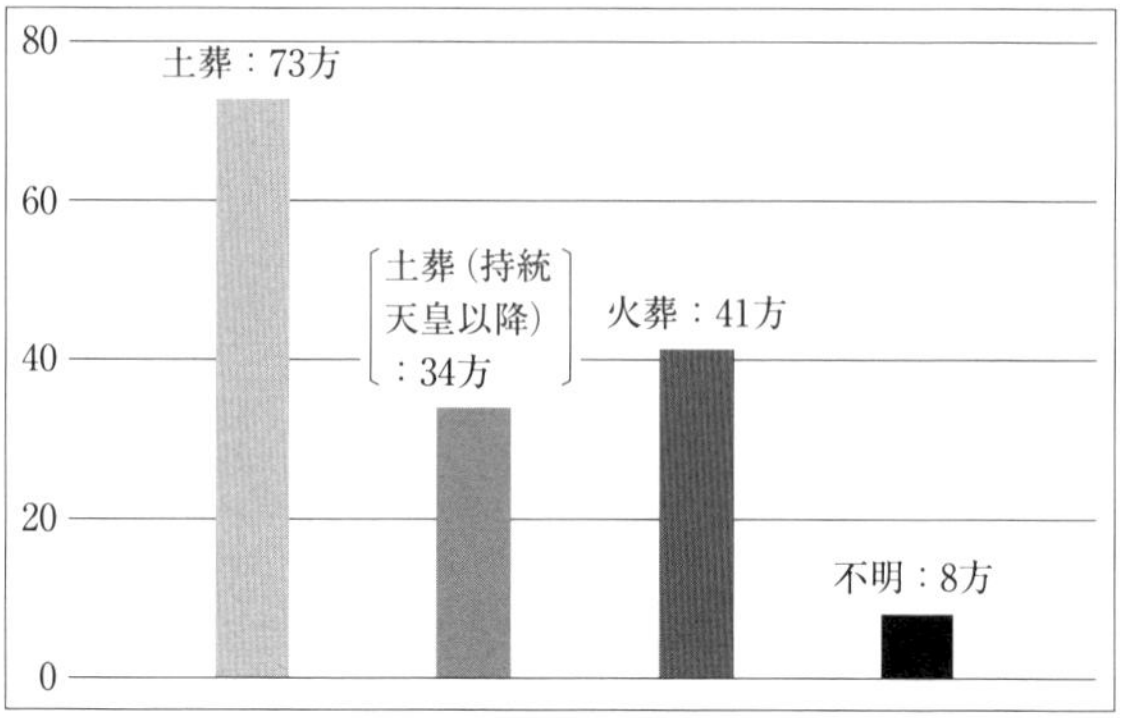

図59　歴代天皇の土葬と火葬の数

「今後の御陵及び御喪儀のあり方について」（承前）

もっとも注目されることは、今後の大喪儀にあたっては火葬が採用されることである。歴代天皇の葬送は、土葬と火葬のどちらもおこなわれている。具体的な数値を挙げれば、昭和天皇までの歴代天皇一二二方（一二四代、うち重祚二代）のうち、土葬七三方、火葬四一方、不明八方である。最初に荼毘に付された持統天皇以降に限れば、土葬は三四方となり、火葬が上回る数値となる（図59）。両者はいずれも、皇室喪儀の伝統のあり方であるともいえよう。

最後に火葬が採用された天皇は後陽成天皇であり、江戸初期の元和三年のことであった。今後は火葬が四世紀余りを経て、復活することになるのである。

昭和六四年一月七日に崩御の昭和天皇の大喪儀の場合は、翌日から年号が平成となり、一月一九日に殯宮移御の儀〈棺を槻殿〈崩御後の一時期御尊骸を安置する御殿〉から殯宮〈埋葬するまで御尊骸を仮安置する御殿〉に移す儀式〉、さらに斂葬の前日までは殯宮において日供《にちぐ》《につく》（毎日一定の時刻に神前に神饌を献じる儀式）や関係者の祇候（特定の者が一定の時間、霊柩の側に奉仕すること。一般のお通夜に相当する）がおこなわれた（表05）。当然のことながら、殯宮に安置されているのは御内槽、御棺（内側に銅板の御棺がある二槽の御棺）という三重の棺に納められた御尊骸である。

火葬の場合は、御尊骸をどれくらいの期間安置するかという問題とも関わるが、常識的に考えれば、殯宮に安置されるのは御骨となろう。このことに伴い、儀式立ても全般にわたって大きく変更されることになると考えられる。

戦後に薨去された皇族の喪儀の場合、その規模は大喪儀とは比較にはならないが、参考までに記しておきたい。秩父宮雍仁親王の喪儀にその例を求めてみると、昭和二八年一月四日の薨去の後、同月一二日に斂葬された。斂葬当日に挙行された各種儀式のなかには、豊島岡墓地内に設けられた葬場殿における午前、午後各一回の一般拝礼が含まれていた。午前中の拝礼では葬場殿に遺体は安置されていたが、午後には落合斎場（東京都新宿区）で荼毘に付されるために、生前の写真が設置された（中島一九八七）。この儀式立ては、近年の三笠宮崇仁親王（平成二八年一〇月薨去）の喪儀まで踏襲されている。

また、平成一二年六月に崩御された香淳皇后の大喪儀のうち、葬場殿の儀は他の皇族と同じく豊島岡墓地内でおこなわれた。この場合も、土葬ではあったが、一般拝礼は午前と午後二回に分けて実施された。午後の部は、霊轜《れいじゅ》（霊柩をのせた轜車〈霊柩をのせて運ぶ車〉）が豊島岡墓地の正門を出門となった後であり、葬場殿には生前の写真が置かれた。

昭和天皇の大喪は、国事行為として執りおこなわれた「大喪の礼」と、皇室の儀式としての「大喪儀」とに区別されていた。大喪の礼では、霊輦《れいれん》（霊柩が納められた葱華輦《そうかれん》〈輦とは、天子の乗る車〉）が安置された。

その後、幔門（葬場殿と諸員の参列する幄舎の間に引いた長い幕の中央に設けた出入口）が閉じられ、鳥居などが設置された。「大喪の礼」から「大喪儀」が執りおこなわれ、「斂葬の儀」（埋葬当日の儀式）のうち「葬場殿の儀」が執行された。「葬場殿の儀」では、奠饌《てんせん》幣（幣帛を奉じる神道儀礼）や天皇の拝礼、天皇による「御誄《おんるい》」（弔辞）の奏上などがおこなわれた。

「葬場殿の儀」後、再度幔門は閉じられ鳥居なども外され、「大喪の礼」が始められた。そこでは、三権の長が拝礼のうえ弔辞を述べたり、外国元首などの拝礼、参列者の一斉の拝礼があったものの、当日は一般拝礼は実施されなかった。翌日から翌月五日まで、葬場殿の一般参観がおこなわれ、その間は写真が置かれた。参観者の数は三七万を超えた。

葬場殿における「大喪の礼」終了後は、武蔵陵墓地において、皇室の儀式として「陵所の儀」がおこなわれた。昭和天皇の霊柩は陵所の祭場殿内に奉安され、最後の拝礼がなされた。その後、霊柩は御須屋《おすや》（壙穴の真上に仮に建てる切妻屋根の建物）へ移御され、納榔されたのである。陵所における一般参拝は、大喪儀関連行事として、斂葬の五日後の二月二七日から三〇日間にわたって実施された。参拝者の総数は五七万人を超えている。

第2章3節において、大正天皇陵と昭和天皇陵では、前者は「横壙」、後者は「縦壙」と埋葬施設の構造が異なることを述べた。新陵の営建に伴い、どのような埋葬施設が設けられるかについては詳らかにされていないが、蔵骨器が納榔されることは明らかであり、その規模も従前よりは小規模となるのであろう。

また、一般拝礼の対象も御尊骸を納めた霊柩ではなく、御骨を納めた蔵骨器となるであろうことは、大きな変化であろう。持統天皇が火葬を採用して以降、基本的に蔵骨器は埋葬施設に納められるものであり、盗掘などの不慮の事態を除いて、拝礼等の対象となったことはないことから、歴史的に見ても特筆すべき出来事になるといえよう。

いずれにしろ、「今後の御陵及び御喪儀のあり方について」が実践されれば、陵制史上における大きな画期となることは間違いないことである。明治以降は、火葬が我が国の葬制として普遍的に一般に採用されている状況を勘案すれば、やや時を経たとはいえ、陵制が世情を反映していることを如実に示すものに他ならないといえよう。

最終的には、天皇陵と同天皇の皇后陵が、同一敷地内に兆域が接し寄り添うように配置されるとのことである（図60）。類似の例としては、兆域は異なるものの、隣接した例として聖武天皇佐保山南陵と同皇后（光明子）の佐保山東陵がある（図61）。

さらに、天皇陵と同天皇の皇后陵が隣接した別の兆域にあって、かつ天皇陵のある兆域内に複数の天皇陵が存在している例もある。後朱雀天皇陵・後冷泉天皇陵・後三條天皇陵の三陵は同一兆域内にある。当該兆域には隣接して、後朱雀天皇の皇后（禎子内親王）陵があることも付記しておきたい。

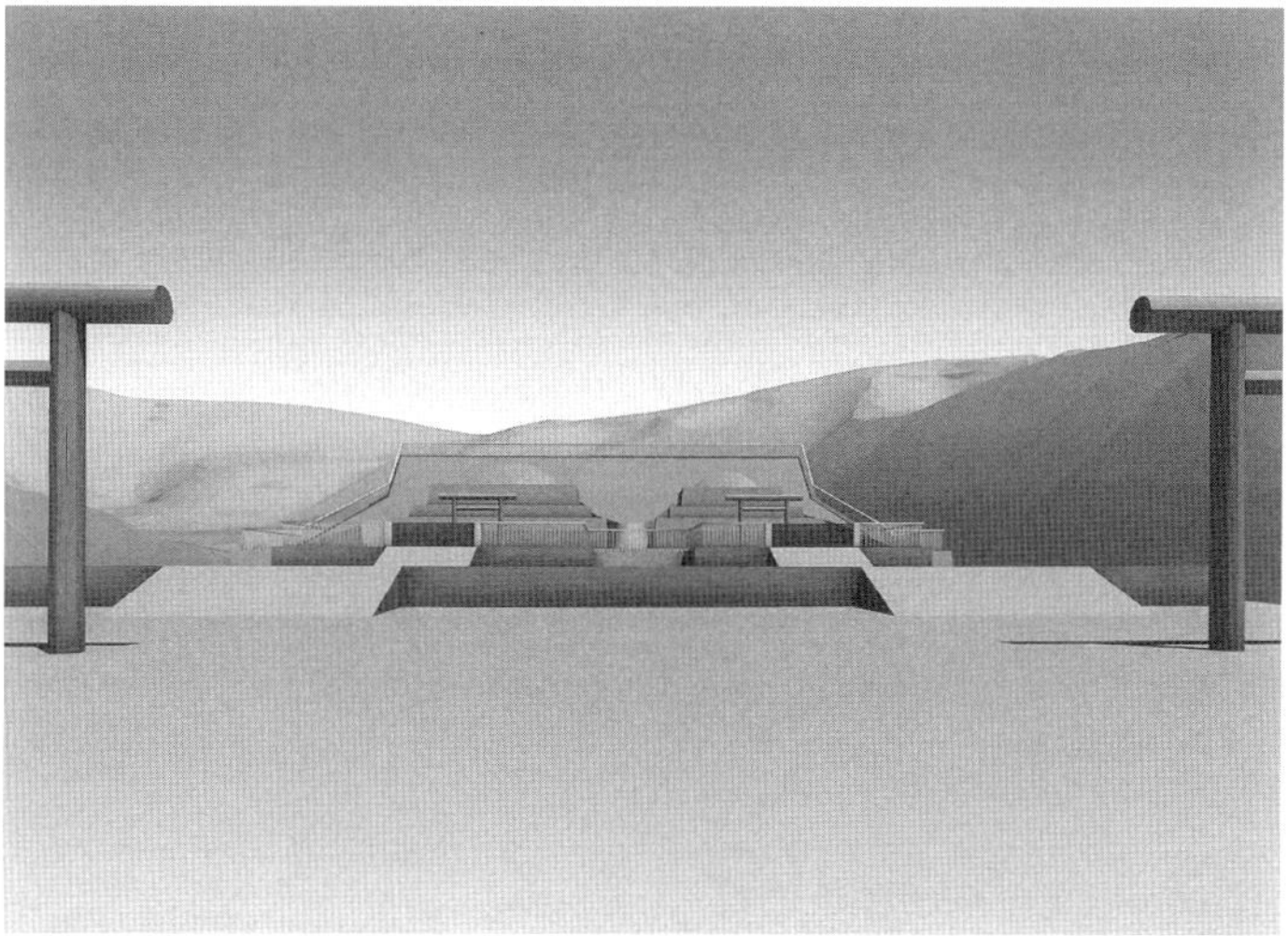

図60　新陵（天皇陵・皇后陵）相互の位置関係（左側が天皇陵）

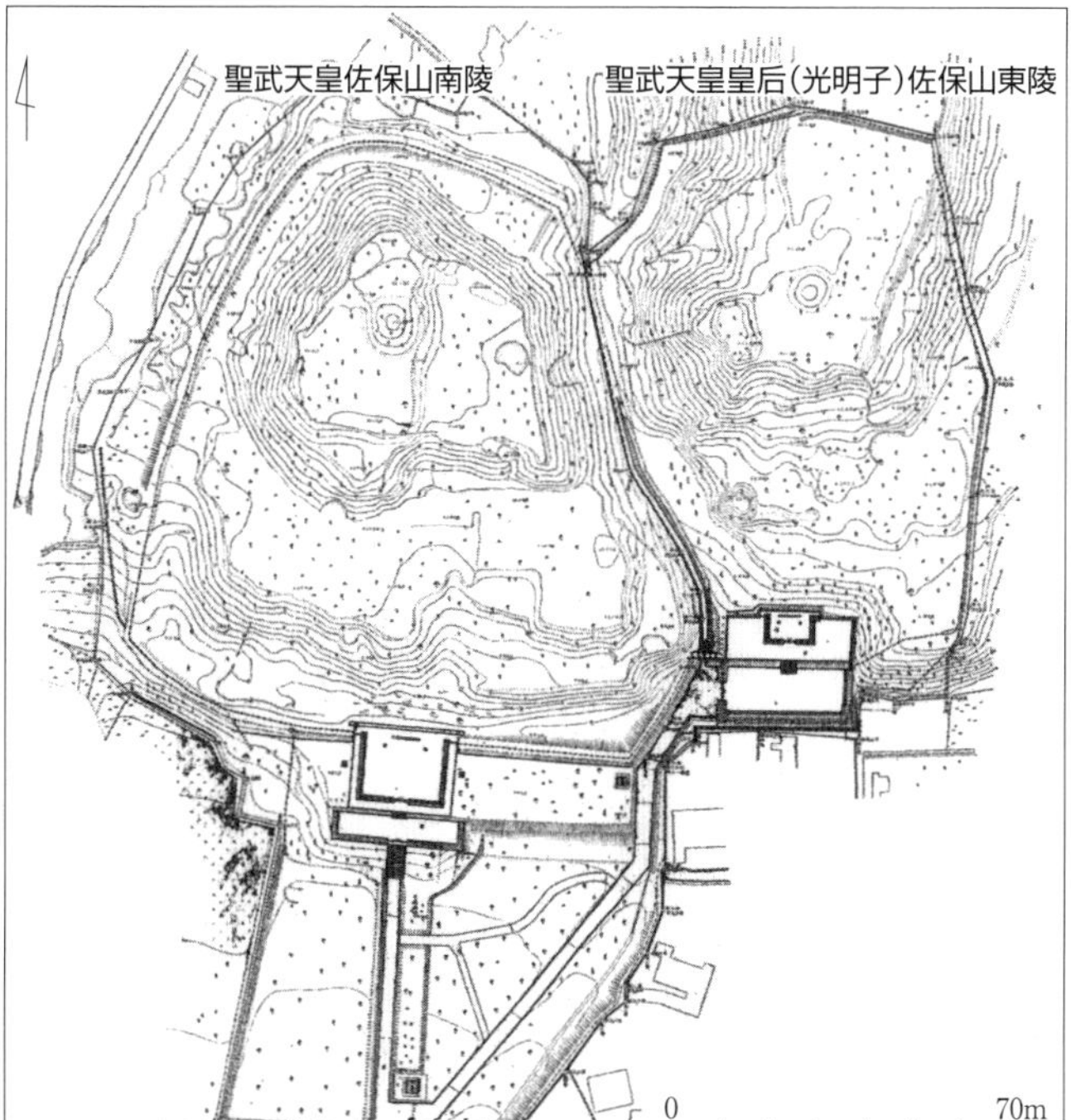

図61　聖武天皇陵と同皇后（光明子）陵の位置関係

おわりに——陵墓研究の視点とその目的

陵墓研究の視点

「はじめに」で「陵墓研究の現状と意義」について言及した。陵墓は、皇室の祖先を葬るところであり、その静安と尊厳の保持のため、陵墓への一般の公開は閉ざされている。このことが陵墓研究を深化させたという皮肉な現実がある。陵墓研究の様々な視点と今後の方向性を通史的に見ると、以下の項目にまとめることができよう〔福尾二〇一六〕。

① 陵墓の歴史的な変遷

そこには、

a 陵墓全般にわたる変遷、つまり、陵制史的な観点の変遷、

b 個別の陵墓それぞれについての変遷、例えば、神武天皇陵史など、

c 各地域における変遷、すなわち、所在する古墳群などにおける変遷など、

といった観点がある。

これらの観点のうち、aについて補足を加えるのであれば、古代高塚式陵墓に関しては主に考古学的なアプローチがなされている。また、平安時代については、近年文献史学を中心にめざましい進展が遂げられている。朧谷寿や上野勝之は平安時代を主たる対象としつつ、天皇の葬送を具体的に記述し、「王朝貴族」の葬制との詳細な対比もなされている。さらに、陵墓や葬送などの研究史も要領よくまとめられ、参考とすべきところが多い〔朧谷二〇一六、上野勝二〇一七など〕。

② 陵墓の治定とその可否等の検討、およびその歴史的背景

陵墓が皇室の祖先関係の墳墓である以上、そこにはその時々の政治情勢が鋭敏に反映されていることは、本文中でも強調してきたところである。この陵墓の有する性格は、被葬者の葬送や陵墓の造営時に顕在化することはいうまでもない。その一方で、その折々の政治主体にとって必要とされた場合に、新たに価値が付加され、復活・再生化するのである（「付加される価値等」）（図62）。これが、陵墓治定の本質ともいえよう。

一般には古墳と呼ばれている古代高塚式陵墓の場合も、先学たちの研究により、当初から政治性が備わっている（「具備されている価値等」）こと、つまり、あらかじめ政治的な関係を示す内容が込められていることが指摘されている。また、後の律令国家にとっても、歴代の天皇陵が整合性を保ちつつ治定され、管理されていることが重要であった。そのための台帳等が延喜諸陵墓式であろう。

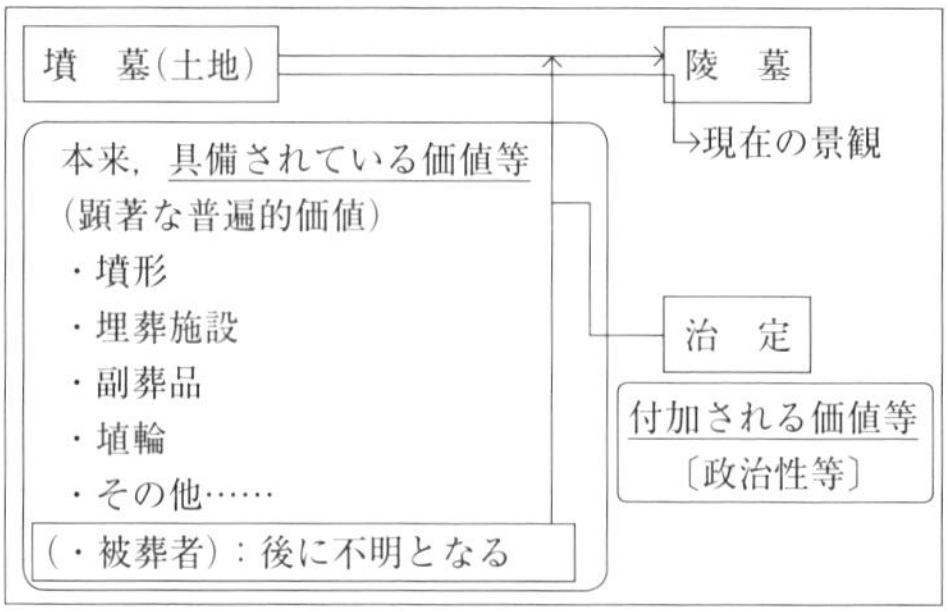

図62　陵墓の成り立ち

江戸時代にも、江戸幕府の主導によって数回にわたる陵墓の探索・修補事業がおこなわれている。文化の陵絵図作成以前は、徳川光圀のような例外を除いて、総じて陵墓に政治性を見いだす視点は希薄ともいえた。このことは、元禄の事業の後、前述した『松蔭日記』の東山天皇の叡聞（天皇がお聞きになること）に及んだ際の感想にも示されているとおりである〔上野洋二〇〇四〕。むしろ、このことにより、江戸幕府や識者に陵墓探索・修補の意義を認識せしめたといえるかもしれないのである。

陵墓の治定に際して、重要視されたのは記紀や延喜諸陵墓式などの陵墓関係の記事であり、地元における口碑伝承なども参考にされた。陵墓に治定されている古墳などの被葬者を特定するためには、江戸時代以降の幕府や朝廷、政府による治定の正しさを立証するとともに、その大きな根拠となった延喜諸陵墓式における比定の正しさをも証明する必要がある。

陵墓治定がおこなわれた時期は、まだ、考古学という学問的な体系は未成熟な段階であり、また、その後の文献等の研究の進展にもめざましいものがあることなどから、その可否については疑問が生じることも多い。継体天皇陵〔太田茶臼山古墳〕などは、その代表的なものであろう〔高木二〇〇四〕。近年の各分野における研究成果を取り込み、陵墓治定に反映させ、より精度の高い確定に努める努力も引き続き求められているのである。

③ 陵墓の管理（陵墓に付随する構築物を含む）

陵墓の管理は、管理者や管理される場の実態の解明だけが求められるものではない。陵墓は第3章ですでに述べてきたように、それぞれの社会的な環境のもとで、管理され、時には所在が不明となっていたという経緯がある。その管理にあたっては、原状が変更なくそのまま維持されたとは考えがたい。時には地元など直接の管理者だけではなく、それを委ねた幕府などの利益等のために、さらには第三者によって所在不明等に起因する大なり小なりの手が加えられ、原状とは異なる状況になったことも十分にありえることである。その改変の要因を探り、時系列的に追求することも大きな課題であろう。

④ 在地社会における陵墓

第6章などで述べてきたとおりであり、陵墓の維持管理に際して、地元住民の果たしてきた役割が大きかったことを再度、強調しておきたい。在地から陵墓を検討するという視座については、上田長生による「陵墓管理と地域社会」などの検討〔上田長二〇一二〕、今尾文昭による吉備姫王墓所在の猿石〔今尾一九八五〕、高木博志の近世の神功皇后陵信仰〔高木二〇一〇〕、筆者による綏靖天皇陵の石灯籠の検討〔福尾二〇一〇〕などの研究成果が提示されている。

⑤ 陵墓の祭祀、古代祭祀と近現代の祭祀

陵墓の大きな特徴は、現に皇室により継続して祭祀がおこなわれていることにある。その祭祀の概要についてもすでに述べてきた。陵墓の祭祀は、陵墓だけで完結するものではない。毎年一月七日に挙行される「昭和天皇祭の儀」だけに限っても、武蔵野陵だけではなく、皇霊殿においても関連する儀式がおこなわれているのである。陵墓の祭祀を、多様な皇室祭祀のなかに位置づけることも必要であろう。

また、古代高塚式陵墓についても、和田萃が式年祭等について考察を加えており、その実態の解明が進みつつある〔和田萃二〇〇五〕。平安時代に、諸国からの貢物である初穂を十陵八墓に献ずる荷前の内容や消長についても、文献史学方面からの多くの研究業績がある〔北一九九九、吉江二〇〇一ほか〕。しかし、各陵墓においてその実態を示す考古学的痕跡の検出例は皆無である。

第4章1節の陵墓の鳥居の沿革で取りあげた『愚昧記』仁安三年（一一六八）四月三〇日条には、天智天皇陵へ参向した際、読んだ宣命を鳥居のうちで焼いたことも記されている。同様の行為は他の陵においてもおこなわれており、その痕跡が今後、発掘調査によって確認されることも十分ありえることである。

また、江戸時代においても、少ないながらも陵所において、関係する儀式がおこなわれたことが知られる。前述したが、文化二年三月一七日には桓武天皇の千年聖忌のため、「深草郷柏原御陵」への御代参がなされ、「御備物」が供されている〔藤井譲・吉岡（監修・解説）二〇〇六〕。細々とではあり、かつ臨時の祭祀の可能性はあるものの、一部の陵では皇室による祭祀が実施、もしくは継続していたことが確認できるのである。

武田秀章は、江戸時代末における山陵の復興と近代の皇霊祭祀の形成が不可分の関係にあったことを追求、論証していることにも注意しておきたい〔武田秀二〇〇五〕。つまり、近代における皇室祭祀の端緒・創設は、幕末の修陵から連続しているこことが指摘されているのである。

近現代における陵墓の祭祀に関しては、主に神道との関係による考察がおこなわれている。しかし、長年皇室において信仰されていた仏教（主に顕密仏教）に関係する要素も、英照皇太后や貞明皇后の大喪、久邇宮晃親王や高松宮宣仁親王の喪儀などで垣間見られたこと、とりわけ晃親王の場合は神式の葬送に対して、大きな違和感をもち、仏葬仏祭を希望する旨の詳細な遺言書がしたためられたことは、すでに述べてきたとおりである。

結果的に、公にはこの遺言書に沿っての喪儀とはならなかったが、長年の皇室の仏葬による伝統が底流として継続していたことを如実に示しているといえよう。皇室における神式による葬送は、「古来ノ式」として連綿と連続していた伝統ではなく、幕末以降に創出されたものであることは強調しておくべきであろう。

⑥　王陵研究としての陵墓、墳墓研究における陵墓（世界的・東アジア的視野）

陵墓に王陵が含まれることはあらためて繰り返すまでもない。しかし、世界的・東アジア的視野で陵墓を位置づける研究は、近年着手されたばかりである。都出比呂志が先鞭をつけ〔都出二〇〇〇〕、福永伸哉が人類史的観点からより深化を試みている〔福永二〇一三〕。エジプトのピラミッド、中国の秦・漢、さらには唐などの皇帝陵については多くの研究の蓄積があり〔来村二〇〇一ほか〕、我が国の王陵と比較検討し、その特異性や普遍性などを解明する試みも今後に課せられている。

⑦　文化財としての陵墓

陵墓が文化財的な側面を有することは、その管理者である宮内庁も認めているところである。第6章2節の陵墓を構成する三要素でも触れたとおり、文化財はまずは保護し、後世に伝えることがもっとも肝要であり、そのうえで公開・活用に向けての方策を講ずるべく、知恵と工夫を重ねていくべきであろう。

⑧　国有財産としての陵墓

陵墓は現在、皇室用財産として管理されている。戦前の皇室の財産は「皇室財産令」（明治四三年皇室令第三三号）に拠れば、世伝御料と普通御料に分かれていた。御料とは本来、陛下の御用に供するの意であるが、転じて皇室財産の意味にも使用されるに至ったものである。

世伝御料は皇位に繫属して永世に伝えるべきものとされ、旧皇室典範第四五条において、分割譲与は禁じられていた。

世伝御料には、世伝御料地とされた宮城・京都皇宮、桂離宮などの各離宮、木曽などの御料地、正倉院宝庫などのほか、世伝御料地内の建造物がある。

一方、普通御料は世伝御料ではない御料財産である。酒巻芳男に拠れば、陛下の御手許品や調度、さらには宮内省の御用物品にまで及ぶとされる〔酒巻一九三四〕。

酒巻は陵墓に関して、「宗教的精神的建営物であって、必ずしも財産と目することは得ない。」としつつも、「陵墓の附属物、陵墓地、陵墓参考地は一の物体であり、御料たる財産である。」とした。世伝御料としては理解していないことが注目される。また、「性質上他の御料財産と区別さるべきが故に、財産令は其の規定を為さず陵墓令に於て之を規定して居る。」との但し書きを加えている。戦前において、陵墓は皇室財産と「宗教的精神的建営物」との両者に位置する曖昧な存在であったのである。

戦後の昭和二二年に、皇室財産の解体に伴って純然たる私有財産以外は、すべて普通の国有財産として国に移管されることとなった。陵墓もその例外ではなく、国において皇室の用に供し、または供するものとされた皇室用財産として管理されることとなったのである。その面積は約六五六万一〇〇〇平方メートルであったが、平成二九年三月三一日現在の「皇室用財産一覧表」に拠れば、約六五一万五三〇〇平方メートルとなっている〔宮内庁ＨＰ〕。この数値の変動は、国の機関や地元自治体からの公共の利益のための依頼に基づく移葬に伴う解除や所管換え、さらには陪冢等の寄贈や土地交換などによるものである。

移葬に伴い解除された例としては、京都市の岡崎公園運動場内にあった鵺《ぬえ》塚、および秘《ひめ》塚陵墓参考地がある。京都市から運動場内に位置しているため、管理上種々の支障をきたし、施設の拡張整備の構想もあって、できれば移転方を要望してきたことによるものである。

両陵墓参考地は高倉天皇（八〇代）の皇子である後高倉太上天皇（守貞《もりさだ》親王）に関係すると伝承があり、明治二七年に陵墓伝説地に指定編入された。昭和三〇年に両所の発掘調査を実施したが、陵墓参考地の伝承を裏付けるに足る資料は検出できなかった。また、両所に関係する考証文献は非常に少なく、それらによれば否定的であり、将来についても新出の史料は期待できず、解除の方向にあった。最終的には、京都市の岡崎公園整備計画に伴い、崇徳天皇皇后聖子の月輪南陵附属地に移葬したことにより、解除された〔末永一九五六〕。

なお、移葬というのはあまり馴染みのない言葉である。陵墓において、改葬という事例は古くから認められる。そこに記されている改葬とは、一度埋葬した遺骸もしくは遺骨を後日取り出して、再葬する葬法のことである。このうち、その位置を変更した場合を移葬と呼ぶことがある。

⑨　陵墓に関わった人々

第4章2節を参照されたい。本文で触れた人物以外では、「天皇陵と古墳研究」で詳細に取りあげられている〔森（編）一九八五〕。また、金杉英五郎『山陵の復古と精忠』には、「各章に現れたる諸家の略歴」として、あまり知られてはいない陵墓関係者の略歴が記されている〔金杉一九二六〕。加えて、『蒲生君平の『山陵志』撰述の意義』〔阿部二〇一三〕や『日本考古学人物事典』〔斎藤忠二〇〇六〕などにも関係する記述がある。併せて参考としていただきたい。

⑩　陵墓の営建などの思想的背景

我々の先祖は死者に対して、それぞれの時代において相違はあるものの、恐懼し穢れあるものとして忌み嫌う心情、思慕しその再生を願う心情、さらには肉体は朽ち果て消滅しても、霊魂はそこから分離して永遠に生きているといった心情など、様々に錯綜した考えを抱いていた。

なかでも、死を穢れと見なす見解は記紀に散見される。『古事記』では「死」が描かれる物語も記載されているが、注目されるのは天若日子《あめのわかひこ》の死に伴う記述に、「穢死人《きたなきしにびと》」が見えることである（上巻）。ここでは、高日子根神《たかひこねのかみ》が亡くなった親友の天若日子に似ていたために、残された妻たちから、夫がまだ生きていると間違えられることに対して、高日子根神は、

「吾を穢き死人に比ぶる。」と言って、烈火の如く怒り、十掬剣《とつかつるぎ》で喪屋を切り倒したという。死が汚穢であることを強調したものといえよう。蛇足ではあるが、本文は喪屋の構造等を知るうえでも参考となる（田中良二〇〇四）。さらに、『日本書紀』には、伊弉冉尊《いざなみのみこと》の入った黄泉国について、「凶目《しこめ》き汚穢《きたなき》之国」との表現もある（巻第一、神代上）。これらは、死者に対する古代人の素直な考え方を示すものといえる。その一方で、伊弉諾尊《いざなぎのみこと》が黄泉国をわざわざ訪ねて行くなど、死者への思慕の情も読み取れるのである。

　これらの考えは、葬送儀礼や墳墓の営建に共通して具現化することにもなった。陵墓も墳墓の一種である以上、そこに込められた普遍的な思想を読み取る努力も必要であろう。ただし、注意しておかねばならないことは、陵墓が皇室の祖先関係の墳墓であると定義される以上、そこにはその時々の政治情勢も反映されていることである。これが陵墓の有する特性でもある。

　この特性は、その葬送や陵墓造営時に顕在化することはいうまでもない。その一方で、その折々の政治主体にとって必要とされた場合に、新たに価値が付加され、復活もするのである。

　延喜諸陵墓式では、従前、朝廷ではあまり注目されていなかった神代三陵についても、その陵名、被葬者、所在地、陵戸の有無が記されている。しかし、他の陵墓とは異なり、それぞれの兆域の規模の記載は欠けており、その管理にあたる陵戸も認められない。つまり、その所在については『日本書紀』の記述を踏襲したにすぎず、実在性については曖昧にされている。

　その一方、神代三陵を総括して、「於二山城国葛野郡田邑陵南原一祭レ之。其兆域、東西一町、南北一町。」との記載もある。このことは、神代三陵の祭場が文徳天皇陵である田邑陵の南原に設けられていたことを示している。

　北康宏は「其兆域、東西一町、南北一町。」という表記は、『延喜式』の段階まで下るものではなく、貞観年間に編纂・施行された『貞観式』に際してのことであったとする（北一九九六）。文徳天皇の崩御・埋葬は天安二年（八五八）のことであり、『貞観式』が施行された貞観一三年（八七一）までに祭場が設けられたことになる。

北康宏やその研究成果をさらに深めた山田邦和は、この時期は文徳天皇の実子である清和天皇の治世にあたることに注目している〔山田二〇〇一〕。文徳天皇は斉衡三年（八五六）に河内国交野郡柏原野において、天子が国都の郊外に壇を築いて天地を祀る儀式である郊祀をおこなっている（『日本文徳天皇実録』同年一一月二二・二三日条）。郊祀は、確実な例としては他に桓武天皇が実施されたのみである（『続日本紀』延暦四年一一月一〇日・同六年一一月五日）。この場合は新たな都となった長岡京で天に対し、天武天皇系の皇統が断絶し、天智天皇系の皇統が再興されたことを報告する意図があったといわれている。

とすれば、文徳天皇が郊祀をおこなったのは、桓武天皇以降、嵯峨・淳和天皇両系に分立していた王統を仁明天皇の血統によって、皇位が継承されることを示す意図があったことにもなろう。このことはまた、天智・桓武天皇の皇統を酌むことを宣言したことにもなるのである。

清和天皇の践祚はわずか九歳の時であった。幼年であるため、皇統の不安定化が懸念されたことから、外祖父でもある太政大臣藤原良房ともども、初代神武天皇をさらに遡る伝説上の始祖王にその皇統の根源を求めたと考えられている。もとより、神代三陵の位置する「日向」の地は遠く、そのためにその祭場を父帝文徳天皇の南原に設け、自らの出自を明確にしたものとも見なせよう。

水戸藩主の徳川斉昭が神武天皇陵の意義を重視したり、慶応三年の王政復古の大号令でも、「諸事　神武創業の始に原き」とあって、神武天皇の偉業が非常に注目されていることは、すでに述べてきた。これらの例も、陵墓等の有する政治的な意義を明示したものに他ならないものと考える。陵墓とその有する政治的側面の解明も、陵墓研究の大きな目的の一つであることは、あらためて強調するまでもないであろう。

おわりにあたって

各章において、陵墓をめぐる様々な状況や問題点、今後の課題等について述べてきた。陵墓を考えることは一般庶民の墳墓を考えることにも通じ、その関係を探ることにより、それぞれの時代において、政治史・社会史・宗教史・文化史・対外交渉史など各分野の研究に貢献することができることは、理解いただけたものと信じる。

陵墓は多面的な性格を内在している。が、その定義からも明らかなとおり、天皇および皇族を葬るところである。それを第一義に、文化財という側面をも併せ持っている。さらに、今日的な環境問題という面にも大きな関わりを有している。また、陵墓は地元の人々により長く守られ大事にされてきたという歴史的経緯もある。このような諸点からも、陵墓の今後のあり方について、十分に議論していく必要があろう。

陵墓というと、その内容をより解明することを目的に発掘を求める向きもある。発掘をするしないという問題だけではなく、今後、陵墓を半永久的にどのように後世に伝えていくかということを、その多面的な性格をふまえつつ、様々に議論し、国民的な合意を積み重ねていく必要性があることを繰り返しておきたい。

一方、管理する宮内庁の立場からは、陵墓は天皇および皇族の墓であり、追慕尊崇の対象として、皇室において現に祭祀が継続しておこなわれていることから、静安と尊厳の保持がもっとも重要なものとされている。このような陵墓の本義をふまえつつ、国民に親しまれる崇敬の場所として相応しい管理がおこなわれ、まずは地域振興や活性化等にも十分な配慮・協力がなされることがのぞまれる。

そのうえで、皇室と国民をつなぐ接点というような点的なつながりではなく、いわば面的に、その存在は知られなくともある種の触媒としての役割、機能が果たせるような状況に至るよう努めることが期待される。

このような状況が作り出せたならば、陵墓の文化財としての公開と活用も自ずから図られることになる、と信じたい。

現在、陵墓研究は盛況をきたしているといってよい状況にあり、今までは考えられなかった視点からの追求も増加しつつあり、真相の解明に向けての新たな可能性も浮上している。その一方で立入り調査などが原則、禁じられているという現実がある。このことを重く受け止めつつ、新地平が開けることを、切に希望するものである。

あとがき

本原稿執筆中に、陵墓に関わる大きな出来事が二点あった。一つは、平成二九年七月三一日に文化審議会世界文化遺産部会が開催され、仁徳天皇陵などを構成資産に含む「百舌鳥・古市古墳群」が、ユネスコへの世界文化遺産推薦候補に決定されたことである。令和元年（二〇一九）五月一四日には、本件に対して「記載」が妥当との勧告がなされた。今後、順調に推移すれば、同年七月初旬にアゼルバイジャン共和国において開催される第四三回世界遺産委員会において審議され、登録が決定されることとなる。

我が国においては平成四年九月三〇日に効力が発生した「世界の文化遺産及び自然遺産の保護に関する条約」（世界遺産条約）の趣旨は、締約国が集団で社会的経済的状況の変化などによって、衰亡・破滅の脅威にさらされている文化遺産および自然遺産を、保護・保存し、整備しおよび将来の世代へ伝えることを確保することにある。

本条約では、保護・保存のためのいわば手立てが重視されており、公開や活用が強く求められているわけではない。しかし、世界遺産登録が地元活性化や観光振興の有効な手段として、意識されているのもまた、現実としてあることにも留意しておきたい。

世界遺産への登録にあたっては、その事前も事後も陵墓に関してより広範な議論と、バランスのとれた国民的合意形成が必要不可欠である。なかでも地元自治体や住民の連携・協力は欠くことができないものである。加えて、陵墓が構成資産に含まれている場合は、その管理に関わる宮内庁はもとより、陵墓が文化財的な側面を有し、文化財保護法の適用を受けることから文化庁との密接な連携も欠かすことはできない。

陵墓の世界遺産への登録については、その構成資産名を推薦書のように「仁徳天皇陵古墳」などのように宮内庁治定の被葬者名を冠することに対して異論もあり、引き続き検討すべき大きな課題ともなっている(今尾・高木(編)二〇一七)。しかし、利害や立場の異なる機関や関係者が、世界遺産を目指すという共通の目標をもつことの意味は大きい。このことにより、構成資産である陵墓や古墳の有する価値や意義について、地方自治体や国の機関が地元住民をまじえて真摯に議論することは、今後の陵墓のあり方を考えるうえでも有益なことであろう。

他の一つは、「今後の御陵及び御喪儀のあり方について」とも関連することであるが、平成二八年八月八日に「象徴としてのお務めについての天皇陛下のおことば」として、現在の上皇陛下の「おことば」が発せられたことである。陛下は「憲法上の制約により、具体的な制度についての言及は避ける」とされた。しかし、発表に至る経緯から「生前退位の意向をにじませる内容であった」と報道されることとなった。

この「おことば」等を受け、翌二九年六月九日に「天皇の退位等に関する皇室典範特例法」(以下、「退位等特例法」という)が成立し、同月一六日に公布された。退位した天皇は「上皇」、退位した天皇の后は「上皇后」とするものとなった。退位は平成三一年四月三〇日におこなわれ、翌日の令和元年五月一日には新天皇が即位された。

退位等特例法では、上皇・上皇后の喪儀や陵墓についても規定され、上皇の場合は天皇の例に、また、上皇后の場合は皇太后の例に、それぞれよるものとされている。皇室典範では、「天皇、皇后、太皇太后及び皇太后を葬る所を陵」としているが、天皇の退位は想定されていないため、このような規定を設ける必要があったのである。陵の形状や規模に関しては、「今後の御陵及び御喪儀のあり方について」で示されており、退位等特例法における規定や言及はない。

今後営建される新陵と関係する大喪は、火葬が採用されることなどにより、明治以降の三代の天皇陵とは一線を画することになる。加えて、退位された天皇の墳墓ということになり、天保一一年崩御の光格天皇の後月輪陵以来となる。これまた、火葬の普及、高齢化社会という現在の社会情勢を鋭敏に反映しているともいえよう。

筆者が陵墓に関わりをもつようになったのは、高校時代のことである。それは「奇人」という言葉に惹かれ、「寛政の三奇人」の一人である蒲生君平に関心をもったことに起因している。当時は「奇人」とは文字どおり変人の意であると思っていたが、その後、「奇」には「とりわけ優れた」という意味があることを知り、より関心は深まった。

本文でも述べたとおり、君平は『山陵志』を著し、「前方後円墳」の名付け親である。君平の動向などを知るために、『山陵志』を読んではみたものの、陵墓に対する関心が生じたわけではなかった。むしろ、古墳への興味が生じてきた。しかし、その副産物として、歴代天皇の陵所や業績を調べることとなり、以後の陵墓の追求にも大いに役立った。

その後、大学では考古学を専攻し、紆余屈折を経て宮内庁書陵部に入庁することとなった。書陵部では平成二七年度末に退官するまで、もっぱら陵墓関係業務に関わることになった。この間、大学の授業や各地で陵墓について、話をする機会を与えられ、受講者の陵墓に対する思いや考えを知ることができた。その際、陵墓に関する概説書や入門書についての問い合わせも多かった。

陵墓についての専門書は多くあるが、入門書の類はきわめて少ないのが現状である。本書執筆の動機はまさにここにある。入門書とするには、やや専門色が強くなったことは否めなく、今後、本書をふまえた入門書の刊行に向けて努力をしていきたい。ここでは、本書をきっかけとして、陵墓への関心と理解がより高まることを切に希望するものである。

関西の陵墓を参拝する際、大阪皇陵巡拝会などが道標として建立した石碑に出会うことがある。陵墓は人里離れたところに立地することが多く、このような石碑の存在は心強いものがある。本書では本石碑を取りあげることはなかったが、陵墓に関心を有する人々にとっての道標となることを願って、本書のタイトルとしたものである。

最後になったが、本書を戸原純一氏の霊前に捧げたい。氏は筆者が入庁した時の書陵部陵墓課の上司でもある。その陵墓研究の特色についてはすでに本文中で触れてきた。文献に疎く、公文書も満足に読めなかった筆者の質問にも丁寧に対応していただいた。陵墓に対する関心と造詣が少しでも深まったとすれば、氏や書陵部の関係者ほか多くの方々の指導やご教示によるものであることを明記しておきたい。

さらに、入庁時の先輩であり、後に上司ともなった土生田純之氏（現専修大学教授）には、畿内の古墳について造詣の浅かった筆者を時には厳しく指導していただき、各種研究会等への参加をはじめ、多くの便宜を図っていただいた。その学恩はつきることがない。

本書の執筆にあたり、宮内庁退官後の事実確認に際しては、書陵部陵墓課陵墓調査室の諸氏にお世話になったところがある。併せて感謝の意を表したい。本書の刊行が多くの方々の学恩によることを明記しつつ、擱筆したい。

平成三一年五月三一日　宮崎の拙宅にて

福尾　正彦　ふくお　まさひこ

1954年　宮崎県生まれ
九州大学大学院博士後期課程中退，宮内庁書陵部陵墓調査官を経て，現在，國學院大學大学院兼任講師。この間，九州大学九州文化史研究施設研究員，共立女子大学等の非常勤講師，國學院大學大学院客員教授等を務める。

陵《りょう》墓《ぼ》研究《けんきゅう》の道標《みちしるべ》

2019年10月1日　第1版第1刷印刷　　2019年10月10日　第1版第1刷発行

著　者　福尾《ふくお》正彦《まさひこ》

発行者　野澤伸平

発行所　株式会社　山川出版社
〒101-0047　東京都千代田区内神田1-13-13
電話　03(3293)8131(営業)　03(3293)8135(編集)
https://www.yamakawa.co.jp/　振替　00120-9-43993

印刷所　株式会社　プロスト

製本所　株式会社　ブロケード

装　幀　菊地信義

 ISBN978-4-634-52029-5

索　　引

陵墓・古墳・寺社名，および陵墓関係用語索引

● あ

赤坂天王山古墳　33
吾平山上陵　132
栗田山稜　56
行燈山古墳　25, 28, 100
安楽行院　66

● い

飯盛塚（古墳）　199
池上陵→狭城盾列池上陵
出雲大社　104
伊勢神宮　144, 147
移葬　262, 263
市庭古墳　210
今城塚古墳　28, 29
石清水八幡宮　57
岩屋山古墳　40

● う

植山古墳　34
宇治陵　214
畝傍山東北陵　84
畝傍陵墓参考地　28
馬見古墳群　24
雲龍院　140, 168
雲龍院陵　140

● え

永観堂　61
叡福寺　212
英文制札　182–184, 186
英文立札　186
可愛山陵　132
円教寺　61
円教寺陵　61
円乗寺　61
円乗寺陵　61
円宗寺　61
円宗寺陵　61
円融寺　61

● お

小市岡上陵　39
大市墓　25
大内山陵　54
太田茶臼山古墳　259
大鳥神社　172
大原法華堂　64
大和古墳群　28
岡ミサンザイ古墳　28, 29
押坂内陵　35
押坂陵　35
男狭穂塚　199, 226
御須屋　253
越智山陵　39
越知陵墓参考地　136
鬼の魚板・雪隠　232
小野寺　54

● か

梶山古墳　40
嘉祥寺　45, 53, 56
春日社　48
春日向山古墳　33
火葬塚　7, 55, 104, 105, 135, 139, 140, 178, 197
合葬　3, 7, 32, 34, 39, 58, 65, 66, 71, 90, 139, 159, 197, 251
金原法華堂　64
竈山神社　225
竈山墓　225
上侍塚　106
上ノ御陵　55
亀山陵　66
萱生支群　28
河内大塚山古墳　28–30, 219
（河内）大塚陵墓参考地　28, 200, 219
観心寺　67
龕前堂　71
観音院　57

● き

貴所屋　160
北山陵　39
享保子年制札　121, 171, 173–175
享保の陵改　114–116, 173
擬陵　33, 138
近墓　99
近陵　99

● く
櫛山（古墳）　228
雲部車塚古墳　215
雲部陵墓参考地　215

● け
慶寿院　138, 139
玄宮　88
牽牛子塚古墳　37–40
元禄の修陵　95, 101, 103, 106–109, 111, 113–115, 160, 165, 167, 173

● こ
甲子園八幡神社　180
孝照宮　225
河内磯長中尾陵　32
国府八幡神社　224
興福寺　211
高野山陵　63
香隆寺　58
御火所　140, 174
御近陵　67, 70, 72, 73, 140
国忌　5, 52
剋字之（の）碑　45, 46
護国寺　77
御骨所　55
五社神古墳　25, 29, 229
五条野丸山古墳　28–30, 131, 141
御所在　87, 112, 163, 174
後白河院法華堂　64
古代高塚式陵墓　15, 17–20, 23, 28, 41, 43, 96, 146, 167, 220, 221, 242, 244, 245, 249, 257, 258, 260
御殿山　121
御廟野古墳　35
御廟山古墳　167
後深草院法華堂　58, 65
古墳陵墓　19
小松山陵　54
御密行　71
御陵墓伝説参考地　136
御陵墓伝説地　136
御陵墓見込地　134, 136
誉田御廟山古墳　28, 29
誉田山陵　57
誉田八幡宮　102, 152, 224, 225

● さ
西都原古墳群　198, 199
嵯峨院法華堂　64
榊山（古墳）　196, 199
嵯峨東陵　138
嵯峨陵　196
狭城三陵　228
狭城盾列池後陵　99
狭城盾列池上陵　28, 99
狭木之寺間陵　25
佐紀古墳群　29, 43
佐紀陵山古墳　25, 29, 167, 228, 229
作山古墳　199
佐須陵墓参考地　134, 136, 137
讃岐国法華堂　65
雑掌塚　199
佐保山東陵　254
佐保山陵　50, 51
佐保山南陵　51
山丘式　45, 46, 48, 50–52, 147, 250
山頭堂　71
三昧堂　54, 57, 64
山陵一般参拝　91
山陵御穢　147
山陵会　188
山陵御用掛　124
山陵八幡神社　224
山陵奉行　75, 123, 128, 163, 168

● し
四円寺　60–62
式年祭　8, 237–239
四天王寺　159
科長大陵　34
磯長谷古墳群　30
磯長墓　169
磯長原墓　32
磯長陵　32
神武田　119, 120, 124
渋谷向山古墳　25, 28, 29, 96, 100
慈明寺山　119
神明野古墳　210
下車塚→下侍塚
下嵯峨陵墓参考地　138
下侍塚　106
下ノ御陵　55
秋季皇霊祭　10, 238
修陵建白書　122, 123
銃猟制札　182–184
十陵の制　99
十陵八墓　260
十陵四墓　99
守衛人　207

守戸　22, 32, 95, 98, 99, 128
守丁　139
寿陵　17, 34, 63
准・陵寺　55, 61
春季皇霊祭　10, 238
準陵　135, 139
浄金剛院　64
浄金剛院法華堂　64, 66
正辰祭　8, 10, 223, 227, 238, 239
掌丁　139, 239
浄土寺　57
成善提院陵　56, 58
浄妙寺　54
昭和天皇祭の儀　259
諸陵調方　123
諸陵頭　87, 98, 130, 191, 202, 204, 206–208, 219
諸陵司　85, 98
書陵部→宮内庁書陵部（事項索引）
諸陵寮　5, 95, 98–100, 128, 133, 134, 141, 155, 190, 193, 195, 198, 201, 204, 206, 207, 214, 215, 217–220, 234
諸陵寮京都出張所　193, 195, 199, 218
諸陵寮出張所　195
神功皇后社　111
新庄下所在古墳　196, 199
神代三陵　132
櫬殿　90, 252
親王寺　165
新御塔　63
新山古墳　215
真輪寺　105

● す
崇徳院御廟　65

● せ
千足（古墳）　196, 199
善城寺　48
泉涌寺　64, 66, 67, 71, 72, 75, 77, 118, 140, 230
禅林寺　61

● そ
葱華輦　253
造山古墳　199
葬場殿の儀　89, 90, 253

● た
大雲寺　57
大行天皇　82, 89, 91
醍醐寺　54
太子御廟寺　212
太子西山古墳　30, 32
大仙陵（古墳）　23, 28, 29, 149
大喪使　81, 85
大喪儀　4, 82, 87–89, 93, 207, 252, 253
大喪の礼　253
高塚式山陵　18, 19
高野陵　228
高松塚古墳　19, 248
高屋築山古墳　101
高屋山上陵　132
楯列山陵　99
谷口古墳　116
多摩東陵　10, 89
多摩陵　4, 85, 86, 90
田邑陵　264
段ノ塚古墳　35

● ち
知足院　63

● つ
塚根山　119, 121, 164
東明神古墳　40
塚山　119
桃花鳥田丘上陵　164, 169
月輪陵　63, 64, 66, 67, 71, 72, 140, 159, 230
月輪南陵　263
津堂城山古墳　28, 29, 215

● て
天皇陵古墳　15, 19, 25, 28–30, 34, 37, 43, 96
天武・持統天皇合葬陵　37–40, 65, 101, 130, 131, 141, 212
天龍寺　128, 159

● と
東禅寺　122
堂塔式　45, 46, 50, 55, 56, 58, 60, 67, 159, 225, 251
豊島岡　78
豊島岡墓地　77, 78, 90, 238, 253
鳥屋身三才古墳　28, 29
頓証寺　65

● な
中尾山古墳　37

仲津山古墳　28, 29
仲津山陵　28
奈保山西陵　51
那富山墓　234
奈保山東陵　51
奈保山陵　50
平城坂上墓　5
那羅山墓　214
南禅寺　128, 139
南禅寺陵　139

● に
西市陵墓参考地　136, 226
西殿塚古墳　25, 28, 100
西本願寺　80, 128
新田神社　225
仁和寺　54, 61

● ぬ
鵜塚（陵墓参考地）　262

● の
野口王墓山古墳　35, 49, 50, 131
荷前　52, 54, 99, 260
荷前使　5, 99
後佐保山陵　51
後月輪東北陵　75
後月輪東山陵　75, 84
後月輪陵　63, 64, 66–68, 72, 140, 159
能褒野墓　211
野宮神社　163

● は
陪冢　29, 178
灰塚　7, 66, 72, 139, 140
墓寺　54
薄葬　16, 46, 48, 52, 54, 93, 250, 251
白鳥陵　153
幕末の修陵　15, 65, 66, 75, 95, 109, 120, 122–125, 131, 139, 140, 143, 153, 157, 160, 163, 164, 168, 169, 173, 174, 178, 186, 188, 190, 225, 229, 232, 260
函石　45–47
箸中支群　28
箸墓古墳　6, 25, 28, 96–98, 100, 146, 245
土師ニサンザイ古墳　28, 29
菩提樹院　57
髪歯爪塔　7
葉室塚古墳　30

● ひ
日岡神社　225
東本願寺　128
東百舌鳥陵墓参考地　28
檜隈大内陵　7
檜隈墓　232
秘塚（陵墓参考地）　262
平田梅山古墳　28–30
殯宮　35, 43, 88, 252

● ふ
深草十二帝陵　65
深草北陵　7, 58, 59, 65, 66, 71, 129, 140, 159, 160, 251
深草山陵　53, 56
福塚　119
藤井寺陵墓参考地　28, 215
伏見松林院陵　137, 198
伏見桃山陵　81, 83, 85, 87, 88, 197
衾田陵　25, 100
古市古墳群　29, 43, 100, 173, 250, 268
文化の陵絵図作成　116, 117
文久の修陵→幕末の修陵
分骨所　7, 139, 140, 197
墳壟有無錯綜時代　48

● ほ
法界寺　80
法住寺法華堂　64
法勝寺　212
宝来山古墳　25, 29
法隆寺　101, 220
墓守　22
墓掌　132
墓籍　85–87
墓丁　132
法華堂　45, 57, 61, 64–67, 159, 160, 251
本願山陵　51
本願寺　186
本御塔　63

● ま
丸山　121

● み
眉間寺　51, 167
ミサンザイ　119, 120, 124
三嶋古墳群　29
御寺　72, 118
御堂　57, 60, 61

水尾山寺　54
水尾山陵　54

● む
武蔵野東陵　4, 93
武蔵野陵　4, 10, 91, 93, 260
武蔵陵墓地　5, 10, 11, 85, 89, 91, 253
村上陵　60
邑上山陵　159

● め
明治神宮　83, 144, 145, 152, 208
明治六年制札　175, 182, 184
女狭穂塚　199, 226

● も
殯　32, 43
百舌鳥古墳群　29, 43, 184, 268
百舌鳥八幡宮　167, 224
百舌鳥陵山古墳　28, 29
百舌鳥陵墓参考地　167, 224, 225
桃山陵墓地　155, 243, 244

● や
柳本の御陵桜　153, 154
山上八幡神社　224, 225
山階山陵　160
山科陵　84
山田高塚古墳　34
山作部　48
大和大塚陵墓参考地　215
大和（盆地）東南部古墳群　28, 43

● り
龍安寺　180
龍潭寺　132
陵戸　22, 33, 98, 99, 264
陵戸田　100
陵誌　85, 88, 93
陵寺　45, 52–56, 60, 61, 225
陵守　22
陵掌　132, 155
陵所の（ノ）儀　88, 91, 253
陵籍　85–87
陵丁　132
陵墓監　149, 207, 239
陵墓監区事務所　8, 221, 245
陵墓管理委員会　221
陵墓古墳　19, 25, 193
陵墓参考地　8, 134, 136, 138, 199, 215, 219, 223, 239, 262, 263
陵墓守長　207
陵墓守部　207
陵墓鳥居　159, 160
臨時陵墓調査委員会　95, 129, 137, 142

● れ
例祭　8, 240
霊輦　253
霊轜　253
歴代外天皇陵　7, 131
蓮華王院　64
蓮華王院法華堂　64
蓮華峯寺陵　66, 235
斂葬　57, 81, 90, 252, 253
斂葬の儀　89, 91, 253

● ろ
六角堂　57

● わ
和束墓　141

人名索引

＊人名＋陵（墓）や引用文献著者も本索引に含めた
＊太字は巻末からの頁数

● あ
青木和夫　**24**
青地礼幹　71, **31**
縣勇記　188
赤松俊秀　**22**, **31**
秋里舜福　**26**
秋篠宮→文仁親王
秋永政孝　153, **33**
彰仁親王　168
秋元禮朝　186
秋元志朝　186
秋山日出男　67, 109, **31**
晃親王　77, 79, 80, 260
安積親王　141
浅田芳朗　215, **35**
浅野清　**31**
浅野長祚　119, 120, **25**
足立正聲　130, 190, **26**
足立栗園　194, **34**
網干善教　37, 40, **30**
阿部邦男　107, 108, 118, 263, **32**
阿保親王　165
天照大神　159
天若日子　263
雨宮于勝　191
雨宮于信→増田于信
雨宮義人　102, **32**
有馬祐政　**25**
淡路廃帝→淳仁天皇
安閑天皇　101
安康（天皇）　111
安藤信正　122
安寧天皇　48

● い
飯豊青尊→飯豊天皇
飯豊天皇　131
井伊直弼　122
井伊直憲　132
家継→徳川家継
家永三郎　**24**
家慶→徳川家慶
池邊義象　191
伊弉諾尊　264
伊弉冉尊　264
石坂泰士　34, **30**
石崎喜右衛門　114
石田茂輔　32, 96, 215, **30**, **32**, **35**
石姫（皇女）　32
磯部欣三　105, **32**
一条兼香　230
一條天皇　61, 116
一条富子　230
一条美子→昭憲皇太后
市辺押磐皇子　211
懿徳天皇　110
稲岡耕二　**24**
井上（馨）　83
井上光貞　**24**
井上亮　**22**
今井堯　**22**
今井屋善五郎　112
今尾文昭　232, 259, 269, **22**, **36**
入江安右衛門　114
入鹿→蘇我入鹿
磐城別王　197
岩倉具視　141
岩田重則　**22**
磐衝別命　197
磐之媛命　5
允恭天皇　152, 186

● う
上田長生　189, 259, **27**, **34**, **37**
上田宏範　228, **35**
上野勝之　257, **22**, **36**
上野竹次郎　19, 22, 57, 60, 88, 228, **22**
上野洋三　258, **24**
上原敬二　145, 146, 152, **33**
鸕鷀草葺不合尊　16, 132
宇多天皇　54
宇田淵　172
内田守政　112
梅津次郎　**31**
梅原末治　215, **35**

● え
英照皇太后　75, 260
栄仁親王　198
恵行　230
円融天皇　61, 159

● お
応神天皇　49, 167, 182, 224, 225, 228

近江昌司　37, 30
大内青巒　80
大江音人　165
大吉備津彦命　236
正親町（天皇）　7, 66
正親町公通　109, 113
正親町三条実愛　123
正親町町子　113, 24
大国隆正　204, 206
意祁命　211
大沢清臣　190
大角修　22
大谷光尊　80
大谷光澤　186
大田皇女　131
太田村半兵衛　27
大友皇子　39
大伴家持　230
太朝臣安万侶→太安万呂
大野晋　24
大原重徳　122
太安万呂　5, 46
大橋長憙　190
大原重徳　122
大宮院→姞子
大山（巌）　83
大山守命　214
岡部精一　15, 29
岡宮天皇　7, 131
岡本桃里　120, 123
奥八兵衛　71
小倉王　197
小倉慈司　90, 22
小澤毅　30, 30
尾谷雅比古　218, 35
落合直文　191
朧谷寿　55, 257, 22, 31

● か
開化天皇　16, 22
甲斐貴充　226, 35
貝原益軒　35
雅慶王　137
笠野毅　35, 30
花山（天皇）　113
加地伸行　71, 32
春日宮天皇　128, 131
春日山田皇女　152
片桐且元　58, 102
桂宮　79, 133, 141
加藤一郎　231, 36
鼎龍暁　77
金杉英五郎　103, 263, 22
鎌田正憲　203
蒲池勢至　94, 32
神櫛王　140, 165
亀田博　234, 36
亀山天皇　65, 66, 139, 186
蒲生君平　15, 16, 18, 20, 34, 116, 117, 121, 186, 263, 270, 29, 32
川路聖謨　120, 25, 33
川田貞夫　120, 33
川西宏幸　25, 29
閑院宮→載仁親王
神沢杜口　114, 24

● き
淇園→柳沢里恭
喜久子→高松宮妃喜久子
菊池大麓　204
岸本直文　25, 219, 29, 35
北浦定政　120, 121, 188, 25
喜田貞吉　16–18, 200, 29
来村多加史　261, 37
北康宏　260, 264, 265, 37
姞子　64
吉備姫王　131, 232
京極院　66
恭礼門院　230
清原夏野　197
金田一春彦　191, 194, 34
金原正明　96, 146, 32
欽明天皇　30, 32

● く
空華院　197
草壁皇子　7, 131
楠木正成　67
工藤美代子　90, 32
邦良親王　131
熊澤一衛　82, 32
来目皇子　219
倉野憲司　24
倉本一宏　24
黒板勝美　24
桒原信毅　188

● け
恵隠　41
継体天皇　65

月桂院　197
賢教　105
源三郎　121
儼塾→森尚謙
建春門院　64
賢照　105
顕宗（天皇）　110
元明天皇　43, 46, 49–51, 146, 210

● こ

後一條天皇　56, 57, 60, 160
孝安（天皇）　111
弘覚王　197
光格天皇　72
皇極（天皇）　7, 39, 232
孝謙（天皇）　5, 7
孝謙太上天皇→孝謙（天皇）
孝元天皇　16, 22
皇后和子　103
光孝天皇　54
光厳天皇　66
香淳皇后　4, 10, 93, 239, 253
孝昭（天皇）　111, 112
恒性王　196, 197
養浩→高志養浩
広沢→細井知慎
後宇多天皇　66
孝徳天皇　39, 182, 232
広如→大谷光澤
光仁（天皇）　111
河野宮　197
高表仁　41
弘文天皇　39, 129
弘法大師　231
光明皇太后　5
光明子→光明皇太后
光明天皇　141
孝明天皇　75, 80, 121, 124, 129, 168
孝霊天皇　6
後円融天皇　66
後柏原（天皇）　7, 66
後亀山（天皇）　67
後光厳天皇　65, 66
後光明天皇　67, 71, 72, 251
後小松（天皇）　7
後西天皇　73
後嵯峨上皇→後嵯峨天皇
後嵯峨天皇　60, 64–66, 128, 186
後桜町天皇　238, 239
後三條天皇　60, 61
小島毅　**22**
後白河天皇　64
後崇光太上天皇　8, 137
後朱雀天皇　61, 254
後醍醐天皇　67
後高倉太上天皇　262
後土御門（天皇）　7, 66
後藤秀穂　121, **22**
後鳥羽天皇　64
載仁親王　168
後奈良（天皇）　7, 66
後二條（天皇）　66, 139, 197
近衛天皇　58, 63
小林剛　**31**
後深草上皇→後深草天皇
後深草天皇　58, 60, 65, 66
後伏見（天皇）　7, 113
小松宮→彰仁親王
小松宮頼子　168
後水尾天皇　60, 67, 73, 129
後村上天皇　67
後桃園天皇　73, 230
後陽成天皇　60, 65, 71, 73, 101, 252

● さ

西園寺（公望）　83
西光慎治　37, **30**
税所篤　169, 172, 214
齊藤只右衛門　111
斎藤忠　48, 234, 263, **31**
斎藤達哉　191, **34**
斉明（天皇）　7, 111, 232
嵯峨（天皇）　52, 53, 93, 265
坂川武右衛門　110
嵯峨上皇→嵯峨（天皇）
酒巻芳男　262, **37**
坂本太郎　19, **24**
佐佐木信綱　**24**
笹山晴生　**24**
貞愛親王　85
貞成親王→後崇光太上天皇
貞致親王　137
祐宮→明治天皇
佐藤弘夫　251, **22**
鯖田豊之　80, **32**
猿渡容盛　190
早良親王　128, 131
三条実美　141
三条実房　159, **24**
三条実躬　212, **26**

三條天皇　57
三条西家　188

● し
施基親王　128, 131
薫子内親王　78
四條天皇　61
持統天皇　35, 37, 39, 40, 43, 45, 48, 49, 66, 111, 250, 254
篠原祐一　15, 29
柴田常恵　234, 36
島津毅　22
朱熹　71
春嶽→松平慶永
俊芿　64
順徳天皇　60, 105, 106
淳和（天皇）　52, 53, 93
淳仁天皇　129
昭憲皇太后　83, 89, 230
称光天皇　66, 113
昌子内親王　57
章子内親王　57, 131
承朝王　139
昌東舎真風　228, 26
上東門院→藤原彰子
称徳（天皇）　7, 110
聖徳太子　102, 169, 171
聖武天皇　5, 6, 51, 110
昭和天皇　4, 7, 10, 91, 93, 204, 239, 252, 253
白石太一郎　39, 43, 22, 30, 31
白神典之　214, 35
白河天皇　45, 56, 58
白藤禮幸　24
神功皇后　5, 131, 228
進士五十八　144, 33
深守親王　197
神保山城守相徳　128
神武天皇　7, 8, 22, 49, 113, 118, 121, 132, 239, 265

● す
推古天皇　34, 41, 182
綏靖天皇　22, 238, 239
垂仁天皇　16
末永雅雄　263, 37
菅谷文則　40, 30
崇光（天皇）　113
朱雀天皇　55
崇峻天皇　17, 33, 112
鈴鹿連胤　188
崇道天皇　128, 131
崇徳天皇　64
砂川政教　123, 188, 190
淑子内親王　79, 133

● せ
清喜祐二　216, 231, 236, 245, 35, 36
聖子　263
成務天皇　49
清和天皇　54, 55, 265
関屋（貞三郎）宮内次官　202
勢多周甫　147
勢津子→秩父宮妃勢津子
宣化天皇　112
仙石（政敬）　202

● そ
蘇我入鹿　35
蘇我蝦夷　35
十河良和　219, 35
曽根吉正　105, 107, 167

● た
醍醐天皇　54–56
大正天皇　4, 85, 86, 88–91, 197
大猷院→徳川家光
平尚重　120, 25
高木博志　21, 131, 144, 169, 259, 269, 22, 29, 33, 36
高楠順次郎　212, 34, 35
高倉天皇　262
高志芝巌　147, 33
高志養浩　147, 33
高橋健自　16, 17, 200, 29
高橋照彦　30, 30
高日子根神　263
崇仁親王　253
高松宮→宣仁親王
高松宮妃喜久子　90
高向玄理　41
高山彦九郎　15
竹口英斎　120, 25
竹下登　91
竹田皇子　34
武田秀章　260, 37
竹田政敬→竹田正則
竹田正則　30, 34, 30
武田祐吉　24
竹原信繁　26

威仁親王　77
手白香皇女　215
田中徳定　60, 31
田中光顕　82, 190
田中良之　264, 37
谷村為海　184, 33
谷森善臣　35, 51, 78, 123, 143, 147, 163, 186, 188–190, 227, 232, 25, 26, 34
玉井與左衛門　110, 111
玉利勲　200, 214, 34
田村唯史　182, 33

● ち
千種任子　82
秩父宮→雍仁親王
秩父宮妃勢津子　90
茅渟王　131
仲恭天皇　129
中條太郎右衛門　110
中條良蔵　120, 25
長慶天皇　95, 129, 137, 139

● つ
都紀女加王　137
津久井清影→平塚瓢斎
津田左右吉　6, 29
土御門天皇　64
都出比呂志　20, 23, 261, 29, 37
綱吉→徳川綱吉
恒仁親王→亀山天皇
妻木頼保　112
鶴沢探真　25

● て
程頤　71
程顥　71
禎子内親王　254
貞明皇后　10, 89–91, 260, 26, 32
寺沢薫　96, 32
寺田剛　102, 32
天智天皇　35
天平応真仁正皇太后　141
天武天皇　35–37, 39, 40, 48, 49, 66, 111, 212, 30

● と
外池昇　87, 128, 137, 23, 32, 33
十市藤三郎　121
藤貞幹　48, 234, 31
東福門院　104
徳川家継　114
徳川家綱　104
徳川家光　102, 103, 107
徳川家康　101, 107
徳川家慶　118
徳川綱吉　109
徳川斉昭　117, 119, 128, 164, 188, 265
徳川光圀　106, 107, 117, 118, 258
徳川慶喜　168
得子→美福門院
徳大寺（実則）　83, 124, 141, 169, 172
徳田誠志　25, 132, 215, 245, 29, 33, 35, 36
戸田忠至　75, 122, 163, 168, 188, 189
魚屋八兵衛　71
舎人親王　197
鳥羽（天皇）　61
戸原純一　122, 168, 203, 27, 33
富岡鉄斎　169, 33
富子→一条富子
伴林光平　149, 25
（豊臣）秀吉　102, 244
（豊臣）秀頼　58, 101, 102, 107, 32
常子→（増田）常子

● な
尚重→平尚重
中井正弘　214, 35
中島三千男　253, 36
中院通村　71, 25
永原慶二　6, 29
中御門天皇　73
中村一郎　203
長屋王　134
中山忠能　123
並子→本居並子
鳴海邦匡　27

● に
二位尼　226
西川誠　84, 32
西田孝司　144, 23, 33
西野光一　81, 32
西野新治　163
西宮宣明　163
西山良平　53, 31
二條（天皇）　113, 130
瓊瓊杵尊　16, 132, 226
仁孝天皇　45, 67
仁徳天皇　5, 23, 29
仁明天皇　45, 53, 56, 60, 93, 265

● ね
根岸栄隆　159, 33

● の
乃木希典　204
宣仁親王　90, 260
野宮定功　123
野村玄　71, 31

● は
萩野由之　191
花園天皇　66
塙保己一　24
羽田新五兵衛　110
土生田純之　40, 23, 30
林子平　15
林宗甫　26
林英一　80, 32
播磨稲日大郎姫命　225
治仁王　197
反正天皇　184
伴信友　188

● ひ
東憲章　226, 35
東山（天皇）　109
疋田棟隆　189, 25, 34
樋口正陳　232
樋口吉文　182, 184, 33
彦五瀬命　225
彦火火出見尊　16, 132
久仁親王→後深草天皇
土方（久元）　83
日高正晴　226, 35
常陸宮→正仁親王
敏達天皇　16, 30, 32
英仁親王　230
日野一郎　57, 31
日野資宣　51, 25
美福門院　63
瓢斎→平塚瓢斎
兵藤裕己　24
平田篤胤　188
平塚茂喬→平塚瓢斎
平塚瓢斎　102, 120, 121, 123, 164, 188, 25
広瀬和雄　242, 36
禮朝→秋元禮朝　186
広橋胤保　75
廣吉壽彦　67, 109, 31

● ふ
深尾代治　89, 26
福尾正彦　34, 35, 38, 57, 121, 132, 134, 196, 199, 215, 218, 224, 231, 259, 23, 30, 31, 33–36
福永伸哉　261, 37
福山敏男　234, 36
藤井譲治　116, 260, 33
藤井利章　23
藤沢上人　165
藤澤秀晴　104, 32
藤田健　25
藤田覚　230, 35
藤田東湖　118, 119
藤田幽谷　15, 118
藤田友治　219, 35
伏見（天皇）　7, 66, 113
藤原佶子→京極院
藤原実資　159, 24
藤原彰子　57, 116
藤原定家　212, 24
藤原道長　61
藤原宮子　6, 51
藤原良房　265
文仁親王　93, 168
武烈（天皇）　110, 130

● へ
平城天皇　49
ヘンリー・ヒュースケン　122

● ほ
北條朝彦　46, 231, 235, 31, 36
細井知慎　103, 108, 113, 25
細井知名　108
堀河天皇　56, 61
堀田啓一　102, 107, 188, 23, 34
本郷高徳　145, 148, 153
本多静六　145
本多政勝　213

● ま
前田夏蔭　113, 25
前場半入感舜　102
正仁親王　93
増田一裕　30, 30
（増田）常子　191
増田于信　83, 84, 87, 143, 186, 190, 191, 193, 194, 202, 206, 218, 219, 230, 26–28, 34

増田美子　23
町子→正親町町子
松浦良代　191, 195, 34
松尾剛次　23
松方（正義）　83
松下見林　107, 25
松平紀伊守　103
松平直政　104, 106, 107
松平信庸　109, 114
松平慶永　122
松平頼聰　165
松平頼重　108, 165
松平頼常　107
松平頼恭　108, 165
松葉好太郎　149, 167, 25
松藤和人　31
松村博司　24
松村政雄　31
万里小路博房　124
的場匠平　72, 73, 32
間瀬忠至→戸田忠至

● み

三笠宮→崇仁親王
三上大助　121
三島吉太郎　29
水野正好　23
源経頼　160, 24
源師時　58
源義経　226
宮子→藤原宮子

● む

睦仁親王→明治天皇
六村中彦　190, 196
宗良親王　132
村上天皇　60, 61

● め

明治天皇　35, 39, 75, 77–79, 81, 83, 88, 89, 137, 145, 168, 197, 204, 230, 238

● も

毛利和雄　248, 36
毛利久　31
茂木雅博　213, 23, 26
望月信亨　212, 34, 35
本居豊頴　191
本居長世　191, 192, 194, 34
本居並子　191, 192
本居宣長　121, 191, 25
桃園天皇　230
（森）鷗外　204
森浩一　30, 214, 220, 263, 23, 29, 31, 35, 37
守貞親王　262
森尚謙　106, 25
森田恭二　101, 32
森林太郎→森鷗外
文徳天皇　48, 264, 265
文武天皇　16, 37, 39, 41, 43, 111

● や

矢澤高太郎　23
屋代弘賢　48, 234, 31
安井良三　40, 30
雍仁親王　89, 90
安本美典　216, 35
柳沢里恭　229
柳原資廉　109
柳沢吉保　109, 113
柳原光愛　123, 168
山岡栄市　206, 34
山鹿素行　106
山縣（有朋）　83
山川正宣　121, 25
山口鋭之助　48, 87, 143, 146, 186, 203, 206–208, 219, 26, 28, 31, 34
山口輝臣　90, 22
山階宮　77, 79
山田邦和　49, 55, 64, 265, 22, 23, 31, 37
日本武尊　211
倭迹迹日百襲姫命　6, 28, 131
山中裕　24

● ゆ

遊義門院→姈子内親王
遊行上人　165
幽谷→藤田幽谷
雄略天皇　128, 211
敬仁親王　78

● よ

用明天皇　16
横山浩一　17, 29
吉江崇　260, 37
吉岡眞之　116, 260, 33
好君　137
吉田恵二　210, 34
吉村家　150, 152
淀君　101

米田雄介　23
頼子→小松宮頼子
頼聰→松平頼聰
頼恭→松平頼恭

● ら
頼仁親王　137

● り
良成親王　226

● れ
冷雲院　197
霊元天皇　73
婉子内親王　66

● ろ
六條（天皇）　113

● わ
稚高依姫尊　78
稚瑞照彦尊　77, 78, 80
和田萃　22, 30, 43, 49, 54, 100, 174, 260, 29-31, 33
和田軍一　18, 19, 22, 48, 56, 60, 72, 73, 114, 116, 137, 203, 23, 33
和田千吉　215
渡邊（千秋）　83

事項索引

＊書籍・論文等名も本索引に含めた

● あ
赤穂藩　106
穴観音　236
『阿不幾乃山陵記』　35, 212
安産奇石　223, 228
安政の大獄　120, 122
安政の陵改　113, 119, 120, 164, 214

● い
『繭笠乃志つく』　189, 227
池之山之由来書　174
遺失物取扱規則　216, 217
遺失物取扱規則中の埋蔵物の取扱についての告示　216
遺失物法　217
『異称日本伝』　107
伊勢鳥居　159
犬石→隼人石
『磐衝別命墓 磐城別王墓考證』　196

● う
『右大臣贈正二位清原眞人夏野雙岡墓勘註』　196
『内墨縄』　121
宇都宮藩　122, 128, 186, 188
『畝傍山陵考』　188

● え
『栄花物語』　60
益軒会　213
『江戸帳書抜』　112
『可愛御陵図』　226
『延喜式』　20, 22, 99
延喜諸陵墓式　5, 6, 22, 32, 33, 35, 41, 43, 44, 49, 51, 52, 54, 93, 99, 143, 258, 264

● お
王政復古の大号令　132, 265
大蔵省　78
『大坂表書留写先年右奉行ゟ申請候内　元禄十丑年』　112
大阪皇陵巡拝会　270
大坂城　101
大八洲学会　192
『大八洲学会雑誌』　192
『翁草』　114
落合斎場　80, 253
恩賜財団母子愛育会　229

● か
『可観小説』　71
学習院　204
片岡遊行　236
『河内国諸陵成功ニ付長守戸仮任命関係文書控』　147
監守者心得→『陵や御墓の監守者の心得』
関東大震災　193, 197, 198, 200, 214

● き
記紀→『古事記』・『日本書紀』
『吉事略儀』　140
狐石→隼人石
宮中顧問官　204
夾紵棺　37
京都市埋蔵文化財研究所　58
京都所司代　103, 109–115, 117, 119, 120, 122, 123
京都帝国大学　200
京都西町奉行　119
京都府教育庁指導部文化財保護課　244
京都町奉行　116, 117, 120
教部省　129, 131, 132, 139, 140, 175, 191, 239

● く
宮内卿　141, 169, 172
宮内省　10, 22, 73, 77, 78, 80, 83, 133, 134, 136, 137, 141, 164, 168, 172, 178, 184, 190–192, 200, 204, 208, 217, 218, 227, 262
宮内大臣　82, 87, 134, 142, 191, 219
宮内庁　3, 6–8, 11, 19, 35, 38, 64, 140, 196, 220, 231, 245, 250, 261, 262, 266, 268
宮内庁書陵部　8, 128, 129, 203, 205, 215, 235, 270
宮内庁書陵部陵墓課　46, 236
宮内庁法　7
宮内府　203
具備されている価値等　258
『愚昧記』　160, 260
黒木鳥居　163, 164

● け
結界石　231–233
闕怠　99
検非違使　212
『源氏物語』　163

『儼塾集』　106
遣隋使　41
遣唐使　41
『元禄十丁丑年山陵記録』　109
『元禄年間 山陵記録』　67

● こ

郊祀　265
皇室財産令　261
皇室祭祀令　238, 240
皇室喪儀令　4, 87–89, 251
皇室典範　4, 6, 7, 75, 86, 240, 269
皇室服喪令　4
皇室用財産　7, 8, 261, 262
皇室陵墓令案　82, 84
皇室陵墓令施行規則　136
皇室陵墓令　78, 83, 85–87, 89, 90, 136, 138, 142, 251
皇室令　84, 87
考證之書→『文久山陵図』
『後宇多院御遺告書』　66
厚朴　230
『皇陵』　22, 200
『孝霊天皇々子稚武彦命 孝霊天皇々孫吉備武彦命墓考證』　199
高野山　230
郡山藩→大和郡山藩
古器旧物保存方　216
國學院大學図書館　207
『国史参考御歴代名鑑』　194
国史大系　188
国務の要領六ヶ条　104
国有財産　7, 218, 261, 262
国有財産法　7
『古事記』　5, 41, 46
御所在復元図　215
古制の復活　77, 80
『國華餘芳』　184, 185
『古墳の発掘』　220
古墳発掘手続の件依命通牒　218
『御陵沿革取調書』　152
『御陵図』　169, 170, 178, 181, 182
御陵墓図　86
御陵墓台帳　86
これからの文化財の保存と活用の在り方について　247
権現山　78
今後の御陵及び御喪儀のあり方について　3, 4, 93, 94, 223, 250, 252, 254, 269
『今昔物語集』　232
『誉田宗廟縁起』　224

● さ

在職時勅定陵墓書→『増田于信在職時調査上奏勅定陵墓』
堺市立図書館　185
『堺大観』　184, 185
『嵯峨天皇々后嘉智子 嵯峨陵勘註』　196
嵯峨陵勘註→『嵯峨天皇々后嘉智子 嵯峨陵勘註』
坂下門外の変　122
桜井市纏向学研究センター　33
桜田門外の変　123
『左経記』　160
佐渡奉行　105, 106, 165
『実躬卿記』　212
蔵宝山雍良岑　46
猿石　223, 232–235, 259
山王山のお祭り　234
『山陵』　22, 88, 228
『山陵外史徴按』　189
『読山陵外史徴按』　189
『山陵考』　35, 139, 189, 232
『山陵考略』　121
『山陵志』　15, 20, 116, 117, 263, 270
山陵侵犯事件　119
『山陵の沿革』　207
『山陵の研究』　207
『山陵の復古と精忠』　263

● し

式部寮　77
梓宮　67
施行規則→皇室陵墓令施行規則
史蹟名勝天然紀念物調査委員会　219
史蹟名勝天然紀念物調査会　193
史跡名勝天然紀年物保存法　218
七疋狐→隼人石
『島根評論』　208
持明院統　65, 66
事務分擔書→「諸陵寮記録回復に付き当面の事務分擔 稿本」
史名天法→史跡名勝天然紀年物保存法
十二支像　234, 235
『周遊奇談』　228
朱子学　71
貞観式　264, 265
上皇　16, 52, 53, 60, 73, 169, 269
上皇后　269
『聖徳太子伝私記』　212

聖徳太子墓の七不思議　231
浄土三部経　231
『小右記』　159
『続日本後紀』　99, 147
『諸陵周垣成就記』　103, 109
『諸陵説』　189
『諸陵雑事注文』　100
『諸陵断』　189
『諸陵徴』　188, 189
「諸陵寮記録回復に付き当面の事務分擔 稿本」　202
「諸陵寮ノ記録図書回復ニ付意見 稿本」　201
「調査資料回復主意書」　190
神代　7
神仏習合　159
神仏判然令　80
神仏分離　80
神仏分離令　80
『神武御陵考』　120
『神武天皇御陵修補竣成勅使参向之図』　163
「神武天皇御陵儀御沙汰之場所奉見伺候書付」　164
神明鳥居　159

● す
『菅笠日記』　121
『資宣御卿記』→『仁部記』
図書頭　87, 204, 239

● せ
『青山餘影 田中光顕伯小傳』　82
『聖蹟図志』　164
世界遺産委員会　268
世界遺産条約　268
世界文化遺産　250
世伝御料　261, 262
『前王廟陵記』　107, 108
『全堺詳志』　147
前方後円墳体制　20, 23

● そ
喪葬令　85
卒塔婆　45, 53, 54, 56, 60, 231

● た
退位等特例法→天皇の退位等に関する皇室典範特例法
大英博物館　246
大覚寺統　65–67
大化の薄葬令　78
太子町立竹内街道歴史資料館　30
『大日本史』　107, 117
大日本帝国憲法　95, 130, 142
『太平記』　67
大宝令　22
大宝律令　46, 85, 117
高徳藩　75
高取藩　128
高松塚古墳総合学術調査会　248
高松藩　108
高屋城　101
内匠寮京都出張所　195
太政官　77, 78, 139–141, 175, 178, 184
太政大臣　140, 141, 175
太上天皇　8
館林藩　128, 186
『玉勝間』　121

● ち
『長秋記』　58
鎮座百年記念第二次明治神宮境内総合調査委員会　145

● つ
追尊天皇　7
津藩　120, 128

● て
『帝王編年記』　56
帝室制度審議会　87, 207
帝室制度調査局　82, 87
帝室林野局　219
程朱学　71
『帝陵発掘一件』　213
天然更新　155, 156
天皇の退位等に関する皇室典範特例法　269

● と
東京山林学校　146, 208
東京市役所　131, 139, 172
東京帝国大学　146, 191, 218
『東大寺要録』　48
『徳川実紀』　113
特殊器台形（埴輪）　28
十掬剣　264
鳥取藩　191
主殿寮　133

主殿寮京都出張所　195
富岡鉄斎陵標揮毫の事について　169

● な
内閣告示　91
内閣法制局　141
内務省　132, 133, 178, 184, 191, 193, 198, 200, 217, 218, 239
長岡京　265
『中院通村日記』　71
那須国造碑　106
滑谷岡　35
奈良県立橿原考古学研究所　19
奈良国立文化財研究所　210
奈良博覧会　234
奈良奉行　103, 110, 119, 120, 213
奈良奉行所　109–111
『奈良山御陵碑考證』　234

● に
『日本考古学人物事典』　263
『日本産育習俗資料集成』　229
『日本三代実録』　55, 147, 211
『日本書紀』　5, 17, 41, 236, 264
日本庭園協会　146
『日本文徳天皇実録』　53
日本歴史地理学会　206
『仁部記』　51

● ね
涅槃門　160
『年中行事秘抄』　147

● の
農商務省　146, 203, 217
後征西将軍　226
野宮　163
『野山のなげき』　149

● は
廃仏毀釈　242
隼人石　233–235, 237
『廟陵記』　164

● ひ
彦根藩　132
『百錬抄』　57

● ふ
付加される価値等　99, 258
服務心得→『陵墓職員服務心得』
武家伝奏　71, 109, 113, 117, 122
伏見城　244
伏見桃山築陵の話　84
『伏見桃山陵陵制説明書』　83, 84, 87
『扶桑略記』　45, 49
『普通教育 物理学』　204
普通御料　261, 262
『風土記』　46
『文海問津 初編』　191
文化財の保存・活用の新たな展開　247
文化財保護法　210, 220, 221, 246, 268
文化山陵図　117, 164
文化審議会　247
文化庁　221, 248, 268
文化庁文化部宗務課　94
『文久山陵図』　128, 139, 147, 152, 153, 167, 174, 189
墳墓堂　57

● へ
『平安通志』　192
平城宮　210

● ほ
方形堂　64, 159, 251
保元の乱　64
北朝天皇　7, 141
本学　206
本教本学　204

● ま
益田石（岩船）　111
『増田于信在職時調査上奏勅定陵墓』　196
『増田于信震災復旧関係草稿』　201, 202
松江藩　104
『松蔭日記』　113, 258
『万葉集』　85, 91

● み
『陵や御墓の監守者の心得』　155, 156, 207
『水鏡』　49
水戸学　15, 119
南豊島御料地　145
『三宅神社記録』　226
明神鳥居　159

● め
『明月記』　212
『明治天皇紀』　79, 145, 237

明治美術学会　184

● も
「毛利家上申」　226

● や
靖国鳥居　159
柳本支群　28
柳本藩　128
「山城国山陵記録・大養徳国山陵記録」
　109
ヤマト王権　6, 17, 23, 25, 28, 30
大和郡山藩　108, 229
『大和名所記』　232
『大和名所図会』　232

● ゆ
『雄略天皇丹比高鷲原陵考證』　200

● よ
養老令　22

● り
六国史　216
『令義解』　99
「陵制に対する愚見を陳して大喪儀の制に及ふ」　87
『陵地私考附考』　102
「陵の祭と陵の神の宮」　207
『陵墓誌 古市部見廻區域内』　149
『陵墓職員服務心得』　207
『陵墓聖鑑』　185
陵墓調査室　8, 64
『陵墓要覧』　48, 207

● る
『類聚雑例』　160
ルーブル美術館　246

● れ
礼拝所及び墳墓に関する罪　240
霊明殿　168
『歴史地理』　206
歴代皇霊式年祭の制　237, 238
『歴代廟陵考』　113
『歴代廟陵考補遺』　113, 120
『歴代廟陵考補遺後案』　113
『歴帝陵紀濫觴』　117

● わ
稚武彦命墓ほか考證→『孝霊天皇々子稚武彦命 孝霊天皇々孫吉備武彦命墓考證』
『和州旧跡幽考』　234
倭の五王　100

出典一覧

挿図

図01・10・23・31・35・42上　筆者撮影

図02　福尾正彦「陵墓調査の五〇年――陵墓の定義と近年の調査事例」(『発掘された日本列島2013　新発見速報展』朝日新聞出版，2013年)所収図にその後の増加を追加

図03　白石太一郎「百舌鳥・古市古墳群とヤマト王権」(『百舌鳥・古市大古墳群展――巨大古墳の時代』大阪府立近つ飛鳥博物館特別展図録，2009年，のちに『考古学からみた倭国』青木書店，2009年に再録)所収図を加筆・修正

図04・06・14・28・57(〈近現代〉高塚式・山丘式・その他)・61　宮内庁書陵部陵墓課(編)『陵墓地形図集成〈縮小版〉』学生社，2014年に所収図を加筆・修正。原図は宮内庁書陵部所蔵

図04(出土埴輪)　宮内庁書陵部『出品展示目録　埴輪Ⅰ』宮内庁書陵部，1989年

図05　福尾正彦「八角墳の墳丘構造――押坂内陵・山科陵・檜隈大内陵を中心に」(『牽牛子塚古墳発掘調査報告書――飛鳥の刳り貫き式横口式石槨墳の調査』明日香村教育委員会，2013年)所収図を加筆・修正

図07・08　奈良県立橿原考古学研究所(編)『図録　石の文化　古代大和の石造物』奈良県立橿原考古学研究所，2001年

図09・15・18　『古事類苑　帝王部』神宮司庁，1896年

図11　国土地理院の電子地形図(タイル)に陵名等を追記して作成

図12　赤松俊秀(監修)『泉涌寺史』法蔵館，1984年

図13　陵墓調査室・毛利久・松村政雄・小林剛・梅津次郎・赤松俊秀・浅野清「後白河天皇法住寺陵の御像に関する調査報告」(『書陵部紀要』第20号，宮内庁書陵部，1968年)

図16　的場匠平「陵墓石塔実測図目録」(『書陵部紀要』第70号〈陵墓篇〉，宮内庁書陵部，2019年)

図17・25・27・29・30・33・37　『御陵画帖』(国立公文書館所蔵，請求番号 特078－0001)。写真の使用にあたっては，国立公文書館の許可を得て，画像データの提供を受けた

図19　『宗教関連統計に関する資料集(文化庁「平成26年度宗教法人等の運営に係る調査」委託業務)』(文化庁文化部宗務課，2015年，http://www.bunka.go.jp/tokei_hakusho_shuppan/tokeichosa/shumu_kanrentokei/pdf/h26_chosa.pdf，平成31年1月30日最終閲覧)，平成26年度以降のデータは，e-Stat(政府統計の総合窓口)「埋葬及び火葬の死体・死胎数並びに改葬数，都道府県―指定都市―中核市(再掲)別(2013年度)」(『平成25年度衛生行政報告例』https://www.e-stat.go.jp/stat-search/files?page=1&layout=datalist&tstat=000001031469&cycle=8&tclass1=000001066951&tclass2=000001066952&tclass3=000001066953&stat_infid=000027241478&second2=1，平成31年1月30日最終閲覧)などに拠り作成

図20　寺沢薫「箸墓古墳の築造手順と築造時期」(『箸墓古墳周辺の調査』〈『奈良県

文化財調査報告書』第89集〉，奈良県立橿原考古学研究所，2002年）
図21左・22　宮内庁書陵部『出土品展示目録　埴輪Ⅲ』宮内庁書陵部，2000年
図21右　加藤一郎「箸墓古墳出土品の再検討」（『埴輪研究会誌』第18号，埴輪研究会，2014年）
図24・56・57・59・62　筆者作成
図26　今泉宜子『明治神宮――「伝統」を創った大プロジェクト』（新潮選書）、新潮社、2013年。写真の使用にあたっては，明治神宮の許可を得て，関係データの提供を受けた
図32　平塚茂喬（瓢斎）『聖蹟図志』，図書寮文庫所蔵（函架番号 351・603），1854年 版
図34・44　『御陵図』，宮内公文書館所蔵（識別番号 42087 諸陵寮）。一部，加筆したところがある
図36　『雄略天皇陵沿革記録』（吉村俊文書３），宮内公文書館所蔵（識別番号 40591 諸陵寮）
図38　「諸陵制札雛形并御火葬所囲柵守戸ヲ廃シ御分骨所及御灰塚ハ本陵ヘ合葬処分」『太政類典』第２編（明治４年～明治10年・第264巻・教法15・山陵１），国立公文書館所蔵（請求番号 太00487100）
図39・47　明治美術学会『國華餘芳』学藝書院、2011年。写真の使用にあたっては，国立印刷局　お札と切手の博物館の許可を得て，画像データの提供を受けた
図40　「御陵制札洋文ノ儀ニ付伺」『公文録』明治８年・第67巻，国立公文書館所蔵（請求番号 公01449100）
図41　「御陵制札署名改定」『太政類典』第３編（明治11年～明治12年・第57巻・教法・山陵），国立公文書館所蔵（請求番号 太00662100）
図42下　有馬伸氏撮影・提供
図43　『例規録　昭和24～31年』（宮内公文書館所蔵 識別番号 12239 書陵部陵墓課）
図45　『英文制札』（宮内公文書館所蔵 識別番号 42003）
図46　樋口吉文『陵墓古写真集Ⅱ　古市古墳群・磯長谷古墳群・宇度墓・三嶋藍野陵』堺市博物館，2011年に掲載の制札（「旧崇神天皇陵に在りしもの（昭和17年10月16日撮影）」）を判読
図48　堺史編纂係（編）『堺大観』第７巻，堺市立図書館所蔵，1903年。写真の使用にあたっては，堺市立中央図書館の許可を得て，画像データの提供を受けた
図49　金田一春彦『十五夜お月さん――本居長世　人と作品』三省堂，1983年
図50・52～55　宮内庁書陵部陵墓課（編）『考古資料の修復・複製・保存処理』宮内庁書陵部，2009年
図51　「河内誉田八幡宮　神橋」絵葉書（筆者所蔵）
図58　桃山陵墓監区事務所撮影（報道機関への提供写真。平成21年３月６日付読売新聞ほかに掲載）
図60　「今後の御陵及び御喪儀のあり方について」（平成25年11月14日，宮内庁長官発表，http://www.kunaicho.go.jp/kunaicho/koho/goryou/pdf/image.pdf，平成31年１月30日最終閲覧）

表・附表・附図

表01　The Cremation Society of Great Britain（英国火葬協会）の火葬に関する国際統計（2006～2016年，http://www.cremation.org.uk/statistics，平成31年１月30日最終閲覧）に拠り作成

表02～08・12　筆者作成

表09　『御陵沿革取調書 附陪冢位置図』（吉村俊文書１），宮内公文書館所蔵（識別番号40378 諸陵寮）に拠り作成

表10　『山陵関係贈位者』，宮内公文書館所蔵（識別番号 41184 諸陵寮）に拠り作成

表11　No.１～12までは，井尻常吉（編）『歴代顕官録』朝陽会，1925年（「明治百年史叢書」として，1967年に原書房から復刻）を参考とした。ただし，明らかな間違いは訂正した。No.13～15は『宮内省職員録』，宮内公文書館所蔵（識別番号 71891 宮内省）などに拠り，新たに書き加えた。

附表01・04　筆者作成

附表02・03　天皇と陵名は『陵墓要覧』（宮内庁書陵部，2016年），葬法，崩御時の在位・退位の区別は『天皇皇族実録』全135巻（ゆまに書房，2005～2010年）などに拠り作成

附図01　宮内庁ＨＰ「天皇系図」（http://www.kunaicho.go.jp/about/kosei/pdf/keizu-j.pdf，平成31年１月30日最終閲覧）をもとに一部加筆

カバー

上（山辺の道案内板から景行天皇陵をのぞむ）　松尾浩氏撮影・提供

下（『大和名所図会』にみえる箸墓古墳）　大日本名所図会刊行会（編）『大日本名所図会 第１輯　第３編』大日本名所図会刊行会，1919年（国立国会図書館デジタルコレクション，http://dl.ndl.go.jp/info:ndljp/pid/959906，令和元年９月10日最終閲覧）

参考文献

凡　例

・全体に関係する文献，テキスト関係については五十音順，その他については引用順とした。
・関係機関所蔵文書については，保存状態等の関係もあり，現在は閲覧が停止されている文書もあることから，閲覧・確認にあたっては，あらかじめ各関係機関に照会されたい。
・ＨＰの引用については，平成31年１月30日に確認済である。

全体に関係する文献

赤松俊秀(監修)『泉涌寺史』法蔵館，1984年
井上亮『天皇と葬儀——日本人の死生観』(新潮選書)，新潮社，2013年
今井堯『天皇陵の解明——閉ざされた「陵墓」古墳』新泉社，2009年
今尾文昭・高木博志(編)『世界遺産と天皇陵古墳を問う』思文閣出版，2017年
岩田重則『「お墓」の誕生——死者祭祀の民俗誌』(岩波新書)，岩波書店，2006年
岩田重則『天皇墓の政治民俗史』有志舎，2017年
上野勝之『王朝貴族の葬送儀礼と仏事』(『日記で読む日本史』10)，臨川書店，2017年
上野竹次郎(編)『山陵』山陵崇敬会，1925年(名著出版復刻，1989年)
大角修『天皇家のお葬式』(講談社現代新書)，講談社，2017年
小倉慈司・山口輝臣『天皇と宗教』(『天皇の歴史』第九巻)，講談社，2011年
朧谷寿『平安王朝の葬送——死・入棺・埋骨』思文閣出版，2016年
金杉英五郎『山陵の復古と精忠』日本医事週報社，1926年
宮内庁書陵部(編)「陵墓」(図書寮〈編〉『図書寮典籍解題第４　続歴史篇』養徳社，1951年)
宮内庁書陵部陵墓課(編)『宮内庁書陵部陵墓地形図集成』学生社，1999年
宮内庁書陵部陵墓課(編)『陵墓地形図集成〈縮小版〉』学生社，2014年
宮内庁書陵部陵墓課(編)『書陵部紀要所収陵墓関係論文集』学生社，1980年
宮内庁書陵部陵墓課(編)『書陵部紀要所収陵墓関係論文集』続，学生社，1988年
宮内庁書陵部陵墓課(編)『書陵部紀要所収陵墓関係論文集』Ⅲ，学生社，1996年
宮内庁書陵部陵墓課(編)『書陵部紀要所収陵墓関係論文集』Ⅳ，学生社，2000年
宮内庁書陵部陵墓課(編)『書陵部紀要所収陵墓関係論文集』Ⅴ，学生社，2004年
宮内庁書陵部陵墓課(編)『書陵部紀要所収陵墓関係論文集』Ⅵ，学生社，2010年ａ
宮内庁書陵部陵墓課(編)『書陵部紀要所収陵墓関係論文集』Ⅶ，学生社，2010年ｂ
小島毅『天皇と儒教思想——伝統はいかに創られたのか?』(光文社新書)，光文社，2018年
後藤秀穂『皇陵史稿』木本事務所，1913年
佐藤弘夫『死者のゆくえ』岩田書院，2008年
島津毅『日本古代中世の葬送と社会』吉川弘文館，2017年
白石太一郎(編)『天皇陵古墳を考える』学生社，2012年
白石太一郎『古墳の被葬者を推理する』(中公叢書)，中央公論新社，2018年
高木博志・山田邦和(編)『歴史のなかの天皇陵』思文閣出版，2010年

外池昇『事典　陵墓参考地――もうひとつの天皇陵』吉川弘文館，2005年
外池昇『天皇陵の誕生』(祥伝社新書)，祥伝社，2012年
外池昇『検証　天皇陵』山川出版社，2016年
外池昇・西田孝司・山田邦和(編)『文久山陵図』新人物往来社，2005年(原本は，『御陵画帖』，国立公文書館所蔵，請求番号 特078-0001)
東京市役所(編)『東京市史稿　御墓地篇』博文館，1913年
日本歴史地理学会(編)『皇陵』仁友社，1914年
土生田純之(編)『事典　墓の考古学』吉川弘文館，2013年
福尾正彦「陵墓古墳――資料公開の現状」(土生田純之〈編〉『古墳の見方』〈考古調査ハンドブック10〉，ニューサイエンス社，2014年)
福尾正彦「陵墓研究の現状と意義」(洋泉社編集部〈編〉『古代史研究の最前線　天皇陵』洋泉社，2016年)
藤井利章『天皇と御陵を知る事典』日本文芸社，1990年
堀田啓一『日本古代の陵墓』吉川弘文館，2001年
増田美子(編)『葬送儀礼と装いの比較文化史――装いの白と黒をめぐって』東京堂出版，2015年
松尾剛次『葬式仏教の誕生――中世の仏教革命』(平凡社新書)，平凡社，2011年
水野正好ほか『「天皇陵」総覧』(歴史読本特別増刊事典シリーズ)，新人物往来社，1994年
茂木雅博(編)「特集　天皇陵と日本史」(『季刊考古学』第58号，雄山閣出版，1997年ａ)
茂木雅博『天皇陵とは何か』同成社，1997年ｂ
森浩一『天皇陵古墳への招待』(筑摩選書)，筑摩書房，2011年
森浩一(編)『天皇陵古墳』大巧社，1996年
矢澤高太郎『天皇陵の謎』(文春新書)，文藝春秋，2011年
矢澤高太郎『天皇陵』(中公選書)，中央公論新社，2012年(『天皇陵の謎を追う』〈中公文庫〉と改題して，中央公論新社，2016年に再録)
洋泉社編集部(編)『古代史研究の最前線　天皇陵』洋泉社，2016年
米田雄介(編)『歴代天皇・年号事典』吉川弘文館，2003年
陵墓限定公開20回記念シンポジウム実行委員会(編)『日本の古墳と天皇陵』同成社，2000年
「陵墓限定公開」30周年記念シンポジウム実行委員会(編)『「陵墓」を考える』新泉社，2012年
和田軍一「皇陵」(国史研究会〈編〉『岩波講座　日本歴史』岩波書店，1934年)
『古事類苑　帝王部』神宮司庁，1896年(同題にて普及版として，1982年に吉川弘文館から刊行)
『陵墓要覧』(国立国会図書館ほか所蔵)
　『陵墓要覧』は現在まで，1915年(第１版)，1934年(第２版，JP番号 47028630)，1956年(第３版，JP番号 57004623)，1974年(第４版)，1993年(第５版，JP番号 93051462)，2012年(第６版，JP番号 22156678)が刊行されている。宮内公文書館では，1956年刊行の第３版(識別番号 40103)が閲覧できる。また，第６版は行政文書となっている。

テキスト関係

青木和夫・稲岡耕二・笹山晴生・白藤禮幸(校注)『続日本紀』一～五(新日本古典文学大系12～16), 岩波書店, 1989・1990・1992・1995・1998年
正親町町子『松蔭日記』1710年(上野洋三〈校注〉『松蔭日記』〈岩波文庫〉, 岩波書店, 2004年)
神沢杜口『翁草』(『日本随筆大成　第３期　19～24』吉川弘文館, 1978年)
宮内庁(編)『明治天皇紀』第二, 吉川弘文館, 1968年
宮内庁(編)『明治天皇紀』第七, 吉川弘文館, 1972年
宮内庁(編)『明治天皇紀』第九, 吉川弘文館, 1973年
宮内庁(編)『明治天皇紀』第十二, 吉川弘文館, 1975年
倉野憲司・武田祐吉(校注)『古事記　祝詞』(日本古典文学大系１), 岩波書店, 1958年
倉本一宏(編)『現代語訳小右記(１)　三代の蔵人頭』吉川弘文館, 2015年
黒板勝美『日本後紀・續日本後紀・日本文徳天皇實録』(新訂増補　国史大系　第３巻), 吉川弘文館, 2007年
黒板勝美・国史大系編修会(編)『令義解』(新訂増補　国史大系　普及版　第22巻), 吉川弘文館, 1974年
黒板勝美・国史大系編修会(編)『延喜式 中篇』(新訂増補　国史大系　普及版　第26巻), 吉川弘文館, 1972年
黒板勝美『日本紀略(後篇)・百錬抄』(新訂増補　国史大系　新装版　第11巻), 吉川弘文館, 2000年
黒板勝美『扶桑略記・帝王編年記』(新訂増補　国史大系　新装版　第12巻), 吉川弘文館, 1999年
黒板勝美『徳川実紀』第六篇(新訂増補　国史大系　新装版　第43巻), 吉川弘文館, 1999年
坂本太郎・家永三郎・井上光貞・大野晋(校注)『日本書紀』上・下(日本古典文学大系67・68), 岩波書店, 1968・1965年
佐佐木信綱(編)『新訂　新訓万葉集』下巻(岩波文庫), 岩波書店, 1955年
三条実房『愚昧記』(東京大学史料編纂所〈編〉『愚昧記』上・中〈大日本古記録〉, 岩波書店, 2010・13年)
塙保己一(編)「吉事略儀」(『群書類従』巻第522, 1819年〈『群書類従』第29輯　雑部, 続群書類従完成会, 1932年〉)
兵藤裕己(校注)『太平記』(岩波文庫　全６冊セット), 岩波書店, 2017年
藤原定家『明月記』全３巻, 国書刊行会, 1987年
藤原実資『小右記』(東京大学史料編纂所〈編〉『小右記(１)』〈大日本古記録〉, 岩波書店, 1959年
平安神宮(編)『孝明天皇紀』第五巻, 平安神宮, 1969年
松村博司・山中裕（校注)『栄花物語』上・下(日本古典文学大系75・76), 岩波書店, 1964・65年
源経頼「類聚雑例」(『群書類従』巻第515, 1819年〈『群書類従』第29輯　雑部, 続群書類従完成会, 1932年〉)

本居宣長『玉勝間』上・下(岩波文庫)，岩波書店，1987年

図書寮文庫所蔵文書

(書01)谷森善臣『山陵考』(函架番号 168・145)，1867年
(書02)日野資宣『仁部記』(弘長元年―文永12年)(函架番号 F 9・178)，1696年 壬生季連 写
(書03)谷森善臣『柏原山陵考』(函架番号 168・302，自筆本)，1865年
(書04)『白河院崩御部類記(大治4年・5年・長秋記・中右記・不知記)』(函架番号 伏・596)，鎌倉期 写(国文学研究資料館「新日本古典籍総合データベース」http://kotenseki.nijl.ac.jp/biblio/100179203で閲覧可能)
(書05)疋田棟隆『山陵外史徴按』(全20巻)(函架番号 168・146)，江戸中期 写
(書06)中院通村『中院通村日記』(函架番号 261・115)，1932年 写
(書07)細井知慎『諸陵周垣成就記』1697年(函架番号 陵・798，1915年 写)(有馬祐政〈編〉『勤王文庫』第3編，大日本明道会，1919年に再録)
(書08)森尚謙『儼塾集』巻3(函架番号 203・108)，1707年 版(京都，柳枝軒)
(書09)松下見林『前王廟陵記』(函架番号 柳・981)，1696年(有馬祐政〈編〉『勤王文庫』第3編，大日本明道会，1919年，に再録)
(書10)浅野長祚『歴代廟陵考』(函架番号 515・53)，1855年 写
(書11)浅野長祚『歴代廟陵考補遺』(函架番号 柳・1288)，1855年 写
(書12)前田夏蔭『歴代廟陵考補遺後案』(函架番号 谷・237)，1857年 写
(書13)『歴帝陵紀濫觴』(函架番号 谷・46)，1808年巻首 谷森善臣 写
(書14)浅野長祚『浅野長祚上牋』(1855年・谷森本)(函架番号 陵・243)，1924年 写
(書15)川路聖謨『神武御陵考』(草稿)(函架番号 415・37)，1849年
(書16)竹口英斎(尚重)『陵墓志』1797年(函架番号 陵・931，1935年 写)
(書17)北浦定政『内墨縄』(函架番号 351・2)，1848年
(書18)平塚茂喬(瓢斎)『聖蹟図志』(函架番号 351・603)，1854年 版
(書19)山川正宣『山陵考略』1855年(函架番号 陵・711，1923年 写)
(書20)中條良蔵ほか『神武天皇御陵儀御沙汰之場所奉見伺候書付』(函架番号 柳・977)，1867年
(書21)鶴沢探真(画)『〔文久〕山陵図　附，考證之書』(函架番号 E 2・4)，1865年
(書22)伴林光平『野山のなげき』(函架番号 陵・946)，1862年(1923年 諸陵寮 写)
(書23)松葉好太郎『陵墓誌　古市部見廻區域内』(函架番号 陵・572)，1925年
(書24)『安楽行院古図』(函架番号 谷・134)，1854年 谷森善臣 写
(書25)『神武天皇御陵修補竣成勅使参向之図(文久三年一二月)』(函架番号 500・33)，明治 写
(書26)藤田健『山陵私考』(函架番号 陵・1186)，1891年 写
(書27)谷森善臣『諸陵徴』(全4巻)(函架番号 168・20)，江戸末期 写
(書28)谷森善臣『諸陵説』(全5巻)(函架番号 168・45)，江戸末期 写
(書29)谷森善臣『藺笠乃志つく』(稿本・2巻)(函架番号 谷・139，自筆本)，1857年(有馬祐政〈編〉『勤王文庫』第3編，大日本明道会，1919年に再録)。谷森善臣『藺

笠のしつく』(函架番号 柳・978)，江戸末期 写
(書30)谷森善臣『読山陵外史徴按』(函架番号 谷・45)，1864年
(書31)三条実躬『実躬卿記(7)』(函架番号 255・90)，明治 写
(書32)『帝陵発掘一件』(弘化元年・嘉永3年・内閣文庫本)(函架番号 陵・807)，1923年 写。茂木雅博「奈良奉行記録　帝陵発掘一件」(『天皇陵の研究』同成社，1990年)
(書33)『可愛御陵図(日向国児湯郡穂北郷)』(函架番号 168・41)，江戸末期 写
(書34)昌東舎真風『(諸国)周遊奇談』(函架番号 100・68)，1806年
(書35)林宗甫『和州旧跡幽考』(函架番号 165・230)，1681年 版(『大和名所記——和州旧跡幽考』臨川書店，1990年に再録)
(書36)秋里舜福(著)・竹原信繁(画)『大和名所図会』(函架番号 166・53)，1791年 版(『大和名所図会』〈版本地誌大系3〉，臨川書店，1995年に再録)

宮内公文書館所蔵文書
(宮01)『阿不幾乃山陵記』(識別番号 40679 諸陵寮〈田中教忠旧蔵〉)
(宮02)『帝室例規類纂』明治7年巻14　陵墓門　山陵・諸墓(識別番号 23348-14)，1925年 写
(宮03)『伏見桃山陵陵制説明書』(識別番号 33150)，1912年(西野伊之助『伏見叢書』〈私家版〉，1938年に再録。同書は新撰京都叢書刊行会『新撰　京都叢書』第5巻，臨川書店，1986年に所収)
(宮04)増田于信「伏見桃山築陵の話」『増田于信陵制講話』(識別番号 40337 諸陵寮)
(宮05)深尾代治「大葬儀工営関係に就ての参考記述書」『貞明皇后　大喪儀工営関係に就ての参考記述書』(識別番号 40582 諸陵寮)，1951年
(宮06)『自元禄十年并文化年度至嘉永四年 山陵調書之件』上・下(識別番号 40369・40370)，1937年 写
(宮07)「江戸帳書抜」(『大坂表書留寫先年右奉行ゟ申請候内 元禄十丑年』)『自元禄十年并文化年度至嘉永四年 山陵調書之件』上(識別番号 40369)，1937年 写
(宮08)『文化山陵図』乾坤1・2(識別番号 42075・42076)
(宮09)足立正聲『顕宗天皇陵外御治定に際し足立諸陵助より其意見を陳せられたる書類』(識別番号 40169 諸陵寮)，1889年カ
(宮10)『諸陵寮誌』1(文久2～明治15年)(識別番号 56001 諸陵寮)，1924・1926年
『諸陵寮誌』は，全4巻で構成される。2は明治16～30年(識別番号 56002)，3は明治31～大正14年(識別番号 56003)および索引(識別番号 33253)である。この時期に言及する際において，本文中に出典を記していない場合，『諸陵寮誌』に拠ることが多い。
(宮11)『帝室例規類纂』明治6年巻15　陵墓門　山陵・諸墓(識別番号 23347-15)，1873年
(宮12)『臨時陵墓調査委員会諮問書類』1～7(識別番号 40356～40362 諸陵寮)
(宮13)山口鋭之助『陵や御墓の監守者の心得』(識別番号 41086 諸陵寮)，1919年
(宮14)『河内国諸陵成功ニ付長守戸仮任命関係文書控』(吉村俊文書2)(識別番号

40620 諸陵寮)
(宮15)『御陵沿革取調書　附陪冢位置図』(吉村俊文書１)(識別番号 40378)
(宮16)『例規録　明治26年』(識別番号 2595 諸陵寮出張所)
(宮17)『例規録　明治36年』(識別番号 2598 諸陵寮出張所)
(宮18)『工事録２　明治39年』(識別番号 2573-１ 諸陵寮出張所)
(宮19)『御陵図』(識別番号 42087 諸陵寮)，1879年
宮内省保管資料は1923年の関東大震災により焼失したため，大阪府庁や奈良県庁が保管していた「陵墓地ノ実測図」の写しをもとに，1925年に複写され，『明治12年　御陵図』として宮内庁宮内公文書館に保管されている。なお，本書は鳴海邦匡・上田長生編著『宮内庁書陵部陵墓課所蔵　明治十二年『御陵図』』(甲南大学生活協同組合複写センター，2011年)として翻刻されている。
(宮20)『新聞掲載記事　富岡鉄斎陵標揮毫の事について・宮相善峰行』(吉村俊文書19)(識別番号 41087 諸陵寮)
(宮21)『雄略天皇陵沿革記録』(吉村俊文書３)(識別番号 40591 諸陵寮)
(宮22)太田村半兵衛「池之山之由来書」『継体天皇陵史料』(識別番号 40465 諸陵寮)，1944年 写
(宮23)『例規録　昭和24～31年』(識別番号 12239 書陵部陵墓課)
(宮24)「各御陵墓御火葬所等制札三様ニ定ム」『例規録　明治26～28年』(識別番号 2595 諸陵寮出張所)，1893～95年
(宮25)『英文制札(「銃猟制札」)』(識別番号 42003 諸陵寮)
本書には「右大阪府南河内郡藤井寺町字岡／岡田伊左衛門氏所蔵文書を以って写す／昭和廿四年七月廿五日　中村」との注記がある。
(宮26)『工事録　明治34年』(識別番号 2440 諸陵寮)
(宮27)『陵墓沿革伝説資料』(識別枝番号 41047 諸陵寮)
(宮28)『山陵関係贈位者』(識別枝番号 41184 諸陵寮)
(宮29)増田于信「調査資料回復主意書」『増田于信震災復旧関係草稿』(識別番号 40338 諸陵寮)
(宮30)『例規録　明治41年』(識別番号 2599 諸陵寮出張所)
(宮31)「宮内省訓令」(明治41年訓令第11号)『訓令録　明治41年』(識別番号 1175 大臣官房調査課)
(宮32)『考證録　大正６年』(識別番号 33290 諸陵寮)，1924年 写
(宮33)『増田于信在職時調査上奏勅定陵墓　陵墓調査認定目録　第一回寮議決定陵墓・参考地等　諸陵寮頭検分予定書』(識別番号 40334 諸陵寮)
(宮34)増田于信『嵯峨天皇々后嘉智子　嵯峨陵勘註』(識別番号 40198 諸陵寮)，1908年
(宮35)増田于信『恒性皇子墓考證』宮内公文書館所蔵(識別番号 40747 諸陵寮)，1911年
(宮36)増田于信『磐衝別命墓　磐城別王墓考證』(識別番号 40692 諸陵寮)，1912年
(宮37)増田于信『右大臣贈正二位清原眞人夏野雙岡墓勘註』(識別番号 40871 諸陵寮)，1912年

(宮38)増田于信『後崇光院太上天皇伏見松林院陵考証』(識別番号 40540 諸陵寮)
(宮39)増田于信『勘註　伏見宮栄仁親王墓』(識別番号 40285 諸陵寮), 1926年
(宮40)増田于信『勘註　伏見宮治仁王墓』(識別番号 40287 諸陵寮), 1926年
(宮41)『孝霊天皇々子稚武彦命　孝霊天皇々孫吉備武彦命墓考證』(識別番号 40685 諸陵寮)
(宮42)増田于信『雄略天皇丹比高鷲原陵考證』(識別枝番号 40838 諸陵寮), 1915年(1930年 写)
(宮43)増田于信「諸陵寮ノ記録図書回復ニ付意見　稿本」『増田于信震災復旧関係草稿』(識別番号 40338 諸陵寮)
(宮44)増田于信「諸陵寮記録回復に付き当面の事務分擔　稿本」『増田于信震災復旧関係草稿』(識別番号 40338 諸陵寮)
(宮45)山口鋭之助『陵墓職員服務心得』(識別番号 40035 諸陵寮), 1919年
(宮46)『享保山陵調書』(識別番号 40398 諸陵寮)
(宮47)増田于信「昭憲皇太后最後山陵御拝　附恭礼門院御事」『増田于信陵制講話』(識別番号 40337 諸陵寮)
(宮48)『陵墓関係諸沿革調書』(識別番号 41044 諸陵寮)

国立公文書館所蔵文書(国立公文書館デジタルアーカイブ https://www.digital.archives.go.jp/ で閲覧可能)

(国01)「諸陵制札雛形并御火葬所囲柵守戸ヲ廃シ御分骨所及御灰塚ハ本陵へ合葬処分」『太政類典』第2編(明治4年〜明治10年・第264巻・教法15・山陵1), 国立公文書館所蔵(請求番号 太00487100, 件名番号 018)
(国02)「諸陵制札ニ掲載スル英佛文體ヲ定ム」『太政類典』第2編(明治4年〜明治10年・第264巻・教法15・山陵1), 国立公文書館所蔵(請求番号 太00487100, 件名番号 020)
(国03)「御陵制札洋文ノ儀ニ付伺」『公文録』明治8年・第67巻, 国立公文書館所蔵(請求番号 公01449100, 件名番号 009)
(国04)「番外御陵制札洋文誤字改正ノ条」『公文録』明治8年・第69巻, 国立公文書館所蔵(請求番号 公01451100, 件名番号 013)
(国05)「御陵并諸神社制札面横文削除」『太政類典』第2編(明治4年〜明治10年・第264巻・教法15・山陵1), 国立公文書館所蔵(請求番号 太00487100, 件名番号 023)
(国06)「安徳天皇御陵地保存ノ件」『公文録　宮内省』第164巻(明治16年3月), 国立公文書館所蔵(請求番号 公03612100, 件名番号 006)

その他の機関所蔵文書

(他01)山口鋭之助『山陵の沿革』(山口諸陵頭口述)出版社不明, 1915年序, 國學院大學図書館所蔵(請求記号 288.46/Y24//1)
(他02)『後宇多院御遺告書』善通寺宝物館所蔵(函架番号 一般 56-37)(https://kotenseki.nijl.ac.jp/biblio/100221743/viewer/1)
(他03)「皇室陵墓令案底本 伊藤帝室制度調査局総裁上奏」『平沼騏一郎　関係文書目

録』国立国会図書館憲政資料室所蔵(分類番号 245-17), 2014年
(他04)「陵制に対する愚見を陳して大喪儀の制に及ふ(山口帝室制度審議会御用掛提出)」『平沼騏一郎 関係文書目録』国立国会図書館憲政資料室所蔵(分類番号245-9), 2014年
(他05)『堺大観』堺市立図書館所蔵, 明治30年代作成(https://www.lib-sakai.jp/kyoudo/sakai_taikan/index.htm)

はじめに

宮内庁ＨＰ〈広報・報道〉「今後の御陵及び御喪儀のあり方について」(平成25年11月14日, 平成25年12月12日追加)(http://www.kunaicho.go.jp/kunaicho/koho/goryou/index.html)
永原慶二(監修)「天皇」(『岩波 日本史辞典』岩波書店, 1999年)
津田左右吉「天皇考」(『東洋学報』第10巻第3号, 東洋文庫, 1920年, のちに『日本上代史の研究』岩波書店, 1947年, および『津田左右吉全集』第3巻, 岩波書店, 1963年に収録)
宮内庁ＨＰ「歴代天皇陵の案内」(http://www.kunaicho.go.jp/ryobo/)
世界の火葬率2014年(http://www.srgw.info/CremSoc5/Stats/Interntl/2014/StatsIF.html)

第1章

岡部精一・三島吉太郎(編)『蒲生君平全集』東京出版社, 1911年
安藤英男『蒲生君平 山陵志』りくえつ, 1979年
篠原祐一「前方後円墳の名付け親――蒲生君平と宇都宮藩の山陵修補」(『近世の好古家たち――光圀・君平・貞幹・種信』雄山閣, 2008年)
喜田貞吉「上古の陵墓(太古より奈良朝末に至る)」(『皇陵』仁友社, 1914年, のちに『喜田貞吉著作集』第二巻, 平凡社, 1979年に再録)
高橋健自「喜田博士の『上古の陵墓』を読む」(『考古学雑誌』第4巻第7号, 日本考古学会, 1914年)
横山浩一「日本考古学の発達・古墳文化」(『日本考古学講座』2〈考古学研究の歴史と現状〉, 河出書房, 1955年)
都出比呂志「日本古代の国家体制――前方後円墳体制の提唱」(『日本史研究』338, 日本史研究会, 1990年)
高木博志『陵墓と文化財の近代』(日本史リブレット97)山川出版社, 2010年
和田萃「日本古代・中世の陵墓」(『天皇陵古墳』大巧社, 1996年)
徳田誠志「仁徳天皇 百舌鳥耳原中陵第1濠内三次元地形測量調査報告」(『書陵部紀要』第69号〈陵墓篇〉, 宮内庁書陵部, 2018年)
川西宏幸「円筒埴輪総論」(『考古学雑誌』第64巻2号, 日本考古学会, 1978年)
岸本直文「前方後円墳の2系列と王権構造」(『ヒストリア』208号〈2007年度大会特集号〉, 大阪歴史学会, 2008年)
森浩一『古墳の発掘』(中公新書), 中央公論社, 1965年

和田萃「見瀬丸山古墳の被葬者」(『日本書紀研究』第７冊，塙書房，1973年)
和田萃「飛鳥の陵——檜隈坂合陵の再検討」(『古代を考える　終末期古墳と古代国家』吉川弘文館，2005年)
小澤毅「三道の設定と五条野丸山古墳」(『文化財論叢』Ⅲ，奈良県文化財研究所，2002年)
高橋照彦「畿内最後の大型前方後円墳に関する一試論——見瀬丸山古墳と欽明陵古墳の被葬者」(『西日本における前方後円墳消滅過程の比較研究』大阪大学大学院文学研究科，2004年)
増田一裕「見瀬丸山古墳の被葬者——檜隈・見狭地域所在の大王墓級古墳を中心として」上・下(『古代学研究』124・125，古代学研究会，1991・1992年)
竹田政敬「五条野古墳群の形成とその被葬者についての憶説」(『考古学論攷』第24册，奈良県立橿原考古学研究所，2001年)
太子町立竹内街道歴史資料館(編)『王陵の谷・磯長谷古墳群——太子町の古墳墓』太子町教育委員会，1994年
石田茂輔「河内磯長中尾陵」(『国史大辞典』第11巻，吉川弘文館，1990年)
桜井市纏向学研究センター「赤坂天王山古墳群の研究——測量調査報告書」(『公益財団法人桜井市文化財協会調査研究報告』第１冊，公益財団法人桜井市文化財協会，2018年)
福尾正彦「推古天皇陵の墳丘調査」(『書陵部紀要』第42号，宮内庁書陵部，1991年)
石坂泰士・竹田正則「史跡　植山古墳」(『橿原市埋蔵文化財調査報告』第９冊，奈良県橿原市教育委員会，2014年)
笠野毅「天智天皇山科陵の墳丘遺構」(『書陵部紀要』第39号，宮内庁書陵部，1988年)
笠野毅「舒明天皇押坂内陵の墳丘遺構」(『書陵部紀要』第46号，宮内庁書陵部，1995年)
福尾正彦「八角墳の墳丘構造——押坂内陵・山科陵・檜隈大内陵を中心に」(『牽牛子塚古墳発掘調査報告書——飛鳥の刳り貫き式横口式石槨墳の調査』明日香村教育委員会，2013年ａ)
網干善教ほか『史跡中尾山古墳環境整備事業報告書』明日香村教育委員会，1975年
近江昌司「中尾山古墳管見」(『史迹と美術』第464号，史迹美術同攷会，1976年)
西光慎治(編)『牽牛子塚古墳発掘調査報告書——飛鳥の刳り貫き式横口式石槨墳の調査』(『明日香村文化財調査報告書』第10集)，明日香村教育委員会，2013年
白石太一郎「畿内における古墳の終末」(『国立歴史民俗博物館研究報告』第１集，国立歴史民俗博物館，1982年，のちに『古墳と古墳群の研究』塙書房，2000年に再録)
土生田純之『古墳』(歴史文化ライブラリー319)，吉川弘文館，2011年
菅谷文則「八角堂の建立を通じてみた古墳終末期の一様相」(『史泉』第40号，関西大学史学会，1969年)
網干善教「八角方墳とその意義」(『橿原考古学研究所論集』第五，吉川弘文館，1979年)
安井良三「天武天皇の葬礼考——日本書紀記載の仏教関係記事」(『日本書紀研究』第１冊，塙書房，1964年)

和田萃「殯の基礎的考察」(『史林』第52巻第5号，史学研究会，1969年，のちに『日本古代の儀礼と祭祀・信仰』上，塙書房，1995年に再録)
白石太一郎「記・紀および延喜式にみられる陵墓の記載について――古墳の年代基準としての陵墓関係伝承の再検討」(『古代学』16巻1号，財団法人古代学協会，1969年，のちに『古墳と古墳群の研究』塙書房，2000年に再録)

第2章

北條朝彦「元明天皇陵内陵碑・那富山墓内「隼人石」・桧隈墓内「猿石」の保存処理及び調査報告」(『書陵部紀要』第51号，宮内庁書陵部，2000年)
宮内庁書陵部陵墓課(編)『考古資料の修復・複製・保存処理』宮内庁書陵部，2009年
藤貞幹『奈良山御陵碑考證』1770年(屋代弘賢『金石記』風俗絵巻図画刊行会・芸苑叢書，1923年，および斎藤忠『日本考古学史資料集成(江戸時代)』吉川弘文館，1979年に所収)
山口鋭之助『山陵の研究(内題「陵の祭と陵の神の宮」)』明治聖徳記念学会，1923年a
山田邦和「元明天皇陵の意義」(森浩一・松藤和人〈編〉『考古学に学ぶ――遺構と遺物』〈同志社大学考古学シリーズⅦ〉，同志社大学考古学シリーズ刊行会，1999年)
山田邦和「天皇陵史料としての『扶桑略記』」(『森浩一先生に学ぶ　森浩一先生追悼論集』〈同志社大学考古学シリーズXI〉，同志社大学考古学シリーズ刊行会，2015年)
西山良平「〈陵寺〉の誕生」(『日本国家の史的特質』思文閣出版，1997年)
和田萃「飛鳥・奈良時代の喪葬儀礼」(『東アジア世界における日本古代史講座』第9巻〈東アジアの儀礼と国家〉，学生社，1982年，のちに『日本古代の儀礼と祭祀・信仰』上，塙書房，1995年に再録)
山田邦和「平安時代天皇陵研究の展望」(『日本史研究』521，日本史研究会，2006年)
朧谷寿『平安王朝の葬送』思文閣出版，2016年
日野一郎「特論　墳墓堂」(『新版仏教考古学講座』7〈墳墓〉，雄山閣出版，1975年)
福尾正彦「応神天皇陵墳頂部の「六角堂」について」(『書陵部紀要』第64号〈陵墓篇〉，宮内庁書陵部，2013年b)
財団法人京都市埋蔵文化財研究所(編)『鳥羽離宮跡発掘調査概報　昭和62年度』京都市文化観光局，1988年
田中徳定「『栄花物語』にみえる天皇崩御の記事をめぐって――在位のままの崩御ということ，譲位以前に来世を願うということ」(『駒澤國文(水原一先生退任記念論文集)』33，駒澤大学文学部国文学研究室，1996年)
陵墓調査室・毛利久・松村政雄・小林剛・梅津次郎・赤松俊秀・浅野清「後白河天皇法住寺陵の御像に関する調査報告」(『書陵部紀要』第20号，宮内庁書陵部，1968年)
山田邦和「後白河天皇陵と法住寺殿」(『院政期の内裏・大内裏と院御所』文理閣，2006年)
秋山日出雄・廣吉壽彦(編)『元禄年間 山陵記録』由良大和古代文化研究協会，1994年
青地礼幹『可観小説』金沢文化協会，1936年
野村玄「禁制天皇葬送儀礼確立の政治史的意義――後光明天皇葬送儀礼の検討を中心

に」(『近世国家の権力構造――政治・支配・行政』岩田書院，2003年，のちに『日本近世国家の確立と天皇』清文堂，2006年に再録)
加地伸行『儒教とは何か』(中公新書)，中央公論社，1990年
的場匠平「月輪陵域内所在陵墓石塔に見る近世天皇・皇族の墓制」(『書陵部紀要』第69号〈陵墓篇〉，宮内庁書陵部，2018年)
的場匠平「陵墓石塔実測図目録」(『書陵部紀要』第70号〈陵墓篇〉，宮内庁書陵部，2019年)
林英一『近代火葬の民俗学』(佛教大学研究叢書 9)，佛教大学，2010年
鯖田豊之『火葬の文化』(新潮選書)，新潮社，1990年
西野光一「明治六年の火葬禁止令における火葬観について」(『仏教文化学会紀要』8号，仏教文化学会，1999年)
大喪使(編)『明治天皇御大喪儀写真帖』審美書院，1912年(国立国会図書館デジタルコレクションhttp://dl.ndl.go.jp/info:ndljp/pid/966084で閲覧可能)(橋爪紳也『明治天皇大喪儀写真』新潮社，2012年，として縮刷複製)
熊澤一衛『青山餘影 田中光顕伯小傳』青山書林，1924年
西川誠「大正後期皇室制度と宮内省」(『年報近代日本研究』第20号，山川出版社，1998年)
外池昇「明治天皇陵の謎」(『天皇陵論　聖域か文化財か』新人物往来社，2007年)
工藤美代子『母后　貞明皇后とその時代――三笠宮両殿下が語る思い出』中央公論新社，2007年(同題同出版社にて中公文庫に再録，2010年)
蒲池勢至「火葬」(『民俗小事典　死と葬送』吉川弘文館，2005年)
文化庁文化部宗務課「宗教関連統計に関する資料集」(文化庁「平成26年度宗教法人等の運営に係る調査」委託業務)，2015年
e-Stat(政府統計の総合窓口)(https://www.e-stat.go.jp/stat-search/files?page=1&layout=datalist&toukei=00450027&tstat=000001031469&cycle=8&tclass1=000001103516&tclass2=000001103555&tclass3=000001107815&second2=1，2016年)

第3章

金原正明「植生と環境の変遷の外観と問題点」(『箸墓古墳周辺の調査』〈『奈良県文化財調査報告書』第89集〉，奈良県立橿原考古学研究所，2002年)
寺沢薫「箸墓古墳の築造手順と築造時期」(『箸墓古墳周辺の調査』〈『奈良県文化財調査報告書』第89集〉，奈良県立橿原考古学研究所，2002年)
石田茂輔「【資料紹介】景行天皇陵出土の須恵䍃」(『書陵部紀要』第22号，宮内庁書陵部，1970年)
森田恭二『悲劇のヒーロー　豊臣秀頼』(『ISUMI BOOKS』10)，和泉書院，2005年，
寺田剛・雨宮義人『山陵の復古と蒲生秀實』至文堂，1944年
藤澤秀晴「松江藩(富田藩)(出雲藩)」(『三百藩藩主人名事典』第4巻，新人物往来社，1986年)
磯部欣三『幕末明治の佐渡日記』恒文社，2000年
阿部邦男『蒲生君平の『山陵志』撰述の意義』皇學館大学出版部，2013年

藤井讓治・吉岡眞之(監修・解説)「光格天皇実録　巻五」(『天皇皇族実録』vol. 130, ゆまに書房, 2006年)
川田貞夫「幕末修陵事業と川路聖謨」(『書陵部紀要』第30号, 宮内庁書陵部, 1979年)
福尾正彦「綏靖天皇陵陵前東側所在の石燈籠について」(『歴史のなかの天皇陵』思文閣出版, 2010年)
戸原純一「幕末の修陵について」(『書陵部紀要』第16号, 宮内庁書陵部, 1964年)
外池昇(編)『文久山陵図』新人物往来社, 2005年
福尾正彦・徳田誠志「畝傍陵墓参考地石室内現況調査報告」(『書陵部紀要』第45号, 宮内庁書陵部, 1994年)
福尾正彦「「陵墓参考地」について」(『歴史と地理　日本史の研究』221号, 山川出版社, 2008年)
和田軍一「臨時陵墓調査委員会」(黒板博士記念会〈編〉『古文化の保存と研究――黒板博士の業績を中心として』吉川弘文館, 1953年)
外池昇「臨時陵墓調査委員会による長慶天皇陵の調査――設置から「伝説箇所」の審議まで」(『日本常民文化紀要』第29輯, 成城大学, 2012年)

第4章

西田孝司「天皇陵古墳における植樹」(『郵政考古紀要』第36号, 郵政考古学会, 2005年)
進士五十八『ボランティア時代のまちづくり』東京農大出版会, 2008年
鎮座百年記念第二次明治神宮境内総合調査委員会(編)『鎮座百年記念　第二次明治神宮境内総合調査報告書』明治神宮社務所, 2013年
上原敬二『談話室の造園学』技報堂出版, 1979年
上原敬二『この目で見た造園発達史』「この目で見た造園発達史」刊行会, 1983年
高志芝巌・養浩『全堺詳志』1757年(河野文吉『頭註全堺詳志』広文堂, 1984年)
秋永政孝「崇神天皇御陵改修関係の資料」(『奈良県史跡名勝天然記念物調査報告 大和天神山古墳』奈良県教育委員会, 1963年)
根岸栄隆『鳥居の研究』厚生閣, 1943年
高木博志「富岡鉄斎が顕彰する国史――名教の精神を芸術に寓す」(『史林』第101巻第1号, 史学研究会, 2018年)
和田萃「陵墓の制札」(『東アジアの古代文化』第50号, 大和書房, 1987年, のちに『日本古代の儀礼と祭祀・信仰』上, 塙書房, 1995年に再録)
樋口吉文『陵墓古写真集Ⅱ　古市古墳群・磯長谷古墳群・宇度墓・三嶋藍野陵』堺市博物館, 2011年
樋口吉文「『陵墓古写真集Ⅱ』掲載の制札について――制札からみた陵墓管理の変遷」(『堺市博物館研究報告』第31号, 堺市博物館, 2012年)
田村唯史「徳山喜明氏所蔵英文高札について」(『関西大学博物館紀要』No. 18, 関西大学博物館, 2012年)
谷村為海『陵墓聖鑑』第一(大和高市ノ部・大和吉野ノ部), 京都印書館, 1945年
『國華餘芳』大蔵省印刷局, 1880年(明治美術学会『國華餘芳』学藝書院, 2011年とし

て再出版）
堀田啓一「谷森善臣の山陵研究」（『歴史と人物』昭和58年12月号，中央公論社，1983年，のちに同題で森浩一編『考古学の先覚者たち』中央公論社，1985年に再録）
上田長生「幕末期の陵墓考証とその『政治化』――谷森善臣と疋田棟隆」（『幕末維新期の陵墓と社会』思文閣出版，2012年）
斎藤達哉「増田于信と『新編紫史』――編纂の背景と言語生活史的位置づけ」（『國學院雑誌』第107巻第6号，國學院大學，2006年）
雨宮于信『文海問津 初編』巌々堂・静露堂，1881年
金田一春彦『十五夜お月さん――本居長世　人と作品』三省堂，1983年
松浦良代『本居長世――日本童謡先駆者の生涯』国書刊行会，2005年
本居長世「亡父の遺書を前に…祖父と父と兄」（『婦人世界』第27巻11号，婦人世界社，1932年）
増田于信（校訂）『足立栗園『国史参考御歴代名鑑』』明治出版協会，1916年
福尾正彦「宮内庁書陵部保管の馬形帯鉤について――出土地等の再検討」（「東アジア地域における青銅器文化の移入と変容および流通に関する多角的比較研究」『平成15～17年度科学研究費補助金基盤研究（Ｂ）（２）成果報告書』），国立歴史民俗博物館，2006年
福尾正彦「「新庄下古墳」の出土品――宮内庁書陵部所蔵の経緯を中心に」（『千足古墳――第１～第４次発掘調査報告書』岡山市教育委員会，2015年）
宮内庁『宮内省報』第15号，1911年（ゆまに書房より1999年に復刻）
石川悦雄（編）『西都原発掘75周年展』宮崎県総合博物館，1988年
玉利勲「盗掘裁判と考古学者」（『墓盗人と贋物づくり――日本考古学外史』〈平凡社選書〉，平凡社，1992年）
東郷茂彦「宮内省諸陵頭山口鋭之助の事績と思想」（『明治聖徳記念学会紀要』復刊第48号，2011年）
山口鋭之助『普通教育 物理学』大日本図書，1907年
山岡栄市「山口鋭之助」（『明治百年 島根の百傑』島根県教育委員会，1968年）
山口鋭之助「陵と神道」（『歴史地理』第42巻第１号，日本歴史地理学会，1923年ｂほか）
山口鋭之助「山陵の祭祀を國家祀典となすべきの議」（『島根評論』第２巻第10号，島根評論社，1925年ほか）
山口鋭之助「明治大正年間の皇陵発掘史」（『本学』昭和12年８月号，本学会，1937年ほか）

第５章

奈良国立文化財研究所『平城宮発掘調査報告Ⅲ　内裏地域の調査』（『奈良文化財研究所学報』第16冊），奈良国立文化財研究所，1963年
吉田恵二「市庭古墳」（『平城宮発掘調査報告Ⅶ　内裏北外郭の調査』〈『奈良文化財研究所学報』第26冊〉，奈良国立文化財研究所，1976年）
高楠順次郎・望月信亨（編）「顕眞得業口決抄」（『聖徳太子御伝叢書』金尾文淵堂，1942

年ａ，国立国会図書館デジタルコレクション http://dl.ndl.go.jp/info:ndljp/pid/1057756 で閲覧可能）
高楠順次郎・望月信亨（編）「聖徳太子伝私記（古今目録抄）」（『聖徳太子御伝叢書』金尾文淵堂，1942年ｂ，国立国会図書館デジタルコレクション http://dl.ndl.go.jp/info:ndljp/pid/1057756 で閲覧可能）
貝原益軒『和州巡覧記』1692年（益軒会〈編〉『益軒全集七巻』７巻，図書刊行会，1973年）
白神典之「明治壬申年仁徳御陵前方部石槨発見顛末考」（『堺市博物館報』第30号，堺市博物館，2013年）
中井正弘『仁徳陵――この巨大な謎』創元社，1992年
森浩一『古墳文化小考』（三省堂新書），三省堂，1974年
森浩一『巨大古墳の世紀』（岩波新書），岩波書店，1981年
石田茂輔「日葉酢媛命御陵の資料について」（『書陵部紀要』第19号，宮内庁書陵部，1967年）
浅田芳朗『人見塚の家――和田千吉小伝』和田千吉先生記念会，1970年
福尾正彦・徳田誠志「狭木之寺間陵整備工事区域の調査」（『書陵部紀要』第43号，宮内庁書陵部，1992年）
梅原末治『佐味田及新山古墳研究』岩波書店，1921年（名著出版から1973年に復刻）
清喜祐二「衾田陵盗掘箇所復旧に伴う調査」（『書陵部紀要』第65号〈陵墓編〉，宮内庁書陵部，2014年）
安本美典『盗掘でわかった天皇陵古墳の謎』宝島社，2011年
福尾正彦「陵墓課保管の出土品の概要」（『特別展　皇室の文庫　書陵部の名品』宮内庁書陵部・三の丸尚蔵館，2010年）
尾谷雅比古『近代古墳保存行政の研究』思文閣出版，2014年
十河良和「日置荘西町系円筒埴輪と河内大塚山古墳――安閑未完陵をめぐって」（『ヒストリア』228，大阪歴史学会，2011年）
岸本直文「河内大塚山古墳の基礎的検討」（『ヒストリア』228，大阪歴史学会，2011年）
藤田友治「“陵墓参考地”という名の「天皇陵」」（『続・天皇陵を発掘せよ――日本古代史の真実をもとめて』三一書房，1995年）

第６章

東憲章・甲斐貴充『特別史跡西都原古墳群　地中探査・地下マップ制作事業報告書（１）』宮崎県教育委員会，2012年
日高正晴「男狭穂塚・女狭穂塚の考察とその歴史的意義」（『平成９年度　西都原古墳研究所・年報』第14号，宮崎県西都市教育委員会，1998年）
上田宏範ほか「桜井茶臼山古墳　附櫛山古墳」（『奈良県史跡名勝天然記念物調査報告』第19冊，奈良県教育委員会，1961年，のちに吉川弘文館，1989年復刻）
恩賜財団母子愛育会（編）『日本産育習俗資料集成』第一法規出版，1975年
藤田覚『幕末の天皇』（講談社選書メチエ），講談社，1994年（同題にて，2013年に講談社学術文庫として刊行）

北條朝彦・福尾正彦「聖徳太子磯長墓内「中段結界石」保存処理及び調査報告」(『書陵部紀要』第57号，宮内庁書陵部，2006年)
福尾正彦・清喜裕二・加藤一郎「聖徳太子磯長墓の墳丘・結界石および御霊屋内調査報告」(『書陵部紀要』第60号，宮内庁書陵部，2009年)
今尾文昭「古記録にみる飛鳥猿石の遍歴」(『末永先生米寿記念獻呈論文集』奈良明新社，1985年，のちに『古代日本の陵墓と古墳２　律令期陵墓の成立と都城』青木書店，2008年に再録)
亀田博「怪鳥と獅子と胡人」(『季刊明日香風』第71号，飛鳥保存財団，1999年)
福山敏男「那富山墓の隼人石」(『美術史』第82号，1971年，その後の修正等を加え『中国建築と金石文の研究　福山敏男著作集六』中央公論美術出版，1983年に所収)
柴田常恵「元明陵の隼人石に就て」(『東京人類学会雑誌』第25巻第284・285号，1909年)
清喜裕二「大吉備津彦命墓の墳丘外形調査報告」(『書陵部紀要』第61号〈陵墓篇〉，宮内庁書陵部，2009年)
広瀬和雄『前方後円墳の世界』(岩波新書)，岩波書店，2010年
京都府教育庁指導部文化財保護課(編)『京都府中世城館跡調査報告書』第３冊(山城編１)，京都府教育委員会，2014年
徳田誠志・清喜裕二「倭迹迹日百襲姫命大市墓被害木処理事業(復旧)箇所の調査」(『書陵部紀要』第51号，宮内庁書陵部，2000年)
文化庁『文化審議会文化財分科会企画調査会報告書』文化審議会文化財分科会企画調査会，2007年(http://www.bunka.go.jp/seisaku/bunkashingikai/bunkazai/kikaku/h18/hokokusho/pdf/houkokusho.pdf#search=%27%E6%96%87%E5%8C%96%E5%AF%A9%E8%AD%B0%E4%BC%9A%E6%96%87%E5%8C%96%E8%B2%A1%E5%88%86%E7%A7%91%E4%BC%9A%E4%BC%81%E7%94%BB%E8%AA%BF%E6%9F%BB%E4%BC%9A%E5%A0%B1%E5%91%8A%E6%9B%B8%27)
文化審議会『文化財の確実な継承に向けたこれからの時代にふさわしい保存と活用の在り方について(第一次答申)』2017年(http://www.bunka.go.jp/koho_hodo_oshirase/hodohappyo/__icsFiles/afieldfile/2017/12/07/a1399131_02.pdf)
高松塚古墳総合学術調査会(編)『高松塚古墳壁画』高松塚古墳総合学術調査会，1973年
文化庁(監修)『国宝高松塚古墳』中央公論美術出版刊，2004年
毛利和雄『高松塚古墳は守れるか――保存科学の挑戦』(NHKブックス)，日本放送出版協会，2007年
中島三千男「戦後皇族葬儀考――戦後史における皇族と国民」(『日本史研究』300号，日本史研究会，1987年)

おわりに

上野勝之『王朝貴族の葬送儀礼と仏事』(『日記で読む日本史』10)，臨川書店，2017年
高木博志「近代の陵墓問題と継体天皇陵」(『近代国家と民衆統合の研究――祭祀・儀

礼・文化』〈仏教大学総合研究所紀要別冊〉，仏教大学総合研究所，2004年）
上田長生『幕末維新期の陵墓と社会』思文閣出版，2012年
北康宏「律令陵墓祭祀の研究」（『史学雑誌』第108編第11号，史学会，1999年，のちに『日本古代君主制成立史の研究』塙書房，2017年に再録）
吉江崇「荷前別貢幣の成立――平安初期律令天皇制の考察」（『史林』第84巻第1号，史学研究会，2001年）
武田秀章『維新期天皇祭祀の研究』新人物往来社，2005年
都出比呂志『王陵の考古学』（岩波新書），岩波書店，2000年
福永伸哉「前方後円墳の成立」（『岩波講座日本歴史』第1巻〈原始・古代1〉，岩波書店，2013年）
来村多加史『唐代皇帝陵の研究』学生社，2001年
酒巻芳男『皇室制度講話』岩波書店，1934年
宮内庁ＨＰ〈皇室用財産一覧表(平成29年3月31日現在)〉（http://www.kunaicho.go.jp/kunaicho/kunaicho/zaisan.html）
末永雅雄「陵墓参考地　鶺塚・秘塚の調査」（『書陵部紀要』第6号，宮内庁書陵部，1956年）
森浩一編『考古学の先覚者たち』中央公論社，1985年(同題にて中公文庫として1988年に刊行)
田中良之「殯再考」（『福岡大学考古学論集　小田富士雄先生退職記念』小田富士雄先生退職記念事業会，2004年）
北康宏「律令国家陵墓制度の基礎的研究――『延喜諸陵寮式』の分析からみた」（『史林』第79巻第4号，1996年，のちに「律令国家陵墓制度の基礎的研究――「延喜諸陵寮式」の分析からみた」と改題して『日本古代君主制成立史の研究』塙書房，2017年に所収）
山田邦和「始祖王陵としての「神代三陵」」（『花園大学考古学研究論叢　花園大学考古学研究室20周年記念論集』花園大学考古学研究室20周年記念論集刊行会，2001年）

附表01　天皇陵関係略年表

	西暦	和暦	事　　項	陵墓の形状
			神武天皇[1]	
			崇神天皇[10]　(前方後円墳)	古代高塚式山陵の時代
			応神天皇[15]　(巨大前方後円墳)	
			仁徳天皇[16]　(巨大前方後円墳)	
			敏達天皇[30]　(前方後円墳)	
			用明天皇[31]　(方墳)	
	593		推古天皇[33]，聖徳太子を摂政とする	
	645	大化元	大化改新	
	646	大化2	薄葬令	
	671		天智天皇[38]崩御　(上八角下方墳)	
	686	朱鳥元	天武天皇[40]崩御　(八角形墳)	
	702	大宝2	持統天皇[41]崩御(天皇火葬の最初)	
奈良	710	和銅3	奈良(平城京)遷都	山丘式山陵の時代 元明天皇[43] ～淳和天皇[53]の陵
	718	養老2	養老令制定	
	756	天平勝宝8	聖武天皇[45]崩御(土葬，仏式)	
平安	794	延暦13	平安京遷都	
	850	嘉祥3	仁明天皇[54]崩御(陵上に卒塔婆建立)，「陵寺」としての嘉祥寺付設	堂塔式山陵の時代(早期) 仁明天皇[54] ～後三條天皇[71]の陵
	880	元慶4	清和天皇崩御，寺院(水尾山寺)に山陵付設	
	907	延喜7	宇多天皇[59]中宮温子崩御，宇治陵に葬す	
	927	延長5	『延喜式』成る	
	952	天暦6	朱雀天皇[61]崩御。陵所二所が一般的となる	
	1011	寛弘8	一條天皇[66]崩御(円融寺北陵)	四円寺内の山陵
	1017	寛仁元	三條天皇[67]崩御。御遺骨を「北山小寺」に収める	
	1086	応徳3	白河天皇[72]，上皇となる	
	1156	保元元	鳥羽天皇[74]崩御。以後，法華堂や塔の下に埋骨することが増加する	堂塔式山陵の時代(前期) 白河天皇[72] ～後嵯峨天皇[88]の陵
鎌倉	1185	文治元	壇ノ浦合戦，安徳天皇[81]崩御。文治の勅許(朝廷から源頼朝に対して諸国への守護・地頭職の設置・任免を許可)	
	1192	建久3	後白河天皇[77]崩御，法住寺法華堂に葬す。源頼朝征夷大将軍に任ぜらる	
	1200	正治2	『諸陵雑事注文』，18箇所の陵墓を記載	
	1235	文暦2	天武・持統天皇合葬陵(檜隈大内陵)盗掘，その実検記が『阿不幾乃山陵記』	
	1242	仁治3	四條天皇[87]崩御。泉涌寺の後山に埋葬する	
	1272	文永9	後嵯峨天皇[88]崩御，亀山殿内，浄金剛院法華堂に葬す(嵯峨南陵)	
	1304	嘉元2	後深草天皇[89]崩御，深草法華堂に葬す(深草北陵)	堂塔式山陵の時代(中期) 後深草天皇[89] ～後陽成天皇[107]の陵
	1333	元弘3	鎌倉幕府滅亡。この頃から分骨所を設けることが多くなる	
南北朝	1338	延元3	足利尊氏，征夷大将軍となり，室町幕府を開く	
	1339	延元4	後醍醐天皇[96]崩御，吉野塔尾に葬す(塔尾陵)	
	1364	正平19	光厳天皇[北1]崩御，丹波山国常照寺後山に葬す(山国陵)	

	西暦	和暦	事　項	陵墓の形状
南北朝	1374	文中3	後光厳天皇[北4]崩御。泉涌寺で火葬。分骨所や灰塚が置かれるようになり，以後の慣例となる	
	1392	元中9	南北朝合体。後小松天皇[100]，後亀山天皇[99]から神器を受く	
室町	1394	応永元	長慶天皇[98]崩御，陵は昭和19年（1944）に治定（嵯峨東陵）	
	1467	応仁元	応仁の乱始まる（戦国時代突入）	
	1470	文明2	後花園天皇[102]崩御，山国に葬す（後山国陵）	
	1536	天文5	後奈良天皇[105]践祚後10年のこの年，即位礼	
	1573	天正元	織田信長，足利義昭を京都より追放，室町幕府滅亡	
安土桃山	1582	天正10	本能寺の変	
	1600	慶長5	関ヶ原の戦	
江戸	1603	慶長8	徳川家康，征夷大将軍に任ぜられ，江戸に幕府を開く	
	1615	元和元	大阪夏の陣。豊臣氏滅ぶ	
	1617	元和3	後陽成天皇[107]崩御，深草法華堂に納骨（深草北陵）。最後の火葬	
	1654	承応3	後光明天皇[110]崩御，泉涌寺に葬す（月輪陵）：九重石塔	**堂塔式山陵の時代（後期）** 後水尾天皇[108]～仁孝天皇[120]の陵
	1680	延宝8	後水尾天皇[108]崩御（月輪陵）：九重石塔	
	1697	元禄10	『諸陵周垣成就記』。幕府による探索記録	
	1699	元禄12	『歴代廟陵考』。元禄の修陵最終公文書。京都所司代から朝廷・幕府に献上	
	1732	享保17	この年ほか，享保年間に京都所司代，諸陵をあらためて点検することあり	
	1808	文化5	蒲生君平『山陵志』刊行	
	1813	文化10	後桜町天皇[117]崩御（月輪陵）：九重石塔	
	1840	天保11	光格天皇[119]崩御（後月輪陵）：九重石塔	
	1855	安政2	奈良奉行，大和諸陵を巡検。京都町奉行，不明天皇陵の考査	
	1862	文久2	谷森善臣『山陵考』，この頃には完成。宇都宮藩，修陵建議書を提出。幕府，同藩に修陵の命を達する（「幕末の修陵」）	
	1864	元治元	諸陵寮，再興される	
	1866	慶応2	孝明天皇[121]崩御（後月輪東山陵）：円墳	**近現代高塚式山陵の時代（山陵の復興時代）** 孝明天皇[121]～昭和天皇[124]の陵
近現代	1912	大正元	明治天皇[122]崩御（伏見桃山陵）：上円下方墳	
	1926	大正15	皇室陵墓令（皇室令第12号）制定	
	1926	昭和元	大正天皇[123]崩御。初めて関東に陵を営建す（多摩陵）：上円下方墳	
	1951	昭和26	貞明皇后崩御。日本国憲法公布後の最初の陵（多摩東陵）：上円下方墳	
	1989	平成元	昭和天皇[124]崩御（武蔵野陵）：上円下方墳	
	2000	平成12	香淳皇后崩御（武蔵野東陵）：上円下方墳	
	2013	平成25	宮内庁長官，「今後の御陵及び御喪儀のあり方について」を発表	
	2017	平成29	「天皇の退位等に関する皇室典範特例法」成立。退位後の天皇を上皇，退位した天皇の后を上皇后とし，喪儀及び陵墓については，天皇や皇太后の例によるものとされた。	

注　天皇名の後の算用数字は歴代代数（「北」と付してあるのは北朝代数）

附表02　歴代天皇の葬法と陵，および崩御時の称号

代数	天　皇	葬法	崩御時	陵　　名	備考(「 」内は古墳名)
1	神武 （じんむ）	土葬	在位	畝傍山東北陵 （うねびやまのうしとらのすみのみささぎ）	「四条ミサンザイ」
2	綏靖 （すいぜい）	土葬	在位	桃花鳥田丘上陵 （つきだのおかのえのみささぎ）	「四条塚山」
3	安寧 （あんねい）	土葬	在位	畝傍山西南御陰井上陵 （うねびやまのひつじさるのみほどのいのえのみささぎ）	
4	懿徳 （いとく）	土葬	在位	畝傍山南纖沙渓上陵 （うねびやまのみなみのまなごのたにのえのみささぎ）	
5	孝昭 （こうしょう）	土葬	在位	掖上博多山上陵 （わきのかみのはかたのやまのえのみささぎ）	
6	孝安 （こうあん）	土葬	在位	玉手丘上陵 （たまてのおかのえのみささぎ）	
7	孝霊 （こうれい）	土葬	在位	片丘馬坂陵 （かたおかのうまさかのみささぎ）	
8	孝元 （こうげん）	土葬	在位	剣池嶋上陵 （つるぎのいけのしまのえのみささぎ）	「石川中山塚１～３号」
9	開化 （かいか）	土葬	在位	春日率川坂上陵 （かすがのいざかわのさかのえのみささぎ）	「念仏寺山」
10	崇神 （すじん）	土葬	在位	山辺道勾岡上陵 （やまのべのみちのまがりのおかのえのみささぎ）	「行燈山」
11	垂仁 （すいにん）	土葬	在位	菅原伏見東陵 （すがわらのふしみのひがしのみささぎ）	「宝来山」
12	景行 （けいこう）	土葬	在位	山辺道上陵 （やまのべのみちのえのみささぎ）	「渋谷向山」
13	成務 （せいむ）	土葬	在位	狭城盾列池後陵 （さきのたたなみのいけじりのみささぎ）	「佐紀石塚山」
14	仲哀 （ちゅうあい）	土葬	在位	恵我長野西陵 （えがのながののにしのみささぎ）	「岡ミサンザイ」
15	応神 （おうじん）	土葬	在位	恵我藻伏崗陵 （えがのもふしのおかのみささぎ）	「誉田御廟山」
16	仁徳 （にんとく）	土葬	在位	百舌鳥耳原中陵 （もずのみみはらのなかのみささぎ）	「大仙陵」
17	履中 （りちゅう）	土葬	在位	百舌鳥耳原南陵 （もずのみみはらのみなみのみささぎ）	「百舌鳥陵山(上石津ミサンザイ)」
18	反正 （はんぜい）	土葬	在位	百舌鳥耳原北陵 （もずのみみはらのきたのみささぎ）	「田出井山」
19	允恭 （いんぎょう）	土葬	在位	恵我長野北陵 （えがのながののきたのみささぎ）	「市野山」
20	安康 （あんこう）	土葬	在位	菅原伏見西陵 （すがわらのふしみのにしのみささぎ）	
21	雄略 （ゆうりゃく）	土葬	在位	丹比高鷲原陵 （たじひのたかわしのはらのみささぎ）	「島泉丸山・平塚」
22	清寧 （せいねい）	土葬	在位	河内坂門原陵 （こうちのさかどのはらのみささぎ）	「白髪山」
23	顕宗 （けんぞう）	土葬	在位	傍丘磐坏丘南陵 （かたおかのいわつきのおかのみなみのみささぎ）	
24	仁賢 （にんけん）	土葬	在位	埴生坂本陵 （はにゅうのさかもとのみささぎ）	「野中ボケ山」
25	武烈 （ぶれつ）	土葬	在位	傍丘磐坏丘北陵 （かたおかのいわつきのおかのきたのみささぎ）	

代数	天　皇	葬法	崩御時	陵　　名	備考(「 」内は古墳名)
26	継体（けいたい）	土葬	在位	三嶋藍野陵（みしまのあいののみささぎ）	「太田茶臼山」
27	安閑（あんかん）	土葬	在位	古市高屋丘陵（ふるちのたかやのおかのみささぎ）	皇妹と合葬　「高屋築山」
28	宣化（せんか）	土葬	在位	身狭桃花鳥坂上陵（むさのつきさかのえのみささぎ）	皇后と合葬 「鳥屋ミサンザイ」
29	欽明（きんめい）	土葬	在位	檜隈坂合陵（ひのくまのさかあいのみささぎ）	「平田梅山」
30	敏達（びだつ）	土葬	在位	河内磯長中尾陵（こうちのしながのなかのおのみささぎ）	皇妣(敏達天皇の母)と合葬　「太子西山」
31	用明（ようめい）	土葬	在位	河内磯長原陵（こうちのしながのはらのみささぎ）	「春日向山」
32	崇峻（すしゅん）	土葬	在位	倉梯岡陵（くらはしのおかのみささぎ）	
33	推古（すいこ）	土葬	在位	磯長山田陵（しながのやまだのみささぎ）	推古天皇の皇子と合葬 「山田高塚」
34	舒明（じょめい）	土葬	在位	押坂内陵（おさかのうちのみささぎ）	皇妣(舒明天皇の母)と合葬　「段ノ塚」
35	皇極（こうぎょく）	重祚して斉明天皇と称せられる			
36	孝徳（こうとく）	土葬	在位	大阪磯長陵（おおさかのしながのみささぎ）	「山田上ノ山」
37	斉明（さいめい）	土葬	在位	越智崗上陵（おちのおかのえのみささぎ）	皇女，皇孫と合葬 「車木ケンノウ」
38	天智（てんじ）	土葬	在位	山科陵（やましなのみささぎ）	「御廟野」
39	弘文（こうぶん）	土葬	在位	長等山前陵（ながらのやまさきのみささぎ）	「園城寺亀丘」
40	天武（てんむ）	土葬	在位	檜隈大内陵（ひのくまのおおうちのみささぎ）	持統天皇と合葬 「野口王墓山」
41	持統（じとう）	火葬	退位	第40代天武天皇の陵に合葬	天武天皇皇后
42	文武（もんむ）	火葬	在位	檜隈安古岡上陵（ひのくまのあこのおかのえのみささぎ）	「栗原塚穴」
43	元明（げんめい）	火葬	退位	奈保山東陵（なほやまのひがしのみささぎ）	
44	元正（げんしょう）	火葬	退位	奈保山西陵（なほやまのにしのみささぎ）	
45	聖武（しょうむ）	土葬	退位	佐保山南陵（さほやまのみなみのみささぎ）	
46	孝謙（こうけん）	重祚して称徳天皇と称せられる			
47	淳仁（じゅんにん）	不明	退位	淡路陵（あわじのみささぎ）	
48	称徳（しょうとく）	土葬	在位	高野陵（たかののみささぎ）	「佐紀高塚」
49	光仁（こうにん）	不明	退位	田原東陵（たはらのひがしのみささぎ）	
50	桓武（かんむ）	土葬	在位	柏原陵（かしわばらのみささぎ）	

代数	天　皇	葬法	崩御時	陵　　名	備考(「 」内は古墳名)
51	平城（へいぜい）	土葬	退位	楊梅陵（やまもものみささぎ）	「市庭」の後円部
52	嵯峨（さが）	土葬	退位	嵯峨山上陵（さがのやまのえのみささぎ）	
53	淳和（じゅんな）	火葬	退位	大原野西嶺上陵（おおはらののにしのみねのえのみささぎ）	
54	仁明（にんみょう）	土葬	在位	深草陵（ふかくさのみささぎ）	
55	文徳（もんとく）	土葬	在位	田邑陵（たむらのみささぎ）	
56	清和（せいわ）	火葬	退位	水尾山陵（みずのおやまのみささぎ）	
57	陽成（ようぜい）	土葬	退位	神楽岡東陵（かぐらがおかのひがしのみささぎ）	
58	光孝（こうこう）	土葬	在位	後田邑陵（のちのたむらのみささぎ）	
59	宇多（うだ）	火葬	退位	大内山陵（おおうちやまのみささぎ）	
60	醍醐（だいご）	土葬	退位	後山科陵（のちのやましなのみささぎ）	
61	朱雀（すざく）	火葬	退位	醍醐陵（だいごのみささぎ）	
62	村上（むらかみ）	土葬	在位	村上陵（むらかみのみささぎ）	
63	冷泉（れいぜい）	火葬	退位	桜本陵（さくらもとのみささぎ）	
64	円融（えんゆう）	火葬	退位	後村上陵（のちのむらかみのみささぎ）	
65	花山（かざん）	火葬	退位	紙屋川上陵（かみやがわのほとりのみささぎ）	
66	一條（いちじょう）	火葬	退位	円融寺北陵（えんゆうじのきたのみささぎ）	
67	三條（さんじょう）	火葬	退位	北山陵（きたやまのみささぎ）	
68	後一條（ごいちじょう）	火葬	在位	菩提樹院陵（ぼだいじゅいんのみささぎ）	
69	後朱雀（ごすざく）	火葬	退位	円乗寺陵（えんじょうじのみささぎ）	
70	後冷泉（ごれいぜい）	火葬	在位	円教寺陵（えんきょうじのみささぎ）	
71	後三條（ごさんじょう）	火葬	退位	円宗寺陵（えんそうじのみささぎ）	
72	白河（しらかわ）	火葬	退位	成菩提院陵（じょうぼだいいんのみささぎ）	
73	堀河（ほりかわ）	火葬	在位	後円教寺陵（のちのえんきょうじのみささぎ）	
74	鳥羽（とば）	土葬	退位	安楽寿院陵（あんらくじゅいんのみささぎ）	
75	崇徳（すとく）	火葬	退位	白峯陵（しらみねのみささぎ）	

代数	天　皇	葬法	崩御時	陵　　名	備考(「 」内は古墳名)
76	近衛 (このえ)	火葬	在位	安楽寿院南陵 (あんらくじゅいんのみなみのみささぎ)	
77	後白河 (ごしらかわ)	土葬	退位	法住寺陵 (ほうじゅうじのみささぎ)	
78	二條 (にじょう)	火葬	退位	香隆寺陵 (こうりゅうじのみささぎ)	
79	六條 (ろくじょう)	不明	退位	清閑寺陵 (せいかんじのみささぎ)	
80	高倉 (たかくら)	土葬	退位	後清閑寺陵 (のちのせいかんじのみささぎ)	
81	安徳 (あんとく)	不明	在位	阿弥陀寺陵 (あみだじのみささぎ)	
82	後鳥羽 (ごとば)	火葬	退位	大原陵 (おおはらのみささぎ)	
83	土御門 (つちみかど)	火葬	退位	金原陵 (かねがはらのみささぎ)	
84	順徳 (じゅんとく)	火葬	退位	大原陵 (おおはらのみささぎ)	
85	仲恭 (ちゅうきょう)	不明	退位	九條陵 (くじょうのみささぎ)	
86	後堀河 (ごほりかわ)	土葬	退位	観音寺陵 (かんおんじのみささぎ)	泉涌寺内に所在
87	四條 (しじょう)	土葬	在位	月輪陵 (つきのわのみささぎ)	
88	後嵯峨 (ごさが)	火葬	退位	嵯峨南陵 (さがのみなみのみささぎ)	
89	後深草 (ごふかくさ)	火葬	退位	深草北陵 (ふかくさのきたのみささぎ)	第92代, 第93代, 第100代, 第101代, 第103代～第107代の天皇, 後光厳天皇(北4代), 後円融天皇(北5代), 栄仁親王(北3代崇光天皇の皇子)と合葬
90	亀山 (かめやま)	火葬	退位	亀山陵 (かめやまのみささぎ)	
91	後宇多 (ごうだ)	火葬	退位	蓮華峯寺陵 (れんげぶじのみささぎ)	皇妣(後宇多天皇の母)と合葬
92	伏見 (ふしみ)	火葬	退位	第89代後深草天皇の陵に合葬	
93	後伏見 (ごふしみ)	火葬	退位	第89代後深草天皇の陵に合葬	
94	後二條 (ごにじょう)	火葬	在位	北白河陵 (きたしらかわのみささぎ)	
95	花園 (はなぞの)	火葬	退位	十楽院上陵 (じゅうらくいんのうえのみささぎ)	
96	後醍醐 (ごだいご)	土葬	退位	塔尾陵 (とうのおのみささぎ)	
97	後村上 (ごむらかみ)	不明	在位	檜尾陵 (ひのおのみささぎ)	
98	長慶 (ちょうけい)	不明	退位	嵯峨東陵 (さがのひがしのみささぎ)	

代数	天皇	葬法	崩御時	陵名	備考(「」内は古墳名)
99	後亀山(ごかめやま)	不明	退位	嵯峨小倉陵(さがのおぐらのみささぎ)	
100	後小松(ごこまつ)	火葬	退位	第89代後深草天皇の陵に合葬	
101	称光(しょうこう)	火葬	在位	第89代後深草天皇の陵に合葬	
102	後花園(ごはなぞの)	火葬	退位	後山国陵(のちのやまくにのみささぎ)	
103	後土御門(ごつちみかど)	火葬	在位	第89代後深草天皇の陵に合葬	
104	後柏原(ごかしわばら)	火葬	在位	第89代後深草天皇の陵に合葬	
105	後奈良(ごなら)	火葬	在位	第89代後深草天皇の陵に合葬	
106	正親町(おおぎまち)	火葬	退位	第89代後深草天皇の陵に合葬	
107	後陽成(ごようぜい)	火葬	退位	第89代後深草天皇の陵に合葬	
108	後水尾(ごみずのお)	土葬	退位	月輪陵(つきのわのみささぎ)	泉涌寺内に所在
109	明正(めいしょう)	土葬	退位	月輪陵(つきのわのみささぎ)	泉涌寺内に所在
110	後光明(ごこうみょう)	土葬	在位	月輪陵(つきのわのみささぎ)	泉涌寺内に所在
111	後西(ごさい)	土葬	退位	月輪陵(つきのわのみささぎ)	泉涌寺内に所在
112	霊元(れいげん)	土葬	退位	月輪陵(つきのわのみささぎ)	泉涌寺内に所在
113	東山(ひがしやま)	土葬	退位	月輪陵(つきのわのみささぎ)	泉涌寺内に所在
114	中御門(なかみかど)	土葬	退位	月輪陵(つきのわのみささぎ)	泉涌寺内に所在
115	桜町(さくらまち)	土葬	退位	月輪陵(つきのわのみささぎ)	泉涌寺内に所在
116	桃園(ももぞの)	土葬	在位	月輪陵(つきのわのみささぎ)	泉涌寺内に所在
117	後桜町(ごさくらまち)	土葬	退位	月輪陵(つきのわのみささぎ)	泉涌寺内に所在
118	後桃園(ごももぞの)	土葬	在位	月輪陵(つきのわのみささぎ)	泉涌寺内に所在
119	光格(こうかく)	土葬	退位	後月輪陵(のちのつきのわのみささぎ)	泉涌寺内に所在
120	仁孝(にんこう)	土葬	在位	後月輪陵(のちのつきのわのみささぎ)	泉涌寺内に所在
121	孝明(こうめい)	土葬	在位	後月輪東山陵(のちのつきのわのひがしのみささぎ)	泉涌寺内に所在
122	明治(めいじ)	土葬	在位	伏見桃山陵(ふしみのももやまのみささぎ)	
123	大正(たいしょう)	土葬	在位	多摩陵(たまのみささぎ)	
124	昭和(しょうわ)	土葬	在位	武蔵野陵(むさしののみささぎ)	

附表03　北朝天皇の葬法と陵，および崩御時の称号

代数	天　皇	葬法	崩御時	陵　　名	備　　考
1	光厳（こうごん）	火葬	退位	山国陵（やまくにのみささぎ）	
2	光明（こうみょう）	火葬	退位	大光明寺陵（だいこうみょうじのみささぎ）	
3	崇光（すこう）	火葬	退位	大光明寺陵（だいこうみょうじのみささぎ）	
4	後光厳（ごこうごん）	火葬	退位	第89代後深草天皇の陵に合葬	
5	後円融（ごえんゆう）	火葬	退位	第89代後深草天皇の陵に合葬	

附表04　幕末以降の陵墓管理等の沿革

西暦	和暦	月	日	事　　項
1864	元治元	2	24	諸陵寮を再興する
		3		山陵奉行戸田忠至，山陵に監視を置くことを請う
		5	12	山陵の修補および調査を山陵奉行の所管とする
1865	慶應元			修補竣功の陵に「長・長格守戸・守戸」を任命する
1868	明治元	7	28	山陵総管を置く（翌2年中頃に廃止カ）
1869	明治2	2		陵の管理を現地の「府・藩・県」に委託する
		9	17	神祇官内に諸陵寮を置く
1871	明治4	8		諸陵寮を廃し，神祇官も廃され，神祇省が置かれ，同省が陵墓の事務を官掌する
1872	明治5	3		神祇省を廃止し，教部省を設置。教部省内に諸陵掛を置く
		5		教部省諸陵掛を諸陵課と改める
1874	明治7	8		各陵の長以下の職制を廃し，府県職員の「陵墓掌・陵墓丁・守丁」を設置する
1877	明治10	1		教部省を廃止し，内務省社寺局内に諸陵課を置く
1878	明治11	2		諸陵課を宮内省に移し，御陵墓掛と改称する
1879	明治12	4	21	御陵墓掛事務を侍講局に属せしむ
1883	明治16	1	18	御陵墓掛を廃し，御陵墓課を設置する
		9	22	京都に宮内省支庁を置く。同支庁において陵墓事務を管掌する
1884	明治17	12	4	陵掌・陵丁・墓掌・墓丁・守丁を廃し，守長・守部を置く
1885	明治18	12	22	太政官制を廃止し，内閣制度を設置する
1886	明治19	2	4	宮内省官制を改正し，省中に諸陵寮を置く。また，京都支庁を廃止し，主殿寮京都出張所を置く
		3	2	主殿寮京都出張所内の陵墓事務取扱場所を京都在勤諸陵寮と称する
1888	明治21	4	4	主殿寮京都出張所内の陵墓事務取扱場所を諸陵寮京都出張所と改称する
1889	明治22	11	15	諸陵寮内に庶務課・主計課・考証課・往復課の4課を置く
1908	明治41	4	29	諸陵寮内に庶務課・考証課・会計課の3課を置く
1914	大正3	7	20	宮内省官制の改正に伴い，諸陵寮出張所を廃止し，陵墓監（5人、奏任待遇名誉職）を設置する
		8	19	各部局分課規定を改め，諸陵寮に経理課・考証課を置く
1917	大正6	3	26	諸陵寮派出所を京都月輪勤番所内に置く（同10年10月14日廃止）
1936	昭和11	11	20	宮内省京都地方事務所を設置する
1940	昭和15	8	22	陵墓監区部を定める（監区事務所の設置）
1946	昭和21	3	31	諸陵寮を廃止する
		5	4	陵墓監区を改め，5監区を3監区となす
1947	昭和22	5	2	宮内省を廃止して，宮内府を置く
		8	1	宮内府図書寮庶務課内に諸陵係を置く
1948	昭和23	4	30	図書寮の庶務課・図書課を廃して，監理課を設置し，監理課管理係の事務分担に陵墓管理を加える。陵墓守衛事務を国家警察所管の皇宮警察局に移す（125人）。同局警備部内に陵衛課を設置。陵墓職員を皇宮護衛官に任命し兼任とする
1949	昭和24	6	1	宮内府を改めて宮内庁とし，また図書寮を書陵部と改める
1950	昭和25	4	1	書陵部監理課の管理係，庶務係と名称を変更する

西暦	和暦	月	日	事　　項
1951	昭和26	4	1	監理課に陵墓係を置く。陵墓警備事務職員の大部分，宮内庁に移る(残りは同31年４月)。陵衛課を廃止し，事務を警備第一課に移管する
1956	昭和31	6	26	陵墓管理官付に陵墓管理係を置く
		8	9	陵墓管理官付に陵墓調査係を置く
1959	昭和34	12	1	書陵部内に陵墓課を置き，陵墓管理官を廃止する
1964	昭和39	9	21	陵墓課に，陵墓管理係並びに陵墓調査室を置く(適用は同年８月１日から)

後冷泉《ごれいぜい》天皇70 一〇四五—六八

後三条《ごさんじょう》天皇71 一〇六八—七二 — 白河《しらかわ》天皇72 一〇七二—八六 — 堀河《ほりかわ》天皇73 一〇八六—一一〇七 — 鳥羽《とば》天皇74 一一〇七—二三

崇徳《すとく》天皇75 一一二三—四一

後白河《ごしらかわ》天皇77 一一五五—五八

近衛《このえ》天皇76 一一四一—五五

二条《にじょう》天皇78 一一五八—六五 — 六条《ろくじょう》天皇79 一一六五—六八

高倉《たかくら》天皇80 一一六八—八〇

安徳《あんとく》天皇81 一一八〇—八五

守貞《もりさだ》親王 — 後堀河《ごほりかわ》天皇86 一二二一—三二 — 四条《しじょう》天皇87 一二三二—四二

後鳥羽《ごとば》天皇82 一一八三—九八

土御門《つちみかど》天皇83 一一九八—一二一〇 — 後嵯峨《ごさが》天皇88 一二四二—四六

順徳《じゅんとく》天皇84 一二一〇—二一 — 仲恭《ちゅうきょう》天皇85 一二二一—同

後深草《ごふかくさ》天皇89 一二四六—五九 — 伏見《ふしみ》天皇92 一二八七—九八

後伏見《ごふしみ》天皇93 一二九八—一三〇一

花園《はなぞの》天皇95 一三〇八—一八

光厳《こうごん》天皇北1 一三三一—三三 — 崇光《すこう》天皇北3 一三四八—五一 — 栄仁《よしひと》親王 — 貞成《さだふさ》親王 — 後花園《ごはなぞの》天皇102 一四二八—六四 — 後土御門《ごつちみかど》天皇103 一四六八—一五〇〇

光明《こうみょう》天皇北2 一三三六—四八 — 後光厳《ごこうごん》天皇北4 一三五二—七一 — 後円融《ごえんゆう》天皇北5 一三七一—八二 — 後小松《ごこまつ》天皇100 一三八二—一四一二 — 称光《しょうこう》天皇101 一四一二—二八

亀山《かめやま》天皇90 一二五九—七四 — 後宇多《ごうだ》天皇91 一二七四—八七

後二条《ごにじょう》天皇94 一三〇一—〇八

後醍醐《ごだいご》天皇96 一三一八—三九 — 後村上《ごむらかみ》天皇97 一三三九—六八

長慶《ちょうけい》天皇98 一三六八—八三

後亀山《ごかめやま》天皇99 一三八三—九二

後柏原《ごかしわばら》天皇104 一五〇〇—二六 — 後奈良《ごなら》天皇105 一五二六—五七 — 正親町《おおぎまち》天皇106 一五五七—八六 — 誠仁《さねひと》親王 — 後陽成《ごようぜい》天皇107 一五八六—一六一一 — 後水尾《ごみずのお》天皇108 一六一一—二九

明正《めいしょう》天皇109 一六二九—四三

後光明《ごこうみょう》天皇110 一六四三—五四

後西《ごさい》天皇111 一六五四—六三

霊元《れいげん》天皇112 一六六三—八七 — 東山《ひがしやま》天皇113 一六八七—一七〇九

中御門《なかみかど》天皇114 一七〇九—三五 — 桜町《さくらまち》天皇115 一七三五—四七

後桜町《ごさくらまち》天皇117 一七六二—七〇

桃園《ももぞの》天皇116 一七四七—六二 — 後桃園《ごももぞの》天皇118 一七七〇—七九

直仁《なおひと》親王 — 典仁《すけひと》親王 — 光格《こうかく》天皇119 一七七九—一八一七 — 仁孝《にんこう》天皇120 一八一七—四六 — 孝明《こうめい》天皇121 一八四六—六六 — 明治《めいじ》天皇122 一八六七—一九一二 — 大正《たいしょう》天皇123 一九一二—二六 — 昭和《しょうわ》天皇124 一九二六—八九 — 上皇《じょうこう》陛下125 一九八九—二〇一九 — 今上《きんじょう》天皇126 二〇一九—

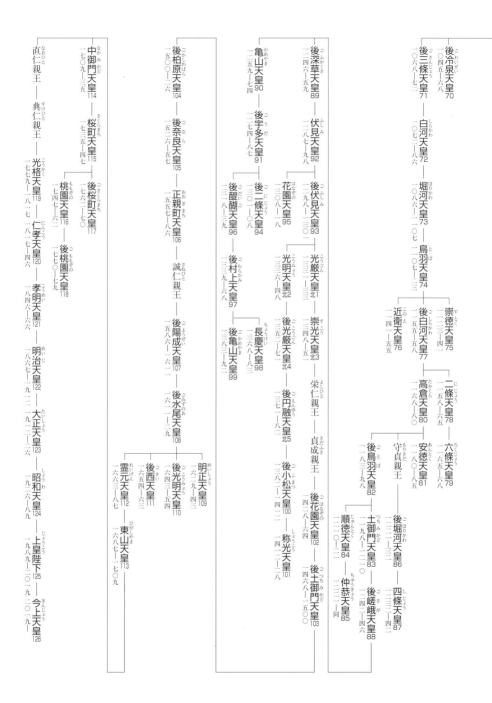

附図01　天皇系図

傍の数字は在位年、下の数字は代数。記載は原則として皇統譜に基づく。

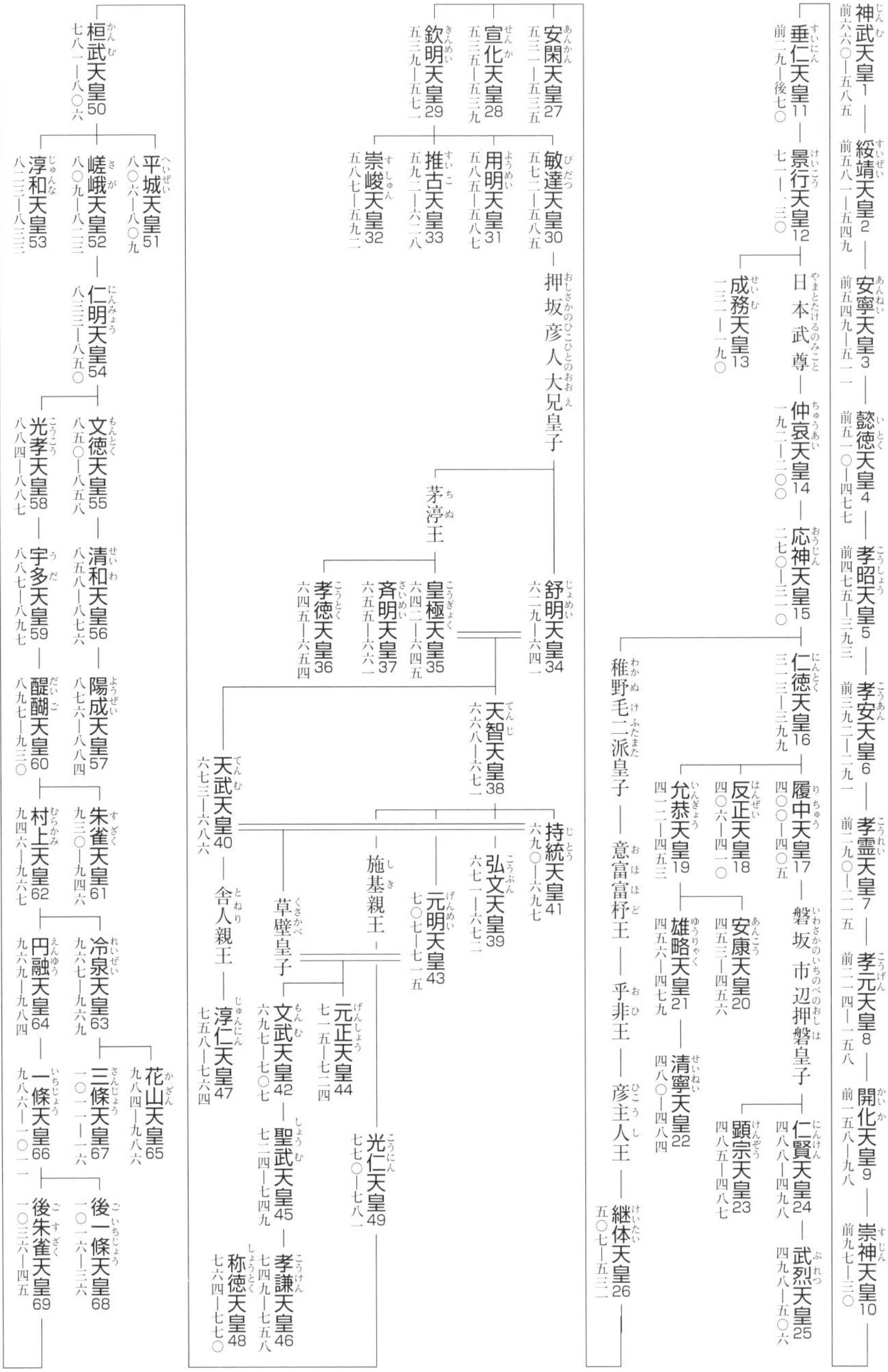